云南省普通高等学校"十二五"规划教材

高职高专"十二五"经济管理系列规划教材

物流信息技术

◎ 主　编　邓永胜　秦江华
◎ 副主编　刘　伟　朱鼎勋　程志君
◎ 主　审　陈智刚

电子工业出版社

Publishing House of Electronics Industry

北京·BEIJING

内 容 简 介

物流信息技术是现代物流区别传统物流的根本标志，被广泛应用在现代物流业务的各个作业环节中，是物流企业提高供应链管理效率、增强整个供应链经营决策能力、获得企业竞争优势的核心。

本书按功能和表现模式分为九个模块，分别为物流信息技术的认知、数据采集与识别技术、空间信息技术、数据库技术、物流信息支持系统、物流信息应用系统、电子商务物流、物流系统自动化技术、物联网技术，每个模块按理论和实训组织内容。

本书可作为高职高专物流类相关专业的教材，也可作为物流师考证培训和物流企业职工技术培训的参考用书。

未经许可，不得以任何方式复制或抄袭本书之部分或全部内容。
版权所有，侵权必究。

图书在版编目（CIP）数据

物流信息技术 / 邓永胜，秦江华主编．—北京：电子工业出版社，2013.6
高职高专"十二五"经济管理系列规划教材
ISBN 978-7-121-20638-2

Ⅰ. ①物… Ⅱ. ①邓… ②秦… Ⅲ. ①物流－信息技术－高等职业教育－教材 Ⅳ. ①F253.9

中国版本图书馆 CIP 数据核字（2013）第 122874 号

策划编辑：姜淑晶
责任编辑：张　京
印　　刷：北京七彩京通数码快印有限公司
装　　订：北京七彩京通数码快印有限公司
出版发行：电子工业出版社
　　　　　北京市海淀区万寿路 173 信箱　邮编 100036
开　　本：787×1 092　1/16　印张：19.75　字数：505.6 千字
版　　次：2013 年 6 月第 1 版
印　　次：2024 年 8 月第 12 次印刷
定　　价：35.00 元

凡所购买电子工业出版社图书有缺损问题，请向购买书店调换。若书店售缺，请与本社发行部联系，联系及邮购电话：(010) 88254888，88258888。
质量投诉请发邮件至 zlts@phei.com.cn，盗版侵权举报请发邮件至 dbqq@phei.com.cn。
本书咨询联系方式：(010) 88254199，sjb@phei.com.cn。

前　言

物流活动存在于社会的每一个角落，影响着社会的方方面面。物流作为新兴的经济产业，已经引起人们的广泛重视。2009年3月，国务院印发了《物流业调整和振兴规划》。物流业作为我国十大重点振兴和发展的产业之一，迎来了一个全面发展的新时期。

物流产业的结构调整和振兴升级离不开信息技术的支持。信息技术的应用是现代物流区别于传统物流的显著标志，是物流生命力的源泉，是物流服务质量提升、物流效率提高的动力泵。信息化为物流活动增添了展翅飞翔的翅膀，使物流活动服务于社会生产的广大领域，成为企业生产活动的重要组成部分。

基于这样的背景，本书在编写过程中，注重理论与实践相结合，充分考虑理论性和职业性的要求，在阐明理论特征的前提下，强调理论在实际中的应用和表现。因此，在该教材的编写过程中，我们倡导的理念是：理论体系要求结构完整、轮廓清晰、有前瞻性、简洁明了；实践训练要体现职业素养和能力培训，有针对性和专业性，学生能实践运用，更能够培养学生的职业迁移能力。

考虑到理论与实践的科学结合，本书的编写采用模块化方式组织材料，主要根据物流信息技术在生产中的表现形式分成九个模块。在每个模块下，根据具体内容及其在物流活动中的表现派生出相关项目。在每一个具体的子项目下面，分别安排理论学习和实践训练内容。

本书共分九个模块，基本涵盖了物流信息技术活动的方方面面，包括物流信息的采集、加工、处理、应用、维护、挖掘、管理，涉及物流信息应用的职业活动全过程。该书可作为物流类专业高等院校学生用书，也可作为职业培训强化教材。因理论系统简洁全面、职业应用性突出，本书也是快速掌握物流信息技术的参考资料。

对于本书的编写，作者倾注了大量的情感，在教材的设计中，渲染自然科学与社会科学的融合、学习与明智的融汇、教书与育人的结合。本书由邓永胜、秦江华主编，刘伟、朱鼎勋、程志君为副主编，唐克生、杨媛坤、刘莉娟、李乐、段丽梅、王滨参编。其中，模块一、模块六、模块八由邓永胜完成，模块二由秦江华完成，模块三由朱鼎勋完成，模块四由程志君完成，模块五由程志君、朱鼎勋、杨媛坤、唐克生完成，模块七由刘伟完成，模块九由李乐、段丽梅、王滨完成，模块六的项目四由刘莉娟完成。全书由邓永胜统稿，并对部分实训项目的编写进行了修订。在本书编写过程中，汲取、借鉴和引用了大量学者和企业的理论成果、有关资料和案例等，谨在此一并表示诚挚的感谢！本书由陈智刚主审。在该书的出版过程中，得到了电子工业出版社姜淑晶编辑的指导和大力帮助，在此表示深深的谢意！

由于物流信息技术尚处于不断发展和逐步完善的过程中，涉及的领域和范围非常广泛，加之作者知识和实践的局限性，书中难免不足和疏漏之处，恳请广大读者和同行批评赐教。

编　者

目 录

模块一 物流信息技术的认识 ·· 1
  项目 物流信息技术初识 ·· 1
    一、物流信息技术的认识学习 ·· 1
    二、物流信息技术应用的社会调查 ··· 7

模块二 数据采集与识别技术 ··· 9
  项目一 条码技术 ·· 9
    一、条码技术知识点学习 ·· 9
    二、条码技术模拟与实训 ··· 26
  项目二 射频识别技术 ··· 28
    一、射频识别技术知识点学习 ·· 28
    二、射频技术模拟与实训 ··· 34
  项目三 产品电子代码（EPC）技术 ··· 36
    一、EPC 技术知识点学习 ·· 37
    二、EPC 系统应用案例分析 ··· 42
  项目四 语音识别技术 ··· 44
    一、语音识别技术知识点学习 ·· 45
    二、语音识别系统应用案例分析 ··· 49

模块三 空间信息技术 ··· 52
  项目一 GIS 技术 ·· 52
    一、GIS 知识点的学习 ·· 52
    二、GIS 技术的模拟与实训 ··· 57
  项目二 GPS 技术 ··· 63
    一、GPS 技术知识点的学习 ·· 63
    二、GPS 技术的模拟与实训 ·· 72

模块四　数据库技术 ... 77

项目一　认识数据库 ... 77
一、数据库知识点学习 ... 77
二、数据库安装实训 ... 83

项目二　网络数据库 ... 88
一、网络数据库知识点的学习 ... 89
二、网络数据库 SQL Server 2000 实训 ... 93

项目三　数据仓库 ... 95
一、数据仓库知识点的学习 ... 96
二、数据仓库模型设计实训 ... 101

项目四　数据库设计与管理技术 ... 109
一、数据库设计与管理技术知识点的学习 ... 109
二、数据库设计技术与管理实训 ... 115

模块五　物流信息支持系统 ... 124

项目一　物流企业网络技术 ... 124
一、物流企业网络类型及功能知识点学习 ... 124
二、物流企业网络技术模拟与实训 ... 133

项目二　物流 EDI 技术 ... 135
一、EDI 技术知识点学习 ... 135
二、EDI 技术模拟与实训 ... 147

项目三　电子订货系统 ... 154
一、电子订货系统（EOS）知识点学习 ... 155
二、电子订货系统模拟与实训 ... 163

项目四　POS 系统 ... 166
一、POS 系统知识点学习 ... 166
二、POS 系统模拟与实训 ... 172

模块六　物流信息应用系统 ... 176

项目一　仓储管理信息系统 ... 176
一、仓储管理信息系统知识点学习 ... 176
二、仓储管理信息系统模拟与实训 ... 179

项目二　运输管理信息系统 ... 190
一、运输管理信息系统知识点学习 ... 190
二、运输管理信息系统模拟与实训 ... 195

项目三　货运代理管理信息系统 ... 199
一、货运代理管理信息系统知识点学习 ... 200
二、国际货运代理管理信息系统模拟与实训 ... 205

项目四　ERP 系统 ··· 217
　　　　一、ERP 系统知识点学习 ··· 217
　　　　二、ERP 系统模拟与实训 ··· 229

模块七　电子商务物流

　　项目一　电子商务物流认识 ··· 235
　　　　一、电子商务物流认识知识点学习 ································· 235
　　　　二、电子商务物流模拟与实训 ······································· 237
　　项目二　电子商务物流系统 ··· 239
　　　　一、电子商务物流系统知识点学习 ································· 240
　　　　二、电子商务物流系统模拟与实训 ································· 243
　　项目三　电子商务物流模式 ··· 244
　　　　一、电子商务物流模式知识点学习 ································· 245
　　　　二、电子商务物流模式模拟与实训 ································· 248

模块八　物流系统自动化技术

　　项目一　自动化立体仓库 ·· 250
　　　　一、自动化立体仓库知识点学习 ···································· 250
　　　　二、自动化立体仓库模拟与实训 ···································· 255
　　项目二　自动导向车系统 ·· 261
　　　　一、自动导向车系统知识点学习 ···································· 262
　　　　二、自动导向车系统模拟与实训 ···································· 269
　　项目三　自动分拣系统 ··· 273
　　　　一、自动分拣系统知识点学习 ······································· 273
　　　　二、自动分拣系统模拟与实训 ······································· 277

模块九　物联网技术

　　项目一　物联网认识 ·· 284
　　　　一、物联网概述知识点学习 ··· 284
　　　　二、物联网智能物流模拟与实训 ···································· 291
　　项目二　物联网的应用 ··· 296
　　　　一、物联网应用的知识点学习 ······································· 296
　　　　二、物联网应用模拟与实训 ··· 299

参考文献 ··· 306

模块一 物流信息技术的认识

项目 物流信息技术初识

（**编前哲思**：人生若只如初见。初识，会留下许多深刻的记忆。一门课程的开始，就是对一种职业行为探索的开启，信息技术是一把开启现代物流的钥匙，它打开了现代物流的大门。）

项目目标

1. 熟悉物流信息技术的组成和分类；
2. 了解物流信息技术的发展趋势。

项目准备

1. 物流信息技术认识的教学授课课件；
2. 物流信息技术认识的视频资料及图片；
3. 案例分析资料的准备。

一、物流信息技术的认识学习

1. 物流信息技术认知

物流信息技术（Logistics Information Technology）是现代信息技术在物流各个作业环节中的综合应用，是现代物流区别传统物流的根本标志，也是物流技术中发展最快的领域，尤其是计算机网络技术的广泛应用，使物流信息技术达到了较高的应用水平。

从数据采集的条码技术到物联网技术中的计算机、互联网，各种物流终端设备硬件及计算机软件的综合，使物流信息技术的发展日新月异。同时，随着物流信息技术的不断发展，产生了一系列新的物流理念和新的物流经营方式，推进了物流的变革。在供应链管理方面，物流信息技术的发展也改变了企业应用供应链管理获得竞争优势的方式，成功的企业通过应用信息技术来支持它的经营战略并选择它的经营业务，通过利用信息技术来提高供应链活动的效率，增强整个供应链的经营决策能力。

2. 物流信息技术的分类及组成

物流信息技术按功能和表现模式，可以分为物流数据采集与识别技术、空间信息技术、数据库技术、物流信息支持系统、物流信息应用系统、电子商务物流、物流系统自动化技术、物联网技术等。物流信息技术是物流各项功能实现和完善的手段，其应用包括硬件技术和软件技术两个方面。物流信息技术离不开组织物资实物流动所涉及的各种自动化设备和技术、电子计算机、通信网络设备等，通过物流软件技术形成高效的物流系统，从而使系统工程技术、价值工程技术、信息技术最合理、最充分地调配和使用，获取最佳经济效益。

（1）物流数据采集与自动识别技术

数据采集与自动识别技术（AIDC）是一项通用的技术手段，它不用通过键盘就可以把数据直接录入计算机系统。目前该技术中常见的有：条码技术、射频识别（RFID）技术、产品电子代码（EPC）技术、声音识别技术等。

数据采集与自动识别技术主要解决的问题是实物与信息之间的匹配关系，使实物的运输、仓储过程可以即时反映到信息网络环境中，使操作者能够迅速了解物流的全过程。尤其是在途的情况，可以提高物流过程的作业效率及货物数量的准确性。在物流作业中使用数据采集与自动识别技术的几个部分包括：条码的打印、条码的识别、无线数据传输和射频标签识读。由于条码技术使用的成本较低，目前在物流流通环节中大量使用条码技术。随着射频识别技术的发展，射频识别技术的使用成本在不断降低，开始使用 RFID 技术的厂家越来越多，RFID 成为数据采集与自动识别领域最热门的技术。射频技术利用无线电波对记录媒体进行读/写，因此其识读距离可达几十厘米至几十米，且根据读/写方式可输入数千字节信息，还具有极高的保密性。目前，射频识别技术适用的领域主要为物料跟踪、运载工具和货架识别等要求非接触数据采集和交换的场合，在要求频繁改变数据内容的场合尤为适用。

（2）空间信息技术

空间信息技术（Spatial Information Technology）是 20 世纪 60 年代兴起的一门新兴技术，70 年代中期以后在我国得到迅速发展，主要包括卫星定位系统（GPS）、地理信息系统（GIS）和遥感等的理论与技术，同时结合计算机技术和通信技术，进行空间数据的采集、量测、分析、存储、管理、显示、传播和应用等。空间信息技术在物流领域的应用，大大提高了物流效率，从而强化了物流柔性化服务。

（3）数据库技术

数据库技术是物流信息系统的核心技术之一，它通过计算机辅助管理数据，高效地获取和处理数据、存储数据。数据库技术是通过研究数据库的结构、存储、设计、管理及应用的基本理论和实现方法，并利用这些理论来实现对数据库中的数据进行处理、分析和理解的技术。

数据库技术解决了计算机信息处理过程中大量数据有效地组织和存储的问题，减少了数据存储冗余、实现数据共享、保障数据安全及高效地检索数据和处理数据。数据库技术研究和管理的对象是数据，所以数据库技术所涉及的具体内容主要包括：通过对数据的统一组织和管理，按照指定的结构建立相应的数据库和数据仓库；利用数据库管理系统和数据挖掘系统设计出能够实现对数据库中的数据进行添加、修改、删除、处理、分析、理解、报表和打印等多种功能的数据管理和数据挖掘应用系统，并利用应用管理系统最终实现对数据的处理、分析和理解。

（4）物流信息支持系统

物流信息支持系统对物流信息进行收集、整理、存储、传播和利用，也就是将物流信息从分散到集中，从无序到有序，从产生、传播到利用。同时对涉及物流信息活动的各种要素，包括人员、技术、工具等进行管理，实现资源的合理配置。在这个意义上，物流信息支持系统将硬件和软件结合在一起，对物流活动进行管理、控制和衡量。物流信息支持系统主要有：物流企业的网络技术、物流 EDI 技术、电子订货系统 EOS、电子销售 POS 系统等。

（5）物流信息应用系统

物流信息应用系统是物流作业系统中的由物流作业人员、计算机硬件、软件、网络通信设备及其他办公设备组成的人机交互系统，其主要功能是进行物流信息的收集、存储、传输、加工整理、维护和输出，为物流管理者及其他组织管理人员提供战略决策及运作决策的支持，以达到组织的战略竞优，提高物流运作的效率与效益。

物流信息应用系统包括仓储管理信息系统、运输管理信息系统、配送管理信息系统、货运代理管理信息系统、企业 ERP 系统等。物流信息应用系统是高层次的活动，是物流系统中最重要的组成部分之一，涉及运作体制、标准化、电子化及自动化等方面的问题。由于现代计算机及计算机网络的广泛应用，物流信息应用系统的发展有了一个坚实的基础，计算机技术、网络技术及相关的关系型数据库、条码技术、EDI 等技术的应用使得物流活动中的人工、重复劳动及错误发生率减少，效率增加，信息流转加速，使物流管理发生了巨大变化。

（6）电子商务物流

电子商务物流又称网上物流，就是基于互联网技术，旨在创造性地推动物流行业发展的新商业模式。通过互联网，物流公司能够被更大范围内的货主客户主动找到，能够在全国乃至世界范围内拓展业务。贸易公司和工厂能够更加快捷地找到性价比最适合的物流公司。电子商务物流致力把世界范围内最大数量的有物流需求的货主企业和提供物流服务的物流公司都吸引到一起，提供中立、诚信、自由的网上物流交易市场，帮助物流供需双方高效地达成交易。电子商务物流的特点是信息化、自动化、网络化、智能化、柔性化。电子商务物流体系的建立，要求打破原有物流行业的传统格局，使物流、商流、信息流有机结合，建设和发展以商品代理和配送为主要特征的社会化物流配送中心。

（7）物流系统自动化技术

物流系统自动化技术充分利用各种机械和运输设备、计算机系统和综合作业协调等技术手段，通过对物流系统的整体规划及技术应用，使物流的相关作业和内容省力化、效率化、合理化，快速、准确、可靠地完成物流。物流系统自动化内容主要包括三方面：自动化立体仓库、自动导向车系统、自动分拣系统。

（8）物联网技术

物联网技术是通过射频识别技术、红外感应器、全球定位系统、激光扫描器等信息传感设备，按约定的协议，将任何物品与互联网相连，进行信息交换和通信，以实现智能化识别、定位、追踪、监控和管理的一种网络技术。物联网技术主要由五大部分组成：射频识别技术、传感器及检测技术、无线传感网、网络通信技术、云计算技术。物联网技术是物流智能应用发展的高级阶段，代表着物流信息化综合应用的水平和方向。

3. 物流信息技术的应用现状

在国内，各种物流信息应用技术已经广泛应用于物流活动的各个环节，对企业的物流活动产生了深远的影响。下面就几种常用的物流信息技术手段的应用现状进行简单介绍。

（1）数据采集与识别技术的应用

数据采集与识别技术是掌控物流过程的必需要素，动态的货物或移动载体本身具有很多有用的信息，如货物的名称、数量、重量、质量、出产地，或者移动载体（如车辆、轮船等）的名称、牌号、位置、状态等一系列信息。这些信息可能在物流中反复使用，因此，正确、快速读取动态货物或载体的信息并加以利用，可以明显地提高物流的效率。在目前流行的物流动态信息采集技术应用中，一维条码、二维条码技术应用范围最广，其次还有磁条（卡）、语音识别、便携式数据终端、射频识别（RFID）等技术。

1）一维条码技术。一维条码是由一组规则排列的条和空、相应的数字组成的，这种用条、空组成的数据编码可以供机器识读，而且很容易译成二进制数和十进制数，因此该技术广泛地应用于物品信息标注中。因为符合条码规范且无污损的条码的识读率很高，所以一维条码结合相应的扫描器可以明显地提高物品信息的采集速度。由于一维条码系统的成本较低，操作简便，是国内应用最早的识读技术，在国内有很大的市场。目前，国内大部分超市都在使用一维条码技术。但是，随着商品贸易和物流业务的发展，一维条码存在一些局限，如表示的数据有限，条码扫描距离要求很近，条码损污后可读性极差等，限制了它的进一步推广和应用。这样，一些其他信息存储容量更大、识读可靠性更好的识读技术便开始出现。

2）二维条码技术。由于一维条码的信息容量很小，如商品上的条码仅能容纳几位或十几位阿拉伯数字或字母，商品的详细描述只能依赖数据库提供，离开了预先建立的数据库，一维条码的使用就受到了局限。基于这个原因，人们发明一种新的码制，除具备一维条码的优点外，还有信息容量大（根据不同的编码技术，容量是一维条码的几倍到几十倍，从而可以存放个人的自然情况及指纹、照片等信息）、可靠性高（在损污50%仍可读取完整信息）、保密防伪性强等优点，这就是在水平和垂直方向的二维空间存储信息的二维条码技术。二维条码继承了一维条码的特点，条码系统价格便宜，识读性强且使用方便，所以在国内银行、车辆等管理信息系统上逐步应用。

3）磁卡技术。磁卡技术以涂料的形式把一层薄薄的由定向排列的铁性氧化粒子用树脂黏合在一起并粘在诸如纸或塑料这样的非磁性基片上。磁卡从本质意义上讲和计算机用的磁带或磁盘是一样的，它可以用来记载字母、字符及数字信息。优点是数据可多次读/写，数据存储量能满足大多数需求，由于其黏附力强的特点，使之在很多领域得到广泛应用，如信用卡、银行 ATM 卡、机票、公共汽车票、自动售货卡、会员卡等。但磁卡的防盗性能、存储量等性能比起一些新技术如芯片类卡还是有差距的。

4）声音识别技术。声音识别技术是一种通过识别声音达到转换成文字信息的技术，其最大特点就是不用手工录入信息，这对那些在数据采集的同时还要完成手脚并用的工作场合、或键盘上打字能力低的人尤为适用。但声音识别的最大问题是识别率，要想连续地高效应用有难度。目前，声音识别技术更多应用在语音句子量集中且反复应用的场合。

5）视觉识别技术。视觉识别技术是一种通过对一些有特征的图像进行分析和识别的技术，它能够对限定的标志、字符、数字等图像内容进行信息采集。视觉识别技术的应用，主要存在的问题是对于一些不规则或不够清晰图像的识别率较低，数据格式有限。有时还需要通过接触式扫描器扫描，才能读取信息。但随着自动化的发展，视觉技术会朝着更细致、更专业的方向发展，还会与其他自动识别技术结合起来应用。

6）智能卡技术。智能卡是一种将具有处理能力、加密存储功能的集成电路芯板嵌装在一个与信用卡一样大小的基片中的信息存储技术。识读器接触芯片，可以读取芯片中的信息。智能卡的特点是具有独立的运算和存储功能，在无源情况下数据也不会丢失，数据安全性和保密性都非常好，成本适中。智能卡与计算机系统相结合，可以方便地满足对各种各样信息的采集传送、加密和管理。智能卡技术（接触式）在国内外的许多领域得到了广泛应用，如银行、公路收费、水表煤气收费等。

7）便携式数据终端。便携式数据终端（PDT）一般包括一个扫描器、一个体积小但功能强并有存储器的计算机、一个显示器和供人工输入的键盘。便携式数据终端是一种多功能的数据采集设备，由于 PDT 可编程，允许编入一些应用软件。因此，PDT 存储器中的数据可随时通过射频通信技术传送到主计算机中。

8）射频识别技术（RFID）。射频识别技术是一种利用射频通信实现的非接触式自动识别技术。RFID 标签具有体积小、容量大、寿命长、可重复使用等特点，可支持快速读/写、非可视识别、移动识别、多目标识别、定位及长期跟踪管理。RFID 技术与互联网、通信等技术相结合，可实现全球范围内物品跟踪与信息共享。

（2）空间信息技术

目前，在物流方面的应用中，空间信息技术主要用来对物流的运输载体及物流活动中涉及的物品所在地进行跟踪。对物流设备跟踪的手段有多种，可以用传统的通信手段，如电话等进行被动跟踪，可以用 RFID 手段进行阶段性的跟踪，但目前国内用得最多的还是利用 GPS 技术跟踪。GPS 技术跟踪用到的是 GPS 物流监控管理系统，它主要跟踪货运车辆与货物的运输情况，使货主及车主随时了解车辆与货物的位置与状态，保障整个物流过程的有效监控与快速运转。物流 GPS 监控管理系统的构成主要包括运输工具上的 GPS 定位设备、跟踪服务平台（含地理信息系统和相应的软件）、信息通信机制和其他设备（如货物上的电子标签或条码、报警装置等）。在国内，部分物流企业为了提高企业的管理水平和提升对客户的服务能力，开始应用这项技术。

（3）物流系统自动化技术

随着现代物流的快速发展，物流系统自动化和信息化程度不断提高，近几年来，现代物流信息技术在物流系统中得到广泛应用，集成各类物流信息技术的物流系统自动化技术发展迅猛。

1）自动化立体仓库。自动化立体仓库在最大限度利用空间、最大限度地满足生产要求、减轻工人劳动强度、提高生产效率、加强生产和物资管理、减少库存积压等方面具有传统仓库所无可比拟的优势，其通过采用计算机等现代信息技术，有力地推动了企业现代化管理水平的提高。至2010年，我国建成的自动化立体仓库近200座。随着我国土地和人工成本的上升，自动化立体仓库投资成本将比传统仓库低，从长远来看更为经济划算。目前的自动化立体仓库主要见于汽车、纺织、铁路、卷烟、食品等行业。国内的昆明船舶集团生产的自动化立体仓库设备在红河卷烟厂、青岛海尔等多家大型著名企业应用了多年，在国内有很好的知名度。

2）自动导向车系统。自动导向车系统主要用于物料搬运，广泛应用于企业物流内部的物流仓储、配送、装卸搬运等作业环节，其稳定、可靠、高效率、适应复杂环境的特点，使其成为先进生产技术应用的代表，在国内的烟草、汽车、电器、化工、医药、食品等行业都有应用，国内有多家企业生产，如昆明船舶、邦卡机电等。

3）自动分拣系统。自动分拣系统广泛应用在物流仓储、运输、配送等作业环节，其特点是提高了货物拣选的准确性和速度。物流自动分拣系统应用的热门环节是物流的配送中心，因其每天需要拣选的物品品种多、批次多、数量大。自动分拣系统在我国物流业的应用正在逐步推宽，从最早的航空、烟草等向医药、食品、化工等行业延伸，目前国内很多物流配送中心都有应用。在分拣的方法上，常用的有"摘果式"和"播种式"两种分拣方法。

4．物流信息技术发展趋势

（1）RFID将成为未来的关键技术

RFID技术应用于物流行业，可大幅提高物流管理与运作效率、降低物流成本。从全球发展趋势来看，随着RFID相关技术的不断成熟与完善，RFID产业将成为一个新兴的高技术产业群，成为国民经济新的增长点。因此，RFID技术将成为推动现代物流加速发展的关键技术。

（2）数据采集与识别技术是突破点

在全球供应链管理趋势下，及时掌握货物的动态信息和品质信息已成为企业赢利的关键因素。但是由于受到自然、天气、通信、技术、法规等方面的影响，物流信息采集技术的动态数据是制约物流发展的重要因素。因此，借助新的科技手段，完善物流动态信息采集技术，成为物流领域下一个技术突破点。

（3）物流信息安全技术面临挑战

网络黑客无孔不入地恶意攻击、病毒的肆虐、信息的泄露，是网络时代信息安全的重大挑战。借助网络技术发展起来的物流信息技术，在享受网络飞速发展带来巨大好处的同时，也时刻面临着可能遭受的安全危机。应用安全防范技术，保障企业的物流信息系统或平台安全、稳定地运行，是企业将长期面临的一项重大课题。

（4）物联网技术使得未来物流一体化发展成为必然

近年来，在发达国家中，信息在物流应用中的发展领域主要围绕以下几个方面：

1）计算机战略计划模型；
2）一体化的配送信息系统；
3）在仓库管理中应用计算机采集和分析数据；
4）无人拣选和无纸拣选；
5）自动识别——条码技术和分拣系统；
6）仓储模拟；
7）运输车辆线路按排和运营安排；
8）道路数据库；
9）交互式计划；
10）车辆数据库。

以上物流信息技术的应用，不是孤单的一个个独岛，相互之间各有联系，需要物流智能一体化技术。要实现物流智能一体化，离不开物联网技术，通过物联网技术，可以实现物流信息共享，促进物流行业中产品流通过程的可控化、可视化，极大地促进物流产业的发展。

二、物流信息技术应用的社会调查

实训目标

1）选择多家第三方物流企业进行走访，并记录它们的规模和信息化程度。
2）调研物流信息采集中常用的几种方法。
3）企业采用物流信息系统或物流信息技术的情况调研。
4）从调研材料上区分宏观物流和微观物流及二者之间的联系。
5）根据材料完成物流信息技术应用情况企业调研报告。

实训要求

该项目主要通过调研的形式来进行，可以通过调研走访企业，结合网上信息收集的形式来进行。主要让学生理解物流信息技术的概念、内容，以及几种典型的物流信息技术，了解它在企业中的应用情况，为以后学习物流信息技术课程打下基础。

实训准备

1）确定调研的内容：主要包括企业物流信息技术应用的现状、原因和发展趋势；企业在运行物流信息技术方面的制度建设；物流信息技术的维护措施。
2）制订调查计划。围绕调查目标，明确调查主题，确定调查的对象、地点、时间、方式，并确定要收集哪些相关资料。
3）调查以小组为单位：根据班级情况，每组5~10人，设一名组长。并带上调查工具，如笔记本和笔；情况允许的话可以带上照相机和录音笔。
4）调查之前，进行相关资料的收集并做好知识准备。

5）本项目时间安排：网络上收集材料 2~4 课时；企业现场调查根据实际情况自行安排。

实训操作

1）调研企业的对象要有一定的代表性，在分组和项目安排中要予以体现。避免得出的结论以偏概全。调研的内容要尽量具体，注意所得材料的真实性、可靠性和实效性。

2）教师在学生的调研过程中要进行指导，如应该侧重哪些方面的调研，调研报告的写作格式指导。

3）教师要以项目为中心编写教案，根据教学目标安排教学环节。

4）参加项目的学生人数分配尽量合理，并在调研前进行必要的训练和教育。强调尊重调查企业、调查对象和遵守相关纪律，听从安排，体现大学生文明素质，表现出良好的综合素质。

5）对每个项目小组的调查结果，可以适当灵活体现成果，形式上不一定局限于调查报告，也可以是小论文、小作品、方案等多种形式。

项目评价

项目名称：物流信息技术的认识　　　　　　　　　　　　　年　月　日

小组成员：				实际得分	
序号	考核内容	考核标准	分值	扣分	得分
1	基本概念	是否掌握相关概念	10		
2	物流信息技术的构成	是否掌握设备的构成	25		
3	分类及特点	是否了解分类及特点	35		
4	学习习惯及纪律	课堂表现、纪律规范及职业素养	30		
	综合得分				
指　导老　师评　语					

说明：该项目放在第一次课后布置给学生，是希望学生带着问题开始学习，作为一个研究性作业，在该课程结束时提交，作为该课程的评分依据。该项目也可放在课程结束后作为专项实训，也可作为学生假期社会实践活动项目。

模块二 数据采集与识别技术

项目一 条码技术

（**编前哲思**：成长的烙印，留在你的记忆里；物流的烙印，打在商品的条码里。）

项目目标

1. 了解条码技术的基本概念、术语；
2. 熟悉常用码制及商品条码和物流条码；
3. 掌握条码扫描仪、条码打印机在条码应用系统中的操作。

项目准备

1. 条码技术教学授课课件；
2. 条码技术校内实训场所及设备的准备。

一、条码技术知识点学习

1. 条码技术概述

条码技术是在计算机技术和信息技术基础上发展起来的一门融编码、印刷、识别、数据采集和处理于一体的技术，是目前最成熟、应用领域最广泛的自动识别技术之一。条码技术主要研究如何将计算机所需的数据用一组条码表示，以及如何将条码表示的信息转变为计算机可读的数据，主要用于计算机数据的自动化输入，具有采集和输入数据速度快、可靠性高、成本低等优点。条码技术是自动识别技术的一种，它和射频技术、生物识别技术、语音识别技术、图像识别技术、磁卡及智能卡识别技术等组成自动识别技术系统，在商业贸易、图书情报、交通运输、物流流通、邮政、医疗卫生、生产自动化管理等领域广泛应用。

条码技术诞生于 20 世纪 40 年代，美国的乔·伍德兰德（Joe Wood Land）和贝尼·西尔佛（Beny Silver）两位工程师研究用条码表示食品项目及相应的自动识别设备，并于 1949 年获得了美国专利。

（1）条码的基本知识

1）条码（Bar Code）。条码是由一组规则排列的条、空及其对应字符组成的标记，用以表示一定的信息。某种商品的条码如图 2-1 所示。

图 2-1　某种商品的条码

2）代码（Code）。代码即一组用来表征客观事物的一个或一组有序的符号。代码必须具备鉴别功能，即在一个信息分类编码标准中，一个代码只能唯一地标识一个分类对象，而一个分类对象只能有一个唯一的代码。

3）码制。条码的码制是指条码符号的类型，每种类型的条码符号都是由符合特定编码规则的条和空组合而成的。每种码制都具有固定的编码容量和所规定的条码字符集。条码字符中字符总数不能大于该种码制的编码容量。常用的一维条码码制包括：EAN 条码、UPC 条码、UCC/EAN-128 条码、交插 25 条码、39 条码、93 条码、库德巴条码等。

4）字符集。字符集是指某种码制的条码符号可以表示的字母、数字和符号的集合。有些码制仅能表示 10 个数字字符：0～9，如 EAN/UPC 条码。有些码制除了能表示 10 个数字字符外，还可以表示几个特殊字符，如库德巴条码。39 条码可表示数字字符 0～9、26 个英文字母 A～Z 及一些特殊符号。

5）连续性与非连续性。条码符号的连续性指每个条码字符之间不存在间隔，相反，非连续性指每个条码字符之间存在间隔，见图 2-2。该图为 25 条码的字符结构，从图中可以看出，字符与字符间存在着字符间隔，所以是非连续的。

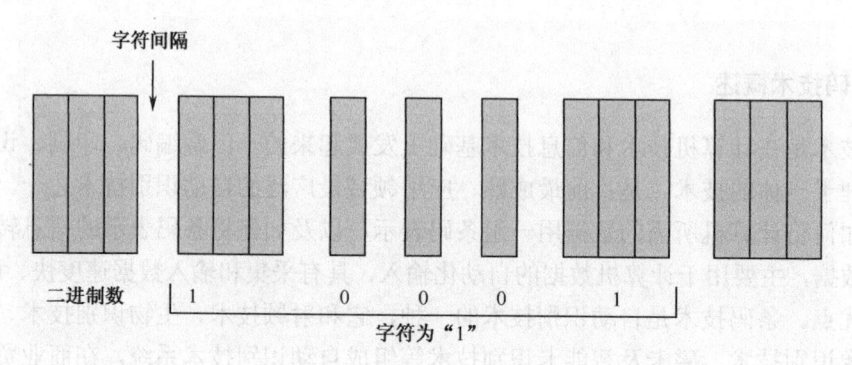

图 2-2　25 条码的字符结构

6）定长条码与非定长条码。定长条码是条码字符个数固定的条码，仅能表示固定字符个数的代码。非定长条码是条码字符个数不固定的条码，能表示可变字符个数的代码。例如，EAN/UPC 条码是定长条码，它们的标准版仅能表示 12 个字符；39 条码则为非定长条码。

7）双向可读性。条码符号的双向可读性指从左、右两侧开始扫描都可被识别的特性。绝大多数码制都可双向识读，所以都具有双向可读性。事实上，双向可读性不仅是条码符号本身的特性，也是条码符号和扫描设备的综合特性。对于双向可读的条码，识读过程中译码器需要判别扫描方向。有些类型的条码符号，其扫描方向的判定是通过起始符与终止符来完成，如 39 条码、交插 25 条码、库德巴条码。有些类型的条码，由于从两个方向扫描起始符和终止符所产生的数字脉冲信号完全相同，所以无法用它们来判别扫描方向，如 EAN 和 UPC 条码，在这种情况下，扫描方向的判别则是通过条码数据符的特定组合来完成的。对于某些非连续性条码符号，如 39 条码，由于其字符集中存在着条码字符的对称性（如字符"*"与"P"，"M"与"—"等），在条码字符间隔较大时，很可能出现因信息丢失而引起的译码错误。

8）自校验特性。条码符号的自校验特性指条码字符本身具有校验特性。若在一个条码符号中，一个印刷缺陷（例如，因出现污点把一个窄条错认为宽条，而相邻宽空错认为窄空）不会导致替代错误，那么这种条码就具有自校验功能，如 39 条码、库德巴条码、交插 25 条码都具有自校验功能，EAN 和 UPC 条码、93 条码等都没有自校验功能。自校验功能也能校验出一个印刷缺陷。对于大于一个的印刷缺陷，任何自校验功能的条码都不可能完全校验出来。对于某种码制，是否具有自校验功能是由其编码结构决定的。码制设置者在设置条码符号时，均须考虑自校验功能。

9）条码密度。条码密度指单位长度条码所表示条码字符的个数。显然，对于任何一种码制来说，各单元的宽度越小，条码符号的密度就越大，也越节约印刷面积，但由于印刷条件及扫描条件的限制，很难把条码符号的密度做得太大。39 条码的最高密度为 9.4 个/25.4 毫米（9.4 个/英寸）；库德巴条码的最高密度为 10.0 个/25.4 毫米（10.0 个/英寸）；交插 25 条码的最高密度为：17.7 个/25.4 毫米（17.7 个/英寸）。

条码密度越大，所需扫描设备的分辨率就越高，这必然增加扫描设备对印刷缺陷的敏感性。

10）条码质量。条码质量指的是条码的印制质量，其判定主要从外观、条（空）反射率、条（空）尺寸误差、空白区尺寸、条高、数字和字母的尺寸、校验码、译码正确性、放大系数、印刷厚度、印刷位置几个方面考虑。

（2）条码的分类

条码按照不同的分类方法、不同的编码规则可以分成许多种，现在已知的世界上正在使用的条码就有 250 种之多。条码的分类方法有许多种，主要依据条码的编码结构和条码的性质来定。例如，就一维条码来说，按条码的长度来分，可分为定长条码和非定长条码；按排列方式分，可分为连续型条码和非连续型条码；从校验方式分，又分为自校验条码和非自校验型条码等。

条码可分为一维条码和二维条码。一维条码是通常所说的传统条码。一维条码按照应用可分为商品条码和物流条码。商品条码包括 EAN 码和 UPC 码，物流条码包括 128 码、ITF 码、39 条码、库德巴（Codebar）条码等。二维条码根据构成原理、结构形状的差异可分为两大类型：一类是行排式二维条码（2D stacked bar code）；另一类是矩阵式二维条码（2D matrix bar code）。

（3）条码技术的特点

1）简单。条码符号制作容易，扫描操作简单易行。

2）信息采集速度快。普通计算机的键盘录入速度是 200 字符/分钟，而利用条码扫描录入信息的速度是键盘录入的 20 倍。

3）采集信息量大。利用条码扫描，一次可以采集几十位字符的信息，而且可以通过选择不同码制的条码增加字符密度，使录入的信息量成倍增加。

4）可靠性高。键盘录入数据，误码率为三百分之一，利用光学字符识别技术，误码率约为万分之一。而采用条码扫描录入方式，误码率仅有百万分之一，首读率可达 98% 以上。

5）灵活、实用。条码符号作为一种识别手段可以单独使用，也可以和有关设备组成识别系统，实现自动化识别，还可和其他控制设备联系起来实现整个系统的自动化管理。同时，在没有自动识别设备时，也可实现手工键盘输入。

6）自由度大。识别装置与条码标签相对位置的自由度要比 OCR 大得多。条码通常只在一维方向上表示信息，而同一条码符号上所表示的信息是连续，这样即使标签上的条码符号在条的方向上有部分残缺，仍可以从正常部分识读正确的信息。

7）设备结构简单、成本低。条码符号识别设备的结构简单，操作容易，无须专门训练。与其他自动化识别技术相比，推广应用条码技术所需费用较低。

（4）条码的符号结构

一个完整的条码符号由下列元素构成：左侧空白区、起始符、数据字符、校验字符、终止符、右侧空白区及供人识读字符组成，如图 2-3 所示。

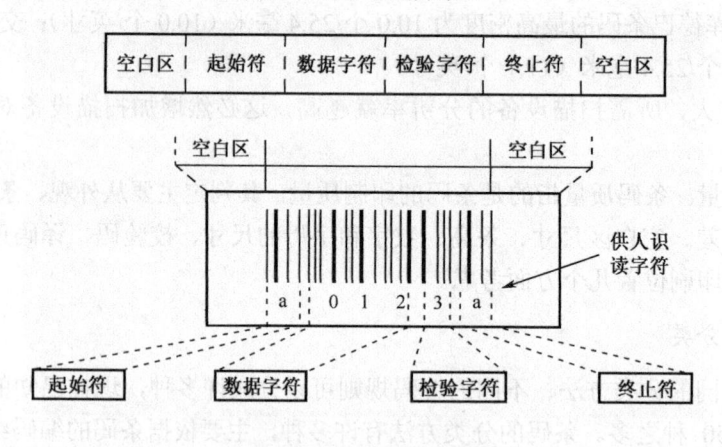

图 2-3　条码符号的结构

（5）条码的识读原理

条码符号是由宽窄不同、反射率不同的条、空按照一定的编码规则组合起来的一种信息符号。常见的条码是由黑条与白空（也称为白条）组成的。因为黑条对光的反射率最低，而白空对光的反射率最高。当光照射到条码符号上时，黑条与白空产生较强的对比度。条码符号不一定必须是黑色和白色的，也可以印制成其他颜色，但两种颜色对光必须有不同的反射率，保证有足够的对比度。条码识读器是利用条和空对光的反射率不同来读取条码数据的。

扫描器接收到的光信号需要经光电转换器转换成电信号并通过放大电路进行放大。由于扫描光斑具有一定尺寸、条码印刷时的边缘模糊性及一些其他原因，经过电路放大的条码电信号是一种平滑的起伏信号，并不呈现像条码符号亮暗条之间泾渭分明的特征，这种信号边缘常被称为条码的"模拟电信号"，见图2-4所示条码的扫描信号。这种信号还须经整形电路尽可能准确地将边缘恢复出来，变成通常所说的"数字信号"。

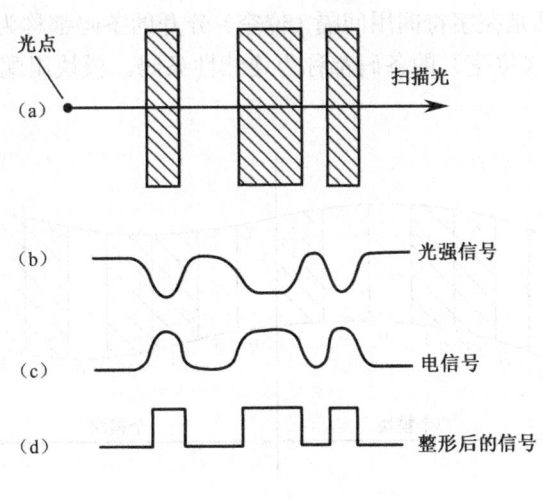

图2-4　条码的扫描信号

各个条码识读设备都有自己的条码信号处理方法，随着条码识读设备的发展，判断条码符号条空边界的信号整形方法日趋科学、合理和准确。

（6）条码的编码

条码技术涉及两种类型的编码方式：一种是代码的编码方式；另一种是条码符号的编码方式。代码的编码规则规定了由数字、字母或其他字符组成的代码序列的结构，而条码符号的编制规则规定了不同码制中条、空的编制规则及其二进制数的逻辑表示。

1）代码的编码方法。

代码的编码系统是条码的基础，不同的编码系统规定了不同用途的代码的数据格式、含义及编码原则。编制代码须遵循有关标准或规范，根据应用系统的特点与需求选择适合的代码及数据格式，并且遵守相应的编码原则，即唯一性原则、无含义性原则、稳定性原则。

2）条码符号的编码方法。

条码是利用"条"和"空"构成二进制的"0"和"1"，并以它们的组合来表示某个数字或字符，反映某种信息的。但不同码制的条码在编码方式上有所不同，一般有以下两种。

① 宽度调节编码法。

宽度调节编码法即条码符号中的条和空由宽、窄两种单元组成的条码编码方法。按照这种方式编码时，以窄单元（条或空）表示逻辑值"0"，以宽单元（条或空）表示逻辑值"1"。宽单元通常是窄单元的2～3倍。对于两个相邻的二进制数位，由条到空或由空到条，均存在着明显的印刷界限。39条码、库德巴条码及交插25条码均属于宽度调节型条码。

② 模块组配编码法。

模块组配编码法即条码符号的字符由规定的若干个模块组成的条码编码方法。按照这种方式编码，条与空是由模块组合而成的。一个模块宽度的条模块表示二进制数"1"，而一个模块宽度的空模块表示二进制数"0"。

EAN条码、UPC条码均属模块组配型条码。商品条码模块的标准宽度是0.33mm，它的一个字符由2个条和2个空构成，每一个条或空由1~4个标准宽度的模块组成，每一个条码字符的总模块数为7。凡是在字符间用间隔（位空）分开的条码都称为非连续性条码。凡是在条码字符间不存在间隔（位空）的条码都称为连续性条码。模块组配编码法条码字符的构成如图2-5所示。

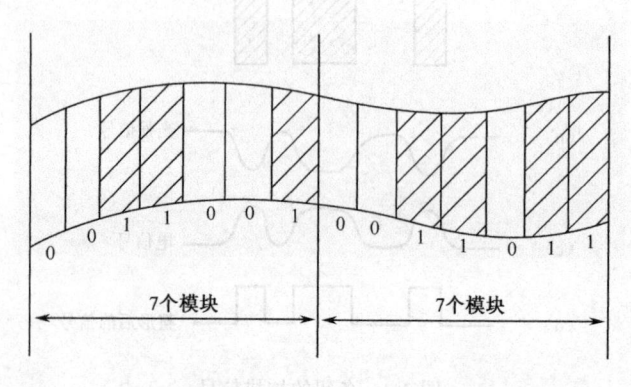

图2-5 模块组配编码法条码字符的构成

2. GS1系统与码制

（1）GS1系统

1）GS1系统的形成。

① 欧洲物品编码系统（European Article Numbering System，EAN）。

国际物品编码协会（International Article Numbering Association，EAN International）是一个国际性的非官方的非营利性组织，1981年更名为"国际物品编码协会"。EAN组织的宗旨是开发和协调全球性的物品标识系统、促进国际贸易的发展。

EAN自建立以来，始终致力于建立一套国际通行的全球跨行业的产品、运输单元、资产、位置和服务的标识标准体系和通信标准体系。

② UCC（Uniform Code Council）。

美国统一编码委员会（Uniform Code Council，UCC）是一家致力于全球贸易标准化的非营利性组织。

1970年美国超级市场委员会制定了通用商品代码UPC码，1973年美国统一编码委员会建立了UPC（Universal Product Council）条码系统，并全面实现了该码制的标准化。UPC条码成功地应用于商业流通领域中，对条码的应用和普及起到了极大的推动作用。

近几年，国际EAN加强了与美国统一代码委员会（UCC）的合作，先后两次达成EAN/UCC联盟协议，以共同开发、管理EAN·UCC系统。

2005年EAN正式更名为GS1（Globe Standard 1），EAN·UCC系统称为GS1系统，在

各行业得到广泛应用。

2）GS1系统的应用领域。

GS1系统是全球统一的标识系统，它是通过对产品、货运单元、资产、位置与服务的唯一标识，对全球的多行业供应链进行有效管理的一套开放式的国际标准。

GS1系统目前有六大应用领域，分别是贸易项目的标识、物流单元的标识、资产的标识、位置的标识、服务关系的标识和特殊应用。随着用户需求的不断增加，GS1系统的应用领域也将得到不断扩大和发展。

（2）几种常见的条码

1）一维条码。

① 25条码。

25条码是一种只用条表示信息的非连续型条码。每一个条码字符由规则排列的5个条组成，其中有两个条为宽单元，其余的条和空及字符间隔是窄单元，故称为"25条码"。

25条码的字符集为数字字符0～9。图2-6所示是表示"123458"的25条码结构。

图2-6 表示"123458"的25条码

从图2-6可以看出，25条码由左侧空白区、起始符、数据符、终止符及右侧空白区构成。空不表示信息，宽单元用二进制的"1"表示，窄单元用二进制的"0"表示，起始符用二进制的"110"表示（两个宽单元和一个窄单元），终止符用二进制的"101"表示（中间是窄单元，两边是宽单元）。因相邻字符之间有字符间隔，所以25条码是非连续型条码。

25条码是最简单的条码，它研制于20世纪60年代后期，在1990年由美国正式提出。这种条码只含数字0～9，应用比较方便。当时主要用于各种类型文件处理及仓库的分类管理、标识胶卷包装及机票的连续号等。但25条码不能有效地利用空间，人们在25条码的启迪下，将条表示信息扩展到也用空表示信息。因此在25条码的基础上又研制出了条、空均表示信息的交插25条码。

② 交插25条码。

交插25条码（Interleaved 2 of 5 Bar Code）是在25条码的基础上发展起来的，是由美国的Intermec公司于1972年发明的。它弥补了25条码的许多不足之处，不仅增大了信息容量，而且由于自身具有校验功能，还提高了交插25条码的可靠性。交插25条码起初广泛应用于仓储及重工业领域，1987年开始用于运输包装领域。1987年日本引入了交插25条码，用于储运单元的识别与管理。1997年我国也研究制定了交插25条码标准（GB/T 16829—1997），主要应用于运输、仓储、工业生产线、图书情报等领域的自动识别管理。

交插25条码是一种条、空均表示信息的连续型、非定长、具有自校验功能的双向条码。它的字符集为数字字符0～9。图2-7所示是表示"3185"的交插25条码的结构。

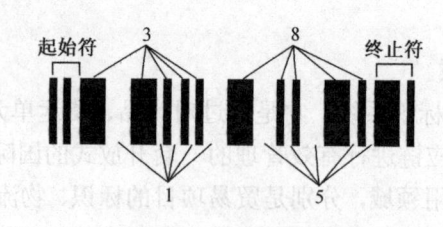

图 2-7　表示"3185"的交插 25 条码

从图 2-7 中可以看出，交插 25 条码由左侧空白区、起始符、数据符、终止符及右侧空白区构成。它的每一个条码数据符由 5 个单元组成，其中两个是宽单元（表示二进制的"1"），三个窄单元（表示二进制的"0"）。条码符号从左到右，表示奇数位数字符的条码数据符由条组成，表示偶数位数字符的条码数据符由空组成。组成条码符号的条码字符个数为偶数。当条码字符所表示的字符个数为奇数时，应在字符串左端添加"0"，如图 2-8 所示。

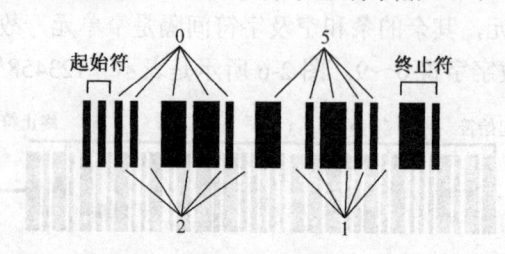

图 2-8　表示"215"的条码（字符串左端添加"0"）

③ 39 条码。

39 条码（Code 39）是 1975 年由美国的 Intermec 公司研制的一种条码，它能够对数字、英文字母及其他字符等 44 个字符进行编码。还由于它具有自检验功能，使得 39 条码具有误读率低等优点，首先在美国国防部得到应用。目前广泛应用在汽车行业、材料管理、经济管理、医疗卫生和邮政、储运单元等领域。我国于 1991 年研究制定了 39 条码标准（GB/T 12908—2002），推荐在运输、仓储、工业生产线、图书情报、医疗卫生等领域应用 39 条码。39 条码是一种条、空均表示信息的非连续型、非定长、具有自校验功能的双向条码。

由图 2-9 可以看出，39 条码的每一个条码字符由 9 个单元组成（5 个条单元和 4 个空单元），其中 3 个单元是宽单元（用二进制的"1"表示），其余是窄单元（用二进制的"0"表示），故称为"39 条码"。

图 2-9　表示"B2C3"的 39 条码

每个条码字符共 9 个单元，其中有 3 个宽单元和 6 个窄单元，共包括 5 个条和 4 个空；非数据字符等于两个符号字符。

④ 库德巴条码。

库德巴条码是 1972 年研制出来的，它广泛应用于医疗卫生和图书馆行业，也用于邮政快件上。美国输血协会还将库德巴条码规定为血袋标识的代码，以确保操作准确，保护人类生命安全。

库德巴条码是一种条、空均表示信息的非连续型、非定长、具有自校验功能的双向条码。它由条码字符及对应的供人识别的字符组成。

由图 2-10 可以看出，库德巴条码由左侧空白区、起始符、数据符、终止符及右侧空白区构成。它的每一个字符由 7 个单元组成（4 个条单元和 3 个空单元），其中两个或 3 个是宽单元（用二进制的"1"表示），其余是窄单元（用二进制的"0"表示）。

图 2-10　表示"A12345678B"的库德巴条码

2）二维条码。

从符号学的角度讲，二维条码和一维条码都是信息表示、携带和识读的手段。但从应用角度讲，尽管在一些特定场合可以选择其中的一种来满足需要，但应用侧重点是不同的：一维条码用于对"物品"进行标识，二维条码用于对"物品"进行描述。信息量容量大、安全性高、读取率高、错误纠正能力强等特性是二维条码的主要特点。

① 行排式二维条码。

行排式二维条码（又称堆积式二维条码或层排式二维条码），其编码原理是建立在一维条码基础之上，按需要堆积成两行或多行。它在编码设计、校验原理、识读方式等方面继承了一维条码的一些特点，识读设备与条码印刷与一维条码技术兼容。但由于行数的增加，需要对行进行判定。其译码算法与软件也不完全相同于一维条码。有代表性的行排式二维条码有 CODE49、CODE16K、PDF417 等。

② 矩阵式二维条码。

矩阵式二维条码（又称棋盘式二维条码）在一个矩形空间通过黑、白像素在矩阵中的不同分布进行编码。在矩阵相应元素位置上，用点（方点、圆点或其他形状）的出现表示二进制的"1"、点的不出现表示二进制的"0"，点的排列组合确定了矩阵式二维条码所代表的意义。矩阵式二维条码是建立在计算机图像处理技术、组合编码原理等基础上的一种新型图形符号自动识读处理码制。具有代表性的矩阵式二维条码有：QR Code、Data Matrix、Maxi Code、Code One、矽感 CM 码（Compact Matrix）、龙贝码等。

在目前几十种二维条码中，常用的码制有：PDF417、Data Matrix、Maxi Code、QR Code、Code 49、Code 16K、Code One 等。除了这些常见的二维条码外，还有 Vericode 条码、CP 条码、Codeblock F 条码、田字码、Ultracode 条码、Aztec 条码。

3. 条码技术应用

（1）商品条码

商品条码（Bar Code for Commodity）是由国际物品编码协会（EAN）和统一代码委员会

（UCC）规定的、用于表示商品标识代码的条码，是用来表示商品信息的一种手段，是商品标识代码的一种载体。商品条码包括 EAN 商品条码（EAN-13 商品条码和 EAN-8 商品条码）和 UPC 商品条码（UPC-A 商品条码和 UPC-E 商品条码）。厂商应根据需要选择申请适宜的代码结构，遵循三项基本的编码原则，即唯一性原则、无含义性原则、稳定性原则，这样就能保证商品标识代码在全世界范围内是唯一的、通用的、标准的，就能作为全球贸易中信息交换、资源共享的关键字和"全球通用的商业语言"。

商品条码具有以下共同的符号特征。

1）条码符号的整体形状为矩形，由一系列互相平行的条和空组成，四周都留有空白区。

2）采用模块组合法编码方法，条和空分别由 1～4 个深或浅颜色的模块组成。深色模块表示"1"，浅色模块表示"0"。

3）在条码符号中，表示数字的每个条码字符仅由两个条和两个空组成，共 7 个模块。

4）除了表示数字的条码字符外，还有一些辅助条码字符，用做表示起始、终止的分界符和平分条码符号的中间分隔符。

5）条码符号可设计成既可供固定式扫描器全向扫描又可用手持扫描设备识读的形式。

6）条码符号的大小可在放大系数 0.8～2.0 所决定的尺寸之间变化，以适应各种印刷工艺印制合格条码符号及用户对印刷面积的要求。

a. EAN/UCC-13 代码。

EAN/UCC-13 代码由 13 位数字组成。不同国家（地区）的条码组织对 13 位代码的结构有不同的划分。在中国大陆，EAN/UCC-13 代码分为三种结构，每种代码结构由三部分组成，见表 2-1。

① 前缀码。

前缀码由 2～3 位数字（$X_{13}X_{12}$ 或 $X_{13}X_{12}X_{11}$）组成，是 EAN 分配给国家（或地区）编码组织的代码。前缀码由 EAN 统一分配和管理。如中国大陆为 690-695（前缀码为 690、691 时采用结构一；前缀码为 692、693 时采用结构二；694、695 暂未启用），中国香港为 486，中国台湾 471，中国澳门为 958。需要指出的是，随着世界经济一体化发展，前缀码一般并不一定代表产品的原产地，而只能说明分配和管理有关厂商识别代码的国家（或地区）编码组织。

表 2-1 EAN/UCC-13 代码的三种结构

结构种类	厂商识别代码	商品项目代码	校验码
结构一	$X_{13}X_{12}X_{11}X_{10}X_9X_8X_7$	$X_6X_5X_4X_3X_2$	X_1
结构二	$X_{13}X_{12}X_{11}X_{10}X_9X_8X_7X_6$	$X_5X_4X_3X_2$	X_1
结构三	$X_{13}X_{12}X_{11}X_{10}X_9X_8X_7X_6X_5$	$X_4X_3X_2$	X_1

② 厂商识别代码。

厂商识别代码用来在全球范围内唯一地标识厂商，其中包含前缀码。在中国大陆，厂商识别代码由 7～9 位数字组成，由中国物品编码中心负责注册分配和管理。

③ 商品项目代码。

商品项目代码由 3～5 位数字组成，由获得厂商识别代码的厂商自己负责编制。

④ 校验码。

校验码为 1 位数字，用来校验编码 X_{13}～X_2 的正确性。校验码是根据 X_{13}～X_2 的数值按一定的数学算法计算而得的。具体计算方法可见表 2-2。

表 2-2　代码 690123456789X_1 校验码的计算

步骤	举例说明														
1. 自右向左顺序编号	位置序号	13	12	11	10	9	8	7	6	5	4	3	2	1	
	代码	6	9	0	1	2	3	4	5	6	7	8	9	X_1	
2. 从序号 2 开始求出偶数位上数字之和①	9+7+5+3+1+9=34						①								
3. ①×3=②	34×3=102						②								
4. 从序号 3 开始求出奇数位上数字之和③	8+6+4+2+0+6=26						③								
5. ②+③=④	102+26=128						④								
6. 用大于或等于结果④且为 10 最小整数倍的数减去④，其差即为所求校验码的值	130-128=2　校验码 X_1 为 2														

校验码的计算步骤如下：

a. 包括校验码在内，由右至左编制代码位置序号（校验码的代码位置序号为 1）；

b. 从代码位置序号 2 开始，所有偶数位的数字代码求和；

c. 将步骤 2 的和乘以 3；

d. 从代码位置序号 3 开始，所有奇数位的数字代码求和；

e. 将步骤 3 与步骤 4 的结果相加；

f. 用大于或等于步骤 5 所得结果且为 10 的最小整数倍的数减去步骤 5 所得结果，其差即为所求校验码。

厂商在对商品项目编码时，不必计算校验码的值，该值由制作条码原版胶片或直接打印条码符号的设备自动生成。

b. EAN/UCC-8 代码。

EAN/UCC-8 代码是 EAN/UCC-13 代码的一种补充，用于标识小型商品。它由 8 位数字组成，其结构见表 2-3。

表 2-3　EAN/UCC-8 代码结构

商品项目识别代码	校验码
$X_8 X_7 X_6 X_5 X_4 X_3 X_2$	X_1

EAN/UCC-8 的代码结构中没有厂商识别代码，商品项目识别代码由 7 位数字组成。在中国大陆，$X_8X_7X_6$ 为前缀码。前缀码与校验码的含义与 EAN/UCC-13 相同。计算校验码时只需在 EAN/UCC-8 代码前添加 5 个"0"，然后按照 EAN/UCC-13 代码中的校验位计算即可。

c. UCC-12 代码。

UCC-12 代码可以用 UPC-A 商品条码和 UPC-E 商品条码的符号表示。UPC-A 是 UCC-12 代码的条码符号表示，UPC-E 则是在特定条件下将 12 位的 UCC-12 消"0"后得到的 8 位代码的 UCC-12 符号表示。需要指出的是，在通常情况下，不选用 UPC 商品条码。当产品出口到北美地区并且客户指定时,才申请使用 UPC 商品条码。中国厂商如需申请 UPC 商品条码,须经中国物品编码中心统一办理。

4)商品条码的符号表示。

商品条码是商品标识代码的载体,是商品标识代码的图形化符号。商品条码包括四种形式的条码符号:EAN-13、EAN-8、UPC-A 和 UPC-E。

① EAN-13 商品条码。

EAN-13 商品条码是表示 EAN/UCC-13 商品标识代码的条码符号,由左侧空白区、起始符、左侧数据符、中间分隔符、右侧数据符、校验符、终止符、右侧空白区及供人识读字符组成,如图 2-11 所示。

图 2-11 EAN-13 条码符号结构

a. 左侧空白区:位于条码符号最左侧与空的反射率相同的区域,其最小宽度为 11 个模块宽。

b. 起始符:位于条码符号左侧空白区的右侧,表示信息开始的特殊符号,由 3 个模块组成。

c. 左侧数据符:位于起始符右侧,表示 6 位数字信息的一组条码字符,由 42 个模块组成。

d. 中间分隔符:位于左侧数据符的右侧,是平分条码字符的特殊符号,由 5 个模块组成。

e. 右侧数据符:位于中间分隔符右侧,表示 5 位数字信息的一组条码字符,由 35 个模块组成。

f. 校验符:位于右侧数据符的右侧,表示校验码的条码字符,由 7 个模块组成。

g. 终止符:位于条码符号校验符的右侧,表示信息结束的特殊符号,由 3 个模块组成。

h. 右侧空白区:位于条码符号最右侧的与空的反射率相同的区域,其最小宽度为 7 个模块宽。

i. 为保护右侧空白区的宽度,可在条码符号右下角加">"符号。">"符号的位置见图 2-12。

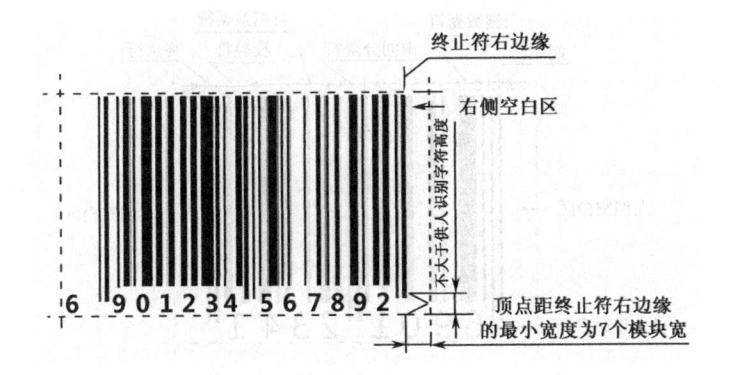

图 2-12 EAN-13 右侧空白区 ">" 的位置

j. 供人识读字符：位于条码符号的下方，是与条码字符相对应的供人识读的 13 位数字，最左边一位称前置码。字符顶部和条码底部的最小距离为 0.5 个模块宽。标准版商品条码中的前置码印制在条码符号起始符的左侧。

包括 EAN-13 在内的商品条码，每一条码数据字符由两个条和两个空构成，每一条或空由 1~4 个模块组成，每一条码字符的总模块数为 7。用二进制数 "1" 表示条的模块，用二进制数 "0" 表示空的模块，如图 2-13 所示。

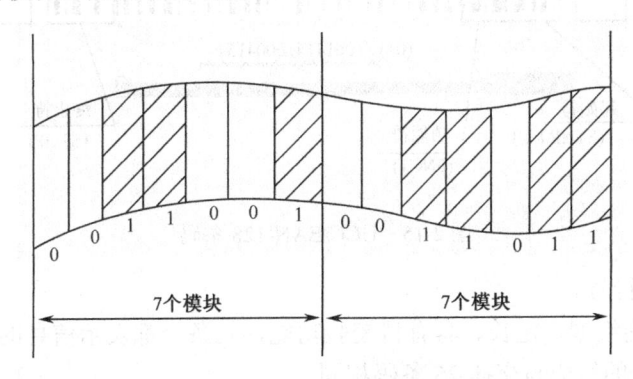

图 2-13 条码字符的构成

② EAN-8 商品条码。

EAN-8 商品条码是表示 EAN/UCC-8 商品标识代码的条码符号，由左侧空白区、起始符、左侧数据符、中间分隔符、右侧数据符、校验符、终止符、右侧空白区及供人识读字符组成，如图 2-14 所示。

（2）物流条码

1）UCC/EAN-128 条码简介。

UCC/EAN-128 条码由国际物品编码协会（EAN）和美国统一代码委员会（UCC）共同设计而成。它是一种连续型、非定长、有含义的高密度、高可靠性、两种独立的校验方式的代码。UCC/EAN-128 条码是唯一能够表示应用标识的条码符号。应用标识符（Application Identifier，AI）是标识编码应用含义和格式的字符。其作用是指明跟随在应用标识符后面的数字所表示的含义。UCC/EAN-128 可编码的信息范围广泛包括项目标识、计量、数量、日期、交易参考信息、位置等。UCC/EAN-128 条码如图 2-15 所示。

图 2-14 EAN-8 商品条码符号结构

图 2-15 UCC/EAN-128 条码

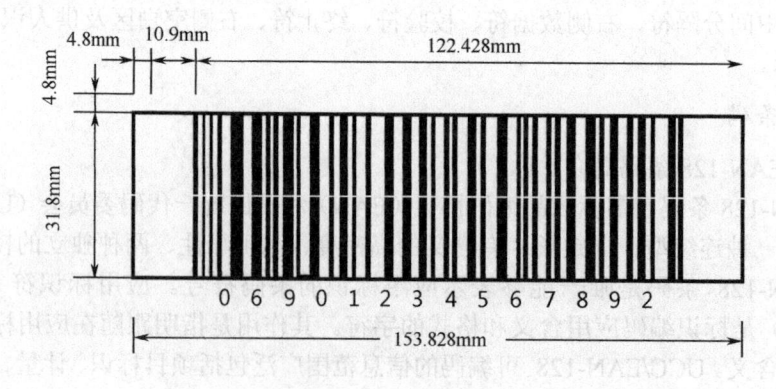

2）ITF-14 条码符号。

ITF-14 条码是连续型、定长、具有自校验功能，且条空都表示信息的双向条码。它的条码字符集、条码字符的组成与交插 25 条码相同。

ITF-14 条码只用于标识非零售的商品。ITF-14 条码对印刷精度要求不高，比较适合直接印刷（热转换或喷墨）于表面不够光滑、受力后尺寸易变形的包装材料，如瓦楞纸或纤维板上。

ITF-14 条码由矩形保护框、左侧空白区、条码字符、右侧空白区组成，如图 2-16 所示。

图 2-16 ITF-14 条码符号

只在 ITF-14 中使用指示符。指示符的赋值区间为 1~9，其中 1~8 用于定量贸易项目；9 用于变量贸易项目。最简单的编码方法是从小到大依次分配指示符的数字，即将 1, 2, 3, … 分配给贸易单元的每个组合。图 2-17 所示为 ITF-14 的编码结构。

	N_1	$N_2\ N_3\ N_4\ N_5\ N_6\ N_7\ N_8\ N_9\ N_{10}\ N_{11}\ N_{12}\ N_{13}$	N_{14}
EAN·UCC-14 编码结构	指示符	内含贸易项目的EAN·UCC标识代码（不含校验码）	检验码

图 2-17 ITF-14 的编码结构

3）物流单元。

物流单元是供应链中需要管理的对象，是为了运输和/或仓储而建立的组合项目。例如，一箱有不同颜色和大小的 12 件裙子和 20 件夹克的组合包装、一个 40 箱饮料的托盘（每箱 12 盒装）都可作为一个物流单元。

GS1 系统在供应链中跟踪和自动记录物流单元使用的系列货运包装箱代码（Serial Shipping Container Code，SSCC）这是为物流单元提供唯一标识的代码。换言之，物流单元必须用 SSCC 来标识。SSCC 需要用 UCC/EAN-128 条码符号表示。通过扫描识读物流单元上表示 SSCC 的 UCC/EAN-128 条码符号，建立商品流动与相关信息间的链接，能逐一跟踪和自动记录物流单元的实际流动，也可广泛用于运输行程安排、自动收货等。SSCC 对每一特定的物流单元是唯一的，并且基本可以满足所有的物流应用。

如果贸易伙伴（包括承运商和第三方）能扫描、识读表示 SSCC 的 UCC/EAN-128 条码符号、交换含有物流单元全部信息的 EDI 报文、并且读取时能够在线得到相关文件以获取这些描述信息，那么除了 SSCC 外，就不需要标识其他信息了。但是，目前难以满足所有这些条件，因此，除了表示 SSCC 的 UCC/EAN-128 条码符号以外，还须在物流单元上以条码符号的形式表示少许属性信息。

物流单元可能由多种贸易项目构成，在其尚未形成时，无法事先将含 SSCC 在内的条码符号印在物流单元的包装上，因此，通常情况下，物流标签是在物流单元确定时附加在上面的。

如果一个物流单元同时也是贸易单元，就必须遵循《EAN·UCC 通用规范》中有关"贸易项目"的规定。因此，应生成一个以条码符号表示所有需求信息的单一标签。《EAN·UCC 通用规范》对于物流单元的标签作出了相应的规定。SSCC 及其在物流单元上的应用是其中最重要的部分。

① SSCC 编码。

不管物流单元本身是否标准、所包含的贸易项目是否相同，SSCC 都可标识所有的物流单元。厂商如果希望在 SSCC 数据中区分不同的生产厂（或生产车间），可以通过为每个生产厂（或生产车间）分配 SSCC 区段来实现。SSCC 在发货通知、交货通知和运输报文中公布。

SSCC 编码结构见表 2-4。

表2-4 SSCC编码结构

AI	SSCC			校验码
	扩展位	厂商识别代码	系列代码	
00	N_1	$N_2\ N_3\ N_4\ N_5\ N_6\ N_7\ N_8\ N_9\ N_{10}\ N_{11}\ N_{12}\ N_{13}\ N_{14}\ N_{15}\ N_{16}\ N_{17}$		N_{18}

扩展位：用于增加SSCC系列代码的容量，由厂商分配。例如，0表示纸盒，1表示托盘，2表示包装箱等。

厂商识别代码：由中国物品编码中心负责分配给用户，用户通常是组合物流单元的厂商。SSCC在世界范围内是唯一的，但并不表示物流单元内贸易项目的起始点。

系列代码：由取得厂商识别代码的厂商分配的一个系列号，用于组成$N_2 \sim N_{17}$字符串。系列代码一般为流水号。

② 物流标签。

物流标签上表示的信息有两种基本的形式：由文本和图形组成的供人识读的信息；为自动数据采集设计的机读信息。作为机读符号的条码是传输结构化数据的可靠而有效的方法，允许在供应链中的任何节点获得基础信息。表示信息的两种方法能够将一定的含义添加在同一标签上。EAN·UCC物流标签由3部分构成，各部分的顶部包括自由格式信息，中部包括文本信息和对条码解释性的供人识读的信息，底部包括条码和相关信息。

物流标签的版面划分为3个区段：供应商区段、客户区段和承运商区段。标签区段是信息的一个合理分组，这些信息一般在特定的时间才知道。当获得相关信息时，每个标签区段可在供应链上的不同节点使用。此外，为便于人、机分别处理，每个标签区段中的条码与文本信息是分开的。

对所有EAN·UCC物流标签来说，SSCC是唯一的必备要素。如果需要增加其他信息，则应符合《EAN·UCC通用规范》的相关规定。

a．供应商区段。

供应商区段所包含的信息一般是供应商在包装时知晓的。SSCC以此作为物流单元的标识。如果过去使用GTIN，在此处也可以与SSCC一起使用。

对供应商、客户和承运商都有用的信息，如生产日期、包装日期、有效期、保质期、批号、系列号等，皆可采用UCC/EAN-128条码符号表示。

b．客户区段。

客户区段所包含的信息，如到货地、购货订单代码、客户特定运输路线和装卸信息等，通常是在订购时和供应商处理订单时知晓的。

c．承运商区段。

承运商区段所包含的信息，如到货地邮政编码、托运代码、承运商特定运输路线、装卸信息等，通常是在装货时知晓的。

d．标签示例。图2-18是最基本的标签，在该标签中，UCC/EAN-128条码符号仅表示SSCC。

图2-19是含承运商区段、客户区段和供应商区段的标签。图中最上面的一个标签为承运上的信息，其中"420"表示收货方与供货方在同一国家（或地区）收货方的邮政编码，从图中的文字不难看出，这个物流标签所标识的货物从美国的Boston运送到Dayton，在同一个国家中进行运输；"401"表示货物托运代码。中间的物流标签标识的是客户的信息，"410"后

跟随的是交货地点的（运抵）位置码，也就是客户的位置码。最下面的标签是供应商区段的内容，"00"其后跟随的是要发运的物流单元。

图 2-18　物流标签示例

图 2-19　含承运商区段、客户区段和供应商区段的标签

二、条码技术模拟与实训

实训目标

1. 熟知商品条码及系统成员申请过程；
2. 熟练操作条码扫描仪；
3. 熟练掌握条码的生成、打印与检测操作。

实训要求

1. 通过浏览中国物品编码中心的官方网站（www.ancc.org.cn），了解条码技术发展的最新动态，收集条码技术资料。
2. 模拟企业办理商品条码系统成员证；
3. Label Matrix32 软件和 Bartender 软件的使用、条码的检测；
4. 了解条码在物流中的应用（选做）。

实训准备

1. 能连接互联网的计算机。
2. Label Matrix32 软件和 Bartender 软件。
3. 条码打印机、条码检测仪。
4. 物流信息系统（仓储配送）。

实训操作

1. 搜集条码技术最新发展动态与应用案例并进行分析，撰写总结报告。
2. 根据企业背景资料，应用网络等学习资源了解企业申请条码系统成员注册的程序并填写《中国商品条码系统成员注册登记表》（网络下载）。

企业背景：

企业名称：昆明市丰盛食品有限公司。

企业注册地址：昆明市盘龙区北京路 999 号　邮编：650000。

企业办公地址：昆明市盘龙区北京路 999 号　邮编：650000。

营业执照注册号（或工商注册号）：530102123456789。

注册地区行政区划代码：530102。

注册资金：300 万元。

企业类别：单个生产企业。

企业情况：方便面生产的股份有限公司。

3. 使用 Label Matrix32 软件和 Bartender 软件生成并打印条码标签，使用条码检测仪进行检测。

4. 使用一种物流信息管理软件并熟练掌握条码的操作。

项目评价

项目名称：条码技术　　　　　　　　　　　　　　　　　　　　年　　月　　日

小组成员：				实际得分	
序号	考核内容	考核标准	分值	扣分	得分
1	基本概念	是否掌握相关概念	10		
2	搜索引擎的使用	是否掌握搜索引擎的使用方法	10		
3	条码生成软件的使用	是否熟悉条码生成软件的使用方法	20		
4	条码检测	是否掌握条码检测	20		
5	是否完成实验报告	是否完成实验报告	20		
6	职业习惯及纪律	是否有良好的职业道德和规范的职业素养	20		
	综合得分				
指导老师评语					

项目巩固与提高

一、选择题

1. （　　）年4月，中国物品编码中心代表我国加入国际物品编码协会 EAN，为全面开展我国条码工作创造了先决条件。

　　A．1991年　　　B．1975年　　　C．2000年　　　D．1982年

2. 条码扫描译码过程是（　　）。

　　A．光信号→数字信号→模拟电信号　　B．光信号→模拟电信号→数字信号

　　C．模拟电信号→光信号→数字信号　　D．数字信号→光信号→模拟电信号

3. 在条码阅读设备的开发方面，（　　）是今后的发展趋势，扫描器的重点是图像式和激光式扫描器等品种。

　　A．在线式阅读器　　　　　　　　　　B．无线式阅读器

　　C．激光式阅读器　　　　　　　　　　D．固定式阅读器

4. 当扫描器扫读条码符号时，光敏元件将扫描到的光信号转变为模拟电信号，模拟电信号经过放大、滤波、整形等信号处理转变为（　　）。

　　A．图像信号　　　　　　　　　　　　B．数字信号

　　C．模拟信号　　　　　　　　　　　　D．变频信号

5. 以下具有自校验功能的条码是（　　）。

　　A．EAN 条码　　　　　　　　　　　　B．交插25条码

　　C．UPC 条码　　　　　　　　　　　　D．93条码

6. （　　）是商品条码。
   A. 39 码　　　B. 库德巴码　　　C. ITF 码　　　D. EAN 码

二、简答题

1. 什么是条码技术？
2. 简述条码的分类。
3. 商品条码的编码原则是什么？
4. 目前常见的一维条码和二维条码各有哪些？
5. 什么是宽度调节法？什么是模块组配法？

项目二　射频识别技术

（编前哲思：距离产生美，射频识别技术形象、生动地给我们阐述了这个真实的道理。）

项目目标

1. 了解视频识别技术的概念、分类、组成；
2. 熟悉视频识别系统的类型及基本原理；
3. 掌握射频标签的读/写操作。

项目准备

1. 射频技术教学授课课件；
2. 射频技术校内实训场所及设备的准备。

一、射频识别技术知识点学习

射频识别（Radio Frequency Identification，RFID）技术起源于第二次世界大战期间，使用射频电波识别敌机和友机。RFID 技术利用无线射频方式进行非接触式双向通信交换数据以达到自动识别的目的，该技术具有防水、耐高温、使用寿命长、读取距离远、标签上数据可以加密、存储数据容量大、存储信息可以随意修改、可以识别高速运动中的物体、可识别多个标签、可以在恶劣环境下工作等优点。

射频识别技术的基本原理是电磁理论。射频系统的优点是不局限于视线、识别距离比光学系统远、射频识别标签具有可读/写能力、可携带大量数据、难以伪造和有智能的特点等。

1. 射频识别系统分类

（1）按照耦合类型进行分类

1）电感耦合系统。

在电感耦合系统中，读写器和电子标签之间射频信号的实现为变压器模型，通过空间高频交变磁场实现耦合，该系统依据的是电磁感应定律。

电感耦合方式一般适用于中、低频工作的近距离射频识别系统。电感耦合系统典型的工作频率为 125kHz、225kHz 和 13.56MHz。该系统的识别距离小于 1m，典型作用距离为 10～20cm。

2）电磁反向散射耦合系统。

在电磁反向散射耦合系统中，读写器和电子标签之间射频信号的实现为雷达原理模型，发射出去的电磁波碰到目标后被反射，同时携带回目标信息。该系统依据的是电磁波的空间传输规律。

（2）按应用频率的不同分类

按应用频率的不同分为低频（LF）、高频（HF）、超高频（UHF）、微波（MW），相对应的代表性频率分别为：低频在 135kHz 以下，高频主要为 13.56MHz，超高频在 860MHz～960MHz，微波为 2.4GHz 和 5.8GHz。

（3）按照能源的供给方式分类

RFID 按照能源的供给方式分为无源 RFID、有源 RFID 及半有源 RFID。无源 RFID 读/写距离近、价格低；有源 RFID 可以提供更远的读/写距离，但是需要电池供电，成本更高一些，适用于远距离读/写的应用场合。

2．射频识别系统的组成

RFID 系统主要由电子标签、天线、读写器和主机组成（见图 2-20）。电子标签（Tag）为非接触式 IC 卡，放在需要被识别的物体上，由耦合元件和芯片组成，标签有内置天线，可以发送和接收信号。天线（Antenna）完成无线信号的发送和接收。读写器（Reader）可以发送和接收命令，并与主机通信，执行主机命令。主机（Host）发送用户命令和显示接收数据。

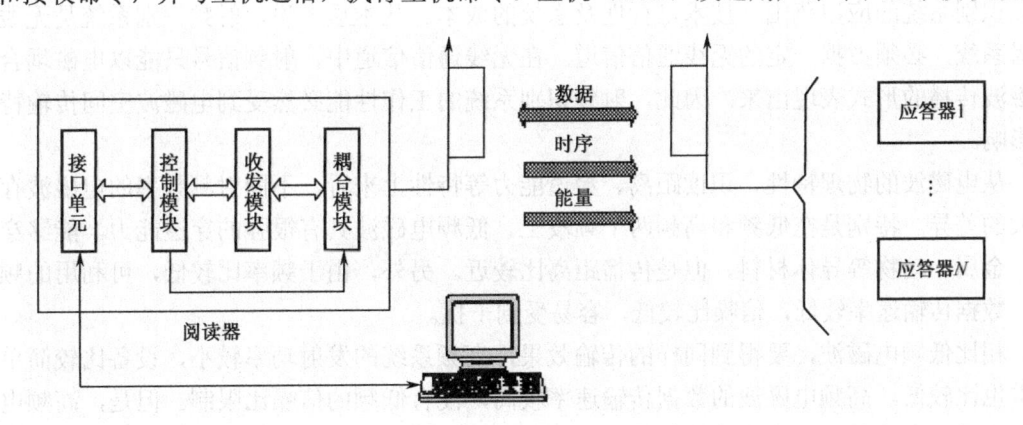

图 2-20 射频识别系统的组成

（1）电子标签

电子标签是射频识别系统的数据载体，也称射频标签。电子标签由标签天线和标签专用芯片组成。依据电子标签供电方式的不同，电子标签可以分为有源电子标签（Active Tag）、无源电子标签（Passive Tag）和半无源电子标签（Semi-Passive Tag）。有源电子标签内装有电池，无源电子标签没有内装电池，半无源电子标签（Semi-Passive Tag）部分依靠电池工作。

电子标签依据频率的不同可分为低频电子标签、高频电子标签、超高频电子标签和微波电子标签。依据封装形式的不同可分为信用卡标签、线形标签、纸状标签、玻璃管标签、圆形标签及特殊用途的异形标签等。

（2）读写器

RFID 读写器（RFID 阅读器）通过天线与 RFID 电子标签进行无线通信，可以实现对标签识别码和内存数据的读出或写入操作。典型的 RFID 读写器包含 RFID 射频模块（发送器和接收器）、控制单元及阅读器天线。读写器又称读出装置、扫描器、通信器、读取器（取决于电子标签是否可以无线改写数据）。电子标签与阅读器之间通过耦合元件实现射频信号的空间（无接触）耦合。在耦合通道内，根据时序关系，实现能量的传递、数据的交换。

（3）天线

天线是一种以电磁波形式把前段视频信号接收或辐射出去的装置，是电路与空间的界面器件，电子标签和读写器通过各自的天线构建起两者之间的非接触信息传输通道。

3. 射频识别系统主要参数

其中，读写器的技术参数有：读写器的工作频率、读写器的输出功率、读写器的数据传输速度、读写器的输出端口形式和读写器是否可调等。电子标签的技术参数有：电子标签的能量要求、电子标签的容量要求、电子标签的工作频率、电子标签的数据传输速度、电子标签的读写速度、电子标签的封装形式、电子标签数据的安全性等。

（1）工作频率

工作频率是射频识别系统最基本的技术参数之一。工作频率的选择在很大程度上决定了射频识别系统的应用范围、技术可行性及系统的成本。从本质上说，射频识别系统是无线电传播系统，必须占据一定的无线通信信道。在无线通信信道中，射频信号只能以电磁耦合或电磁波传播的形式表现出来。因此，射频识别系统的工作性能必然受到电磁波空间传输特性的影响。

从电磁波的物理特性、识读距离、穿透能力等特性上来看，不同射频频率的电磁波存在较大的差异。特别是在低频和高频两个频段上。低频电磁波具有很强的穿透能力，能够穿透水、金属、动物等导体材料，但是传播距离比较近。另外，由于频率比较低，可利用的频带窄，数据传输速率较低，信噪比较低，容易受到干扰。

相比低频电磁波，要得到同样的传输效果，高频系统的发射功率较小，设备比较简单，成本也比较低。高频电磁波的数据传输速率较高，没有低频的信噪比限制。但是，高频电磁波的穿透能力较差，很容易被水等导体媒质所吸收，因此，高频电磁波对障碍物的敏感性较强。

（2）作用距离

射频识别系统的作用距离指的是系统的有效识别距离。影响读写器识别电子标签有效距离的因素很多，主要包括以下因素：读写器的发射功率、系统的工作频率和电子标签的封装形式等。

其他条件相同时，低频系统的识别距离最近，其次是中高频系统、微波系统，微波系统的识别距离最远。只要读写器的频率发生变化，系统的工作频率就会随之改变。

射频识别系统的有效识别距离和读写器的射频发射功率成正比。发射功率越大，识别距离就越远。但是电磁波产生的辐射超过一定的范围时，就会对环境和人体产生有害影响。因此，在电磁功率方面必须遵循一定的功率标准。

电子标签的封装形式也是影响系统识别距离的原因之一。电子标签的天线越大，即电子标签穿过读写器的作用区域内所获取的磁通量越大，存储的能量也越大。

应用项目所需要的作用距离取决于多种因素：电子标签的定位精度；实际应用中多个电子标签之间的最小距离；在读写器的工作区域内，电子标签的移动速度。

在 RFID 应用中，选择恰当的天线，即可适应长距离读/写的需要。

（3）数据传输速率

对于大多数数据采集系统来说，速度是非常重要的因素。由于产品生产周期不断缩短，要求读取和更新 RFID 载体的时间越来越短。

（4）安全要求

安全要求，一般指的是加密和身份认证。对一个计划中的射频识别系统应该就其安全要求做出非常准确的评估，以便从一开始就排除在应用阶段可能会出现的各种危险攻击。为此，要分析系统中存在的各种安全漏洞、攻击出现的可能性等。

（5）存储容量

数据载体存储量的大小不同，系统的价格也不同。数据载体的价格主要是由电子标签的存储容量决定的。

对于价格敏感、现场需求少的应用，应该选用固定编码的只读数据载体。如果要向电子标签内写入信息，则需要采用 EEPROM 或 RAM 存储技术的电子标签，系统成本会有所增加。

（6）RFID 系统的连通性

作为自动化系统的发展分支，RFID 技术必须能够集成现存的和发展中的自动化技术。重要的是，REID 系统应该可以直接与个人计算机、可编程逻辑控制器或工业网络接口模块（现场总线）相连，从而降低安装成本。连通性使 RFID 技术能够提供灵活的功能，易于集成到广泛的工业应用中去。

（7）多电子标签同时识读性

由于系统可能需要同时对多个电子标签进行识别，因此，需要对读写器提供的多标签识读性进行考虑。这与读写器的识读性能、电子标签的移动速度等都有关系。

（8）电子标签的封装形式

针对不同的工作环境，电子标签的大小、形式决定了电子标签的安装与性能的表现，电子标签的封装形式也是需要考虑的参数之一。电子标签的封装形式不仅影响系统的工作性能，而且影响系统的安全性能和美观。

4. RFID 系统类型

据 RFID 系统完成的应用功能不同,可以粗略地把 RFID 应用系统分成四种类型:EAS 系统、便携式数据采集系统、网络系统、定位系统。

(1) EAS 系统

Electronic Article Surveillance (EAS) 是一种设置在需要控制物品出入的门口的 RFID 技术。这种技术的典型应用场合是商店、图书馆、数据中心等地方,当未被授权的人从这些地方非法取走物品时,EAS 系统会发出警告。在应用 EAS 技术时,首先在物品上黏附 EAS 标签,当物品被正常购买或合法移出时,在结算处通过一定的装置使 EAS 标签失效,物品就可以取走。物品经过装有 EAS 系统的门口时,EAS 装置能自动检测标签的活动性,发现活动性标签 EAS 系统会发出警告。EAS 技术的应用可以有效防止物品被盗,不管是大件的商品还是很小的物品。应用 EAS 技术,物品不用锁在玻璃橱柜里,可以让顾客自由地观看、检查商品,这在自选日益流行的今天有着非常重要的现实意义。典型的 EAS 系统一般由三部分组成:① 附着在商品上的电子标签、电子传感器;② 电子标签灭活装置,以便授权商品能正常出入;③ 监视器,在出口造成一定区域的监视空间。

EAS 系统的工作原理是:在监视区,发射器以一定的频率向接收器发射信号。发射器与接收器一般安装在零售店、图书馆的出入口,形成一定的监视空间。当具有特殊特征的标签进入该区域时,会对发射器发出的信号产生干扰,这种干扰信号会被接收器接收,再经过微处理器的分析判断,就会控制警报器的鸣响。根据发射器所发出的信号不同及标签对信号干扰原理的不同,EAS 可以分成多种类型。关于 EAS 技术,最新的研究方向是标签的制作,人们正在讨论 EAS 标签能不能像条码一样,在产品的制作或包装过程中加进产品,成为产品的一部分。

(2) 便携式数据采集系统

便携式数据采集系统是使用带有 RFID 识读器的手持式数据采集器采集 RFID 标签上的数据。这种系统具有比较大的灵活性,适用于不宜安装固定式 RFID 系统的应用环境。手持式阅读器(数据输入终端)可以在读取数据的同时,通过无线电波数据传输方式(RFDC)实时地向主计算机系统传输数据,也可以暂时将数据存储在阅读器中,再一批一批地向主计算机系统传输数据。

(3) 物流控制系统

在物流控制系统中,固定布置的 RFID 读写器分散布置在给定的区域,并且读写器直接与数据管理信息系统相连,射频识别标签是移动的,一般安装在移动的物体上。当物体经读写器时,读写器会自动扫描标签上的信息并把数据信息输入数据管理信息系统中存储、分析、处理,达到控制物流的目的。

(4) 定位系统

定位系统用于自动化加工系统中的定位及对车辆、轮船等进行运行定位支持。读写器放置在移动的车辆、轮船上或自动化流水线中移动的物料、半成品、成品上。射频识别标签嵌入到操作环境的地表下面。射频识别标签上存储有位置识别信息,读写器一般通过无线的方式或有线的方式连接到主信息管理系统。

5. RFID 系统工作原理

RFID 系统的基本工作原理是：由读写器通过发射天线发送特定频率的射频信号，当电子标签进入有效工作区域时产生感应电流，从而获得能量，被激活，使得电子标签将自身编码信息通过内置天线发射出去；读写器的接收天线接收到从标签发送来的调制信号，经天线的调制器传送到读写器信号处理模块，经解调和解码后将有效信息送到后台主机系统进行相关处理；主机系统根据逻辑运算识别该标签的身份，针对不同的设定做出相应的处理和控制，最终发出信号控制读写器完成不同的读/写操作。

6. RFID 的智能应用

随着 RFID 技术的不断完善，它在社会生产生活中的应用将越来越广泛，如商品防伪、国防军事、物联网（Internet of Things，IOT）、智能交通、电子门票、身份识别和一卡通等领域。现在射频技术广泛地应用在以下领域：物料跟踪、运载工具和货架识别等要求非接触数据采集和交换的场合，由于射频识别标签具有可读/写能力，在需要频繁改变数据内容的场合尤为适用。

（1）车辆的自动识别

实现车号的自动识别是铁路部门由来已久的梦想。RFID 技术的问世很快受到铁路部门重视，从国外实践看，北美铁道协会 1992 年年初批准了采用 RFID 技术的车号自动识别标准，到 1995 年 12 月为止，在北美 150 万货车、1400 个地点安装了 RFID 装置，首次在大范围内成功地建立了自动车号识别系统。此外，欧洲一些国家，如丹麦、瑞典也先后利用 RFID 技术建立了局域性的自动车号识别系统，澳大利亚近年来开发了自动识别系统，用于矿山车辆的识别和管理。

（2）高速公路收费及智能交通系统

高速公路自动收费系统是 RFID 技术最成功的应用之一，它充分体现了非接触识别优势。在车辆高速通过收费站的同时自动完成缴费，解决交通瓶颈问题，避免拥堵，同时也防止了现金结算中贪污路费等问题。美国 Amtch 公司、瑞典 Tagmaster 公司都开发了高速公路收费系统。

（3）非接触识别卡

国外的各种交易大多利用各种卡完成，即所谓非现金结算，如电话卡、会员收费卡、储蓄卡地铁及汽车月票等，以前此类卡大都采用磁卡或 IC 卡，由于磁卡、IC 卡采用接触式识读，在抗机械磨损及外界强电场、磁场干扰方面能力差，磁卡易伪造，目前大有被非接触识别卡所替代的势头。

（4）生产线的自动化及过程控制

RFID 技术用于生产线实现自动控制、监控质量、改进生产方式、提高生产率，如用于汽车装配生产线。国外许多著名轿车生产商都可以按用户要求定制，也就是说从流水线开下来的每辆汽车都是不一样的，上万种内部及外部选项所决定的装配工艺是各式各样的，没有一个复杂的控制系统将很难胜任这样复杂的任务。德国宝马公司在汽车装配线上配有 RFID 系统，以保证汽车在流水线各位置毫不出错地完成装配。

在工业过程控制中，很多恶劣、特殊的环境都采用了 RFID 技术，Motorola、SGS-Thomson 等集成电路制造商采用加入了 RFID 技术的自动识别工序控制系统，满足了半导体生产对于超净环境的特殊要求，而其他自动识别技术（如条码）在如此苛刻的化学条件和超净环境下就无法工作了。

（5）动物的跟踪及管理

RFID 技术可用于动物跟踪，研究动物生活习性。例如，新加坡利用 RFID 技术研究鱼的洄游特性等。RFID 还用于标识牲畜，提供了现代化管理牧场的手段，RFID 技术还用于信鸽比赛、赛马识别等，以准确测定到达时间。

（6）货物的跟踪及物品监视

很多货物运输需要准确地知道货物的位置，像运钞车、危险品等，沿线安装的 RFID 设备可跟踪运输的全过程，有些还结合 GPS 系统实施对物品的有效跟踪。RFID 技术用于商店，可防止某些贵重物品被盗，如电子物品监视系统 EAS。

二、射频技术模拟与实训

实训目标

1．了解 RFID 技术的基本应用；
2．掌握射频标签的写入、读出操作；
3．了解射频技术在物流中的应用。

实训要求

1．观察日常生活中的 RFID 技术应用，记录它们的具体使用情况，撰写观察实践分析报告；
2．射频标签的读/写；
3．物流软件中的射频识别应用（选做）。

实训准备

1．能连接互联网的计算机；
2．射频技术实训系统；
3．物流信息系统（仓储配送）。

实训操作

1．观察日常生活中的 RFID 技术应用，填写下表，撰写观察实践分析报告。

表 2-5　RFID 技术应用

序号	RFID 应用	应用领域	频率	系统组成	成本构成
1					
2					
3					
4					
5					

2．射频标签的读/写。

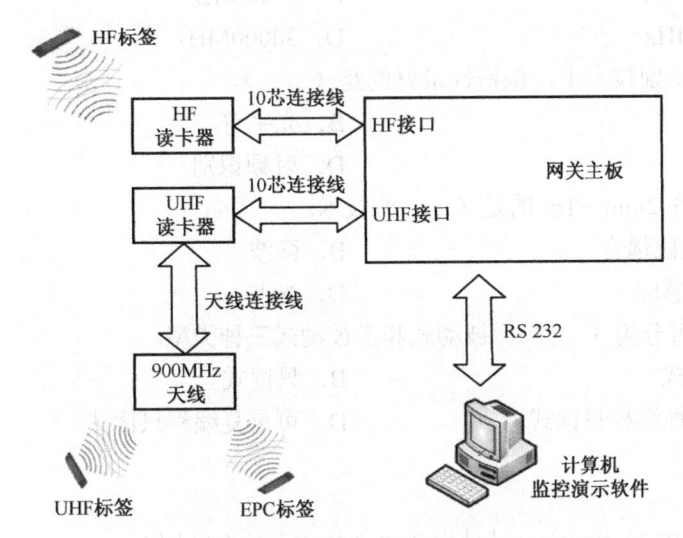

3．使用一种物流信息管理软件并熟练掌握无线射频终端的操作。

项目评价

项目名称：射频识别技术　　　　　　　　　　　　　　年　　月　　日

小组成员：				实际得分	
序号	考核内容	考核标准	分值	扣分	得分
1	基本概念	是否掌握相关概念	10		
2	系统的组成	是否掌握系统的组成	10		
3	功能及特点	是否熟悉功能及特点	10		
4	射频标签的读/写	是否掌握射频标签的读/写	20		
5	实训报告	是否完成实训报告	20		
6	软件的使用	是否熟悉软件的使用	10		
7	职业习惯及纪律	是否有良好的职业道德和规范的职业素养	20		
	综合得分				
指导老师评语					

项目巩固与提高

一、选择题

1. 自动识别技术主要有条码技术和（　　）。
   A. 自动定位技术　　　　　　B. 自动跟踪技术
   C. 人工智能技术　　　　　　D. 射频识别技术
2. 在射频识别技术应用中，高速公路自动收费系统要求射频应该在900MHz和（　　）。
   A. 1900MHz　　　　　　　　B. 2500MHz
   C. 200MHz　　　　　　　　 D. 30000MHz
3. 下列自动识别技术中，保密性最好的是（　　）。
   A. 条码　　　　　　　　　　B. 光字符
   C. 磁卡　　　　　　　　　　D. 射频识别
4. 识别距离在2mm～1m的是（　　）技术。
   A. 20电磁耦合　　　　　　　B. 微波
   C. 电磁感应　　　　　　　　D. 光波
5. 射频标签可分为（　　）、被动式和半被动式三种类型。
   A. 主动式　　　　　　　　　B. 只读式
   C. 一次性编程只读式　　　　D. 可重复编程只读式

二、简答题

1. 什么是RFID技术，它与其他自动识别技术有什么区别？
2. 简述RFID系统的组成与类型。
3. 简述RFID的工作原理。
4. 简述RFID技术的发展趋势及对未来生活的影响。

项目三　产品电子代码（EPC）技术

（**编前哲思**：人们有了身份证，就可以自由旅行；产品有了EPC，就可以通畅运营。）

项目目标

1. 了解EPC的概念及特点；
2. 熟悉EPC系统的组成及工作流程；
3. 了解EPC的应用。

项目准备

1. EPC 技术教学授课课件；
2. EPC 技术校内实训场所及设备的准备。

一、EPC 技术知识点学习

1. EPC 的概念与发展

EPC（Electronic Product Code，产品电子代码）是为了提高物流供应链管理水平、降低成本，在互联网的基础上，利用射频识别（RFID）、无线数据通信等技术，构造一个覆盖世界上万事万物的物联网（Internet of Things）的一项新技术，可以实现对所有实体对象（包括零售商品、物流单元、集装箱、货运包装等）的唯一有效标识，被誉为具有革命性意义的现代物流信息管理新技术。

（1）EPC 的发展

EPC 概念的提出源于射频识别技术和计算机网络技术的发展。在过去的一段时间里，EAN/UCC 编码已大大提高了供应链的生产率和效率，并且已成为全球最通用的标准之一。条码已经成为产品识别的主要手段。但条码仍然存在许多无法克服的缺点，主要表现在以下方面。

1）条码只能识别一类产品，而无法识别单品。

2）条码是可视传播技术。即扫描仪必须"看见"条码才能读取它，这表明人们通常必须将条码对准扫描仪才有效。相反，无线电频率识别并不需要可视传输技术，射频标签只要在识读器的读取范围内就可以了。

3）如果印有条码的横条被撕裂、污损或脱落，就无法扫描这些商品。

随着互联网技术的飞速发展和射频技术趋于成熟，信息数字化和全球商业化促进了更现代化的产品标识和跟踪方案的研发，可以为供应链提供前所未有的、近乎完美的解决方案。

1999 年美国麻省理工学院（MIT）成立了自动识别技术中心（AUTO-ID Center），提出了 EPC 概念，其后四个世界著名研究性大学：英国剑桥大学、澳大利亚的阿雷德大学、日本的 Keio 大学、上海复旦大学相继参与研发 EPC，并得到了 100 多个国际大公司的支持，其研究成果已在一些公司如宝洁公司、Tesco 公司试用。2003 年，EAN/UCC 正式接管了 EPC 在全球的推广应用工作，成立了 EPC Global。而 Auto-ID Center 改为 Auto-ID Lab，EPC 的研究性工作也将继续由 Auto-ID Lab 承担。

2. EPC 的特点

（1）开放的结构体系

EPC 系统采用全球最大的公用的 Internet 网络系统，这就避免了系统的复杂性，同时也大大降低了系统的成本,并且还有利于系统的增值。

(2)独立的平台与高度的互动性

EPC 系统识别的对象是一个十分广泛的实体对象,因此,不可能有哪一种技术适用所有的识别对象。同时,不同地区、不同国家的射频识别技术标准也不同。因此开放的结构体系必须具有独立的平台和高度的交互操作性。EPC 系统网络建立在 Internet 网络系统上,并且可以与 Internet 网络所有可能的组成部分协同工作。

(3)灵活的、可持续发展的体系

EPC 系统是一个灵活的、开放的、可持续发展的体系,可在不替换原有体系的情况下做到系统升级。EPC 系统是一个全球的大系统,供应链的各个环节、各个节点、各个方面都可受益,但对低价值的识别对象,如食品、消费品等来说,它们对 EPC 系统引起的附加价格十分敏感。EPC 系统正在考虑通过本身技术的进步进一步降低成本,同时通过系统的整体改进使供应链管理得到更好的应用,提高效益,以便抵消和降低附加价格。

3. EPC 系统的构成

EPC 系统是一个非常先进的、综合性的和复杂的系统。其最终目标是为每一单品建立全球的、开放的标识标准。EPC 系统主要由如下六方面构成,见表 2-6。

表 2-6 EPC 系统的构成

系 统 构 成	主 要 内 容	注 释
全球产品电子代码编码体系	EPC 编码标准	识别目标的特定代码
射频识别系统	EPC 标签	贴在物品上或内嵌在物品中
	读写器	识读 EPC 标签
信息网络系统	EPC 中间件	EPC 的软件支持系统
	对象名称解析服务 ONS	—
	EPC 信息服务 EPCIS	—

(1)EPC 编码标准

EPC 码是新一代的与 EAN/UCC 码兼容的编码标准,在 EPC 系统中 EPC 编码与现行 GTIN 相结合,因而 EPC 并不取代现行的条码标准,而是由现行的条码标准逐渐过渡到 EPC 标准,或者在未来的供应链中 EPC 和 EAN/UCC 系统共存。

EPC 编码现在应用较多的主要有 64 位、96 位及 256 位三种。编码分为 4 部分:使用协议的版本号、物品生产厂商的编号、产品的类型编号及单个物品的系列号。其中版本号标识 EPC 的版本号,它使得 EPC 随后的码段可以有不同的长度;域名管理描述与此 EPC 相关的生产厂商的信息;对象分类记录产品精确类型的信息;序列号唯一标识货品。每个 EPC 编码具有全球唯一性,其最大的优点在于它的号码数量达 2^n 级,足以分配到全球任一物品。EPC 编码的结构见表 2-7。

表 2-7　EPC 编码的结构

代码	类型	版本号	域名管理	对象分类	序列号
EPC-64	TYPE I	2	21	17	24
	TYPE II	2	15	13	32
	TYPE III	2	26	13	23
EPC-96	TYPE I	8	28	24	36
EPC-256	TYPE I	8	32	56	160
	TYPE II	8	64	56	128
	TYPE III	8	128	56	64

当前，出于成本等因素的考虑，参与 EPC 测试所使用的编码标准采用的是 64 位数据结构，未来将采用 96 位的编码结构。

EPC 代码具有以下特性。

1）科学性：结构明确，易于使用、维护。

2）兼容性：EPC 编码标准与目前广泛应用的 EAN·UCC 编码标准是兼容的，GTIN 是 EPC 编码的重要组成部分，目前广泛使用的 GTIN、SSCC、GLN 等都可以顺利转换到 EPC 中去。

3）全面性：可在生产、流通、存储、结算、跟踪、召回等供应链的各环节应用。

4）合理性：由 EPCglobal、各国 EPC 管理机构（中国的管理机构称为 EPCglobal China）和被标识物品的管理者分段管理、共同维护、统一应用，具有合理性。

5）国际性：不以具体国家、企业为核心，编码标准全球协商一致，具有国际性。

6）无歧视性：编码采用全数字形式，不受地域、语言、经济水平、政治观点的限制，是无歧视性的编码。

（2）EPC 标签

EPC 标签主要由天线和芯片组成。96 位或 64 位 EPC 码是存储在 EPC 标签中的唯一信息。EPC 标签有主动型、被动型和半主动型三种类型。主动型 RFID 标签有一个电池，这个电池为微芯片的电路运转提供能量，并向识读器发送信号（同蜂窝电话传送信号到基站的原理相同）；被动型标签没有电池，相反，它从识读器获得电能。识读器发送电磁波，在标签的天线中形成了电流；半主动型标签用一个电池为微芯片的运转提供电能，但发送信号和接收信号时从识读器处获得能量。

（3）识读器

识读器主要用来识读 EPC 标签中的信息。识读器使用多种方式与标签交互信息，近距离读取被动标签中信息最常用的方法就是电感式耦合。只要贴近，盘绕识读器的天线与盘绕标签的天线之间就形成了一个磁场。标签就利用这个磁场发送电磁波给识读器。这些返回的电磁波被转换为数据信息，即标签的 EPC 编码。

识读器读取信息的距离取决于识读器的能量和使用的频率。通常来讲，高频率的标签有更远的读取距离，但是它需要识读器输出能量更大的电磁波。在某些应用情况下，读取距离是一个需要考虑的关键问题，如有时需要读取较长的距离。

（4）EPC 中间件

每件产品都加上 RFID 标签之后，在产品的生产、运输和销售过程中，识读器将不断收到一连串的 EPC 码。整个过程中最重要、最困难的环节就是传送和管理这些数据。自动识别产品技术中心开发了一种名叫 Savant 的软件技术，相当于该新式网络的神经系统。

每一个层次上的 Savant 系统将收集、存储和处理信息，并与其他 Savant 系统进行交流。Savant 系统的主要任务是数据校对、识读器协调、数据传送、数据存储和任务管理（见图 2-21）。

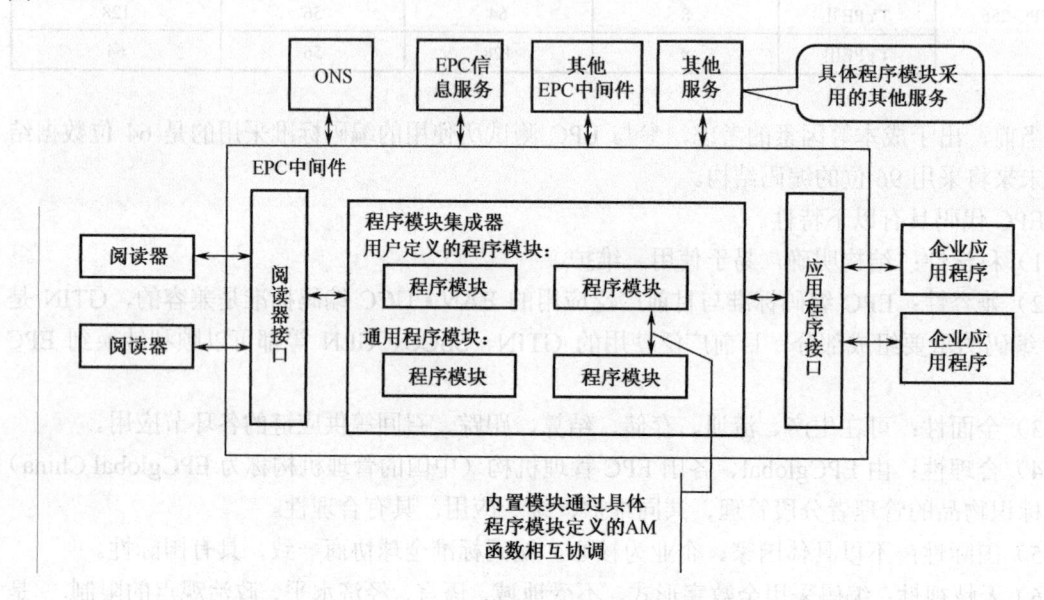

图 2-21　EPC 中间件及其应用程序通信

（5）对象名解析服务

除了将 EPC 码存储在标签中外，还需要一些将 EPC 码与相应商品信息进行匹配的方法，这个功能就由对象名解析服务（Object Naming Service，ONS）来实现的。ONS 是一个自动的网络服务系统，类似于域名解析服务（DNS），DNS 是将一台计算机定位到万维网上的某一具体地点的服务。ONS 提供 EPC 查找服务，它将给定的 EPC 代码转化为一个或多个含有物品信息的主机的 URL 地址，以获取 EPCIS 服务器上更多的信息。

当一个识读器读取一个 EPC 标签的信息时，EPC 码就传递给了 Savant 系统。Savant 系统再在局域网或因特网上利用 ONS 对象名解析服务找到这个产品信息的存储位置。ONS 给 Savant 系统指明了存储这个产品信息的服务器，因此能够在 Savant 系统中找到这个文件，并且将这个文件中的关于这个产品的信息传递过来，从而应用于供应链的管理。

（6）EPC 信息服务器

EPC 码识别单品，但是所有关于产品有用的信息都用一种新型的标准的计算机语言——实体标记语言（Physical Markup Language，PML）书写，PML 是由人们广为接受的可扩展标记语言（XML）发展而来的。

PML 文件将存储在 PML 服务器上，PML 服务器将由制造商维护，并且储存这个制造商生产的所有商品的文件信息。PML Server 用于存放生产数据、批量订单等信息。在最新的 EPC 规范中，PML Server 被称为 EPCIS（EPC Information Service）。

3. EPC 系统的工作流程

在由 EPC 标签、读写器、EPC 中间件、Internet、ONS 服务器、EPC 信息服务（EPC IS）及众多数据库组成的实物互联网中，读写器读出的 EPC 只是一个信息参考（指针），由这个信息参考从 Internet 中找到 IP 地址并获取该地址中存放的相关物品信息，并采用分布式的 EPC 中间件处理由读写器读取的一连串 EPC 信息。由于在标签上只有一个 EPC 代码，计算机需要知道与该 EPC 匹配的其他信息，这就需要 ONS 来提供一种自动化的网络数据库服务，EPC 中间件将 EPC 代码传给 ONS，ONS 指示 EPC 中间件到一个保存着产品文件的服务器（EPC IS）查找，该文件可由 EPC 中间件复制，因而文件中的产品信息就能传到供应链上，EPC 系统工作流程示意图如图 2-22 所示。

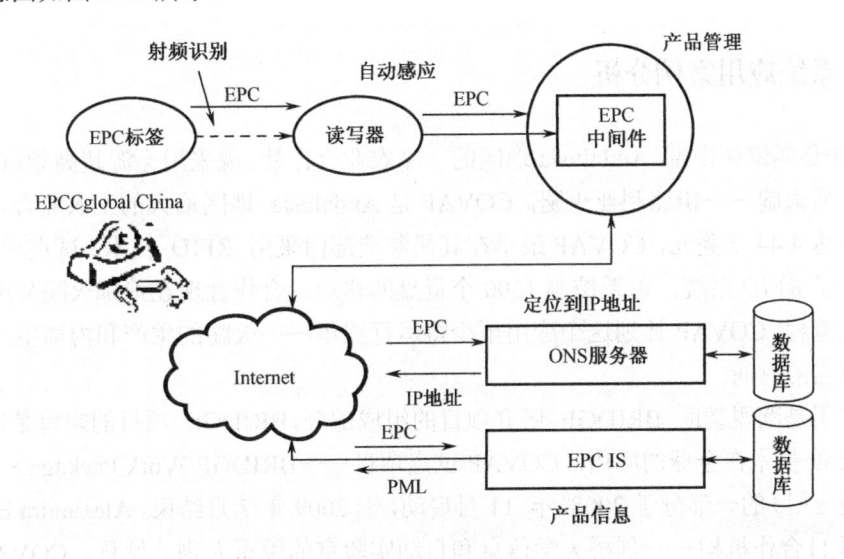

图 2-22 EPC 系统工作流程示意图

4. EPC 技术应用

由于 EPC 革命性地解决了 EAN/UCC 条码无法做到的单品识别问题，即为每一单品建立全球性的、开放的标识标准，因此以 EPC 技术为主导的自动识别产品系统将涵盖产品生产、仓储、运输、销售、消费各个环节，再利用对整个过程的全程实时跟踪，使制造、销售、购买产品的过程发生革命性的变化，从而实现整个供应链体系的自动化。

EPC 的应用非常广泛，在自动仓储库存管理、产品物流跟踪、供应链系统管理、产品装配和生产管理、产品防伪、车辆识别监管与道路自动收费、文档追踪、图书馆管理、门禁控制、电子门票、动物身份识别、运动计时、设备巡检等多个方面起到了非常重要的作用，对于企业提高自身竞争力具有非常重要的意义。EPC 的应用可减少流动资金的占用、减少库存、减少最小存货量、减少固定资本需求量、提高固定资产利用率，将在不同方面给零售业、制造业和物流运输业等带来巨大的潜在利益和崭新的管理模式,是当前在全球范围继互联网技术应用以外的又一场 IT 技术应用革命,将对未来社会产生深远的影响。

1）在零售业方面：EPC 的应用有利于零售商降低运营费用、加快周转和提高工作效率,有利于减少货物损失和非流通存货量、减少企业流动资金占用率。应用 EPC,可以精确掌握卖场商品上架情况及存货量,同时可以提高订单发货效率及精度,防止出现商品脱销和商品积压现象。

2）在制造业方面：EPC 可自动获取生产流程数据,从而规划产量,降低原材料、备件和存货成本,实行分组管理,提高运营效率；可用于企业（固定）资产的管理、追踪和维护,提高企业资产利用率。

3）在仓储、物流及运输业方面：可提高调度准确性、送货可靠性和送货效率,降低产品退货率,降低配送与运输成本,还可用于自动通关、自动验货及运输路线跟踪。

4）在产品防伪、身份识别等领域：EPC 具有保密性好、安全可靠、方便使用、成本低等特点。

二、EPC 系统应用案例分析

COVAP 是西班牙南部 Andalusia 地区的一家农业合作社,现采用无源超高频(UHF)RFID 标签追踪优质火腿——伊比利亚火腿。COVAP 是 Andalusia 地区最大的工农业合作社,2008 年的销售额达 4.44 亿美元,COVAP 最早在其奶制造部门采用 RFID 技术。试点项目结束后,合作社安装了 RFID 系统,每天控制 1300 个货盘的移动。合作社现在追踪火腿从屠杀厂到多个食物加工流程。COVAP 计划这个应用至少得运行三年——火腿的生产和内部生产流程整套数据收集所需的时间。

这个应用是欧盟赞助 BRIDGE 研究项目的组成部分,BRIDGE 项目的宗旨是促进 RFID 和 EPCglobal 技术在全球的应用。COVAP 试点项目——BRIDGE Work Package 8（RFID 在制造流程的应用）的一部分于 2008 年 11 月启动,于 2009 年 7 月结束。Alexandra Brintrup 是 BRIDGE 项目合作机构——剑桥大学信息和自动实验室的领军人物。她称,COVAP 之所以被选择成为 BRIDGE 项目之一,是考虑到其之前采用 RFID 在追踪保存期较长牛奶中的积极经验。

有多个原因促使合作社希望扩展其 RFID 应用,参与 BRIDGE 项目：缩短产品处理时间,逐类控制产品,追踪每条火腿的生产是否符合食品安全规则。另外,COVAP 看到 RFID 可以帮助公司改进加工流程（每年约处理 300 000 条火腿）及大量的生产变量。通过获得各个生产阶段的单品级可视性和处理三年的生产数据,COVAP 可以提高流程效率,更好地了解生产条件的轻微改变将如何影响火腿的味道和质量。

火腿生产过程如下,COVAP 先要屠宰生猪,将猪切成四块；接着烘干和处理猪腿；猪腿根据重量和其他因素进行处理、浸盐和分类。火腿生产管理者根据多个因素判断每批火腿的确切生产流程,包括猪的种类和猪肉的 pH 值。火脚接着放在温度可控制的地窖里老化,地窖重制火腿手工制造的原始条件。即使温度的轻微变化也会影响到肉的味道,火腿管理员必须确保每批火腿的质量。

试点项目期间，在选择RFID 嵌体和设计可承受肉加工理流程的标签之前，COVAP 和其技术方案合作商 AT4 Wireless 开展了大量的测试，包括烧焦火腿表面以控制真菌增长。测试在 AT4 Wireless 实验室和 COVAP 场地开展，候选标签在多个加工流程进行测试。Germark 最终获得该项目，目前在开发标签的升级版。

现在，COVAP 已在约 5500 只火腿上粘贴了初级版的 RFID 标签。一旦升级版标签开发完成，合作社计划在所有的火腿上使用标签。

最初，标签的前后两面都有特殊保护材料。然而，COVAP 和 Germark 认为新标签将只需在贴肉一侧采用这种材料，COVAP IT 主管 Santiago Tirado 称，这样可以减少标签费用。

猪被切块和清洗后，COVAP 将 RFID 标签系上，并贴上过去追踪系统采用的同类标签。COVAP 将继续采用条码作为后备系统。Tirado 称："两套系统相互兼容，条码不会产生任何额外费用，我们没有理由消除它"。

标签里存储一个唯一的 ID 码。火腿的详细信息（包括原始猪的医疗信息）被保存在一个数据库里，与 ID 码相对应。合作社在生产过程 5 个不同点采用 Intermec 阅读器读取标签。最早的标签读取发生在屠宰场，直接读取标签贴标。读取信息用于库存管理及启动追踪流程。产品接着随着一条传送带经过一个成型通道，挤出血液。在火腿进入通道之前，RFID 阅读器读取标签。接下来对火腿进行浸盐处理，同样，浸盐前标签再次被读取。

"每一个读取点需要不同的天线类型和阅读器配置"，Tirado 解释称，"这不是一个即插即用的应用，我们做了大量的测试来选择和设计阅读器，最终决定采用近场和远场天线的结合。"

另一个读取点在批次过渡阶段，在那里，火腿生产管理人员根据几个参数决定将火腿移到哪里进行进一步加工。

另外，如果需要的话，COVAP 可能将火腿送到一个分类机器，机器根据肉的重量和 pH 值判断肉的等级。由于 COVAP 经营多个处理火腿的地窖，合作社决定采用可以从一个地窖移到另一个地窖的阅读器，而不是在每个地窖门口安装一台阅读器。COVAP 在手推车上安装两台阅读器，每台阅读器各配备 8 支天线。阅读器的 8 支天线安装在 12 英尺高的塔架上（与火腿堆同高），可以移经火腿烘干架（每个架子悬挂 69 只火腿）。平均读取率在 93%～100%。测试期间，批过渡点的读取率最低，COVAP 后来通过旋转火腿架使每个标签经过一个天线，提高了读取率。

COVAP 采用自主软件集成 RFID 数据。剑桥分散式信息和自动实验室引导 COVAP 项目，帮助管理项目、开发商业案例和关键性能指标。大学采用特殊的模拟软件分析新流程，并将它与条码系统做对比。

据 Tirado 称，这个项目提高了产品可追踪性，节省了产品的搜索时间，减少了浪费。此外，公司还消除了一些手工扫描流程，节省了时间和金钱。

问题：1）COVAP 为何应用 EPC 技术？

2）该案例中，COVAP 主要应用了 EPC 的哪些功能？

项目评价

项目名称：产品电子代码（EPC）技术　　　　　　　　　　　　年　　月　　日

小组成员：					
序号	考核内容	考核标准	分值	实际得分	
				扣分	得分
1	基本概念	是否掌握相关概念	10		
2	EPC 的构成	是否掌握 EPC 的构成	10		
3	EPC 的功能及特点	是否熟悉功能及特点	20		
4	案例分析	是否能分析案例	40		
5	职业习惯及纪律	是否有良好的职业道德和规范的职业素养	20		
综合得分					
指导老师评语					

项目巩固与提高

一、选择题

1. 产品电子代码简称（　　）。
   A. RFID　　　　　B. EOS　　　　　C. EPC　　　　　D. POS
2. EPC 代码具有科学性、兼容性、国际性、（　　）、合理性、全面性等特性。
   A. 无歧视性　　　B. 先进性　　　　C. 可复制性　　　D. 可替换性
3. EPC 标签主要由天线和（　　）组成。
   A. 读写器　　　　B. 芯片　　　　　C. 元器件　　　　D. 中间件
4. EPC 标签有主动型、被动型和（　　）三种类型。
   A. 感触性　　　　B. 磁式　　　　　C. 半主动型　　　D. 变频

二、简答题

1. 简述 EPC 技术和条码技术的优缺点。
2. 简述 EPC 系统的构成。
3. 简述 EPC 的工作流程。

项目四　语音识别技术

（编前哲思：近水知鱼性，近山识鸟音。总结世间万物的特点，其实就是其规律。语音识别技术就抓住了这个要点。）

项目目标

1. 了解语音识别技术的基本概念、分类、特点；
2. 熟悉语音识别系统的基本原理与组成；
3. 了解语音识别技术的应用。

项目准备

1. 语音识别技术教学授课课件；
2. 语音识别技术校内实训场所及设备的准备。

一、语音识别技术知识点学习

用语音来实现人与计算机之间的交互，主要包括三项技术，即语音识别、自然语言理解和语音合成。自动语音识别（Auto Speech Recognition，ASR）的主要任务是完成从语音到文字的转变；自然语言理解（Natural Language Understanding）则完成从文字到语义的转换；语音合成（Speech Synthesis）就是用语音方式输出用户想要的信息。

1. 语音识别

（1）语音

语音是声音和语音的组合体，是由一连串的音组成语言的声音。语音具有两重属性：一方面语音具有表意功能；另一方面语音毕竟是一种声音，人头脑中产生的意念通过一组神经信号去控制发音器官，变成空气的振动信号传递到人的耳朵或受话器的信号。

（2）语音识别

语音识别技术就是让机器通过识别和理解过程把语音信号转变为相应的文本或命令的技术，即让机器听懂人类的语言。也就是说，如果计算机配置有"语音辨识"的程序组，那么当人的声音通过一个转换装置输入计算机内部并以数位方式储存后，语音辨识程序便开始将所输入的声音样本与事先储存好的声音样本进行对比。声音对比工作完成之后，计算机就会输入一个它认为最"像"的声音样本序号，就可以知道所输入的声音是什么意义，进而执行此命令。

语音识别技术起始于 20 世纪 50 年代，1952 年 Bell 实验室实现了第一个可识别单个发音人孤立发音的十个英文数字的语音识别系统——Audry 系统，这是语音识别研究工作的真正开端。20 世纪 60 年代，计算机的应用推动了语音识别技术的发展，从此开始了计算机语音识别。20 世纪 70 年代，语音识别的研究取得了许多重大成果，IBM 公司和 Bell 实验室开始实施一系列长期研究计划，语音识别已经成为可用技术。20 世纪 80 年代，语音识别研究进一步走向深入，统计算法的应用是识别算法的又一次飞跃，特别是隐马尔可夫模型的引入，这种方法现在已成为语音识别研究的主流。20 世纪 90 年代，随着多媒体时代的到来，迫切要求语音识别系统从实验室走向实用。许多发达国家如美国、日本及许多著名公司都为语音识别系统的实用化开发研究投以巨资。2000年以来，人机语言的交互成为研究的焦点，如即兴口语的识别和理解、自然口语对话及多语种的语言同声翻译。我国的语音识别研究起始于20世纪50年代后期，到目前为止，语音识别技术的研究水平已基本与国外同步，在汉语语音识别技术上还有自己的特点与优势，并达到国际先进水平。

2. 语音识别系统的分类

1) 从所要识别的单位来分，可以分为孤立单词识别、连续单词识别和连续语音识别。
2) 按语音词汇表的大小分，可以分为有限词汇识别（小词汇量、中词汇量、大词汇量）和无限词汇识别（全音节识别）。
3) 按说话人的限定范围分，可以分为特定人语音识别和非特定人语音识别。
4) 按照识别方法分，可以分为模版匹配法、概率模型法和基于神经网络的方法。

3. 语音识别技术的优点

1) 使用语音识别技术可以摆脱枯燥乏味的专业训练，直接使用自然语言进行机器、设备的控制。
2) 速度快。
3) 使用语音识别技术可以彻底解放人的手和眼睛，特别是在只能听不能看的特殊环境里完成信息传递。
4) 使用语音识别技术可以在有许多人的场合同时完成各种信息传递任务。
5) 使用语音识别技术可以利用现有的如电话、手机等通信器材完成各种信息的传递与控制工作。

4. 影响语音识别性能的因素

1) 语音信息的变化。
2) 语音的模糊性。
3) 上下文环境的影响。
4) 环境的噪声和干扰。
5) 连续语音的分解及语义规则及专家系统的建立。

5. 语音识别的基本原理及系统构成

语音识别的根本目的是研究出一种具有听觉功能的机器，能直接接受人的口令，理解人的意图并做出相应反应。计算机语音识别过程与人对语音识别处理的过程基本是一致的。目前主流的语音识别技术是基于统计模式识别的基本理论，语音识别系统本质上是一种模式识别系统。一个完整的语音识别系统可大致分为三部分，语音识别过程如图2-23所示。

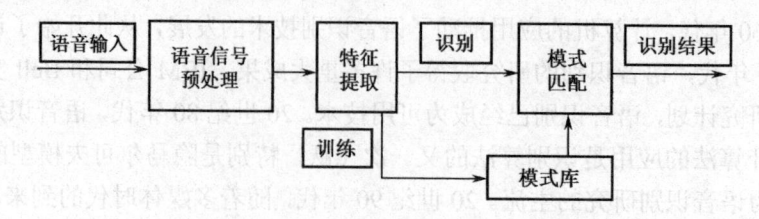

图2-23 语音识别过程

1）语音特征提取：目的是从语音波形中提取随时间变化的语音特征序列。

2）声学模型与模式匹配（识别算法）：声学模型是识别系统的底层模型，并且是语音识别系统中最关键的部分。声学模型通常由获取的语音特征通过训练产生，目的是为每个发音建立发音模板。在识别时将未知的语音特征同声学模型（模式）进行匹配与比较，计算未知语音的特征矢量序列和每个发音模板之间的距离。声学模型的设计和语言发音特点密切相关。声学模型单元大小（字发音模型、半音节模型或音素模型）对语音训练数据量大小、系统识别率及灵活性有较大影响。

3）语义理解：计算机对识别结果进行语法、语义分析，明白语言的意义以便做出相应的反应通常通过语言模型来实现。

语音识别的基本过程如下：未知（待识别）语音经过话筒变成电信号（即语音信号）后加在识别系统的输入端，首先经过预处理，再根据人的语音特点建立语音模型，对输入的语音信号进行分析，并抽取所需的特征，建立语音识别所需的模板。计算机在识别过程中根据语音识别的模型，将计算机中存放的语音模板与输入的语音信号的特征进行比较，根据一定的搜索和匹配策略，找出一系列最优的与输入语音匹配的模板，然后根据此模板的定义，通过查表就可以给出计算机的识别结果了。

6. 语音识别引擎的选择

语音识别引擎是语音门户的核心，选择语音识别引擎的关键在于以下的几个因素。

（1）电信级技术

如前所述，不是所有的语音识别技术都适用于语音门户。只有基于电信网络的语音识别引擎才能用于语音门户。

（2）关键功能

电信网络最需要解决的问题有：消除回声、抑制噪声和提供语音中断功能。

应该注意，语音中断是一把"双刃剑"，使用不当会弄巧成拙，使用户无所适从，并非所有的场合都可以使用。

（3）成功经验

成功经验包括技术成功和市场成功。前者能够降低技术风险，保障系统的正常运转；后者的经验将帮助运营商设计新的服务和业务，真正从市场上获得利润比前者更重要。

（4）后续发展潜力

语音技术发展非常迅速，识别引擎厂商的后续发展潜力对系统的应用和升级至关重要。目前，识别引擎的厂家分为两类：专门从事语音技术的公司和大型跨国公司的语音部门。它们的发展潜力各有优劣。

1）语音技术公司：技术专一、目标明确，但如果没有后续的资金保障，就没有后续发展能力。

2）跨国公司的语音部门：没有资金忧虑，但如果总公司目标调整，会影响语音部门的发展甚至生存。

还要考虑到语音识别引擎的本地化规划，包括开发本地化的版本和建立本地化的技术支持机构和队伍。在中国的语音门户应该能够提供国际化的多语种服务，也要求识别引擎具有全球主要语言的识别能力。

（5）不同角色公司的合作

1）语音门户把不同公司集成在一起，这些公司的密切合作是语音门户成功的基础。

2）技术及硬件提供商：提供识别引擎、TTS、语音卡及其他硬件设备。

3）应用开发商：语音门户的系统集成商，它们应用丰富的技术和市场开发经验，开发语音门户系统，提供技术支持和服务。

4）运营商：向最终用户提供新业务和新服务。

5）内容提供商：为语音门户的信息服务提供内容。

7. 语音识别技术的应用

语音识别技术的应用主要有以下两个方面。一方面用于人机交流。目前这方面应用的呼声很高，因为使用键盘、鼠标与电子计算机进行交流的这种方式将许多非专业人员，特别是不懂英语或不熟悉汉语拼音的人被拒之于门外，影响到电子计算机的进一步普及。语音识别技术的采用，改变了人与计算机的互动模式，人们只需动动口，就能打开或关闭程序、改变工作界面。这种使计算机人性化的结果是使人的双手得到解放，使每个人都能操作和应用计算机。电话仍是目前使用最普遍的通信工具，通过电话与语音识别系统的协同工作，可以实现语音拨号、电话购物及通过电话办理银行业务、炒股、上网检索信息或处理电子邮件等。不久，能按主人口令接通电话、打开收音机及通过声纹识别来者身份的安全系统也将获得应用。

语音识别技术另一方面的应用便是语音输入和合成语音输出。现在，已经出现能将口述的文稿输入计算机并按指定格式编排的语音软件，它比通过键盘输入的速度快 2~4 倍。装有语音软件的计算机还能通过语音合成把计算机里的文件用各种语言"读"出来，这将大大推进远程通信和网络电话的发展。语音识别技术相关指标比较见表 2-8。

表 2-8 语音识别技术相关指标比较

领域	传统方式	语音方式	识别类型	效果
生产线的质量管理	测定数据的记录	直接输入测定数据	特定说话人、限定单词	工程的早期自动控制、减少费用、自动建立报告
流通中发送货物的分类	把送往地点代码化、数字键盘输入	直接发声输入	特定说话人、限定单词	增加分类量、一般人即可使用
日常字处理输入	键盘、手写笔等	读文章	特定说话人、单音节识别	一般人使用
银行中核查存款余额、存入通知	营业员手工方式	读存折号码	不限定说话人、限定词汇	提高服务质量、裁减人员

在现阶段，语音技术主要用于电子商务、客户服务和教育培训等领域，它对于节省人力、时间，提高工作效率将起到明显的作用。能实现自动翻译的语音识别系统目前正在研究、完

善之中。

语音识别是一门交叉学科。近 20 年来,语音识别技术取得了显著进步,开始从实验室走向市场。人们预计,未来 10 年内,语音识别技术将进入工业、家电、通信、汽车电子、医疗、家庭服务、消费电子产品等各个领域。

二、语音识别系统应用案例分析

日本综合物流公司神田集团公司旗下的神田业务支持公司,以服装第三方物流为主营业务。在距离公司旧址茜浜很近的习志野市,神田业务支持公司租赁 AMB 地产公司的设施设立了习志野物流中心,并于 2008 年 8 月进驻。为提高工作效率,公司在新物流中心引进了语音识别系统。语音识别系统不需要操作人员完成"看明细"、"等待终端指示"、"按开关"等动作,只要按照语音提示,就可以正常进行拣选作业。神田公司的语音识别系统由日本优利公司负责建设,选用了美国 VOCOLLECT 公司的语音系统。据介绍,系统建设仅用了 3 个月时间,运转两个月后开始步入正轨,真正做到了低成本、高效率、省空间。

神田业务支持公司成立于 1974 年,当时与长崎屋合资,主要负责服装配送。该公司最早在日本引进了大型托盘输送机,曾成为业界热议的话题。2002 年,3 家分公司合并后统一命名为神田业务支持公司。

近些年,公司的物流设施及分拣设备等已开始老化,为此建设了新的物流中心。同时,为适应客户新的需求,准备配送服装以外的货物,因此决定引进语音识别系统。目前,习志野物流中心处理的货物以服装为主,同时也负责配送鞋类及其他日用品,据说已接到约 20 家客户的业务委托。物流中心根据客户订单的要求进行分拣、贴标签等操作,然后向全国配送。服装类商品主要来自中国、越南等地,平均每天发送 10 万件左右,需要投入包括物流中心职员和小时工在内的 50~60 人从事物流作业,并根据业务量进行灵活调整。

在公司的旧址茜浜,仓库内的主要设备除了大型托盘输送机外,还有自动分拣机。如果要继续使用这些设备,物流中心一层需要拥有 2310 平方米的面积,而且老化的设备也需要大笔资金进行维修,如此看来实属浪费。可以说,继续使用大型设备的外部条件发生了变化。

自动分拣机每小时的处理能力达 2000 件,这是人工作业望尘莫及的。如果不使用分拣机,根本不可能达到 2000 件/小时的处理能力,那么其他设备也都会闲置下来,其结果将是物流中心无法应对市场的变化。

除软件外,新物流中心引进的设备只有挂在腰间的便携式终端和耳机,共 25 套。包括基础系统改造在内,总投资共 6000 万日元。

实际上,神田公司从几年前就已开始研究语音识别系统,只不过一直没有对外公开。

新物流中心处理的货物仍以服装为主。通常,以箱(盒)为包装的物品是很容易处理的,数量统计也不易出错。但服装往往装在塑料袋中,既薄又轻,进行拣选操作时,如果工作人员一只手拿着无线终端,另一只手拿着塑料袋,不容易读取条码标签,又容易数错数量。此外,服装的另一大特点是颜色、规格多,SKU 多,因此使用手持终端进行操作将非常费力。

现在使用语音识别系统,终端挂在腰间,解放了双手,操作人员可以用双手完成拣选作业。操作人员通过耳机得到系统指令的同时,可以立即回应,而不需要"看明细"、"按开关"的动作,能够集中精力进行拣选。

回顾历史，在20世纪90年代，日本有几家公司曾引进过语音识别系统，但由于当时的识别能力有限，结果半途而废。之后，经过改良的语音识别系统再度登场，尤其是在欧美物流界颇受欢迎，其中VOCOLLECT公司开始崭露头角。

特别值得一提的是，世界零售巨头沃尔玛把语音识别系统作为标准化配置的系统，其世界各地的物流中心都在使用。早在3年前，日本国内的沃尔玛旗下的西友·三乡物流中心业也已引进了VOCOLLECT的产品。

此后，众多经销商的市场拓展行动终于开启了语音拣选的世界市场之门。VOCOLLECT公司于2006年成立了VOCOLLECT日本分公司，同时在东欧、南美也逐渐打开市场，目前年销售额近100亿日元，占世界同行业销售额的80%。

VOCOLLECT日本分公司总经理塞萨尔·西森介绍说，市场上的其他产品大多把几家公司的终端和软件组合在一起，而VOCOLLECT则根据物流现场的实际需要，从硬件到软件都是自主研发的，具有非常实用的语音识别功能，能够用日语应答就是其一大特色。

如何确保语音识别的精度是使用中的关键问题。塞萨尔·西森总经理认为，提高语音识别的精度是有前提的。语音识别的基本条件是"指定说话人"和"不指定说话人"，在日本，其他公司都选择了"不指定说话人"，唯独VOCOLLECT公司选择了"指定说话人"。塞萨尔·西森总经理指出，在被噪声环绕的物流和生产现场，"不指定说话人"的方式存在很多问题。

"不指定说话人"即任何人的声音都可能被确认。因为它忽略了每个人声音的差异，那么其识别能力自然低下，特别是在噪声大的场所，附近几个人同时作业，如果别人的声音一旦被确认，必将出现差错。

VOCOLLECT公司的"指定说话人"的方式是根据每个人所发出的声音的频率而设定的，具有声音识别功能。这在很大程度上提高了识别精确度。在实际操作中，只要改变用户名、输入ID号，就能够直接调出所需的信息，因此在登录系统后，其他工作人员也可以使用。

当然，每个工作人员初次登录时，都需要经过多次练习，登录加练习的时间在20～30分钟。因为设有语音矫正功能，经过几次练习，工作人员就可以熟练掌握。

此外，终端设备的坚固性也非常突出，即使跌落地面或被踩、被压，都能保持完好无损。这给工作人员带来安全感，使其可以全神贯注地投入拣选工作。

神田公司选择日本优利推荐的VOCOLLECT公司的语音识别系统之前，已对该系统的结构和实用性做了全面、细致的调查和论证。

接下来的系统设计，神田公司仅给优利公司和VOCOLLECT公司3个月时间。在此期间，神田为了让员工尽快进入状态，在现场进行实地演示。2008年8月15～16日，公司在搬迁的同时安装新系统，18日就开始正常发货了。

在当今竞争激烈的市场环境中，物流企业想要获得生存，就必须引进高性能的系统来提高效率。当然，前提往往是低成本，因此要注重引进小型但实用的系统，要采用灵活的手段，不要把人和设备固定化。

问题：1. 服装物流企业的语音识别系统难点主要在哪些方面？
2. 神田公司在语音识别系统应用方面还有哪些需要改进的地方？

项目评价

项目名称：语音识别系统　　　　　　　　　　　　　　　年　　月　　日

小组成员：				实际得分	
序号	考核内容	考核标准	分值	扣分	得分
1	基本概念	是否掌握相关概念	10		
2	语音系统的构成	是否掌握系统的构成	10		
3	语音功能及特点	是否熟悉功能及特点	20		
4	案例分析	是否能顺利分析案例	40		
5	职业习惯及纪律	是否有良好的职业道德和规范的职业素养	20		
	综合得分				
指导老师评语					

项目巩固与提高

一、选择题

1. 用语音来实现人与计算机之间的交互，主要包括三项技术，即（　　）、自然语言理解和语音合成。

　　A．人机技术　　　　B．编译技术　　　　C．信号转换　　　　D．语音识别

2. 语音识别系统根据所要识别的单位来分，分为（　　）、连续单词识别和连续语音识别。

　　A．单独单词识别　　B．独立单词识别　　C．孤立单词识别　　D．个体单词识别

3. 影响语音识别性能的因素有（　　）。

　　A．语音方言多　　　B．语言种类多　　　C．环境与噪声　　　D．设备因素

二、简答题

1. 试述语音识别技术的基本原理。
2. 语音识别技术有哪些类别？
3. 简述语音识别系统的构成。

模块三

空间信息技术

项目一 GIS 技术

（**编前哲思**：GIS 可以让我们浏览绵延起伏的地貌，豁达的胸怀可以让我们看开纷繁复杂的社会。）

项目目标

1. 熟悉 GIS 的组成与分类；
2. 掌握 GIS 的功能与工作流程；
3. 熟悉 GIS 在实际生活与物流领域中的应用。

项目准备

1. GIS 教学授课课件；
2. ArcView3.3 软件下载及教程。

一、GIS 知识点的学习

1. GIS 认知

GIS 即地理信息系统（Geographic Information System，GIS）是以地理空间数据库为基础，在计算机软/硬件的支持下，对空间相关数据进行采集、管理、操作、分析、模拟和显示，并采用地理模型分析方法，适时提供多种空间和动态的地理信息，为地理研究和地理决策服务而建立的计算机系统。

1963 年，加拿大地理学家 Roger Tomlinson 首次提出 GIS 这一术语。随着计算机技术的飞速发展、空间技术的日新月异及计算机图形学理论的日渐完善，GIS 技术也日趋成熟，地理信息产品和数字化信息产品逐渐被人们所认识和接受。近年来,"数字地球"概念的提出,使其核心技术 GIS 更为各国政府所关注,GIS 已成为人们生活、学习及工作不可缺少的工具和助手。例如在自然资源管理和保护;土地、林业管理;农业和土壤、地质水文分析;社会经济评价、人文经济地理分析、人口普查和统计分析;旅游管理;市政管理;军事作战指挥、兵力部署、战争模拟;以及海洋、气象、石油、教育、航空运输、物业管理等许多领域发挥着越来越重要的作用。

2. GIS 的组成

从应用的角度看,地理信息系统由硬件、软件、数据、人员和方法五部分组成。硬件和软件为地理信息系统建设提供环境;数据是 GIS 的重要内容;方法为 GIS 建设提供解决方案;人员是系统建设中的关键和能动性因素,直接影响和协调其他几个组成部分。

1)计算机硬件:指操作 GIS 所需的一切计算机资源,一般包括四部分。

① 计算机主机。

② 数据输入设备:数字化仪、图像扫描仪、手写笔、光笔、RS 遥感、GPS 等。

③ 数据存储设备:光盘、刻录机、磁盘、磁盘阵列、活动硬盘等。

④ 数据输出设备:绘图仪、打印机等。

2)计算机软件:指 GIS 运行所需的各种程序。通常包括计算机系统软件和地理信息系统软件两部分。地理信息系统软件提供存储、分析和显示地理信息的功能和工具。

3)数据:GIS 系统最基础的组成部分。地理空间数据是 GIS 的操作对象,也是现实世界经过模型转换的一种抽象性表达。

一个完整的地理数据通常包括三种数据:空间数据、属性数据和时间数据。空间数据表明地理事物和地理现象在哪里,具有定位的性质;属性数据说明地表事物和现象是什么,具有定性和定量的性质;时间数据用来反映要素的时态特征,对环境模拟分析具有重要作用。

GIS 系统必须建立在准确、合理的地理数据基础上。数据来源包括室内数字化和野外采集,或从其他数据转换得来,也可以从商业数据提供者处直接购买。

4)人员:GIS 不同于地图,它是一个动态的地理模型,需要进行系统组织、管理、维护和数据更新、系统扩充完善及应用程序开发,并采用空间分析模型提取多种信息。GIS 系统的组织机构中应有项目负责人、信息技术专家、应用专业领域技术专家、若干程序员和操作员等。

5)方法:主要指空间信息的综合分析方法,即常说的应用模型。GIS 利用这些模型对大量空间数据进行分析、综合来解决实际问题,如 GIS 的矿产资源评价模型、灾害评价模型等。

3. GIS 的分类

地理信息系统按其功能和内容可以分为工具型地理信息系统和应用型地理信息系统。

(1)工具型地理信息系统也称为 GIS 开发平台、GIS 工具、GIS 基础软件等,是一种通用软件,具有图形图像数字化、数据管理、查询检索、分析运算、制图输出等 GIS 的基本功能,但没有具体的应用目标,只是供其他系统调用或用户进行二次开发的操作平台。例如 ARC/Info、MapInfo、MAPGIS、Geostar 等都是建立应用型 GIS 的工具型 GIS。用户可以根据需要在工具型 GIS 中加入地理空间数据,加上专题模型和界面,就可开发成为应用型的 GIS 了。

（2）应用型 GIS 有具体的应用目标、特定的数据、特定的规模和特定的服务对象，常常分为以下两种。

① 专题地理信息系统（Thematic GIS）：以某个专业、问题或对象为主要内容的系统，如环境管理信息系统、地震灾害空间管理信息系统、矿产资源管理信息系统、农用土地管理信息系统等。

② 区域地理信息系统（Regional GIS）：主要以区域综合研究和全面的信息服务为目标，可以有不同的规模，如国家级的、地区或省级的、市级和县级等为不同级别行政区服务的区域信息系统；也可以按自然分区或流域为标准区分，如加拿大国家地理信息系统、黄河流域地理信息系统、北京水土流失信息系统等。

4．GIS 的功能及工作流程

（1）GIS 的功能

GIS 的主要作用是通过对空间信息及相关属性信息的处理，将各种详细的地理资料整理成综合性的地理信息资料库，通过应用软件将各种相应的地理信息转换为地理图形显示出来，然后对显示的结果进行浏览、操作和分析。其显示范围可以从洲际地图到非常详细的街区地图，显示对象包括人口、销售情况、运输线路及其他内容。

具体来说，GIS 的功能主要表现在如下几方面。

1）数据采集与编辑。GIS 的核心是地理数据库，采集、编辑不同来源的数据是建立地理数据库的重要过程，具体包括地理对象的空间位置信息和属性信息采集；地理信息输入；地理信息数字化；地理数据的编辑、验证、编码、规范和标准化；符号设计和地图修饰；地理数据入库等。

2）数据处理即数据的格式化、转换、概化。通常数据的格式化指不同数据结构的数据间变换，是一种耗时、易错、需要大量计算的工作，应尽可能避免出现问题。数据转换包括数据格式化、数据比例尺的变换。在数据格式的转换方式上，矢量到栅格的转换要比其逆运算快速、简单。数据比例尺的变换涉及数据比例尺缩放、平移、旋转等，其中最为重要的是投影变换。数据概化包括数据平滑、特征集结等。

3）数据的有效组织与管理。数据的有效组织与管理是 GIS 应用成功与否的关键。这是一个数据集成的过程，也是建立 GIS 数据库的关键步骤，主要是提供空间与非空间数据的存储、查询检索、修改和更新的能力。存储 GIS 的主要空间数据结构有矢量数据结构、栅格数据结构、矢栅一体化数据结构，非空间数据的组织方式有层次结构、网络结构与关系数据库管理系统等，数据结构的选择在相当大程度上决定了系统所能执行的功能。

在地理数据组织与管理中，最关键的是如何将空间数据与非空间数据融合为一体。大多数现行系统都将两者分开存储，即采用空间分区、专题分层的数据组织方法，用 GIS 管理空间数据，用关系数据库管理属性数据，通过公共项（一般定义为地物标识码）来连接。这种组织方式的缺点是无法有效地记录地理数据在时间域上的变化属性，数据的定义与数据操作相分离。目前，时域 GIS（Temporary GIS）、面向对象数据库（Object-Oriented Database）的设计都在努力解决这些根本性的问题。

4）空间查询与分析功能。这是 GIS 的核心功能，也是 GIS 区别于其他信息系统的根本特征。GIS 的空间分析功能可分为三个层次的内容：①空间检索，包括从空间位置检索空间物体及其属性，从属性条件检索空间物体；②空间拓扑叠加分析，用于实现空间特征（点、线、面或图像）的相交、相减、合并等，以及特征属性在空间上的连接；③空间模型分析，指在 GIS 支持下分析和解决问题的方法体现，如 Buffer 分析、网络分析、图像分析及面向专业应用的各种特殊模型分析等，是 GIS 应用深化的重要标志。

5）制图功能。对于大多数 GIS 用户来说，制图是用得最多、最广的功能之一。根据 GIS 的数据结构及绘图仪的类型，用户可获得矢量地图或栅格地图；用户可以根据地理数据库地图生成数字地图，并对数字地图进行修饰，添加图例、颜色和标注，在地图上显示出地理要素，并赋予数值范围，同时可以放大和缩小以表明不同的细节层次；不仅可以输出全要素地图，还可以根据需要分层输出各种专题地图，以显示不同要素和活动的位置或有关属性内容；用户还可以通过空间分析得到一些特殊的地学分析用图，如坡度图、坡向图、剖面图等。

6）可视化功能。GIS 把空间和信息结合起来，实现了数据的可视化。通过可视化平台多维地显示数据，揭示数据之间的关联和隐藏在数据背后的信息，使用户能在短时间内对资源数据有一个直观、全面的了解，可以大大提高管理的现代化水平，为实现计算机管理提供更好的手段。

此外，GIS 还具有辅助决策功能、二次开发和编程功能等。

（2）GIS 的工作流程

一个典型的 GIS 工作流程图如图 3-1 所示。

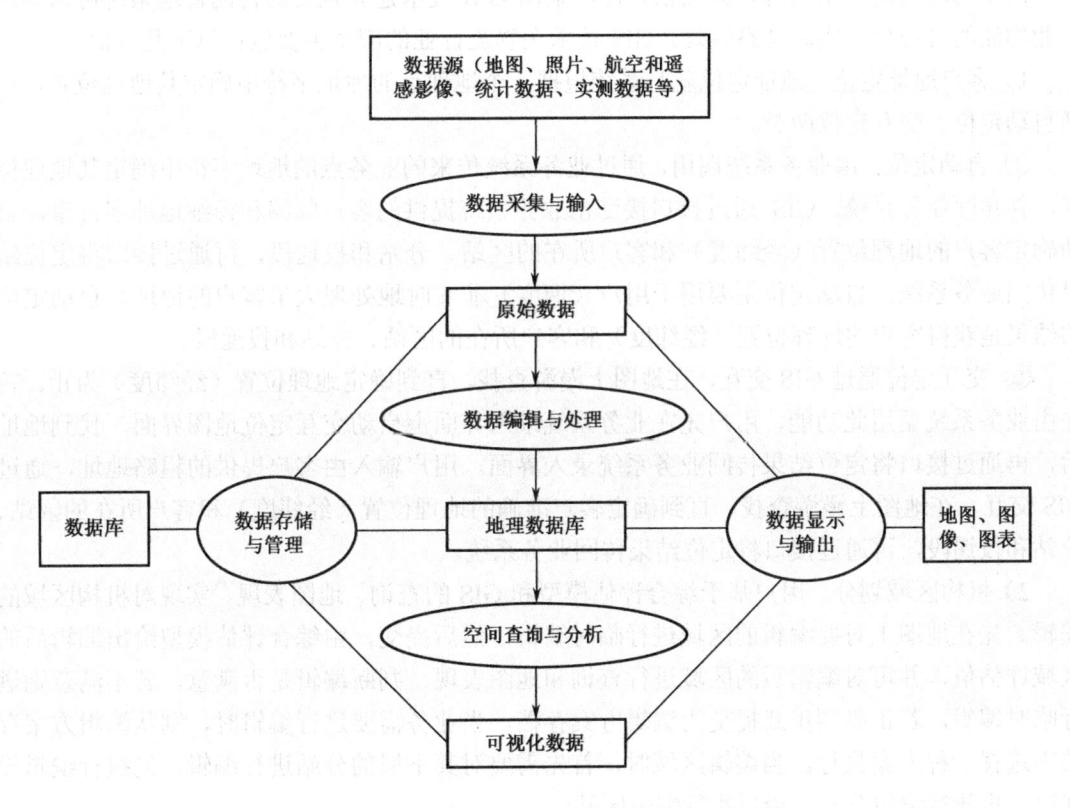

图 3-1　GIS 工作流程图

GIS 的主要工作流程如下所述。

1）数据采集与输入：根据任务的需要，将各种系统外部的原始数据转化为 GIS 软件可以识别的格式并输入计算机加以利用的过程。

2）数据编辑与处理：把不同类型的数据通过数据变换、数据重构和数据抽取等操作建立满足用户需求的数据文件。

3）数据存储与管理：将数据以某种格式记录在计算机内部或外部存储介质上，建立 GIS 数据库。

4）空间查询与分析：以地理事物的空间位置和形态特征为基础，以空间数据与属性数据的综合运算为特征，提取与产生空间的信息。一般的商业 GIS 软件都具有支持缓冲区分析、叠置分析、网络路径分析和数字地形分析（DTM）等基本的空间分析功能。

5）数据显示与输出：数据显示是中间处理过程和最终结果的屏幕显示，通常以人机交互方式来选择显示的对象与形式。对于图形数据，根据要素的信息量和密集程度，可选择放大或缩小显示。GIS 不仅可以输出全要素地图，还可以根据用户需要分层输出各种专题图、各类统计图、图表及数据等，形成可供研究、规划和决策人员使用的产品。

5. GIS 的应用

GIS 又称空间信息系统，因此，与空间位置有关的领域都是 GIS 应用的重要领域，如环境评价和监测、土地和资源评价管理、市政工程建设、规划管理等。

由于物流对地理空间有较大的依赖性，采用 GIS 技术建立企业的物流管理系统可以实现企业物流的可视化、实时动态管理。GIS 技术在物流行业的应用主要包括以下几方面。

1）客户地址定位。地址定位就是系统根据一个地理点的地址字符串确定其地理位置，包括自动定位、交互定位两类。

① 自动定位：由业务系统调用，通过业务系统传来的业务点的地址字符串确定其地理位置，并传回业务系统。GIS 通过接口接受由业务系统提供的客户邮编和详细地址字符串，自动确定客户的地理位置（经纬度）和客户所在的区站、分站和投递段，再通过接口将定位结果传回业务系统。自动定位主要用于用户（调度）非实时地处理大量客户的地址。自动定位的结果是获得客户的地理位置（经纬度）和客户所在的区站、分站和投递段。

② 交互定位通过 GIS 交互，在地图上漫游查找，直到确定地理位置（经纬度）为止。首先由业务系统调用此功能，用户先在业务系统录入界面上启动交互定位地图界面，找到地址后，再通过接口将定位结果传回业务系统录入界面。用户输入由客户提供的粗略地址，通过 GIS 交互，在地图上漫游查找，直到确定客户准确的地理位置（经纬度）和客户所在的区站、分站和投递段，再通过接口将定位结果传回业务系统。

2）机构区域划分。用户基于综合评估模型和 GIS 的查询、地图表现，实现对机构区域的编辑。先在地图上对要编辑的区域进行临时编辑，然后提交，由综合评估模型给出编辑后的区域评估值，并可对编辑后的区域进行查询和地图表现，判断编辑是否满意，若不满意则进行临时编辑，若正确则正式提交为编辑方案存档。当业务需要进行编辑时，则从编辑方案存档中选择一种方案执行。当编辑区域时，首先需要对其下属的分站进行编辑，先执行编辑投递段，再执行编辑分站，最后执行编辑区站。

3）站点选址。由用户基于分站综合评估模型和 GIS 的查询、地图表现，实现对业务机构的站点选址。先在地图上标出要选择的几个分站站点候选方案，然后提交，由综合评估模型给出各分站站点评估值，并可对站点选址后的分站进行查询和地图表现，选择最优的站址，正式提交为站点选址方案存档生效。

4）投递排序、路线编辑。通过 GIS 的地图表现，实现对送货投递路线的合理编辑（如创建、删除、修改）和客户投递排序。

5）物流分析。GIS 应用于物流分析，主要指利用 GIS 强大的地理数据功能来完善物流分析技术。一个完整的 GIS 物流分析软件可以集成车辆路线模型、最短路径模型、网络物流模型、分配集合模型和设施定位模型等。

总之，随着现代信息技术发展日趋成熟，信息资源的共享为 GIS 技术在物流行业的应用提供了基础。通过应用 GIS 技术，采集物流运作中的相关信息，然后进行编辑、存储、管理、空间分析、查询等逻辑分析与运作，最终得出在合适的位置设置合适的物流设施。

二、GIS 技术的模拟与实训

实训目标

1. 熟悉桌面 GIS 软件 ArcView 的界面环境；
2. 基本掌握 ArcView 主要工具、菜单命令的使用；
3. 理解 GIS 软件应具备的基本功能。

实训要求

1. 学会安装使用 GIS 软件；
2. 通过使用 ArcView 软件操作理解 GIS 软件应具备的基本功能。

实训准备

计算机（P4 以上），配备基本的系统软件；ArcView 3.3 及相关扩展模块、Office 办公软件。

实训操作

任务 1　ArcView 初步

操作：启动 ArcView 的同时打开一个项目管理器，熟悉 ArcView 的图形用户界面（见图 3-2）；学习使用 ArcView 帮助系统。

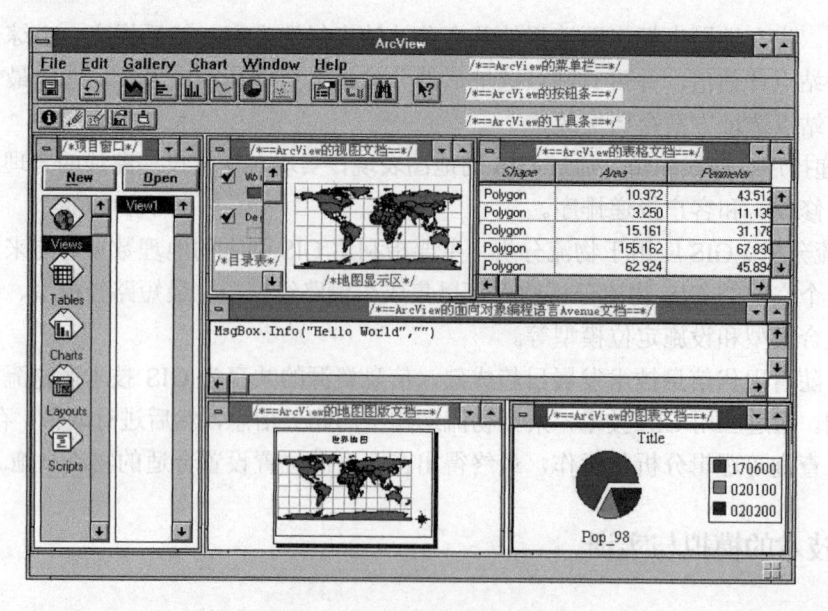

图 3-2　ArcView 用户操作界面

任务 2　数据源输入

操作：了解 ArcView 所使用数据源的种类；掌握不同数据源的输入方法。

1）在视图中添加特征主题。可以使用 View 菜单下的 Add Theme 菜单项，也可以直击工具栏中的 Add Theme 按钮，在 Add Theme 对话框中选定数据源类型（Data Source Type）。数据源类型有两种选择：feature data source（特征数据源）和 Image data source（影像数据源），用户可根据添加数据源的类型选择其一。特征主题源于如 ArcView Shapefile、Arc/info 的 Coverage、CAD 绘图文件，Arc/Info 图库及 ArcStorm 数据库的图层等格式的空间数据。

2）在视图中添加影像主题。先激活视图，然后单击 Add Theme 按钮或从 View 菜单中选择 Add Theme 项，Add Theme 对话框出现，然后在 Data Source Types 列表中选择 Image Data Source 选项，接下来用 Add Theme 文件浏览器找到存放影像数据的目录，从影像表列中选中要添加的影像，再单击 OK 按钮或双击影像名称，即可把选中的影像添加到视图中。

3）由 (x, y) 坐标对生成主题。先将表格添加到项目中，在 view 下拉菜单中选择 Add Event Theme 项，然后利用 Add Event Theme 对话框由表格创建一个点的主题。

任务 3　ArcView 的数据编辑

操作：建立新的点、线、面主题和依据现有主题创建新的主题。

1. 创建一个"全新"主题

1）视图窗口界面中，选定"视图"（View）下拉菜单中的 New Theme 项。

2）在弹出的对话框内选择想要创建的新主题的图形要素类型（点、线、面），并单击 OK 按钮确认。

3）在随后出现的新对话框内，指定 ArcView 将要创建的新主题的 Shape 文件名称与保存位置，单击 OK 按钮。

4）给新主题添加图形要素：单击常用工具条中的"绘图工具"项，调出下拉式绘图工具，根据绘图工作的实际需要选择合适的工具，然后即可在"视图"图形显示框内进行绘图。绘图工作结束后，ArcView 将自动生成一个与当前主题图形要素相对应的"主题属性表"，打开该表即可见其外形。新表显示，它仅含有字段 Shape 和 ID。其中，前者记录着用户给当前主题所添加的所有"图形要素"的"类型名"；后者的所有记录均为 0（即为"空白"记录）。

5）给新主题的属性表添加字段和记录：要添加字段，其方法是先从"编辑"（Edit）下拉菜单中选择"添加字段"（Add Field）项，然后在对话框内进行相应设置即可完成；要添加记录，必须先从工具条内选择"编辑"工具，然后将鼠标指针指向目标记录区，当鼠标指针变为小手形状时，单击定位，输入新的记录内容即可（见图3-3）。

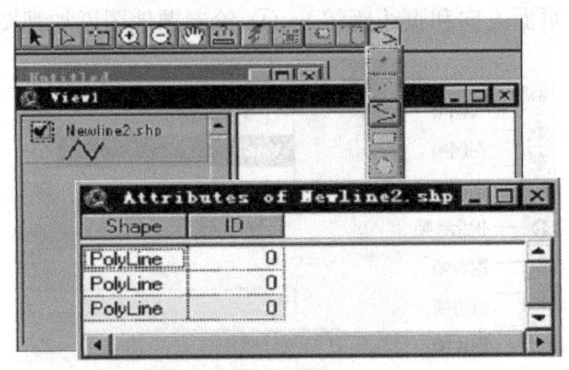

图 3-3　新建 Shape 主题的视图及其属性表

至此，一个包含着"图形要素"和"属性要素"的新的 Shape 主题的创建工作就全部完成了，该主题不仅具有 Shape 文件的所有优点，而且从数据结构与管理方式上讲，也完全符合 GIS 图形数据库的所有特点。

必须注意：如果在创建"全新"主题的过程中没有为视图指定一种投影方式，那么随后生成的 Shape 文件将以视图中的地图单位进行存储。

2. ArcView 的数据编辑

1）点要素主题的编辑。主要内容包括：剪切、复制、删除活动主题；剪切、复制、删除点状要素；移动点状要素；改变点状符号的外形；撤销与恢复先前已做的编辑操作；利用屏幕快捷菜单（Pop Menu）协助点要素的编辑。

2）线要素主题的编辑。除常规编辑的操作方法与点状要素相似外，线状要素的编辑还包括利用工具条内的顶点（Vertex）编辑工具改变一个线条或线段形状、使用线条劈分工具创建新的线条、对线状要素合并（Merge）等内容。

3）面状（多边形）要素的编辑。主要包括改变独立的多边形的形状、修改两个多边形之间的共同边界、移动多个面状（多边形）要素的共同节点、劈分多边形要素、合并（Merge）多边形要素、创建圈饼型（doughnut）多边形要素、删除多边形之间的交叠区域、获取多边形之间的交集（Intersection）等内容。

任务4 ArcView 的版面设计

操作：熟悉地图制图中的基本要素；掌握各种地图要素的定义和设置。

在 ArcView 中，用户不仅可以将 Project 中的若干视图、图表、表格作为专题地图版面设计的组件，而且也可以将不同格式的图形图像纳入新生成的专题地图中。生成一幅专题地图一般包括以下程序：① 打开或创建一个项目（Project）；② 在"项目"中新建一幅专题地图的版面设计（Layout），在"项目"窗口内，选中"版面设计"图标，单击"新建"（New）按钮，ArcView 便自动生成一个新的空白的专题地图，其名称被添加到 Layout 列表中；③ 专题地图的页面设置。调用 Layout 菜单下的 Page Setup 项，然后在对话框内指定各项内容（输出页面的大小、单位、页面方向和页边距等）；④ 给专题地图添加视图（见图3-4）。

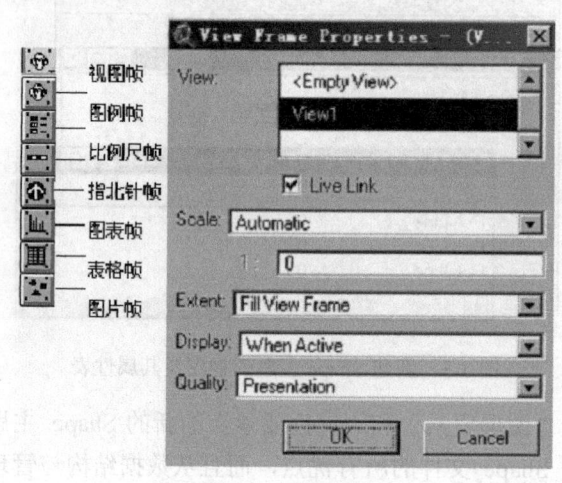

图 3-4 视图帧工具

方法：单击工具条中的"帧工具箱"图标，在弹出的系列工具中选择视图帧工具，设定相关项目；添加图例（Legend）；添加比例尺；添加指北针（可选项）；添加图廓线（Neatline）；添加表格和图表；创建点、线、面图形；添加不同格式的图形图像；排列页面之中不同的图形要素；帧内容的简化（Simplify）等。

任务5 缓冲区分析

操作：掌握缓冲区分析的技术方法；利用缓冲区分析方法进行空间分析（见图3-5）。

1）点数据的缓冲区分析：在视图中添加 point 层面并激活；在 Analysis 菜单中选择 Find mapping 命令；显示并激活由 point.shp 产生的新栅格主题 Distance to point.shp。在进行分析时，若选中了 point 层面中的某一个或几个要素，则只对该要素进行缓冲区分析；否则，对整个层面的所有要素进行缓冲区分析。

2）线数据的缓冲区分析：在视图中添加 line 层面并激活；分别选中 line 层面中的两条线，进行缓冲区分析，注意比较线的缓冲区分析与点的缓冲区分析有何不同；取消选定，对整个 line 层面进行缓冲区分析，观察与前两个分析结果的区别。

3）面数据的缓冲区分析：添加 polygon 层面，进行缓冲区分析，观察面的缓冲区分析与点、线的缓冲区分析有何区别。

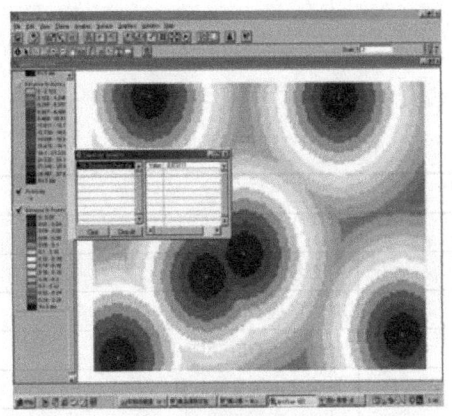

(a) point 层面的缓冲区分析

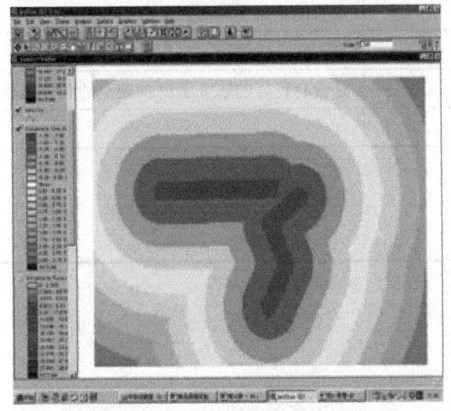

(b) 对整个 line 层面所做的缓冲区分析

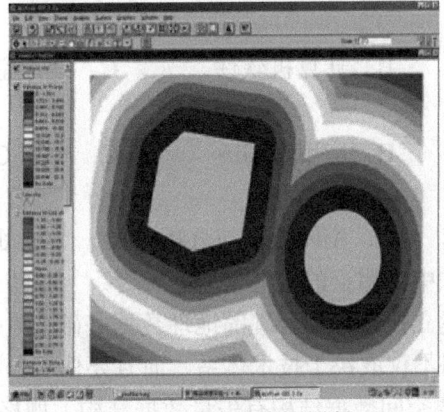

(c) polygon 层面的缓冲区分析

图 3-5　缓冲区分析

辅助学习相关网站：http://www.gischina.com/（地理信息系统论坛）；http://www.gissky.com/（GIS 空间站）；http://www.digitalearth.net.cn/（数字地球）；http://www.othermap.com/（测绘信息网）。

项目评价

项目名称：GIS 技术　　　　　　　　　　　　　　　　　　　　　年　　月　　日

小组成员：				实际得分	
序号	考核内容	考核标准	分值	扣分	得分
1	基本概念	是否掌握相关概念	10		
2	GIS 的构成	是否掌握 GIS 的构成	10		
3	GIS 的功能及工作流程	是否熟悉 GIS 功能及工作流程	20		
4	软件下载与安装	是否能正确安装软件	5		
5	数据输入与编辑	是否能正确输入、编辑数据	20		
6	版面设计	是否能正确设计版面	5		
7	缓冲区分析	是否能完成缓冲区分析	10		
8	职业习惯及纪律	是否有良好的职业道德和规范的职业素养	20		
综合得分					
指导老师评语					

项目巩固与提高

一、选择题

1. GIS 的操作对象是（　　）。
   A．计算机硬件　　　B．计算机软件　　　C．地理空间数据　　　D．方法
2. MapGIS 是一种（　　）。
   A．工具型 GIS　　　B．应用型 GIS　　　C．专题 GIS　　　D．区域 GIS
3. GIS 的核心功能是（　　）。
   A．数据采集与编辑　　　B．空间查询与分析　　　C．数据处理　　　D．制图
4. 下列关于 GIS 的说法中，错误的是（　　）。
   A．GIS 系统必须建立在准确、合理的地理数据基础上
   B．GIS 的成功应用不仅取决于技术体系，而且要依靠一定的组织体系
   C．存储 GIS 的主要空间数据结构有矢量数据结构、栅格数据结构两种
   D．电子地图是以地图数据库为基础、以数字形式存储于计算机外存储器上，并能在电子屏幕上实时显示的可视地图

二、简答题

1. 试述 GIS 的概念和组成。
2. GIS 有什么功能？
3. 举例说明 GIS 在物流领域的应用。

项目二 GPS 技术

（**编前哲思**：不知身在何处时，可以用 GPS 为定位和导航；不知情为何物时，也请找一个"GPS"找出坐标和方向。）

项目目标

1. 了解 GPS 的构成及各个组成部分的功能；
2. 熟悉 GPS 定位的基本原理及定位方式；
3. 熟悉网络 GPS 在实际工作和物流领域中的应用。

项目准备

1. GPS 教学授课课件；
2. GPS 视频资料、GPS 设备组成图片。

一、GPS 技术知识点的学习

自古以来，人类一直致力于定位和导航的研究工作。1957 年 10 月，世界上第一颗人造地球卫星的发射成功，是人类致力于现代科学技术发展的结晶，它使空间科学技术的发展迅速跨入了一个崭新的时代。

GPS 起初是美国国防部为军事目的而建立的，旨在解决海上、空中和陆地运输的导航和定位问题，它的全称为"导航卫星授时和测距全球定位系统"（Navigation Satellite Timing And Ranging/Global Positioning System），简称 GPS。其含义是利用导航卫星进行测时和测距，构成全球定位系统。实践证明，GPS 对人类活动影响极大，应用价值极高，所以得到美国政府和军队的高度重视，不惜投资 300 亿美元来建立这一工程，成为继阿波罗登月计划和航天飞机计划之后的第三项庞大的空间计划。

1. GPS 认知

GPS 即全球定位系统（Global Positioning System），是利用卫星星座（通信卫星）、地面控制部分和信号接收机，在全球范围内实时进行全方位导航和定位的系统，也称全球卫星定位系统。

GPS 是美国从 20 世纪 70 年代开始研制，历时 20 年，耗资 300 亿美元，于 1994 年全面建成，具有在海、陆、空进行全方位实时三维导航与定位能力的新一代卫星导航与定位系统。由于 GPS 能对静态、动态对象进行动态空间信息的获取，能快速地、精度均匀地、不受天气和时间的限制反馈空间信息，使 GPS 的用户在地球上任何地方都能计算出他们所处的方位。因此，GPS 广泛应用于船舶和飞机导航、对地面目标的精确定时和精密定位、地面及空中交通管制、空间与地面灾害监测等,从根本上解决了人类在地球上的导航和定位问题,为跟踪导航和定位领域带来一场深刻的技术革命。

具体来说,GPS 具有以下一些主要特点。

1)功能多、精度高。GPS 可为各类用户连续提供动态目标的三维位置、三维速度和时间信息。一般来说,目前其单点实时定位精度可达 5~10m,静态相对定位精度可达 1~0.01ppm,测速精度为 0.1m/s,而测时精度约为数十 ns。

2)实时定位、速度快。利用全球定位系统一次定位和测速工作在一秒至数秒内便可完成(NNSS 需 8~10 分钟),这对高动态用户来说尤为重要。

3)观测站之间无须通视。GPS 测量不要求测站之间互相通视,只需测站上空开阔即可,因此可节省大量的造标费用。由于无须点间通视,点位位置可稀可密,使选点工作极为灵活,也可省去经典大地网中的传算点、过渡点的测量工作。

4)提供三维坐标。GPS 测量在精确测定观测站平面位置的同时,可以精确测定观测站的大地高程。GPS 测量的这一特点,不仅为研究大地水准面的形状和确定地面点的高程开辟了新途径,也为其在航空物探、航空摄影及导航中的应用提供了重要的高程数据。

5)操作简便。GPS 测量的自动化程度很高,在观测中测量员的主要任务是安装并开关仪器、量取仪器和监视仪器的工作状态,而其他观测工作如卫星的捕获、跟踪观测等均由仪器自动完成。另外,GPS 用户接收机一般质量较轻、体积较小,如 Ashtech M-XII型 GPS 测量系统,其控制器和传感器两部分共重约 3.3kg,因此携带和搬运都很方便。

6)抗干扰性能好,保密性强。由于 GPS 采用了数字通信的特殊编码技术,即伪随机噪声码技术,因而 GPS 卫星所发送的信号具有良好的抗干扰性和保密性。

7)全天候作业。观测工作可以在任何地点、时间连续进行,一般不受天气状况的影响。

为了摆脱美国的控制,目前一些国家和地区正在发展自己的卫星导航与定位系统,如中国的北斗卫星导航系统[BeiDou(COMPASS)Navigation Satellite System]。

北斗卫星导航系统是中国正在实施的自主研发、独立运行的全球卫星定位系统。与美国 GPS、俄罗斯格洛纳斯(GLONASS)、欧盟伽利略(GALILEO)系统统称全球四大卫星导航系统。北斗卫星导航系统由空间端、地面端和用户端三部分组成。空间端包括 5 颗静止轨道卫星和 30 颗非静止轨道卫星。地面端包括主控站、注入站和监测站等若干个地面站。用户端由北斗用户终端及与其他卫星导航系统兼容的终端组成。

北斗卫星导航系统致力于向全球用户提供高质量的定位、导航和授时服务,包括开放服务和授权服务两种方式。开放服务就是向全球免费提供定位、测速和授时服务,定位精度在 10m,测速精度为 0.2m/s,授时精度为 10ns。授权服务是为有高精度、高可靠卫星导航需求的用户提供定位、测速、授时和通信服务及系统完好性信息。

2. GPS 的构成

GPS 由 3 大部分组成:空间部分、地面控制部分和用户部分(见图 3-6)。

(1)空间部分

空间部分即 GPS 卫星星座,由 21 颗工作卫星和 3 颗备用卫星组成,可记为(21+3)GPS 星座。卫星分布在 6 个轨道面内,每颗卫星都配备有精度极高的原子钟(30 万年的误差仅为

1s)。轨道平均高度约为 20 200km，卫星运行周期为 11 小时 58 分。各卫星轨道面相对地球赤道面的倾角约为 55°，各轨道平面升交点的赤经相差 60°。在相邻轨道上，卫星的升交距角相差 30°。GPS 卫星这样的空间配置，保障了在地球上任何地点、任何时刻均至少可以同时观测到 4 颗卫星（最多可达 11 颗），加之卫星信号的传播和接收不受天气的影响，因此 GPS 是一种全球性、全天候的连续实时定位系统（见图 3-7）。

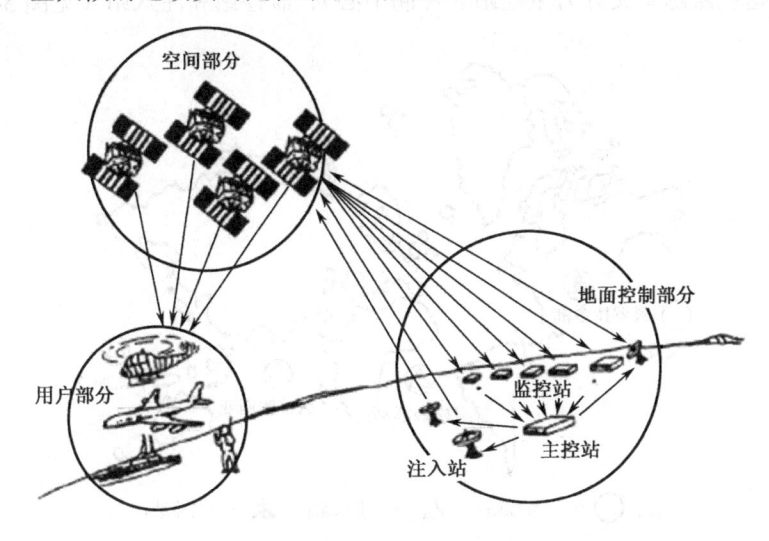

图 3-6　GPS 的组成

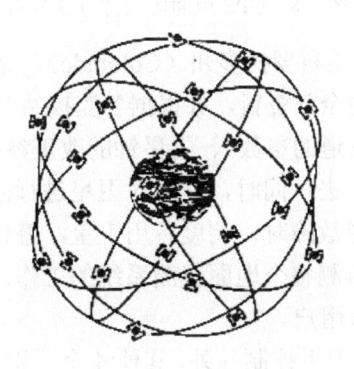

图 3-7　GPS 卫星星座

在 GPS 中，GPS 卫星的功能如下。①用 L 波段的两个无线载波（19cm 和 24cm）向广大用户连续不断地提供导航定位信号，由导航电文可以知道该卫星当前的位置和卫星的工作情况。每个载波用导航信息 $D(t)$ 和伪随机码（PRN）测距信号进行双相调制。伪随机码有两种表现方式，即 P 码和 C/A 码。P 码为精确码，用于精确定位。美国为了自身的利益，只供美国军方、政府机关及得到美国政府批准的民用客户使用；C/A 码为粗码，用于粗略定位，其定位和时间精度均低于 P 码，目前，全世界的民用客户均可不受限制地免费使用。②在卫星飞越注入站上空时，接收由地面注入站用 S 波段（10cm）发送到卫星的导航电文和其他有关信息，并通过 GPS 信号电路适时发送给广大用户。③接收地面控制中心通过注入站发送到卫星的高度命令，适时地改正运行偏差或启用备用时钟等。

（2）地面控制部分

地面控制部分即 GPS 的地面监控系统，由分布在全球的若干个跟踪站所组成的监控系统构成，其作用是监测和控制卫星上设备的工作及确保卫星沿预定轨道运行。同时，通过监测每颗卫星的时间，求出其时钟之差，并发给卫星，卫星再通过导航电文发给用户设备。根据作用的不同，这些跟踪站又分为主控站（控制中心）、监控站和注入站（见图 3-8）。

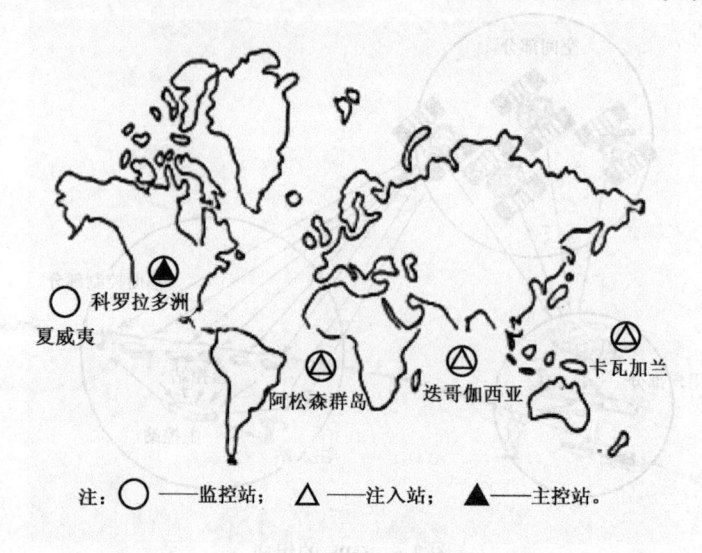

注：○——监控站；△——注入站；▲——主控站。

图 3-8　GPS 地面监控部分的分布

1) 主控站（1 个）：位于美国科罗拉多州（Colorado），是整个 GPS 的核心。它的功能是搜集、处理本站和监测站收到的全部资料，并根据各监控站对 GPS 的观测数据计算出每个卫星的星历（描述卫星运行及其轨道的参数）、卫星钟的改正参数和 GPS 时间系统等，并将这些数据通过注入站注入到卫星中去；同时，它还对卫星进行监控，向卫星发布指令，纠正卫星的轨道偏离，当工作卫星出现故障时，调度备用卫星，替代失效的工作卫星工作；另外，主控站还具有监控功能，负责监测整个地面监测系统的工作，检验注入给卫星的导航电文，监测卫星是否将导航电文发送给用户。

2) 监控站（5 个）：除一个位于主控制站外，其他 4 个分别位于太平洋的夏威夷（Hawaii）、大西洋的阿松森群岛（Ascencion）、印度洋的迭哥伽西亚（Diego Garcia）、太平洋的卡瓦加兰（Kwajalein）。监控站的功能是接收卫星信号、监测卫星的工作状态，并将观测数据传送给主控站。每个监测站均有一个 GPS 双频接收机、标准原子钟、传感器及数据处理机，每天 24 小时不停地连续追踪观测每一颗卫星，并将每 1.5s 的虚拟距离观测量及观测所得的气象资料及电离层资料联合求解，每 15min 得到一组数据，然后将数据再传送到主控站（见图 3-9）。

3) 注入站（3 个）：分别位于阿松森群岛、迭哥伽西亚和卡瓦加兰。注入站的功能是将主控站计算出的卫星星历、卫星轨道和卫星钟的改正参数等导航电文注入到相应卫星的存储系统，并监测注入信息的正确性。此外，注入站能自动向主控站发射信号，每分钟报告一次自己的工作状态。

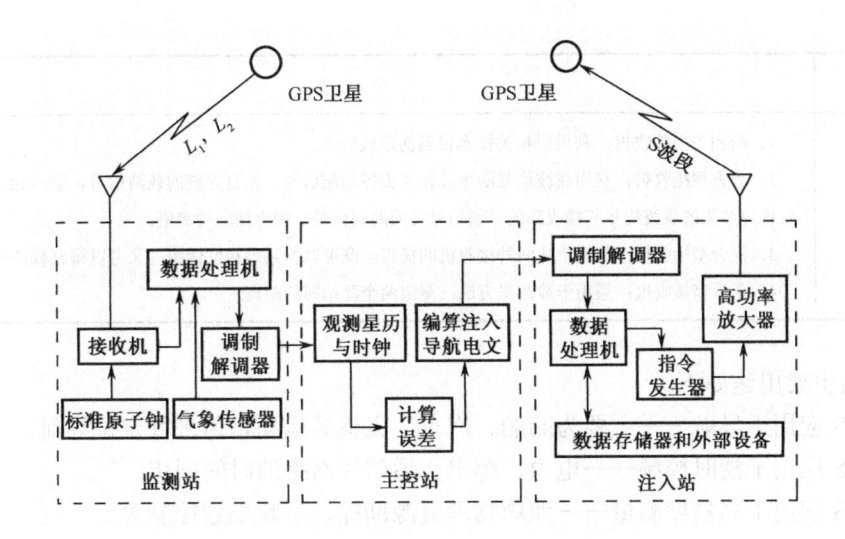

图 3-9 地面监控系统工作图

（3）用户部分

用户部分即 GPS 信号接收机，主要由接收机硬件和处理软件组成，用于接收 GPS 卫星发射信号，经信号处理而获得用户位置、速度等信息，再通过数据处理完成导航和定位。GPS 的用户只接收而不必发射信号，因此用户的数量不受限制。GPS 接收机硬件一般由主机、天线和电源组成，接收机软件主要有机内监控程序和导航与定位数据的后处理软件包。

GPS 接收机的结构分为天线单元和接收单元两大部分。

1）天线单元的主要作用：当 GPS 卫星从地平线上升起时，能捕获、跟踪卫星，接收放大 GPS 信号。

2）接收单元的主要作用：记录 GPS 信号并对信号进行解调和滤波处理，还原出 GPS 卫星发送的导航电文，求解信号在星站间的传播时间和载波相位差，实时获得导航定位数据或采用测后处理的方式，获得定位、测速、定时等数据。GPS 接收机的分类见表 3-1。

表 3-1 GPS 接收机的分类

分类标准	分　　类
接收机的用途	1. 导航型接收机：主要用于运动载体的导航，它可以实时给出载体的位置和速度。可细分为车载型（车辆导航定位）、航海型（船舶导航定位）、航空型（飞机导航定位）和星载型（卫星的导航定位）。 2. 测地型接收机：主要用于精密大地测量和精密工程测量。 3. 授时型接收机：主要利用 GPS 卫星提供的高精度时间标准进行授时，常用于天文台及无线电通信中的时间同步
接收机的载波频率	1. 单频接收机：只能接收 L_1 载波信号。 2. 双频接收机：可以同时接收 L_1、L_2 载波信号
接收机通道数	GPS 接收机能同时接收多颗 GPS 卫星的信号，为了分离接收到的不同卫星信号，以实现对卫星信号的跟踪、处理和测量，具有这样功能的器件称为天线信号通道。根据接收机所具有的通道多少可分为：多能道接收机、序贯通道接收机、多路多用通道接收机

续表

分类标准	分 类
接收机 工作原理	1. 码相关型接收机：利用码相关技术得到伪距观测值。 2. 平方型接收机：利用载波信号的平方技术去掉调制信号，恢复完整的载波信号，通过相位计测定接收机内产生的载波信号与接收到的载波信号之间的相位差，测定伪距观测值。 3. 混合型接收机：综合上述两种接收机的优点，既可以得到码相位伪距，又可以得到载波相位观测值。 4. 干涉型接收机：采用干涉测量方法，测定两个测站间的距离

GPS 的主要用途如下。

① GPS 应用于导航——主要为船舶、汽车、飞机等运动物体进行定位导航。

② GPS 应用于授时校频——电力、邮电、通信等网络的时间同步。

③ GPS 应用于高精度测量——地球物理资源勘探、市政规划控制等。

④ GPS 应用于农业——精细农业。

GPS 的应用领域上至航空航天器，下至捕鱼、导游和农业生产，已经无所不在了。海湾战争中美军总指挥霍纳将军曾说："GPS 的应用只受到人们想象力的限制"。

3. GPS 的工作流程

（1）GPS 卫星定位的基本原理

首先假定卫星的位置已知，而又能准确测定某地点 A 至卫星之间的距离，那么 A 点一定位于以卫星为中心、所测得距离为半径的圆球面上。进一步，又测得点 A 至另一卫星的距离，则 A 点一定处在前后两个圆球面相交的圆环上。另外，还可测得与第三个卫星的距离，就可以确定 A 点只能在三个圆球相交的两个点上。根据地理知识，很容易排除其中一个不合理的位置。如果要定位空中位置，还可通过第 4 颗卫星实现。所以，只要知道卫星的准确位置和准确测定卫星至地球上被测地点的距离，就可以实现准确定位。

1）怎样确知卫星所处的准确位置。

要确知卫星所处的准确位置，首先要通过深思熟虑，优化设计卫星运行轨道，而且要由检测站通过各种手段连续不断地监测卫星的运行状态，适时发送控制指令，使卫星在正确的轨道运行。将正确的运行轨迹编成星历，注入卫星，且经由卫星发送给 GPS 接收机。正确接收每个卫星的星历，就可确知卫星的准确位置。

2）如何测定卫星至用户的距离。

因为距离=时间×速度，而电波传播速度为 300 000km/s，所以只要知道卫星信号传到用户的时间，就能求出距离。

① 时间基准问题。GPS 在每颗卫星上装置有十分精密的原子钟，并由监测站经常进行校准。卫星发送导航信息，同时也发送精确时间信息。GPS 接收机接收此信息，使之与自身的时钟同步，就可获得准确的时间。

② 时间差与伪距离问题。在任何时刻，每颗 GPS 卫星上的原子钟都保持同一个时间，即 GPS 时间，在 GPS 接收机上也装有一个精确的计时系统。GPS 卫星不断向外发送含有时间信息的电波信号，地面上的 GPS 接收机接收并分析这些信号。虽然电波以光速的速度传播，

但从高空到地面仍然有时间差,这个时间差等于收到信号时的 GPS 时间减去信号发射时的 GPS 时间（T_1-T_0）。所以这段距离就可以表示为：

$$距离（L）=光速（c）\times 时间差（T_1-T_0）$$

注：由于存在接收机卫星原子钟的误差、大气传播误差及受到其他干扰因素的影响,算出来的距离称为伪距离。

③ 误差及修正技术。在 GPS 定位过程中存在着三部分误差：第一部分是每个用户接收机公有的如卫星原子钟误差、星历误差、电离层误差、对流层误差等；第二部分是不能由用户测量或由校正模型来计算的传播延迟误差；第三部分是各用户接收机所固有的误差。利用差分技术可以完全消除第一部分误差和大部分第二部分误差,但第三部分误差只能靠提高 GPS 接收机本身的技术指标来改进。

（2）卫星定位方式

1) 根据定位时接收机的运动状态分类：静态定位方式和动态定位方式。

① 静态定位：接收机在定位过程中位置固定不变,接收机高精度地测量 GPS 信号的传播时间,利用 GPS 卫星在轨道上的已知位置,算出本机天线所在位置的三维坐标。

② 动态定位：接收机在定位过程中位置是变换的,接收机所在的运动物体叫做载体。载体上的 GPS 接收机天线在跟踪卫星的过程中相对地球而运动,并实时地测得运动载体的状态参数。

2) 根据定位的模式分类：绝对定位方式和相对定位方式。

① 绝对定位（单点定位）：指直接确定观测站相对于坐标系原点绝对坐标的一种定位方式。绝对定位的特点是作业方式简单、可以单机作业,一般用于导航和精确度要求不高的应用中。

② 相对定位（差分定位）：指在两个或若干个测量站上设置接收机,同步跟踪观测相同的 GPS 卫星,从而测算出它们之间的相对位置。相对定位可以有效地消除或减弱如卫星原子钟的误差、卫星星历的误差、卫星信号在大气中的传播延迟误差等,从而获得很高的定位精度。相对定位广泛用于高精度大地控制网、精密工程测量、地球动力学、地震监测网和导弹外弹道等方面。

4. 网络 GPS

（1）网络 GPS 的概念和特点

网络 GPS 即基于 Internet 的 GPS,是指把互联网技术与 GPS 技术相结合,在互联网界面上显示 GPS 动态跟踪信息,以实现实时监控动态调度的功能。它同时融合了卫星定位技术、GSM 数字移动通信技术及国际互联网技术等多种目前世界上先进的科技成果。

网络 GPS 综合了 Internet 与 GPS 的优势与特色,取长补短,有其自身的特点。

1) 功能多、精度高、覆盖面广,在全球任何位置均可进行车辆的位置监控工作,充分保障了网络 GPS 所有用户的要求都能够得到满足。

2) 定位速度快,有力地保障了物流运输企业能够在业务运作上提高反应速度,降低车辆空驶率,降低运作成本,满足客户需要。

3) 信息传输采用 GSM 公用数字移动通信网,具有保密性高、系统容量大、抗干扰能力强、漫游性能好、移动业务数据可靠等优点。

4）构筑在国际互联网这一最大的网络公共平台上，具有开放度高、资源共享程度高等优点。

（2）网络 GPS 在物流业中的作用

网络 GPS 的应用使物流信息实现了无地域限制。随着 WAP（无线传输协议）的运用及 XML 的开发，随时随地通过各种类型的端口接收信息已成为可能，它们与网络 GPS 的结合必将更好地促进 GPS 的发展。网络 GPS 对物流业所起的作用主要表现在以下几方面。

1）实时监控功能。在任意时刻通过发出指令查询运输工具所在的地理位置（经度、纬度、速度等信息），并在电子地图上直观地显示出来。

2）双向通信功能。网络 GPS 的用户可使用 GSM 的语音功能与司机进行通话，或使用本系统安装在运输工具上的移动设备的汉字液晶显示终端进行汉字消息收发对话。驾驶员通过按下相应的服务、动作键，将该信息反馈到网络 GPS，质量监督员则可在网络 GPS 工作站的显示屏上确认其工作的正确性，了解并控制整个运输作业的准确性（发车时间、到货时间、卸货时间、返回时间等）。

3）动态调度功能。

① 调度人员能在任意时刻通过调度中心发出文字调度指令，并得到确认信息。

② 可进行运输工具待命计划管理，操作人员通过在途信息的反馈，在运输工具未返回车队前即做好待命计划，可提前下达运输任务、减少等待时间、加快运输工具的周转速度。

③ 运能管理，即将运输工具的运能信息、维修记录信息、车辆运行状况登记信息、司机人员信息、运输工具的在途信息等多种信息提供给调度部门决策，以提高重车率，尽量减少空车时间和空车距离，充分利用运输工具的运输能力。

4）数据存储、分析功能。

① 网络 GPS 可实现路线规划及路线优化。事先规划车辆的运行路线、运行区域及何时应该到达何地等，并将该信息记录在数据库中，以备一后查询、分析使用。

② 可靠性分析。即汇报运输工具的运行状态，了解运输工具是否需要较大的修理，预先做好修理计划，计算运输工具平均每天的差错时间，动态衡量该型号车辆的性能价格比。

③ 服务质量跟踪。即在中心设立服务器，让拥有该权限的用户能在异地方便地获取自己需要的有关车辆的信息（运行状况、在途信息、运能信息、位置信息等用户关心的信息），同时还可将客户索取信息中的位置信息用相对应的地图传送过去，并将运输工具的历史轨迹印在上面，使该信息更加形象。

④ 依据资料库储存的信息，可随时调阅每台运输工具以前的工作资料，并可根据各管理部门的不同要求制作各种不同形式的报表，使各管理部门能更快速、准确地做出判断及提出新的指示。

5. GIS/GPS 的综合应用

（1）智能导航系统

由于 GPS 提供的是经纬度格式的大地坐标，导航需要平面坐标及其在地图上的相对位置，这样以数字地图、GIS 和 GPS 为基础的计算机智能导航技术便应运而生。智能导航系统指安装在各种载体（如车辆、飞机、舰船）上，以计算机信息为基础，能自动接收和处理 GPS 信息，并显示载体在电子地图上的精确位置的技术系统。车载 GPS 导航系统和移动目标定位系统是智能导航系统的具体应用。

智能导航系统作为 GPS 和 GIS 的综合应用平台，通过移动通信、互联网和空间信息的技术和手段，以电子地图为依托，以移动终端的位置数据为基础，让使用者能以空间位置信息作为其智能化业务处理的基础，从而对各种相关数据进行分析、评估并做出决策。其应用范围主要包括如下几项。

1）信息检索查询。地图显示；通过定义查询条件对各类属性数据进行查询；根据点、线、面等特点按照相关性关系进行关联查询；对距离、周长、面积等进行量算。

2）多媒体信息输出。将用户所关注的各类数据信息以文字、数据报表、图片、专题图等形式输出，以满足不同分析决策工作的需要。

3）周边情况查询。移动终端和控制中心均可对该终端周围的设施及某设置中提供服务的详细信息进行查询，甚至对信息进行交互式的处理。

4）决策及事件响应。移动设备或中心设备能够预先装入相关的决策分析模型，这样在现场或中心可以根据出现的状况，自动提供所建议的解决方案，以供工作人员参考、确定科学、合理的决策或计划。

5）指挥监控调度跟踪。控制中心可以及时了解移动终端的位置和状态信息，从而对资产进行有效的跟踪，以保障安全；或者对资源进行合理的调配，以保障生产作业的效率。

6）导航/路径计算。根据移动终端当前的位置和目的地的位置，进行最优路线分析，并按照预先设定的条件和规则，生成前往目的地的建议路线，同时提供沿途的关键性信息。

（2）应用实例：车载 GPS 导航系统

随着我国私家车的不断增加，车载 GPS 导航系统将有着非常广阔的发展前景。计世资讯的一项研究报告表明，2012—2015 年，我国车载 GPS 导航系统的市场将实现 50% 的年增长率，预计到 2015 年，随着我国车载导航设备、导航卫星的商业应用环境及其应用标准的不断成熟，GPS 导航将被我国消费者广泛青睐，GPS 车载系统的价格也将非常低廉，市场供应规模将更加扩大。

车载 GPS 导航系统指通过软件和硬件做成定位终端并应用于车辆而进行定位导航的系统。车载 GPS 不仅具有定位导航功能，还具有将定位信息传输到 GPS 持有人手里或报警中心的功能。

车载 GPS 导航系统一般由 GPS 监控服务中心、GPS 车载终端和无线通信网络三部分组成。GPS 监控服务中心是调度指挥系统的核心，是远程可视指挥和监控管理平台，负责与车载 GPS 监控终端进行信息交换，以及各种内容和控制信息的分类、记录和转发；GPS 车载终端是车辆监控管理系统的前端设备，主要由车载视频服务器、LCD 触摸屏、外接摄像机、通话手柄、汽车防盗器等各种设备组成，负责接收、发送 GPS 定位信息、状态信息及控制信息；无线通信网络是实现车辆与调度监控中心信息交换的载体。

系统工作流程为：GPS 车载终端接收机接收四颗及以上的 GPS 卫星信号，经过求解处理得到 GPS 接收机天线中心的大地坐标及其他状态信息，然后依照 NMEA-0183 标准格式输出并传送至车载中央处理器；车载中央处理器解析 NMEA-0183 格式数据，然后将车辆的经纬度、速度、行驶方向、时间连同车辆行驶状态等信息按自定义协议重新打包，最后经过无线通信网络发往监控中心；监控中心接收车辆移动终端发送来的信息，在地理信息系统的支持下，进行地图匹配等相关处理，然后在电子地图上显示出车辆的运行轨迹，从而实现对车辆的实时监控管理（见图3-10）。

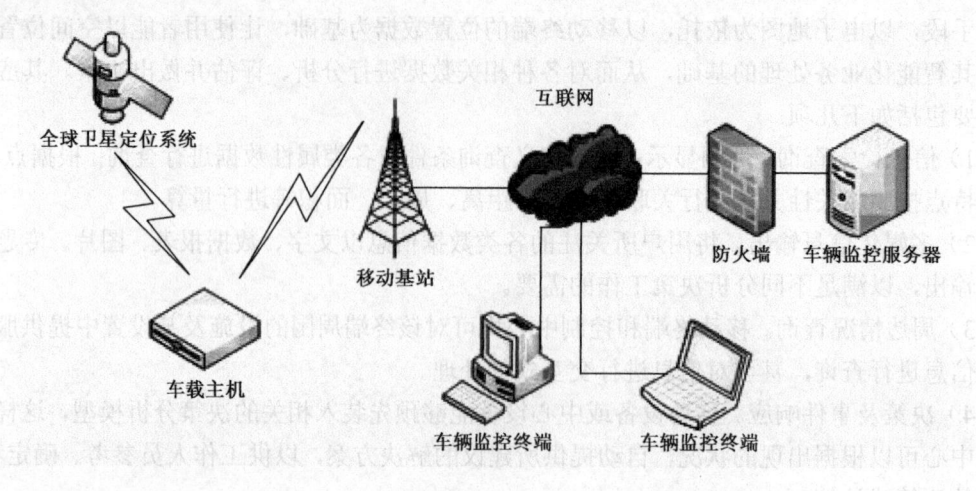

图3-10 车载GPS监控系统工作原理图

车载GPS导航系统一般具有以下功能。

1）导航功能：司机在车载GPS导航系统上选择行车路线的起点和终点，导航系统便会自动根据当前的位置及交通状况为司机提供最优的行车路线。导航过程中，如果驾驶者走错路线，系统会在极短时间内自动重新计算出一条新路线。

2）电子地图：电子地图可以覆盖全国的各大城市及本地道路信息，功能强大的地图系统包含了中小城市，可以随时查看目的城市的交通、周围建筑物等情况。

3）转向语音提示功能：如果前方遇到路口或转弯，系统提前以语音的方式提醒司机，这样可以避免车主走弯路。

4）定位功能：GPS通过接收卫星信号，准确地定位置，位置误差小于10m，可以在地图上相应的位置用记号标出来，同时，系统还可以显示方向及海拔高度等信息。

5）安全提示功能：内置道路安全属性信息，如红绿灯、超/限速路段、事故危险区域、禁行区等。汽车行驶至上述路段时，导航器将及时以语音和图标形式提醒驾驶者，避免违反交通规则，防止发生交通事故。

6）显示航迹：能够实时记录车辆行驶经过的路线，并在必要的时候对车辆信息按日期进行回放。

二、GPS技术的模拟与实训

实训目标

1. 熟悉GPS车载终端的组成与功能；
2. 基本掌握GPS车载终端的使用。

实训要求

1. 学会安装使用 GPS 车载终端；
2. 掌握 GPS 车载终端的基本功能操作。

实训准备

巡航卫士监控管理系统。

实训操作

任务 1　认识 GPS 车载终端

操作：熟悉 GPS 车载终端的组成，掌握 GPS 车载终端的操作。

1. 认识 GPS 车载终端的组成

车载终端由主机、显示屏、紧急报警开关、摄像头、监听装置等构成。车载终端安装在车辆上，主机内具有 GPS 定位模块、无线通信（GPRS）模块、图像处理模块、中心处理器和各种公共接口和电源等，通过无线网络自动与监控中心进行透明数据传输（见图 3-11）。

图 3-11　GPS 车载终端

2. 认识 GPS 车载终端的主要功能

移动终端功能：实时交互、身份识别、摄像、管理权限设置、车辆定位监控、防劫报警、偏移路线预警、区域限制报警、遥控监听、车载设备检测、咨讯服务、多通道报警、车辆状态检测、自检报告、远程下载、免提通话、定位上传、驾驶员智能管理卡等。

GPS 全球定位功能：单点查询、实时跟踪、历史数据回传、通话、调度、报警等。

设置参数功能：通过监控中心可设定车载设备的短信上报中心号码、历史数据存储时间间隔、禁止/允许车载电话设置功能、禁止/允许电话的打出、接听、隐藏模式、运行区域、设置最高限速、分段限速等参数。

3. GPS车载终端的操作

1）电源（电池）的安装。安装电池时，先松开固定螺栓，按电池盒上的提示安装电池。安装时，注意电池盒上标注的"+"或"-"极性。

2）GPS车载终端安装。将GPS车载终端安放在三脚架基座上，对中、整平、量天线高。注意：由于GPS属于三维系统，天线高测量误差会影响平面定位精度。

3）GPS车载终端操作。

① 开机。

② 参数输入。

③ 数据接收。

④ 状态面板。车载终端一旦开机，便立即搜索卫星信号，跟踪卫星并记录数据。状态面板提供观测过程的监视信息，设有"设站时间段指示灯"、"数据记录指示灯"、"卫星跟踪指示灯"、"电源状态指示灯"四个指示灯，分别闪烁红或绿两种灯光信号。

⑤ GPS车载终端关机。关闭GPS车载终端电源时，按住电源开关不放，伴随两个蜂鸣声，指示灯全红，直至电源指示灯全灭。

4）GPS车载终端向PC传输（下载）数据。

任务2 认识GPS监控中心

操作： 熟悉GPS监控中心的结构和功能。

1. 监控中心组成

监控中心是整个系统的"神经中枢"，集中实现监控、调度、接/处警、图像处理功能和其他信息服务，并对整个系统的软/硬件进行协调、管理。

监控中心由软件部分和硬件部分组成。其中硬件部分主要包括数据库服务器、备份服务器、通信服务器、网管检测工作站、GIS监控坐席、接警席、调度席、UPS电源及网络连接设备；软件部分主要包括数据库服务器、通信服务器、Web服务器、地图服务器及公交智能调度、出租车电招等应用软件包。

2. 监控中心功能

1）系统管理：对安全、系统参数、日志等进行管理。

2）基本资料：对基础数据和监控数据等进行管理。

3）基本报表：对基本运行数据进行统计分析。

4）电子地图：实现电子地图的分层缩放显示、地图漫游、电子地图自动切换、鹰眼（即地图全局窗口）、测距、地理信息查询。

5）车辆实时监控：对车辆运行情况进行实时监控。

6）报警中心：实现对系统监控的车辆异常报警情况的监控和处理。

7）行驶轨迹：对车辆历史行程情况进行查询，显示车辆轨迹，可进行轨迹回放、轨迹测距。

8）行驶数据：对车辆历史行程情况进行查询，显示原始数据，生成速度分布图表。

9）图片监控：对指定车辆进行实时拍照，可实现历史图片浏览，有效地对实地情况进行监控并取得证据。

10）设备操作：通过多种方式实现调度信息发送管理。

11）多车轨迹：将 10 辆车以内的行驶轨迹显示在同一地图上。

12）短信群发：对多辆车发送短信。

13）打印输出：随时打印实时显示的地图图样及统计资料的信息。

3．GPS 监控中心操作

GPS 监控中心一般采用总监控中心、分监控中心和个人用户三级架构，结合 GIS、GPS、MIS 等平台向用户展现可视化的跟踪界面，并向用户提供多种查询地理信息和寻车的手段，让用户实时获得易懂而且较为精确的各种 GIS 信息（见图 3-12）。

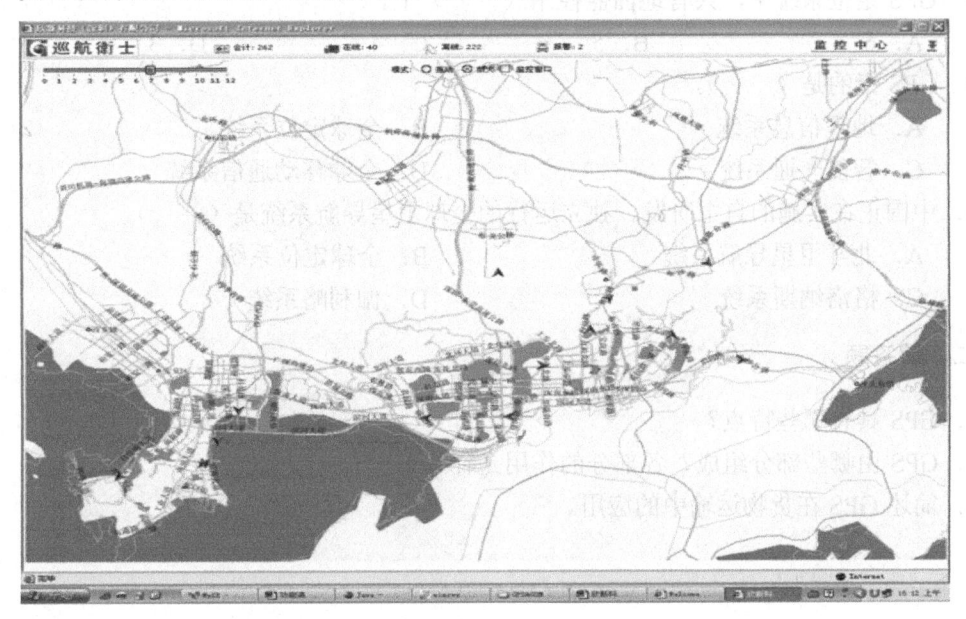

图 3-12　GPS 监控中心截图

项目评价

项目名称：GPS 技术　　　　　　　　　　　　　　　　　　　年　　月　　日

小组成员:				实际得分	
序号	考核内容	考核标准	分值	扣分	得分
1	基本概念	是否掌握相关概念	10		
2	GPS 的构成	是否掌握 GPS 的构成	10		
3	GPS 的功能及特点	是否熟悉 GPS 的功能及特点	10		
4	GPS 的工作流程	是否掌握 GPS 的工作流程	10		
5	GPS 应用	是否熟悉 GPS 的应用	10		
6	认识 GPS 车载终端	是否熟悉 GPS 车载终端的组成和操作	15		
7	认识 GPS 监控中心	是否熟悉 GPS 车载终端的组成和操作	15		
8	职业习惯与纪律	是否有良好的职业道德和规范的职业素养	20		
	综合得分				
指导老师评语					

项目巩固与提高

一、选择题

1. 根据 GPS 定位原理，至少需要接收到（　　）颗卫星的信号才能定位。
   A. 6　　　　　　B. 5　　　　　　C. 4　　　　　　D. 3

2. GPS 信号接收机按用途的不同可分为（　　）、测地型和授时型等三种。
   A. 大地型　　　　B. 军事型　　　　C. 民用型　　　　D. 导航型

3. GPS 定位系统中，共有地面监控站（　　）个。
   A. 6　　　　　　B. 5　　　　　　C. 4　　　　　　D. 3

4. GPS 指的是（　　）。
   A. 地理信息系统　　　　　　　　B. 全球定位系统
   C. 智能交通系统　　　　　　　　D. 全球移动通信系统

5. 中国正在实施的自主研发、独立运行的全球卫星导航系统是（　　）。
   A. 北斗卫星导航系统　　　　　　B. 全球定位系统
   C. 格洛纳斯系统　　　　　　　　D. 伽利略系统

二、简答题

1. GPS 具有哪些特点？
2. GPS 由哪些部分组成？各部分的作用是什么？
3. 简述 GPS 在货物运输中的应用。

模块四 数据库技术

项目一 认识数据库

(**编前哲思**：每一个事物在计算机里都是以数据的形式存放的,在计算机的世界里只有数据。我们也生活在一个充满数据的世界里,但是,我们的交流,难道也要变得和机器一样,只有数据与数据的交流吗?)

项目目标

1. 了解数据库技术的发展历程;
2. 理解数据库系统的组成;
3. 掌握数据库与物流行业的关系及其发展趋势。

项目准备

1. 数据库技术教学授课课件;
2. 数据库技术资料、图片;
3. 数据库软件介绍和实训准备。

一、数据库知识点学习

数据库技术是信息系统的核心技术之一,是一种计算机辅助管理数据的方法,它研究如何组织和存储数据、如何高效地获取和处理数据。通过研究数据库的结构、存储、设计、管理及应用的基本理论和实现方法,并利用这些理论来实现对数据库中的数据进行处理、分析和管理的技术,即数据库技术是研究、管理和应用数据库的一门软件科学。

目前数据库系统通过与商业的应用相结合已经广泛地应用于电子商务、电子数据交换、地理信息、全球定位、物流管理信息等许多领域。同时，为了满足共享信息用户的需求，随着在线信息的增加，越来越多的用户希望访问和使用在线数据信息，因此网络数据库的开发和应用将越来越广泛。

1. 数据、信息、数据处理

1）数据（Data）。从广义上讲，数据指描述现实事物的可被识别的符号，包括内容和表现形式两个方面，在计算机领域中指能被计算机识别的数字、文字及图形、图像、声音等，如物流公司管理信息和员工档案等。例如，一种商品的描述为（1678，笔记本，10000，3.6，06/18/2012）。

2）信息（Information）。信息指数据经过加工、处理后所获取的有用知识，是以某种数据形式表现的。数据和信息是两个相互联系但又相互区别的概念，数据是信息的具体表现形式，信息是数据的有意义的表现。也有人说信息是事物及其属性标识的集合。

3）数据处理（Data Processing）。数据处理指对数据进行加工的过程，即将数据转换成信息的过程，是对各种数据进行收集、存储、加工和传播的一系列活动。

2. 数据库管理系统

数据库管理系统是处理数据访问的软件系统，是连接用户与操作系统以对数据库进行管理的软件。用户必须通过数据库管理系统来统一管理和控制数据库中的数据。一般来说，数据库管理系统的功能主要包括下述内容。

（1）数据定义

DBMS 提供数据定义语言（Data Definition Language，DDL），定义数据库的三级结构，包括外模式、模式和内模式及它们相互之间的映像，定义数据的完整性、安全控制等约束。各级模式通过 DLL 编译成相应的目标模式，并被保存在数据字典中，以便在进行数据操纵和控制时使用。这些定义存储于数据字典中，是 DBMS 存储和管理数据的依据。DBMS 根据这些定义，从物理记录导出全局逻辑记录，又从全局逻辑记录导出用户所检索的记录。

（2）数据操纵

DBMS 还提供数据操纵语言（Data Manipulation Language，DML），用户可以使用 DML 操纵数据以实现对数据库的基本操作，如存取、检索、插入、删除和修改等。DML 有两类：一类 DML 可以独立交互使用，不依赖于任何程序设计语言，称为自主型或自含型语言。另一类 DML 必须嵌入宿主语言中使用，称为宿主型 DML。在使用高级语言编写的应用程序中，需要使用宿主型 DML 访问数据库中的数据。因此，DBMS 必须包含编译程序或解释程序。

（3）数据库的运行管理

所有数据库的操作都要在数据库管理系统的统一管理和控制下进行，以保证事务的正确运行和数据的安全性、完整性。这也是 DBMS 运行时的核心部分，它包括如下内容。

① 数据并发（Concurrency）控制。当多个用户的并发进程同时存取、修改或访问数据库时，可能会发生由于相互干扰而得到错误的结果或使得数据库的完整性遭到破坏的情况，因此必须对多用户的并发操作加以控制和协调。

② 数据安全性（Security）保护。数据安全性保护指保护数据以防止不合法的使用造成数据的泄密和破坏。因此每个用户只能按规定对某些数据以某些方式进行使用和处理。

③ 数据完整性（Integrity）控制。数据的完整性控制指设计一定的完整性规则以确保数据库中数据的正确性、有效性和相容性。例如，当输入或修改数据时，不符合数据库定义规定的数据系统不予接受。

④ 数据库恢复（Recovery）。计算机系统的硬件故障、软件故障、操作员的失误及故意破坏也会影响数据库中数据的正确性，甚至造成数据库部分或完全丢失。DBMS必须具有将数据库从错误状态恢复到某一已知正确状态（也称为完整状态或一致状态）的功能，这就是数据库的恢复功能。

总而言之，数据库是一个通用的、综合性的数据集合，它可以供各种用户共享，并且具有最小的冗余度和较高的数据与程序的独立性。

3．数据处理的三个阶段

数据处理经历了人工管理、文件系统和数据库系统三个发展阶段，当中的时间跨度及基本特征和特点如下所述。

（1）人工管理阶段（20世纪50年代中期以前）

计算机主要用于科学计算；硬件中的外存只有卡片、纸带、磁带，没有磁盘等直接存取设备；软件只有汇编语言，没有操作系统和管理数据的软件；数据处理的方式基本上是批处理。

特点：数据不保存，没有专用的软件对数据进行管理，数据不能共享，数据不具有独立性。

（2）文件系统阶段（20世纪50年代后期至60年代中期）

计算机不仅用于科学计算，还大量用于信息管理；硬件有了磁盘、磁鼓等直接存储设备；软件上出现了高级语言和操作系统；处理方式有批处理和联机处理。

特点：数据用文件形式长期保存下来，可对数据的存取进行管理，文件形式多样化，程序与数据间有一定的独立性。

存在的问题：数据冗余度大，数据独立性低，数据一致性差。

（3）数据库系统阶段（20世纪60年代末开始）

计算机应用于管理的规模更加庞大，数据量急剧增加；硬件方面出现了大容量磁盘，使计算机联机存取大量数据成为可能；软件上出现了数据库管理系统。

特点：数据共享性高、冗余少，数据结构化，有统一的数据控制功能。

4．数据字典

数据字典（Data Dictionary，DD）中存放着对实际数据库各级模式所做的定义，也就是对数据库结构的描述。这些数据是数据库系统中有关数据的数据，称为元数据（Metadata）。因此，数据字典本身也可以看成是一个数据库，它是系统数据库。

综上所述，数据库管理系统的作用是在建立、运行和维护时对数据库进行统一控制，以确保多种程序并发地使用数据库，并可以及时、有效地处理数据。

5. 数据库系统

数据库系统（Data Base System，DBS）指引进了数据库技术后的计算机系统，它能够有组织地、动态地存储大量数据，提供数据处理和数据共享机制，一般由硬件系统、软件系统（含应用系统、软件数据库管理系统系统、操作系统、数据库等）和人员组成。数据库系统的组成结构如图4-1所示。

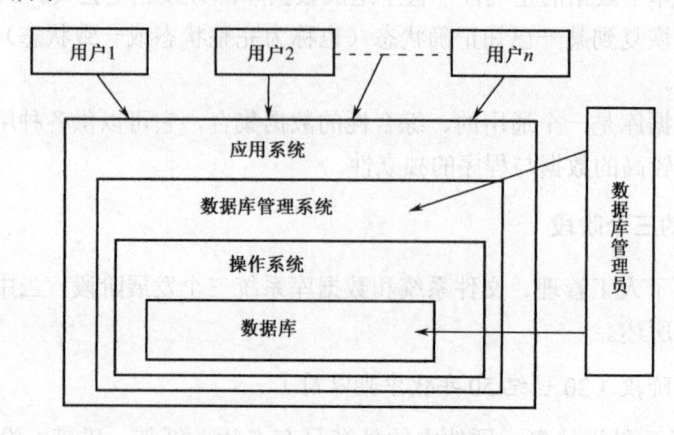

图4-1 数据库系统的组成结构

（1）硬件系统

由于数据库系统的数据量很大，加之DBMS丰富的功能，使得DBS的规模也很大，因此整个数据库系统对硬件资源提出了较高的要求，这些要求如下。

1）有足够大的内存，用于存放操作系统、DBMS的核心模块、数据缓冲区和应用程序。

2）有足够大的磁盘等直接存取设备，用于存放数据库；有足够数量的存储介质（内部存储设备和外部存储设备），用于数据备份。

3）有较强的通信能力，以提高数据传输速率。

（2）软件系统

数据库系统的软件主要包括数据库管理系统（DBMS）和支持DBMS运行的操作系统（Operating System，OS）。数据库管理系统是整个数据库系统的核心，是位于用户与操作系统之间的一层数据管理软件，主要用于数据库的建立、使用和维护，提供对数据库中的数据资源进行统一管理和控制的功能，同时将数据库应用程序和数据库中的数据联系起来。另外，数据库系统的软件还包括具有与数据库接口的高级语言和应用程序开发工具。

一般来说，一种数据库只支持一种或两种操作系统。然而，近几年来，跨平台作业越来越受到人们的重视，许多大型数据库都同时支持几种操作系统，如Oracle数据库等。应用程序开发工具主要用于开发与数据库相关的应用程序，现在流行的数据库应用程序开发工具有很多种，本书所介绍的SQL Server 2000就是一款优秀的管理工具，它功能齐全、处理数据的速度较快。

（3）人员

人员主要指开发、设计、管理和使用数据库的人员，包括数据库管理员、应用程序开发人员和最终用户。

1）数据库管理员（Database Administrator，DBA）。为保证数据库系统的正常运行，需要有专门人员来负责全面管理和控制数据库系统，承担此任务的人员称为 DBA。

2）应用程序开发人员是设计数据库管理系统的人员，他们主要负责根据系统的需求分析，使用某种高级语言编写应用程序。应用程序可以对数据库进行访问、修改和存取等操作，并能够将数据库返回的结果按一定的形式显示给用户。

3）最终用户是通过计算机终端与系统交互的用户。最终用户可以通过已经开发好的具有友好界面的应用程序访问数据库，还可以使用数据库系统提供的接口联机访问数据库。

6. 数据库技术的发展历史

数据模型是数据库技术的核心和基础，因此，对数据库系统发展阶段的划分应该以数据模型的发展演变作为主要依据和标志。按照数据模型的发展演变过程，数据库技术从开始到现在短短的几十年中，主要经历了三个发展阶段：第一代是网状和层次数据库系统，第二代是关系数据库系统，第三代是以面向对象数据模型为主要特征的数据库系统。数据库技术与网络通信技术、人工智能技术、面向对象程序设计技术、并行计算技术等相互渗透、有机结合，成为当代数据库技术发展的重要特征。

（1）第一代数据库系统

第一代数据库系统是 20 世纪 70 年代研制的层次和网状数据库系统。层次数据库系统的典型代表是 1969 年 IBM 公司研制出的层次模型的数据库管理系统 IMS。20 世纪 60 年代末 70 年代初，美国数据库系统语言协会（Conference On Data System Language，CODASYL）下属的数据库任务组（Data Base Task Group，DBTG）提出了若干报告，称为 DBTG 报告。DBTG 报告确定并建立了网状数据库系统的许多概念、方法和技术，是网状数据库的典型代表。在 DBTG 思想和方法的指引下，数据库系统的实现技术不断成熟，开发了许多商品化的数据库系统，它们都是基于层次模型和网状模型的。可以说，层次数据库是数据库系统的先驱，而网状数据库则是数据库概念、方法、技术的奠基者。

（2）第二代数据库系统

第二代数据库系统是关系数据库系统。1970 年，IBM 公司 San Jose 试验室的研究员 Edgar F. Cod 发表了题为《大型共享数据库数据的关系模型》的论文，提出了关系数据模型，开创了关系数据库方法和关系数据库理论，为关系数据库技术奠定了理论基础。Edgar F. Cod 于 1981 年被授予 ACM 图灵奖，以表彰他在关系数据库研究方面的杰出贡献。

20 世纪 70 年代是关系数据库理论研究和原型开发的时代，其中以 IBM 公司的 San Jose 研究试验室开发的 System R 和 Berkeley 大学研制的 Ingres 为典型代表。大量的理论成果和实践经验终于使关系数据库从实验室走向了社会，因此，人们把 20 世纪 70 年代称为数据库时代。20 世纪 80 年代，几乎所有新开发的系统均是关系型的，其中涌现出了许多性能优良的商品化关系数据库管理系统，如 DB2、Ingres、Oracle、Informix、Sybase 等。这些商用数据库管理系统的应用使数据库技术日益广泛地应用到企业管理、情报检索、辅助决策等方面，成为实现和优化信息系统的基本技术。

（3）第三代数据库系统

从 20 世纪 80 年代以来，数据库技术在商业上的巨大成功刺激了其他领域对数据库技术需求的迅速增长。这些新的领域为数据库应用开辟了新的天地，并在应用中提出了一些新的数据管理需求，推动了数据库技术的研究与发展。

1990 年，高级 DBMS 功能委员会发表了《第三代数据库系统宣言》，提出了第三代数据库管理系统应具有的 3 个基本特征：应支持数据管理、对象管理和知识管理，必须保持或继承第二代数据库系统的技术，必须对其他系统开放。

7. 数据库技术的发展趋势

从 20 世纪 60 年代末期到现在，数据库技术已经发展了 40 多年。在这 40 多年的历程中，人们在数据库技术的理论研究和系统开发上都取得了辉煌的成就，而且已经开始对新一代数据库系统进行深入研究。数据库系统已经成为现代计算机系统的重要组成部分。

（1）面向对象的关系数据库技术

针对关系数据库技术现有的局限性，理论界现在主要有以下 3 种观点。

面向对象的数据库技术将成为下一代数据库技术发展的主流。部分学者认为现有的关系数据库无法描述现实世界的实体，而面向对象的数据模型由于吸收了已经成熟的面向对象程序设计方法学的核心概念和基本思想，使得它符合人类认识世界的一般方法，更适合描述现实世界。甚至有人预言，数据库的未来将是面向对象的时代。

关系数据库几乎是当前数据库系统的标准，关系语言与常规语言一起几乎可完成任意的数据库操作，但其简洁的建模能力、有限的数据类型、程序设计中数据结构的制约等成为关系型数据库发挥作用的瓶颈。面向对象方法起源于程序设计语言，它本身就以现实世界中的实体对象为基本元素来描述复杂的客观世界，但功能不如关系数据库灵活。因此部分学者认为将面向对象的建模能力和关系数据库的功能进行有机结合而进行研究是数据库技术的一个发展方向。

面向对象数据库的优点是能够表示复杂的数据模型，但由于没有统一的数据模式和形式化理论，因此缺少严格的数据逻辑基础。演绎数据库虽有强大的数学逻辑基础，但只能处理平面数据类型。因此，部分学者将两者结合，提出了一种新的数据库技术——演绎面向对象数据库，并指出这一技术有可能成为下一代数据库技术发展的主流。

（2）非结构化数据库

非结构化数据库是部分研究者针对关系数据库模型过于简单、不便表达复杂的嵌套需要及支持数据类型有限等局限，从数据模型入手而提出的全面基于 Internet 应用的新型数据库理论。他们认为这种数据库的最大特点在于它突破了关系数据库结构定义不易改变和数据定长的限制，支持重复字段、子字段及变长字段，并实现了对变长数据和重复字段进行处理和数据项的变长存储管理，在处理连续信息（包括全文信息）和非结构信息（重复数据和变长数据）中有着传统关系型数据库所无法比拟的优势。但研究者认为此种数据库技术并不会完全取代现在流行的关系数据库，而是它的有益补充。

（3）数据库技术与多学科技术的有机结合

有学者指出：数据库与学科技术的结合将会产生一系列新数据库，如分布式数据库、并行数据库、知识库、多媒体数据库等，这将是数据库技术重要的发展方向。其中，许多研究者都将多媒体数据库作为研究重点，并认为将多媒体技术和可视化技术引入多媒体数据库将是未来数据库技术发展的热点和难点。

二、数据库安装实训

实训目标

1. 熟知网络数据库的特点与功能；
2. 熟练操作不同版本的 SQL Server 2000 的安装；
3. 掌握卸载 SQL Server 2000 的两种方法。

实训要求

1. 了解各种常用数据库的特点及安装方法；
2. 掌握不同版本的 SQL Server 2000 安装的方法及安装的注意事项；
3. 掌握卸载 SQL Server 2000 的两种方法。

实训准备

物流网络实训室，SQL Server 2000 软件。

实训操作

任务 1　启动安装程序

运行 SQL Server 2000 安装程序，这时安装程序会自动运行，在这里可以看到 SQL Server 2000 提供的各种版本：SQL Server 2000 企业版、SQL Server 2000 标准版、SQL Server 2000 个人版、SQL Server 2000 开发版（见图 4-2）。

因为实验环境是 Windows XP 系统，所以选择"安装 SQL Server 2000 简体中文个人版"，进入下一安装界面（见图 4-3）。

图 4-2　SQL Server 2000 安装界面　　　　图 4-3　SQL Server 2000 安装界面

选择"安装 SQL Server 2000 组建"选项，进入下一界面，在这里可以看到 SQL Server 2000 个人版提供的各种安装组件：数据库服务器、分析服务（Analysis Service）和英语查询（English Query）（见图4-4）。

选择"安装数据库服务器"选项，系统进入正式安装界面（见图4-5）。

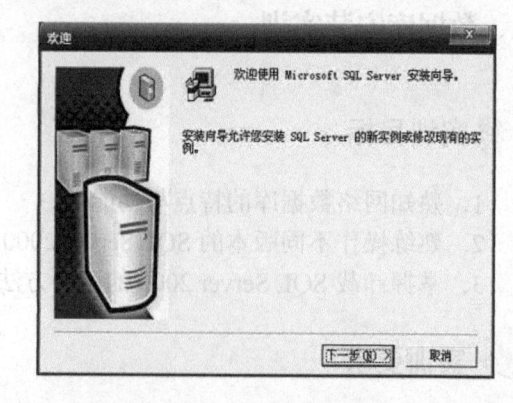

图4-4　安装 SQL Server 2000 的组件　　　　　　图4-5　正式安装界面

单击"下一步"按钮，弹出如图 4-6 所示的对话框，让用户选择进行远程安装还是本地安装，默认选项是本地安装。

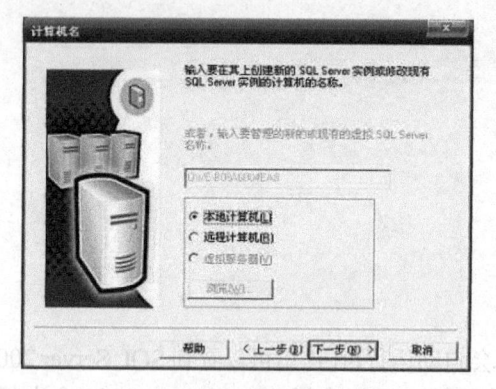

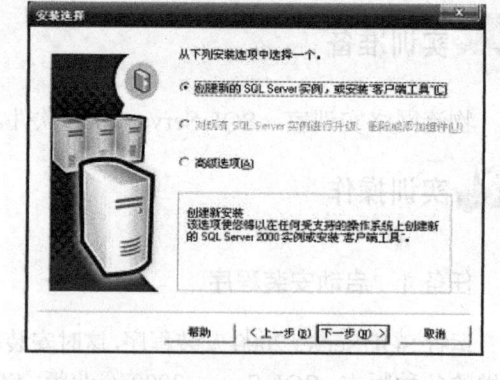

图4-6　选择安装方式　　　　　　图4-7　关于实例的选择使用

选中"本地计算机"单选按钮，然后单击"下一步"按钮，安装程序会弹出如图 4-7 所示的对话框。在该对话框中可以选择是创建一个新的实例还是只对现有的实例进行升级或删除。如果用户选中"高级选项"单选按钮，则可以进行诸如注册表重建等操作。

选中"创建新的 SQL Server 2000 实例，或安装'客户端工具'"单选按钮，再单击"下一步"按钮，弹出如图 4-8 所示的对话框，提示输入姓名和公司名称。正确填写信息后，单击"下一步"按钮。安装程序弹出对话框，询问用户是否同意软件的使用协议，如果同意则输入 CD-key，然后系统继续进行后续操作。在这里可以根据安装目的进行选择，如果安装的是数据库服务器，则必须选中"服务器和客户端工具"单选按钮（见图4-9）；如果为了实现客户端应用程序和服务器的连接畅通，则可以选中"仅客户端工具"或"仅连接"单选按钮。

模块四 数据库技术

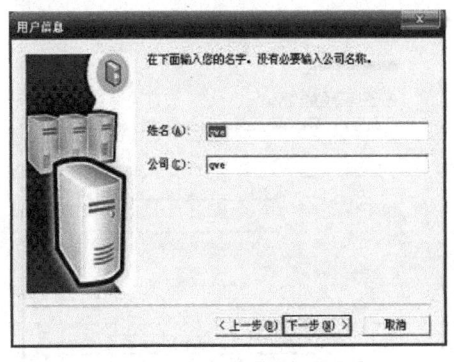

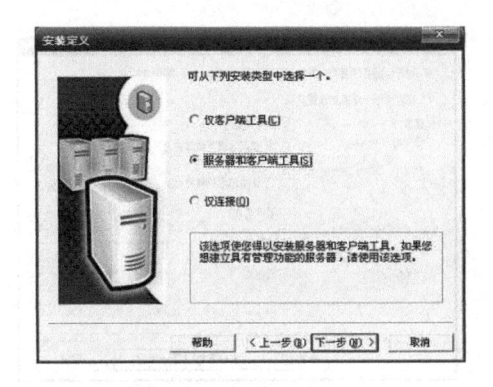

图 4-8 填写用户名和公司

图 4-9 提示选择安装类型

单击"下一步"按钮，系统弹出如图 4-10 所示的对话框。可以选择安装为默认实例，也可以选择安装为命名实例。如果选择安装为命名则必须为实例取一个名字，这里选择默认实例进行安装。

单击"下一步"按钮，弹出如图 4-11 所示的对话框，SQL Server 2000 提供了三种安装方式供用户选择（见图 4-11）。

典型安装：以默认的方式安装 SQL Server 2000，建议使用这种安装模式。

最小安装：以能运行 SQL Server 2000 所需的最小配置进行安装，硬盘空间不大者慎用。

自定义安装：允许进行安装组件的挑选，建议高级用户使用。

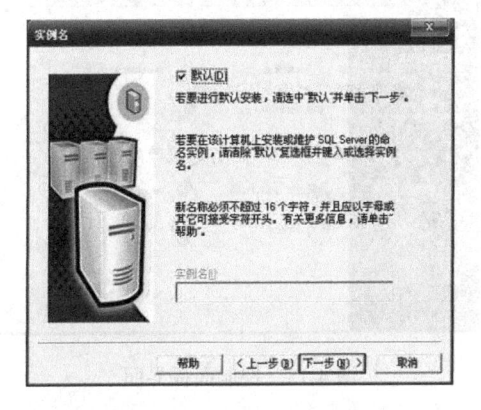

图 4-10 选择默认实例

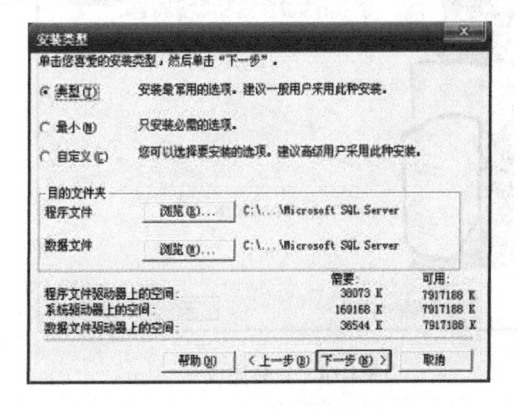

图 4-11 安装方式选择

单击"下一步"按钮，安装程序弹出如图 4-12 所示的对话框。为了启动运行 SQL Server 2000 的服务，必须指定有相反权限的用户和口令，可以选择对每个服务设置同一个账户，也可以为每个服务设置不同的用户。

单击"下一步"按钮，弹出如图 4-13 所示的对话框，可以选择是使用 Windows 身份验证模式还是使用混合模式。如果在 Windows NT 环境下安装，建议使用 Windows 身份验证模式。

单击"下一步"按钮，按提示进行安装，此时安装程序将开始复制文件、安装组件、配置服务及创建数据库等。等完成安装后，将弹出"安装完毕"对话框，单击"确定"按钮完成安装，如图 4-14 所示。

· 85 ·

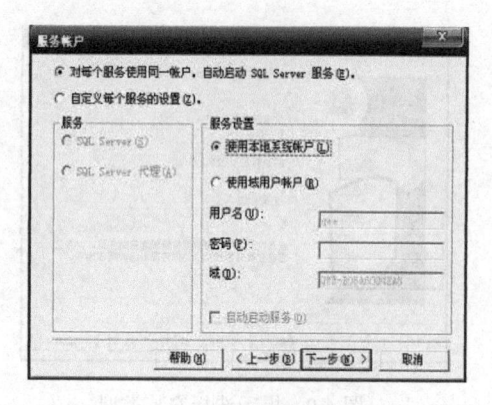

图 4-12　选择启动服务的账号　　　　　图 4-13　身份验证模式

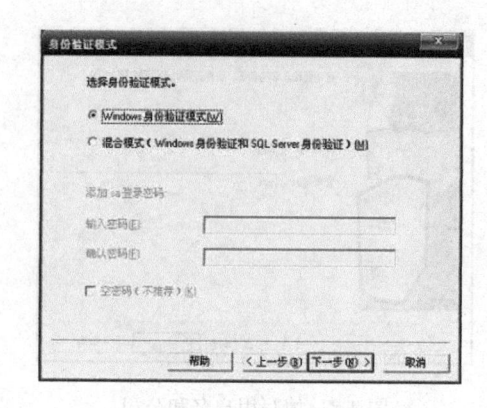

任务 2　SQL Server 2000 的删除

单击屏幕左下方的"开始"按钮，找到"控制面板"，单击进入界面，选择"添加和删除程序"命令。找到 SQL Server 2000 程序，选择"更改/删除"命令，此时会弹出"确认文件删除"对话框，单击"确定"按钮开始删除程序。窗口显示所有任务都有对勾标志后，单击"确定"按钮完成对 SQL Server 2000 的删除（见图 4-15 和图 4-16）。

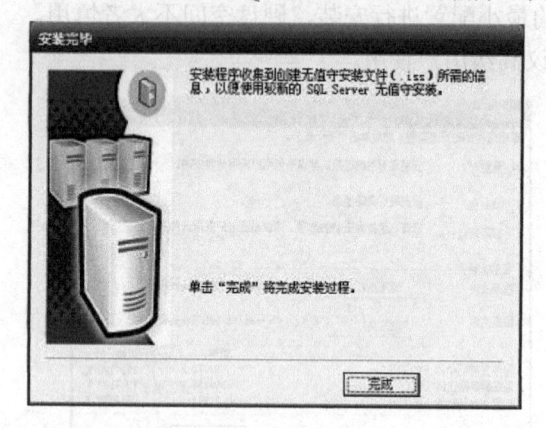

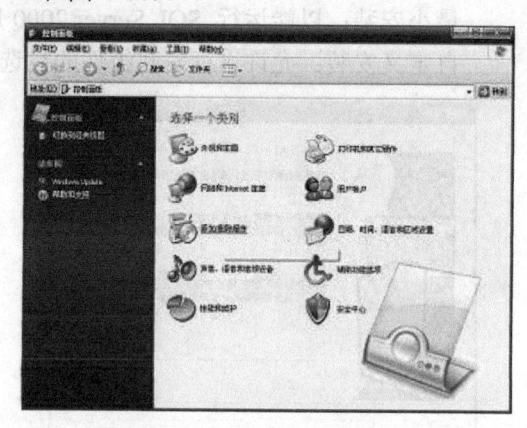

图 4-14　安装完成　　　　　图 4-15　控制面板界面

图 4-16　删除后的界面

项目评价

项目名称：数据库认识　　　　　　　　　　　　　　　　　　　年　　月　　日

小组成员：				实际得分	
序号	考核内容	考核标准	分值	扣分	得分
1	基本概念	是否掌握数据库的相关概念	10		
2	数据库系统的组成	是否掌握数据库系统的组成	10		
3	数据库系统的功能及特点	是否熟悉数据库系统的功能及特点	10		
4	系统的安装准备工作	是否能正确启动系统	10		
5	是否能顺利完成系统的安装操作	是否能完成系统安装	20		
6	是否能顺利完成系统的卸载	是否能完成系统的卸载	15		
7	系统的安装和卸载是否规范和顺利	是否能顺利完成工作	5		
8	职业习惯及纪律	是否有良好的职业道德和规范的职业素养	20		
	综合得分				
指导老师评语					

项目巩固与提高

一、选择题

1. 在数据管理技术的发展过程中，经历了人工管理阶段、文件系统阶段和数据库系统阶段。在这几个阶段中，数据独立性最高的是（　　）阶段。

　　A．数据库系统　　　　　　　　B．文件系统
　　C．人工管理　　　　　　　　　D．数据项管理

2. 数据库的概念模型独立于（　　）。

　　A．具体的机器和 DBMS　　　　B．E-R 图
　　C．信息世界　　　　　　　　　D．现实世界

3. （　　）是存储在计算机内有结构的数据集合。

　　A．数据库系统　　　　　　　　B．数据库
　　C．数据库管理系统　　　　　　D．数据结构

4. 数据库中存储的是（　　）。

　　A．数据　　　　　　　　　　　B．数据模型
　　C．数据及数据之间的联系　　　D．信息

5. 据库系统的核心是（　　）。

　　A．数据库　　　　　　　　　　B．数据库管理系统
　　C．数据模型　　　　　　　　　D．软件工具

6. 数据库（DB）、数据库系统（DBS）和数据库管理系统（DBMS）三者之间的关系是（   ）。
   A. DBS 包括 DB 和 DBMS　　　B. DDMS 包括 DB 和 DBS
   C. DB 包括 DBS 和 DBMS　　　D. DBS 就是 DB，也就是 DBMS
7. 数据库管理系统（DBMS）是（   ）。
   A. 数学软件　　　　　　　　　B. 应用软件
   C. 计算机辅助设计　　　　　　D. 系统软件
8. 数据库系统的特点是（   ）、数据独立、减少数据冗余、避免数据不一致和加强了数据保护。
   A. 数据共享　　　　　　　　　B. 数据存储
   C. 数据应用　　　　　　　　　D. 数据保密
9. 对于信息世界中的术语，与之对应的数据库术语为（   ）。
   A. 文件　　　　　　　　　　　B. 数据库
   C. 字段　　　　　　　　　　　D. 记录

二、简答题

1. 试述数据、数据库、数据库管理系统、数据库系统的概念。
2. 使用数据库系统有什么好处？
3. 简述数据库系统的特点。
4. 数据库管理系统的主要功能有哪些？

项目二　网络数据库

（**编前哲思**：网络数据库（也称 Web 数据库）就是将数据库技术与 Web 技术相结合的技术，因为选择和网络的应用结合，让数据库技术如虎添翼；如果有选择地学习，是不是也可以使特长如虎添翼呢？）

项目目标

1. 理解网络数据库的概念；
2. 熟悉常用的 Web 数据库及其应用。

项目准备

1. 网络数据库教学授课课件；
2. 网络数据库的应用资料和图片；
3. 网络数据库实训软件及设备的准备。

一、网络数据库知识点的学习

1. 网络数据库

随着物流技术的发展，物流管理与 Internet/Intranet 的关系更加密切，用户可通过 Web 网页访问 Web 数据库，以实现物流管理的信息化。如何以动态网页形式实现数据与用户的交互，就成为非常迫切的问题。解决这一问题的方法之一就是实现数据库与 Internet/Intranet 应用软件的集成。

数据和资源共享这两种方式结合在一起即成为今天广泛使用的网络数据库（Web 数据库）。它以后台（远程）数据库为基础，加上一定的前台（本地计算机）程序，通过浏览器完成数据存储、查询等操作（见图 4-17）。

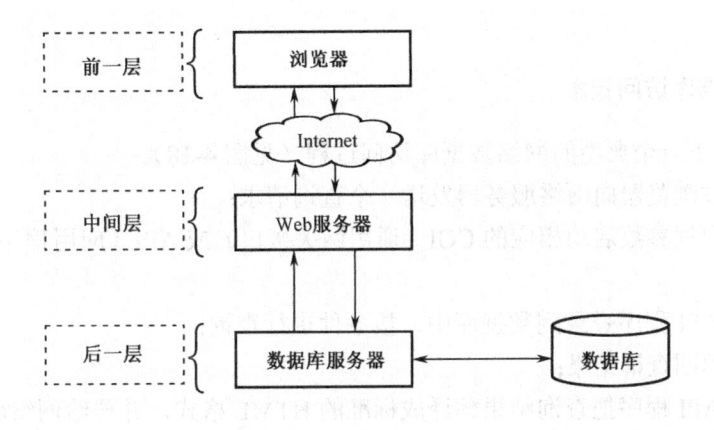

图 4-17 网络数据库工作模式

网络数据库可以定义为，以后台数据库为基础，加上一定的前台程序，通过浏览器完成数据存储、查询等操作的系统，是跨越计算机在网络上创建、运行的数据库。

网络数据库（Network Database）的含义有三个：①在网络上运行的数据库；②网络上包含其他用户地址的数据库；③信息管理中，数据记录可以以多种方式相互关联的数据库。网络数据库和分层数据库相似，因为其包含从一个记录到另一个记录的前进。与后者的区别在于其更不严格的结构：任何一个记录都可指向多个记录，而多个记录也可以指向一个记录。实际上，网络数据库允许两个节点间的多个路径，而分层数据库只能有一个从父记录（高级记录）到子记录（低级目录）的路径。

网络数据库是网络环境下办公自动化系统的核心部分。设计一个网络数据库所采用的技术实现方法，其先进性和科学性不仅对软件的开发效率和软件质量有着很大的影响，而且对整个软件的使用和维护有着重大的影响。同时，系统的安全性对于系统的实现同样非常关键。系统不安全的因素包括非授权用户访问计算机网络、授权用户越权访问有关数据库及敏感信息在基于 TCP/IP 网络上的传输。通过网络访问数据库的优点是：

1) 使用现成的网络浏览器软件，无须开发数据库前端；
2) 界面统一，减少了培训费用；

3）标准统一，开发过程简单；
4）方便的跨平台应用。

网络数据库的应用有以下几个方面：
1）收集信息；
2）提供搜索功能，方便网站内容的查找；
3）产品管理；
4）新闻系统；
5）BBS 论坛；
6）Chat 聊天室程序；
7）开发有亲和力的网站环境；
8）开发具有特殊功能的网站。

目前使用较为广泛的网络数据库平台有 Oracle 公司的 Oracle 9i 和 Microsoft 公司的 SQL Server 等。

2．网络数据库访问技术

首先，了解下一个典型的网络数据库访问过程（见图 4-18）。
1）用户通过浏览器向网络服务器发送一个查询请求；
2）服务器根据参数启动相应的 CGI（通用网关接口）或 API（应用程序接口）程序（即网关）；
3）CGI 或 API 程序登录到数据库中，按条件进行查询；
4）数据库返回查询结果；
5）CGI 或 API 程序把查询结果翻译成标准的 HTML 格式，并传给网络服务器；
6）网络服务器把包含结果的 HTML 网页传给浏览器。

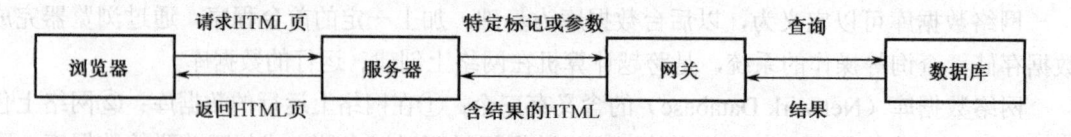

图 4-18 网络数据库的访问

然后来了解网络数据库的访问技术。基于 Web 的数据库应用就是将数据库和 Web 技术结合，按照 Browser/Server 结构建立的通过浏览器访问数据库的服务系统。目前建立与 Web 数据库交互连接的方法主要有如下几种：
1）公共网关接口 CGI（Common Gateway Interface）；
2）Internet 数据库连接器 IDC（Internet Database Connector）；
3）先进数据库连接器 ADC（Advance Database Connector）；
4）Java/JDBC 语言编程。
5）动态服务器页面 ASP。

（1）公共网关接口

CGI（Common Gateway Interface，公共网关接口）是一种接口标准，是较早实现的技术。

CGI 类似于客户端和服务器端的连接桥梁,从客户端发出的请求必须通过 CGI 才能激活服务器端的程序。服务器端的程序执行时所产生的处理结果也必须通过 CGI 才能转换为 HTML 文本信息传回给客户端。通常为了建立一个 Web 应用程序,需要制作多个 CGI 程序,而这些 CGI 程序一般都是由和 Web 服务器不在同一内存空间运行的 C 语言或 Perl 语言制作而成的,这就使得网站管理起来比较困难。

CGI 适用于多种服务器平台,如 UNIX、Windows 等,但开发成本高,维护困难,功能有限,不具备事务处理功能,占用服务器资源较多。

（2）PHP 技术

PHP（Personal Home Page）技术是动态网页开发的工具之一。它是一种嵌入在 HTML 中并由服务器解释的脚本语言,可以用于管理动态内容、支持数据库、处理会话跟踪,甚至构建整个电子商务站点。

PHP 的优点如下。

① 跨平台性好：大多数常规 PHP 通常是与 Linux 或各种 UNIX 上的 Apache 一起运行的 PHP 模块。

② 简单易学：PHP 采用 C 语言语法,对于有 C 语言基础的人来说学习 PHP 较为简单。

PHP 的不足为对各种数据库没有统一的接口标准,它对于每种数据库几乎都有一个不同的接口。由于 PHP 的每一种扩充模块并不完全由 PHP 本身完成,需要许多外部的应用程序库,因此安装比较复杂。

（3）数据库连接器

Internet 数据库连接器（Internet Database Connector，IDC）集成在 ISAPI（Internet Server API）中,充分利用了 DLL 技术,易扩充,但编程比 CGI 复杂,只适用于小型数据库系统。

先进数据库连接器（Advance Database Connector，ADC）提供了通过 ActiveX Control 访问数据库的途径,它的主要特点是数据查询由用户端浏览器执行,因而需将服务器端数据库中的部分记录下载到用户端,系统开销较大,响应慢,只适用于特别频繁的数据库查询操作。

（4）Java/JDBC 语言编程

Java 语言是一种面向对象、易移植、多线程控制的语言,可通过 JDBC 连接数据库。JSP 是英文 Java Server Pages 的缩写,它是 Sun 公司首创的一种新型动态网页编程技术。由于 JSP 技术是从 Java 编程语言中的 Servlet 技术扩展而来的,因此具有动态页面与静态页面分离及程序代码与硬件平台无关的特性。

JSP 技术的优点如下。

1）平台无关性：几乎所有平台上都可见到一致的 Java Servlet/JSP 的 Web Servlet/Application Server 系统,它可以让用户在任意环境中进行系统部署,在任意环境中扩展功能。

2）可移植性强：JSP 继承了 Java 的一切特性,它使得 JSP 代码在一次编译之后可以在任意地方运行。

3）与数据库连接方便：JSP 通过 Java 语言的 JDBC 技术与数据库相连,只要数据库有 JDBC 的驱动程序就可与之相连。如果没有 JDBC,也可以通过 JDBC-ODBC 桥实现数据库的连接。

用 Java/JDBC 编写的软件可移植性强，适用于多种操作系统，但其执行效率和执行速度还不理想，目前无法建立高效、高速的应用。

（5）动态服务器页面（Active Server Page，ASP）

ASP 是微软公司最新推出的 Web 应用开发技术，着重于处理动态网页和 Web 数据库的开发，编程灵活、简洁，具有较高的性能，是目前访问 Web 数据库的最佳选择。ASP（ActiveX Server Page）是 Windows 系统中运行的 Web 服务器所能利用的 Server 端的 Script 环境，通常以 DLL（asp.dll）的形式表示。如果客户端要访问的是 Web 服务器中扩展名为.HTM 的文件，则 Web 服务器将直接把该文件传送给客户端。如果客户要访问的是 Web 服务器中扩展名为.asp 的文件，则 Web 服务器会自动地解释执行该程序，并把结果信息转换为 HTML 信息再传送给客户端。

ASP 提供了一种服务器端脚本语言的运行环境。它执行效率高、简单易学。

3. 常用的网络数据库

几种常用网络数据库的比较如下所述。

（1）SQL Server

SQL Server 是微软公司从 Sybase 获得基本部件的使用许可后开发出的一种关系型数据库。目前最新的版本是 SQL Server 2008。SQL Server 和 Windows、IIS 等产品有着天然的联系，在微软的软件中很多都可以相互调用，而且配合得非常密切。

（2）MySQL

MySQL 是当今 UNIX 或 Linux 类服务器上广泛使用的 Web 数据库系统。MySQL 的设计思想快捷、高效、实用，由于它不支持事务处理，MySQL 的速度比一些商业数据库快 2～3 倍。MySQL 还针对很多操作平台做了优化，完全支持多 CPU 系统的多线程方式。MySQL 的源代码是公开的，可以免费使用，这就使得 MySQL 成为许多中小型网站、个人网站追捧的明星。

（3）Oracle

Oracle 是 Oracle（甲骨文）公司开发的一种面向网络计算机并支持对象关系模型的数据库产品。它是以高级结构化查询语言为基础的大型关系数据库，是目前最流行的客户/服务器体系机构的数据库之一，目前使用的最新版本是 Oracle 11G。

（4）DB2

DB2 数据库是 IBM 公司开发的一种面向大中型企业的网络分布式数据库，目前的最高版本是 DB2 9.5，DB2 是以高级结构化查询语言 SQL 为基础的大型关系数据库，是目前最为流行的客户/服务器体系结构的数据库之一。DB2 数据库支持基于 XML（可扩展标记语言）的查询。DB2 提供了多种版本的产品，可在各种操作系统中应用。

（5）Access

Access 数据库是一个文件型数据库管理系统，由单个或多个文件组成，是 Office 办公套件中一个极为重要的组成部分。Access 的功能足够强大，足以应付一般的数据管理及处理需要，当然，配上合适的数据访问手段，它也能多用户、多线程地访问对于访问量及数据量不是太大的系统，尤其是桌面数据库系统的开发，它很具优势，而且从它升级到 SQL Server 比较容易，且 Access 与 Windows 有很好的兼容性。

二、网络数据库 SQL Server 2000 实训

实训目标

1. 熟练掌握 SQL Server 2000 的启动与退出；
2. 熟悉 SQL Server 2000 管理工具的使用方法。

实训要求

1. 掌握 SQL Server 2000 管理工具的使用方法；
2. 熟练掌握启动和停止 SQL Server 服务及企业管理器与查询分析器的方法。

实训准备

物流实训室及 SQL Server 2000 软件。

实训操作

任务 1　使用各种方法启动、暂停、停止运行 SQL Serve（见图 4-19）。

1）可以使用服务管理器对 SQL Server 进行启动和停止服务。
2）可以使用 Windows 自带的管理工具进行服务的启动和停止。

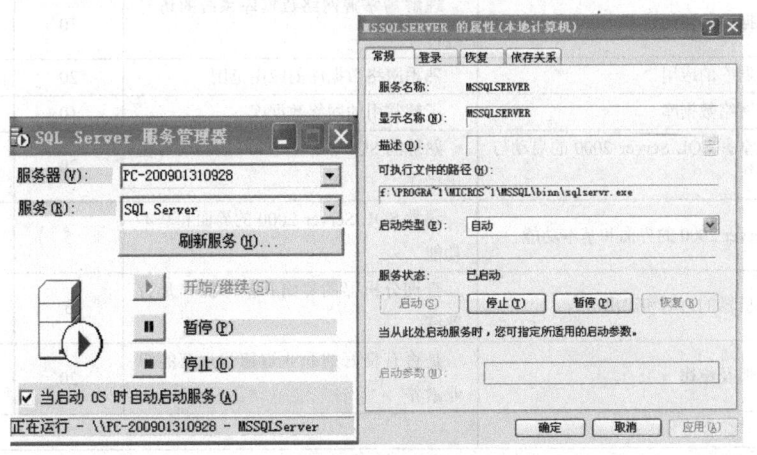

图 4-19　服务管理器

任务2 用代码方式创建查询分析器。

```
-- ================================================
-- Create view basic template
-- ================================================
If Exists（select table_name
        From information_schema.views
            Where Table_name='test'）
        Drop View test
GO
use Northwind
GO
Create VIEW test
AS
    Select View test
AS
    Select companyname, city, region
        From Suppliers
GO;
```

项目评价

项目名称： 网络数据库 SQL Server 2000 实训　　　　　　　　　　年　　月　　日

小组成员：				实际得分	
序号	考核内容	考核标准	分值	扣分	得分
1	基本概念	是否掌握网络数据库的相关概念	10		
2	网络数据库的访问技术	理解与掌握网络数据库系统的访问过程	10		
3	网络数据库的应用	熟悉网络数据库的应用范围	20		
4	常用的网络数据库	了解常用的网络数据库	10		
5	是否能掌握 SQL Server 2000 的启动与退出	熟练的 SQL Server 2000 的启动与退出操作	20		
6	SQL Server 2000 的界面和基本功能	熟悉 SQL Server 2000 的界面和基本功能	5		
7	查询分析器的启动和退出	查询分析器的界面和基本操作是否熟练	5		
8	职业习惯及纪律	是否有良好的职业道德和规范的职业素养	20		
	综合得分				
指导老师评语					

项目巩固与提高

一、选择题

1. 网络数据库的主要优点是（　　）。
   A．组建数据　　　　　　　　B．网络应用
   C．跨平台办公应用　　　　　D．数据安全
2. 网络数据库访问技术不包括（　　）。
   A．Java/JDBC 语言编程技术　　B．PHP 技术
   C．ASP 技术　　　　　　　　D．组网技术
3. 网络数据库是（　　）的核心部分。
   A．物流系统　　　　　　　　B．办公自动化系统
   C．打印系统　　　　　　　　D．操作系统
4. 网络数据库系统的数据存储在（　　）中。
   A．网络中　　　　　　　　　B．终端
   C．网关　　　　　　　　　　D．数据服务器
5. 常用的物流网络数据库有（　　）。
   A．SQL Server　　　　　　　B．PHP
   C．ASP　　　　　　　　　　D．VF

二、简答题

1. 试述网络数据库的概念。
2. 网络数据库的访问技术有哪些？
3. 列举几种常用的网络数据库并简述其特点。

项目三　数据仓库

（编前哲思：数据库，武装、强大了计算机；知识和品质，塑造了高大、伟岸的人。）

项目目标

1. 了解数据仓库的概念和应用；
2. 理解数据仓库对物流信息系统的重要性。

项目准备

1. 数据仓库教学授课课件；
2. 数据仓库的应用资料和图片；

3. 物流数据仓库实训软件及设备的准备。

一、数据仓库知识点的学习

1. 数据仓库

数据仓库（Data Warehouse）是当今 IT 领域的热门话题。

美国著名工程学家 W.H.Inmon 是这样定义数据仓库的："数据仓库是 20 世纪 90 年代 IT 构架的新焦点，它提供的是集成化和历史化的数据；它集成了种类不同的应用系统；数据仓库从事物发展和历史的角度来组织和存储数据，以供信息化和分析处理之用。"由于 Inmon 本人在数据仓库发展中的作用，他的上述描述在以后的文献中不断地被引用，相对地成为一种权威定义。

Stanford 大学的数据仓库研究小组是这样定义数据仓库的：数据仓库是集成信息的存储中心，这些信息可以用来查询或分析。数据仓库参考结构图如图 4-20 所示。

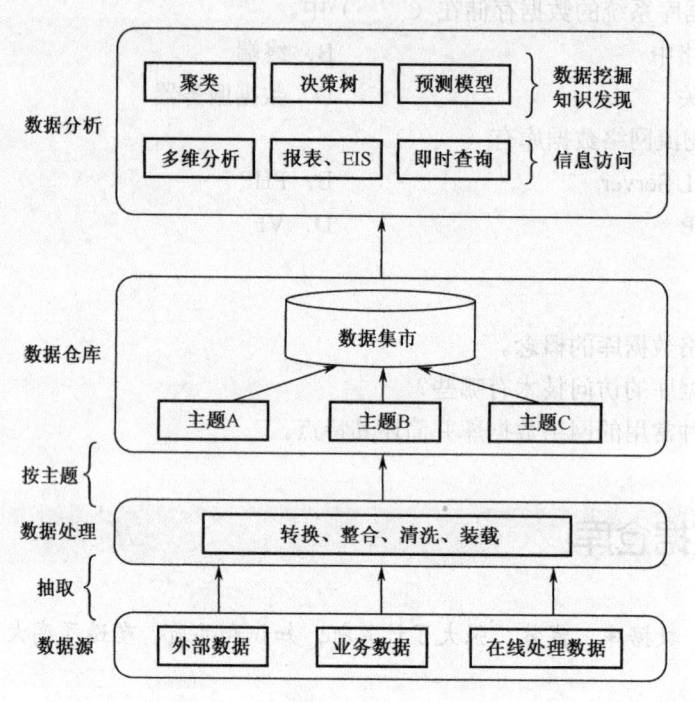

图 4-20 数据仓库参考结构图

用于物流领域的数据仓库系统的目标是提高物流管理信息的质量和准确性，并将这些信息以可被访问和理解的形式传递给供应链各节点上的用户。这里需要强调的是"系统"这个词，数据仓库仅是一个存储数据的场所，而数据仓库系统在给用户传递信息的过程中能提供一套完整的、端到端的解决方案。

数据仓库对物流信息系统有非常重要的作用。

快速、准确、高效地收集和分析信息是企业提高决策水平和增强企业竞争力的重要手段。现代物流技术被喻为仅被认识冰山一角的"第三利润源泉"，蕴藏着巨大的增值潜力，这在很大程度上取决于物流过程信息化、自动化、网络化、智能化、柔性化、大量化、协作化、高效化的实现。

供应链在管理过程中往往可以表现为 3 个部分：即企业内部生产供应链、企业之间物流供应链、信息供应链。企业内部生产供应链相对稳定，通过 ERPⅡ等解决方案容易实现优化管理。而信息供应链能够发挥指导物流供应链运作的作用。

传统的数据库及信息供应链不能将基本的业务数据转化为知识，成为处理业务规则中的决策。因此，物流过程中大量的、杂乱的数据堆积到供应链成员内部，仅实现了低效率的数据传输功能，信息供应链中积累的大量历史数据并未被充分利用和开发。

对于如何解决信息供应链与物流供应链脱节的问题，可以通过数据仓库使大量的物流业务数据用于预测、决策。

数据仓库技术提供了一种很好的解决方案。数据仓库是一个面向主题的、集成的、非易失的且随时间变化的数据集合。通过数据采集、数据挖掘技术开发隐型数据，解决传统信息处理系统难以解决的以下问题。

（1）实现真正的信息共享

在当前的物流供应链中，无论是物流企业还是电子商务公司，都在不同程度上不愿或难以与另一方分享自己的信息。缺乏准确的信息，又要应付快速变化的市场，物流供应链网络中必须保持大量的存货，从而无法将库存量减至最少，这就难以改变目前物流成本居高不下的现状。即使供应链成员之间进行数据交换，也会面临很多问题，如不同的数据库和操作平台、数据结构不一致，相同的数据名表示的含义不同等问题，导致信息交换不完整，难以实现真正意义上的电子数据交换模式。

（2）进行有效的预测分析

供应链成员在进行供需预测分析时，市场信息（如价格、收入、消费水平、顾客偏好等）要在供应链之间多次传递。

为方便说明问题，这里仅考虑信息从客户到供应商的单向传递。在供应链中，信息向上游企业传递时会发生曲解、放大和延迟，那么只有离顾客最近的供应链成员才拥有比较完整的市场（或原始）数据，能最好地理解市场的真实需求。而其他供应链成员可能只得到最近的一个下游成员的预测数据，如制造商可能仅得到了分销商的预测数据，而得不到完整的市场（或原始）数据，即使得到，成本也会较高。这样就难以充分利用数据，供需波动会逐层加大。

可以进行一下简单的运算，假设信息向上一级供应链成员传递时，延迟时间为 3 天，准确率为 90%。信息到达供应商时，延迟 12 天，准确率下降为 66%。这种现象的发生不是技术上的问题，而是管理问题，如许多人为因素造成的信息延迟。建立供应链数据仓库可以有效地避免这种情况。

供应链数据仓库将数据建立在同一个平台上，并借助数据挖掘技术建立适合各个成员的数据立方体或数据集市。

供应链数据仓库处理数据是高效的，当数据仓库接收到最新市场（或原始）数据后，立刻结合已经集成的、汇总的历史数据，并采用多种预测方法（如线形回归、趋势线法、时间序列等）对零售供需（如确定安全库存）进行预测分析；然后数据仓库将所有市场数据、零售商预测数据和分销商的历史数据相结合，进行分销商的供需预测分析，以此类推。

可见，即使在对远离顾客的供应商进行预测分析时，市场（或原始）数据也是完整的，而且这种处理方式近乎是并发的，也就是说，供应商几乎和零售商同时获得预测信息。这样预测的准确率和效率会大大提高。

（3）建立基于全局的辅助决策系统

供应链数据仓库通过对大量的供应链历史数据的随机查询，辅助供应链成员决策者进行决策。在数据仓库的基础上，进一步开发供应链决策支持系统的成本是很低的。

基于数据仓库技术的决统支持系统能全局地辅助多种经济或管理决策，决策范围很广。

这里仅举一个关于供应链物流配送方案选择决策的例子，利用数据仓库能提出更优的配送路线。

通常配送区域是由配送半径刻画的，即每个配送中心负责它自己的配送区域，这有一定的盲目性。现举一例说明，假设配送中心为A、B，需配送的客户分布在1～9这9个配送地点，客户对配送时间的要求接近，各地与配送中心之间交通便利情况相近。以配送半径为核心意味着：A、B各需一个速递员分别负责1、2号客户的送货，实际上一名速递员一次送货即可；另外，客户2～9在B区，B要负责这些配送任务，这显然造成A、B两地人员劳动强度差异及库存失调，不利于降低成本。这个例子中进行优化的判断不难，但若有多个配送中心，一个配送时段有数百或更多的配送需求时，在线处理系统并不能做出上述那样看似简单的决策，它只会给配送中心划定各自的配送半径（如图形或其他形状），每个配送中心负责自己的配送区域。

将数据仓库技术应用于物流供应链中的配送环节，使得配送决策以配送业务为核心。即基于数据仓库技术的决策支持系统能通过集成所有配送中心数据（地点、货种、可支配的配送力量、配送时段等）、客户数据（配送时间、地点、订货记录、满意度等）、商品数据、地理位置信息、交通路况信息等，将其时段整笔配送业务划分成一个个小的业务单元，每个业务单元由一个速递员负责。上例中，客户1、2划分为一个业务单元，由一名速递员一次送货服务；客户7、8、9划分为一个业务单元，由A负责配送。

以配送业务为核心的配送决策是面向全局的，它的优点有：更合理地配置人力资源；更灵活地均衡各地库存；更有效地利用流动资金；有利于员工的绩效考评等。

供应链数据仓库在供应链中能起到杠杆支点的作用，能推动整条供应链及时更新和快速反应。数据仓库将成为信息供应链的前端，成为提供供应链历史数据管理、预测分析和决策支持功能的一种有效的解决方案。数据仓库强健的供应链体系给供应链内部成员提供了相互信任的安全机制，而且对供应链外部企业有很大的吸引力，有利于供应链的巩固与扩充。

一般构建供应链数据仓库应包括以下几个步骤：建立供应链技术环境；确定供应链核心开发企业，其他成员在其领导下共同进行供应链仓库结构设计；供应链数据仓库的物理库设计；数据抽取、精炼、集成；对供应链数据仓库的OLAP访问；供应链数据仓库的管理。

数据仓库可以利用计算机和数据库技术的最新进展，把物流过程中各环节的数据通过因特网集成在一起，突破了时间和空间的界限，实现了物流现代化管理。

2. 数据仓库和数据挖掘在现代物流智能规划系统中的应用

无论是企业物流还是物流企业，如何对自身物流资源进行优化配置、如何实施管理和决策，以期用最小成本带来最大效益，都是它们所面临的重要问题之一。

现代物流崇尚的是供应链企业间的联盟合作关系。供应链中各企业的管理信息系统存入大量的数据，并且实现了基本的数据录入、查询、统计，但是不能"看到"数据后面蕴藏的知识，尤其是不可能看到整个供应链中存在的各种可能的调控、决策数据。

数据仓库通过因特网将企业间不同的数据库连接起来，并将数据全部或部分地复制到一个数据存储中心。

数据仓库倾向于一个逻辑的概念，它建立在一定数量的数据库之上，这些数据库在物理上可以是分开的甚至可以属于不同的国家，数据仓库通过因特网打破地域界限，将它们合成一个逻辑整体，把一个海量的数据库展现在物流系统用户面前。

当今，物流随着社会分工的发展和社会产品总量的增长，特别是经济全球化和信息技术的发展而迅速地发展起来，已经成为社会经济发展中非常重要的组成部分。它对传统的商业运作模式、商品流通模式及人们的生活方式产生了广泛而深远的影响，在现代经济发展中的地位和作用比任何时候都更加重要。在我国，物流产业发展潜力和空间很大，将成为21世纪经济发展的重要产业和新的经济增长点。

物流是使商品在需要的时间到达需要的地点的经营活动，是提高商品流通效率的重要途径，是"第三利润的源泉"。如何降低物流成本、提高服务质量、推动物流现代化，是物流管理和信息化建设的重要课题。

现代物流的功能是设计、执行及管理客户供应链中的物流需求，其特点是依据信息和物流专业知识，以最低的成本提供客户需要的物流管理和服务。

企业物流是为满足客户需求而对原材料、半成品、产品及相关信息，从产地到消费地高效率、低成本流动和储存而进行的规划、实施与控制过程。

企业物流管理的基本活动是规划、组织和控制，其使命是确定物流活动的水平，从而以最有利或成本最低的方式，在客户期望的时间和地点，提供其所需要状态和形式的产品和服务。与其他系统不同，物流系统中，大量的信息不仅随时间波动，还依赖于气象和经济条件，是不稳定的。因此，物流管理和决策作业与活动中，需要实地分析各种条件，并在最短时间内给出最佳实施方案，如配舱、装箱、运输资源的使用，运输路线的选择，工作计划的拟订，人员的安排，库存数量的决策、需求和成本的预测、系统的控制等，都需要优化或智能规划。因此，从一定意义上讲，物流管理的核心问题就是智能规划问题。

在物流信息管理系统中，自觉运用智能规划理论和方法，实现管理和决策的最优化、智能化，可以合理地利用有限的资源，以最小的消耗取得最大的经济效益。

据资料介绍，2009年我国全社会物流费用支出约占GDP的20%，以我国2010年的GDP计算，2010年我国全社会物流费用为17 880亿元，如果我国物流费用降低1%，每年将节约178亿元。这方面的空间和潜力是巨大的。

国际上，许多先进的企业物流管理系统，应用现代科学技术和数学方法与手段，运用数学模型和数学工具，对企业物流活动进行决策、预测和控制，进而实现真正有效的科学管理。通过引入各种最优化模型、先进的物流管理软件，在车辆配载、运输路线优化、仓储优化等各个方面都已经实现了很好的应用,直接为客户带来了经济上的利益。

如在车辆路线优化方面,统计表明,合理安排车辆线路可以帮助用户用原来 60%～70%的资源(车辆、人力)完成同样的工作。

物流智能规划系统的范围很广,从当前我国物流企业的实际情况看,除了常规的业务信息管理外,至少还应包括规划管理、最优化决策、系统预测、系统控制等。

(1) 企业战略规划管理

以降低企业总体运营成本、减少网络等基础设施投资、改进企业客户服务为目标,实施物流企业战略规划管理。诸如:

1) 客户服务目标规划;
2) 运输规划;
3) 库存规划。

(2) 企业物流决策

运用线性与非线性规划、动态规划和整数规划、数学模型和数学方法,实现物流决策的最优化。诸如:

1) 库存决策,存储与搬运、采购与供应、最小库存量;
2) 装载决策,装箱、装车、装船、装舱(飞机)最优化;
3) 运输决策,运输计划、运输线路最优化;
4) 工作计划决策;
5) 人力安排决策。

(3) 企业物流预测

利用指数平滑等方法实现企业物流预测。诸如:

1) 需求预测,客户需求预测、运力预测、库存预测;
2) 物流成本预测,结合以上服务量预测对成本进行预测。

(4) 企业物流控制

未来的不确定性、物流环境变化和突发事件发生,将影响物流管理计划的实施。物流管理系统必须对企业物流实施控制,即对不断变化的环境进行监控,识别数据偏差和不利模式,并预见可能需要采取的修正措施,使实际实施情况与计划实施情况相吻合,确保期望目标的实现。诸如:

1) 企业物流活动审计;
2) 库存控制;
3) 预算、成本控制;
4) 服务目标控制;
5) 利用专家系统识别绩效趋势。

物流智能规划系统是物流信息管理系统与应用数学的有机结合。将应用数学的原理运用到物流系统中,其过程和步骤是比较复杂的,有不少技术难点。一要对管理作业和活动进行分析与表述,确定优化目标和约束条件;二要建立数学模型,研究快速解题方法,对模型求解；三要对解进行检验和有效控制；四要智能化或最优化地实施方案。

建立物流智能规划系统，不仅需要线性与非线性规划、动态规划和整数规划的理论和方法，还需要数据挖掘，即利用预处理过的数据建立数据驱动型模型，对数据挖掘的结果进行合理的解释、补充、完善，并多次重复地获取新的知识，把经验知识嵌入数据驱动型模型中去。开发物流智能规划系统需要物流专家与应用数学专家共同参与，有机配合。从当前我国物流企业的实际情况看，开发物流智能规划系统可以由易到难、由简到繁、分步实施，从系统最优化入手，逐步引向深入。

新一代的数据仓库将是面向关键业务和对象的、主动的数据仓库，并使得动态查询优化。数据挖掘在物流系统里表现为在大型数据库里搜索有价值的物流控制信息，这需要对巨量的材料进行详细的过滤，并且需要智能且精确地定位其潜在价值的所在。对于给定了大小的数据库，数据挖掘技术可以提供巨大的物流增值潜力，如自动库存趋势预测。数据挖掘能自动在大型数据库里寻找潜在的预测信息。传统上需要很多专家来进行分析的问题，现在可以快速而直接地从数据中间找到答案。

二、数据仓库模型设计实训

实训目标

1．理解数据仓库的特点与功能；
2．了解数据仓库模型的建立步骤和方法；
3．能在教师指导下分析和建立数据仓库概念模型。

实训要求

1．了解数据仓库模型的设计过程；
2．数据仓库分析过程和概念模型的建立；
3．教师指导下逻辑模型和维表的建立。

实训准备

物流网络实训室；SQL Server 2000 软件。

实训操作

任务1　数据仓库模型设计分析

在创建数据仓库时需要使用各种数据模型对数据仓库进行描述，数据仓库的开发人员依据这些数据模型才能开发出一个满足用户需求的数据仓库。数据仓库的各种数据模型在数据仓库的开发中作用很大，主要体现在模型宗旨是设计有关的属性，排除了无关的信息，突出了与任务相关的重要信息，使开发人员能够将注意力集中在数据仓库开发的主要部分。因此，数据仓库的设计和 OLTP 系统的设计一样，也需要先进行模型的设计。

不同层次模型之间的关系如下。

1) 企业数据模型的特点：只包含原始数据。OLTP、数据仓库的数据模型均源于企业模型。

2) 操作型数据模型的特点：① 基本等价于企业数据模型；② 在数据库设计之前要加入性能因素。

3) 数据仓库数据模型的特点：① 去掉纯操作性数据；② 给键码增加时间因素；③ 合适之处增加导出数据；④ 把 OLTP 系统中的数据关系变为人工关系。

4) 不同层次模型之间的关系：① OLTP 系统的数据模型来源于企业数据模型；② 数据仓库数据模型源于 OLTP 系统数据模型及企业数据模型。

任务 2　数据仓库数据模型的设计

数据仓库数据模型的种类如下。

1) 概念模型。

数据仓库的概念模型是一个数据仓库的粗略蓝本，以此为工具可知数据仓库的设计者是否已经正确地理解了数据仓库最终用户的信息需求。在概念模型的设计中，必须将注意力集中在对功能的理解上，保证数据仓库的所有业务都被归纳进概念模型。

2) 逻辑模型。

数据仓库的逻辑模型是维度模型，采用星形模型或雪花模型。在星形模型中主要设计事实表和维度表。

3) 物理模型。

物理模型是关系表在物理上实现的模型。通常进行索引、簇集和视图的设计等，以及为提高性能而做的一些工作。

4) 元数据模型。

① OIM 模型。

② Ralph Kimball 提出的总线模型：总线模型的基本思想是将其他需要元数据或产生元数据的设施都连接到这一总线上，这样就可以实现数据内部的移动。

5) 粒度模型

① 单粒度模型，在系统中只设计一个粒度；

② 多粒度模型，在系统中涉及多个粒度，低粒度、中粒度、高粒度并存；

③ 混合粒度模型，在系统中，有些维度用单粒度，有些维度用多粒度。

6) 数据模型关系图

数据模型关系图如图 4-21 所示。

任务 3　概念模型设计

在设计数据仓库的概念模型时，可以采用在业务处理系统中经常采用的实体–联系模型，即 ER 图。这是一种描述组织概况的蓝图，包括整个组织系统中各个部门的业务和处理业务数据，蓝图设计中涉及各个部门所需要的元数据，并且提供本部门所拥有系统的元数据。概念模型中应体现出哪些部门需要哪些共同的数据。

模块四　数据库技术

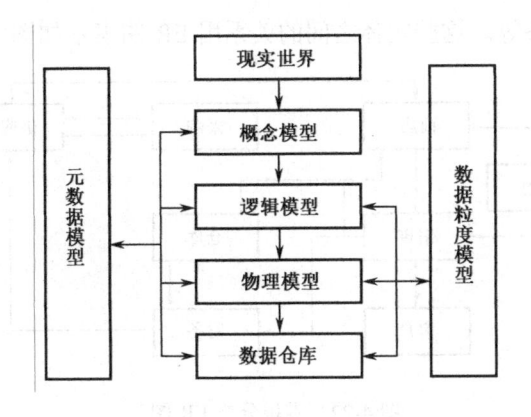

```
          现实世界
            ↓
          概念模型
   元         ↓         数
   数        逻辑模型    据
   据         ↓         粒
   模        物理模型    度
   型         ↓         模
          数据仓库      型
```

图 4-21　数据模型关系图

（1）设计方法

1）首先在建模之前定义数据模型的边界；

2）先建立企业内不同群体的实体-联系模型，然后集成企业的总体概念模型。

（2）注意事项

1）数据仓库的数据模型中不包含操作性数据，只包含用户感兴趣的分析数据、描述数据和细节数据。

例如：在商品销售分析数据仓库模型中，商品的销售数量、金额、企业利润等是分析数据；销售的时间、地点等是用户感兴趣的描述数据；销售产品的详细情况、购买商品的客户详细情况等是细节数据。

2）数据的历史变迁性。数据仓库的数据模型增加时间属性作为码的一部分，在数据仓库的数据模型中需要反映销售组织的历史变迁、业务的发展，而业务处理系统只包含当前数据。

3）数据的概括性。数据仓库的数据模型中增加了一些衍生数据，专门用于分析数据仓库系统需要的一些概括性数据，这些数据在业务处理系统的数据模型中是不需要的。

（3）示例

业务描述：有一家大型杂货连锁店，其业务涵盖分布在美国 5 个州内的 100 多家杂货店。每个商店都有完整的配套部门，包括杂货、冷冻食品、奶制品、肉制品、农产品、面包店、花卉门市等，共有 6 万多个品种的产品放在货架上。每个品种的产品称为一个储藏单位（SUK），这些产品来自外部厂家，并在包装上印有条形码，这些条形码叫统一产品编码（UPC）。数据从杂货店中收集在 POS（Point of Sale）机中。

管理目标：如何使产品的订购、储存与销售运作最大限度地实现利润，开展后勤工作。

要实现管理目标，就要进行以下方面的工作：

1）降低采购成本；

2）降低额外开销；

3）尽可能多地吸引客户；

4）开展促销活动，如临时降价、做广告、展销、发行优惠券等。

概念设计：根据业务描述和管理目标，抽象出的实体有：商店、采购、供应商、仓库、销售、客户、促销、财务等。这些实体之间的关系用 ER 图表示如图 4-22 所示。

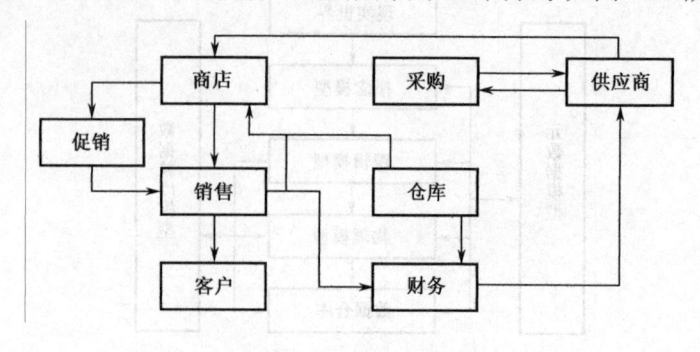

图 4-22 零售分析 ER 图

任务 4　逻辑模型设计

1．逻辑模型表示

维度建模是一种逻辑技术，这种技术试图采用某种直观的标准框架结构来表现数据，一般设计成星形模型结构。例如，零售业营销分析的星形模型如图 4-23 所示。

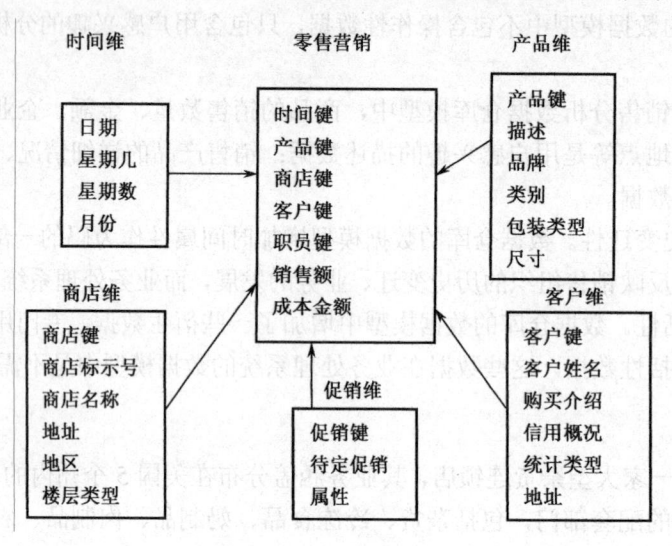

图 4-23 逻辑设计示例

2．逻辑模型与实体-关系建模之间的关系

实体联系图代表企业中每一个可能的业务过程，一个实体联系图可以拆分成多个有维表、事实表构成的逻辑模型。

由于 ER 图在一个图中表示多个处理，因此将 ER 图转换成维度建模的步骤是：

1）将 ER 图分成独立的业务处理，然后对每个业务处理单独建模；

2）在 ER 图中，对包含数字型事实和可加性非码事实的实体，选择其中的多对多关系，并且将它们设计成各个事实表；

3）将剩下的实体进行非规范化处理，称为表。

如果一个维表连接到一个以上的事实表,这个维表一定设计成一致性维表。

大型企业数据仓库的主维度模型大致包括 10~25 个星形模型,每个星形模型通常连接 5~15 个维表。在进行设计时,不同事实表之间能共享其中的许多维表。

3. 基本设计技术

(1)正确区分事实、属性和维度

维度模型需要对事实和属性进行区分,业务层的很多事实都是数值型的,特别是该数值是浮点数时,它很可能是一个事实,而不是属性。

例如,"标准价格"好像是产品维度的一个属性,似乎是一致的常量,但每年对标准价格进行一、两次调整,因此应该设计成事实。

属性通常指文本字段,如产品描述。

维度是类似于文本形式的属性组合,固定的数值型属性应放在维表中。

例如,零售数据仓库中,至少应有一个产品维、一个商店维、一个客户维、一个时间维、一个促销维。

(2)事实表的设计方法

事实表是数据仓库中最大的表,在设计时,一定注意使事实表尽可能地小,因为过大的事实表在表的处理、备份和恢复、用户查询等方面要用较长的时间。具体方法主要有:

1)减少列的数量;
2)减小每列的大小;
3)把历史数据存档;
4)对行进行分割。

例如,零售营销事实表设计如表 4-1 所示。

表 4-1 零售营销事实表

日期关键字
产品关键字
商场关键字
促销关键字
POS 事务编号
销售量销售额
成本金额
毛利润金额

(3)维表的设计

维表的属性必须具有以下特征:

1)可用文字描述;
2)离散值;
3)有规定的约束;
4)在分析时可提供行标题。

时间维在数据仓库中占有特定位置,建议使用时间维度。
下面介绍 Ralph Kimball 在数据仓库工具箱一书中设计的时间维、产品维、商场维。

1) 时间维度表如表 4-2 所示。

表 4-2 时间维度表

维 度 属 性	维 度 属 性
日期关键字	日历年月
日期完全描述	日历季度
星期	日历半年度
纪元日编号	日历年
纪元周编号	财政周
纪元月编号	年度财政周数
日历日期编号	财政月
日历周编号	年度财政月数
日历月编号	财政年月
财政月日编号	财政季度
财政周编号	财政季年度
财政月编号	财政半年度
周末指示符	财政年
月末指示符	节假日指示符
日历周结束日期	星期指示符
年度日历周数	销售时令
日历月名	重大事件
年度日历月数	其他

2) 产品维度表如表 4-3 所示。

表 4-3 产品维度表

维 度 属 性	维 度 属 性
产品关键字	质量
产品描述	质量单位
商标描述	储藏类型
分类描述	货架类型
部门描述	货架宽度
包装类型描述	货架高度
包装尺寸	货架深度
含脂量	其他
食物类型	

3) 商场维度表如表 4-4 所示。

表 4-4 商场维度表

维 度 属 性	维 度 属 性
商场关键字	平面布置类型
商场名称	摄影加工类型
商场编号	财政服务类型
商场所在街道地址	销售面积
商场所在城市	总面积
商场所在县	首次开业日
商场所在州	最后一次重修日期
商场所在邮政编码	其他
商场所在政区	
商场经理	
商场所在地区	

任务 5 提高数据仓库物理模型的性能、优化数据仓库性能的技术

1．合并表

把需连接的几个表的记录合并成一个表，物理地放在一起。

2．建立数据序列

经常按某个固定顺序访问并处理一组数据记录，可严格按顺序存放到一个或几个连续的物理块中。

3．引入冗余

进行关系规范化的逆操作，即反规范化的处理。
引入冗余和合并表的区别如下。
1）合并表示将两个或多个相关表的相关记录物理地放在一起，但逻辑上不变，仍是多表，没改变多表的关系模式，且合并表只是对表记录的存取策略的改进，并没有冗余的数据。
2）引入冗余则是对表的关系模式的改变。把原来规范化的表变成有数据冗余的规范化级别低的表。

4．表的物理分割

分割的依据为存取频率和数据的稳定性。

5．生成导出数据

事先在原始数据上进行汇总或计算，生成导出数据。
优点：减少 I/O 次数；免去计算汇总步骤；避免不同用户重复计算可能产生的误差。

6．建立广义的索引

数据仓库中的数据量巨大，要依靠各种各样的索引技术来提高设计大数据量的查询的速度。在向数据仓库装载数据时，就根据用户的需求建立"广义索引"概要文件，如最大宗的购买、不活跃的用户、最近的发货等。

7. 数据模型和反复开发

1）反复开发的理由：
① 业界成功的记录强烈地建议这样做；
② 最终用户在完成第一遍之前不能明白地提出需求；
③ 只有实际结果切实而且明确时，管理部门才能做出充分的承诺；
④ 需要很快看到可视化结果。

2）数据模型在反复开发中的作用

数据模型在每次开发中起着路标的作用，因为所有的开发都是数据模型驱动的，每遍后续开发都建立在前一遍开发的基础上，结果就是都在统一的数据模型上进行不同的开发，各遍开发的结果将产生一个内聚的、高度和谐的整体。

项目评价

项目名称：数据仓库　　　　　　　　　　　　　　　　　　　　　年　　月　　日

小组成员：				实际得分	
序号	考核内容	考核标准	分值	扣分	得分
1	基本概念	是否掌握相关概念	5		
2	数据仓库模型	是否掌握模型的构成	5		
3	方法及步骤	是否熟悉建立模型的方法	20		
4	建模的分析过程	是否正确掌握建模的分析过程	10		
5	概念模型的建立	是否能完成概念模型的建立	15		
6	逻辑模型的建立	是否能完成逻辑模型的建立	10		
7	维表的组织	是否能正确完成维表的组织和转化	10		
8	职业习惯及纪律	是否有良好的职业道德和规范的职业素养	20		
综合得分					
指导老师评语					

项目巩固与提高

一、选择题

1. 数据仓库的主要功能是（　　）。
　　A. 管理数据　　　　　　　　　　B. 为辅助决策提供依据
　　C. 数据共享　　　　　　　　　　D. 管理信息

2. 数据仓库技术不能很好地解决以下哪个问题（　　）。
　　A. 实现真正的信息共享　　　　　B. 进行有效的预测分析

C．建立基于全局的辅助决策系统　　D．数据安全
3．数据仓库的数据 ETL 过程中，ETL 软件的功能不包括（　　）。
   A．数据抽取　　　　　　　　　　B．数据转换
   C．数据加载　　　　　　　　　　D．数据稽核
4．数据仓库和传统数据库的差别主要是（　　）。
   A．管理数据　　　　　　　　　　B．为辅助决策提供依据
   C．数据共享　　　　　　　　　　D．管理信息
5．数据加载到数据仓库之前需要完成的工作是（　　）。
   A．数据分析　　　　　　　　　　B．数据存储
   C．数据抽取　　　　　　　　　　D．数据管理

二、简答题

1．什么是数据仓库？
2．数据仓库中的数据有哪些基本特征？
3．简述数据仓库的功能及其在物流信息系统中所起的作用。

项目四　数据库设计与管理技术

（**编前哲思**：原则性和灵活性的结合是数据库设计与管理技术的要求；没有灵活的原则是死搬教条，没有原则的灵活容易导致信马由缰。）

项目目标

1．理解数据库组织数据的模型；
2．能够对实际应用系统进行项目需求分析；
3．能够根据项目需求分析进行数据库的概念模型设计；
4．能够将 E-R 模型转换为关系模型。

项目准备

1．数据库设计与管理技术教学授课课件；
2．数据库设计与管理技术资料、图片；
3．数据库设计与管理技术实训软件及设备的准备。

一、数据库设计与管理技术知识点的学习

数据库设计是数据库应用系统开发的关键环节。数据库设计是指对于一个给定的应用环境，构造出数据库模式，建立数据库及其应用系统，从而有效地存储数据，满足各种用户的信息处理需求。数据库设计的目标是在 DBMS 的支持下，按照数据库设计规范化的要求和用

户需求，规划、设计一个结构良好、使用方便、效率较高的数据库应用系统。

大型数据库的设计和开发是一项庞大的工程，其开发周期较长，必须把软件工程的原理和方法应用到数据库设计中来。因此按照规范化的数据库设计过程，数据库的设计一般分为需求分析、概念结构设计、逻辑结构设计、物理设计、数据库实施、运行及维护。

1. 数据库设计的基本内容、特点和步骤

1）数据库设计的基本内容

数据库设计包含两方面的内容：结构特性设计和行为特性设计。

结构特性设计是指根据给定的应用环境进行数据库模式或数据库结构的设计。

行为特性设计是指应用程序、事务处理的设计。

2）特点

数据库设计是一项综合性技术。"三分技术，七分管理，十二分基础数据"是数据库建设的基本规律。数据库设计的特点是：硬件、软件和管理界面相结合，结构设计和行为设计相结合。

3）步骤

设计数据库时首先应该从用户的需求出发，充分了解用户各方面的数据需求，包括现有的及将来可能增加的需求，根据系统提供的各项功能来组织数据及划分数据表。按照规范设计的方法，可以将数据库设计分为四个阶段：需求分析阶段、概念结构设计阶段、逻辑结构设计阶段、物理设计阶段。下面就这几个阶段分别阐述。

2. 数据库设计的需求分析

需求分析的任务是通过详细调查现实世界要处理的对象（组织、部门、企业等），充分了解原系统（手工系统或计算机系统）的工作概况，明确用户的各种需求，用通俗的话来讲，就是分析和了解用户关心什么、用户需要什么样的结果，然后在此基础上分析和设计新系统的数据库。

需求分析的重点是调查、收集与分析用户在数据管理中的信息要求、处理要求、安全性与完整性要求。

1）信息要求：指用户需要从数据库中获得信息的内容与性质。根据用户的信息要求可以导出数据要求，即在数据库中需要存储哪些数据。

2）处理要求：指用户要求完成什么处理功能，对处理的响应时间有什么要求，处理方式是批处理还是联机处理。

3）安全性与完整性要求：一是指用户对系统和数据有什么安全性要求，如不同级别的用户具有什么操作权限和使用哪些数据；二是对数据的输入和存储有什么要求，如数据的长度和范围；数据的有效性、一致性和唯一性等。

确定用户的最终需求其实是一件很困难的事，这是因为：一方面用户缺少计算机知识，开始时无法确定计算机究竟能为自己做什么、不能做什么，因此无法一下子准确地表达自己的需求，他们所提出的需求往往不断地变化；另一方面，设计人员缺少用户的专业知识，不易理解用户的真正需求，甚至误解用户的需求。因此设计人员必须与用户不断深入地进行沟通和交流，才能逐步确定用户的实际需求。

需求分析的基本步骤如下。

1）调查与初步分析用户的需求（即系统调研）。

① 了解人工管理的处理流程；

② 调查各部门的业务活动情况（即日常管理工作有哪些）；

③ 明确系统管理的主要对象；

④ 确定新系统的结构和功能边界，确定哪些功能由计算机完成或将来由计算机完成、哪些活动由人工完成；

⑤ 数据采集；

⑥ 确定系统设计目标。

常用的调查方法有：

① 跟班作业；

② 开调查会；

③ 请专人介绍；

④ 询问；

⑤ 问卷调查；

⑥ 查阅记录。

2）生成数据字典。

数据字典是描述系统的数据和处理的详细资料，其主要内容包括如下几项。

① 数据项条目：数据项是不可再分的数据单位，它直接反映事物的某一特征。

② 数据结构条目：反映了数据之间的组合关系。

③ 数据流条目：数据流是数据结构在系统内传输的路径。

④ 数据存储条目：数据存储是数据项停留或保存的地方，也是数据流的来源和去向之一。

⑤ 处理过程条目。

3. 概念结构设计

概念结构设计就是对收集来的信息和数据进行分析整理，确定实体、属性及联系，形成独立于计算机的反映用户观点的概念模型。概念结构设计的重点在于信息结构的设计，它是整个数据库系统设计的关键。

（1）概念结构设计的目标、任务和方法

概念结构设计的目标是产生反映系统信息需求的数据库概念结构，即概念模型。其任务是从用户的角度来组织数据及确定数据处理的要求和约束，产生一个反映用户观点的概念模式，以便下一步把概念模型转换为逻辑模型。数据库是相关数据的集合，它不仅反映数据本身的内容，而且反映数据之间的联系。在数据库中，用数据模型这个工具来抽象、表示、处理现实世界中的数据和信息，以便计算机能够处理这些对象。因此，数据模型就是对现实世界数据的模拟。了解数据模型的基本概念是学习数据库的基础。概念结构是独立于DBMS和所使用的硬件环境的。

概念模型的表示方法很多，其中最著名、最常用的表示方法为实体-联系方法，这种方法也称为E-R模型方法，该方法采用E-R图描述概念模型。

根据数据模型应用目的的不同，可以将数据模型分为两类：概念模型（也称信息模式）和数据模型。前者从用户的角度来对数据和信息建模，这类模型主要用在数据库的设计阶段，与具体的数据库管理系统无关；后者从计算机系统的角度对数据建模，它与所使用的数据管理系统的种类有关，主要用于 DBMS 的实现。

1）实体。实体是客观存在且相互区别的事物及事物之间的联系。例如，在数据库概念结构设计时有客户实体、订单实体、雇员实体和产品实体。

2）属性。属性指实体所具有的某种特性。属性用来描述一个实体，如产品实体有产品 ID、产品名等各种属性。

3）联系。现实世界的事物间总是存在这样或那样的联系，这种联系必然要在信息世界中得到反映。这些联系在信息世界中反映为实体内部及实体与实体之间的联系。两个实体之间的联系有以下 3 种情况。

① 一对一联系：如果对于实体 A 中的每一个实体，实体 B 中至多有一个实体与其发生联系，反之亦然，则称实体 A 与实体 B 是一对一联系，记为 1:1。

② 一对多联系：如果对于实体 A 中的每一个实体，实体 B 中有 n（$n>0$）个实体与之发生联系；反之，对于实体 B 中的每一个实体，实体 A 中至多有一个实体与之发生联系，则称实体 A 与实体 B 是一对多联系，记为 1:n。这是一种最常见的一种联系，如图 4-24 所示，产品实体与类别实体使用类别 ID 进行联系，每个类别都拥有多件产品，而每件产品只属于一个类别。因此，类别实体中的一个实体对应产品实体中的多个实体，产品实体中的一个实体只对应类别实体中的一个实体。所以，这两个实体之间构成一对多联系。

③ 多对多联系：如果对于实体 A 中的每一个实体，实体 B 中有 n（$n\geq 0$）个实体与之发生联系；反之，对于实体 B 中的每一个实体，实体 A 中有 m（$m\geq 0$）个实体与之发生联系，则称实体 A 与实体 B 是多对多联系，记为 $m:n$。如图 4-25 所示，如果公司中的每一个雇员并不只负责一个订单，而每个订单也不是只有一个订单负责人，那么在订单实体和雇员实体之间就会建立多对多联系。在大多数情况下，可以将这种联系转换为多个一对多联系。

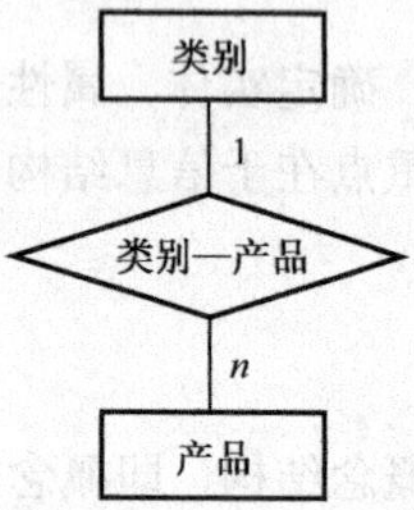

图 4-24 一对多联系

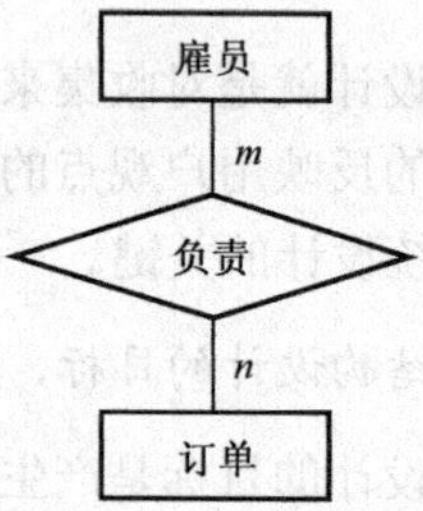

图 4-25 多对多联系

4）E-R 图的构成及画法

E-R 方法是一种用来在数据库设计过程中表示数据库系统结构的方法，又称为 EAR 方法或 EAR 模型。它的主导思想是使用实体（Entity）、实体的属性（Attribution）、实体之间的关系（Relationship）来表示数据库系统的结构。E-R 图提供了表示实体、属性和联系的方法，它由以下三个组件构成。

① 实体：用矩形表示，矩形框内写明实体名。

② 属性：用椭圆形表示，并用无向边将其与相应的实体连接起来。
③ 联系：用菱形表示，菱形框内写明联系名，并用无向边分别与有关实体连接起来，同时在无向边旁标上联系的类型（1:1、1:n 或 $m:n$）。

例如，可以将一名雇员作为一个实体表示。

另外，还可以使用 E-R 模型图来表示实体之间的关系。例如，可以使用如图 4-26 所示的 E-R 模型图来表示雇员实体和订单实体之间的关系。

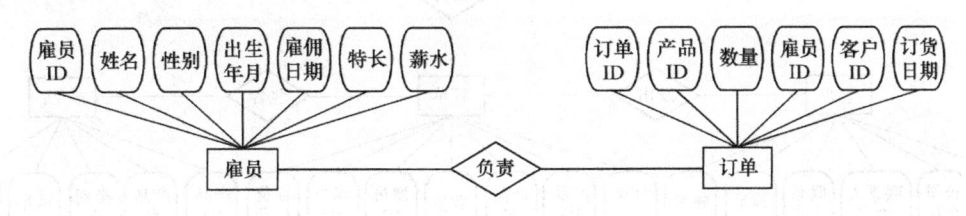

图 4-26　雇员与订单 E-R 图

在完成了 E-R 模型图以后，就可以将模型图转换为真正的数据表结构了。在 E-R 模型图向数据表的转换过程中，首先需要将实体转换为一个独立的数据表，然后将实体的属性转换为数据表中的字段，最后根据实体之间的关系建立数据表之间的关联。例如，图 4-26 中的 E-R 模型图可以转换为如图 4-27 所示的数据表结构。

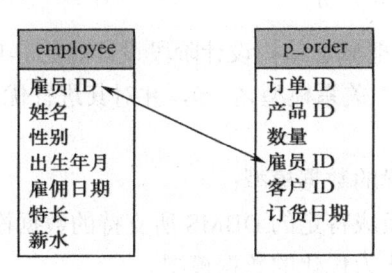

图 4-27　转换后的数据表结构

当然，许多有经验的数据库开发者已经完全不必经过设计 E-R 模型图、将 E-R 模型图转换为数据表结构的过程就可以设计出准确、可靠的数据库结构了。但在刚刚开始设计数据库的阶段，还是希望读者按照这种过程来进行。

（2）概念结构设计的过程

概念结构是对现实世界的一种抽象，抽象就是对实际的人、事、物和概念进行加工处理，抽取所关心的共同特性，用各种概念精确地加以描述，组成某种模型。

概念结构就是要从数据对象中找出：系统有哪些实体、每个实体有哪些属性、哪些实体间存在联系、每一种联系有哪些属性，然后就可以做出系统的局部 E-R 模型和全局 E-R 模型。因此，概念结构设计的过程主要包括：

1）确定实体及其属性；
2）确定实体间的联系并确定其类型（一对一、一对多或多对多）；
3）画出局部 E-R 图（描述实体及其属性）；
4）画出全局 E-R 图（描述系统所有实体及它们之间的联系）。

例如，公司管理系统的 E-R 图如图 4-28 所示。

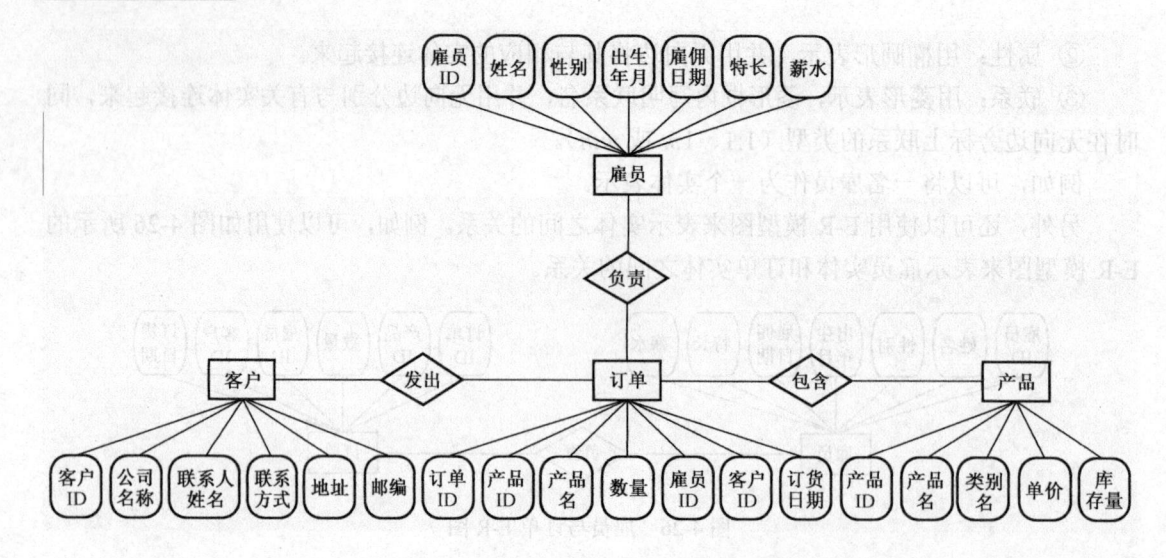

图 4-28 简单的物流公司管理系统 E-R 图

4．逻辑结构设计

（1）逻辑结构设计的目标和任务

逻辑结构设计的目标就是把概念结构设计阶段设计好的 E-R 图转换为特定的 DBMS 所支持的数据模型（即层次、网状、关系模型之一），并对其进行优化。概念模型向逻辑模型的转换分为 3 步进行：

1）把概念模型转换为一般的数据模型；

2）将一般的数据模型转换成特定的 DBMS 所支持的数据模型；

3）利用优化方法将其转化为优化的数据模型。

（2）概念模型转换为一般的关系模型

1）实体的转换规则。

将 E-R 图中的每一个常规实体转换为一个关系，实体的属性就是关系的属性，实体的码就是关系的码。

2）实体间联系的转换规则。

a. 一个 1:1 联系可以转换为各自独立的关系模式，也可以与任意一端所对应的关系模式合并。

b. 一个 1:n 联系可以转换为各自独立的关系模式。

c. 一个 m:n 联系转换为一个关系模式。转换的方法为：与该联系相连的各实体的码及联系本身的属性均转换为关系的属性，新关系的码为两个相连实体码的组合。

5．物理设计

数据库的物理设计目标是在选定的 DBMS 上建立起逻辑设计结构确立的数据库结构，这一过程也称为数据库的物理实现。它主要包括如下两项工作。

1）根据数据库的结构、系统的大小、系统需要完成的功能及对系统的性能要求，决定选用哪个数据库管理系统。目前,数据库产品市场上比较好的产品有:Microsoft SQL Server、Oracle、IBM DB/2、SYBASE 等。

2)根据选用的数据库管理系统的数据库实现方法来建立用户数据库,即创建所需要的数据库、表及其他数据库对象。

本系统选用的 DBMS 是 SQL Server 2000,并在该系统上创建用户数据库 jxgl 及下属的 7 个用户表:student、class、department、teacher、course、sc、tcc。

6. 数据库实施

数据库实施指根据逻辑结构设计和物理设计的结果,在计算机上建立起实际的数据库结构,装入数据、进行测试和试运行的过程。数据库实施主要包括以下步骤。

1)建立实际的数据库结构;

2)装入试验数据并对应用程序进行测试,以确认其功能和性能是否满足设计要求并检查其空间的占用情况;

3)数据库加载实际数据进行试运行。

7. 数据库运行与维护

数据库试运行的结果符合设计目标后,数据库就可以真正投入运行了。数据库投入运行标志着开发任务的基本完成和维护工作的开始,但这并不意味着设计过程的结束。由于应用环境在不断变化,数据库运行过程中物理存储情况也会不断变化,对数据库设计进行评价、调整、修改等维护工作是一个长期的过程,也是设计工作的继续和扩展。

在数据库运行阶段,对数据库经常性的维护工作主要是由 DBA 完成的,它包括:

1)数据库的转储和恢复;

2)数据库的安全性、完整性控制;

3)数据库性能的监督、分析和改造;

4)数据库的重组织与重构造。

二、数据库设计技术与管理实训

实训目标

1. 掌握和理解数据库设计的基本流程,会将现实世界的事物和特性抽象为信息世界的实体与关系;

2. 正确理解数据库数据的模型,会使用实体关系图(E-R 图)描述实体、属性和实体间的关系;

3. 正确、合理地规划出公司管理数据库系统,会将 E-R 图转换为关系模型,并根据开发需要将关系模型规范化到一定的程度。

实训要求

1. 通过需求分析了解公司管理系统的设置,从而得出需要存储的数据信息和操作需求;

2．通过数据库概念设计得出公司管理数据库系统数据的 E-R 模型图；

3．通过数据库的逻辑结构设计，将逻辑结构设计得出的 E-R 模型图转换为公司管理数据库的数据表，根据范式理论对其进行性能优化，然后为各数据表中的字段设置参数和说明；

4．确定公司管理系统数据库中数据表之间的联系；

5．根据数据库系统的功能，初步确定各表中需要创建索引的字段。

实训准备

物流实训室及相关 SQL 软件。

实训操作

任务 1　需求分析

操作：进行数据库软件开发，首先要了解与分析用户需求。需求分析是整个数据库设计过程的基础，需求分析做得是否准确与充分将决定数据库应用系统的开发速度与质量。

在需求分析阶段，将对需要存储的数据进行收集和整理，并组织建立完整的数据集。可以使用多种方法进行数据的收集，如相关人员调查、历史数据查阅、观摩实际的运作流程及转换各种实用表单等。对于公司管理数据库系统，可通过观摩实际的运作流程进行需求分析，从而得出该公司销售的实际运作过程，如图 4-29 所示。

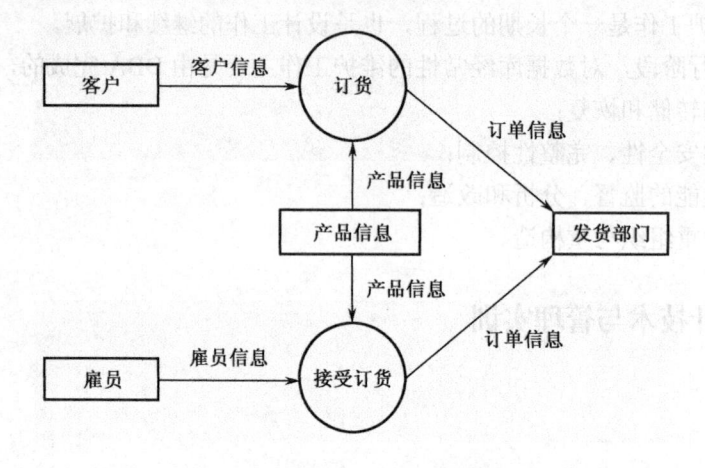

图 4-29　公司销售的数据流程

任务 2　概念结构设计

操作：概念结构设计是整个数据库系统设计的关键。它通过对用户需求进行综合、归纳和抽象，确定实体、属性及它们之间的联系，形成一个独立于具体 DBMS 并反映用户需求的概念模型。实际上，概念结构设计就是将系统需求分析阶段得到的用户需求抽象为信息结构的过程，一般可以利用 E-R 图来描述概念结构。E-R 图是数据库概念结构设计最常用的工具之一。

在需求分析的基础上，用 E-R 模型表示数据及其相互间的联系，产生反映用户信息需求的数据模型。概念设计的目的是准确地描述应用领域的信息模式，支持用户的各种应用，概念设计的成果是绘制出公司管理数据库系统的 E-R 图。

通过对公司管理数据库的概念设计，获得以下两方面的成果。

1）公司管理数据库需要表述的信息有：产品信息、客户信息、雇员信息、订单信息。

2）公司管理数据库系统的 E-R 模型如图 4-28 所示。

任务 3　逻辑结构设计

逻辑结构设计的任务就是将概念结构设计阶段所产生的 E-R 模型转换为具体的 DBMS 所支持的数据模型，并对该数据模型进行优化。逻辑模型是可被 DBMS 处理的数据库逻辑结构，它包括数据项、记录及记录间的联系、安全性和数据一致性的约束等。

（1）转换数据表

利用 E-R 图到关系模型转换的有关知识，将图 4-28 所示的公司管理数据库系统的 E-R 图转换为系统的数据表，如图 4-30 所示。

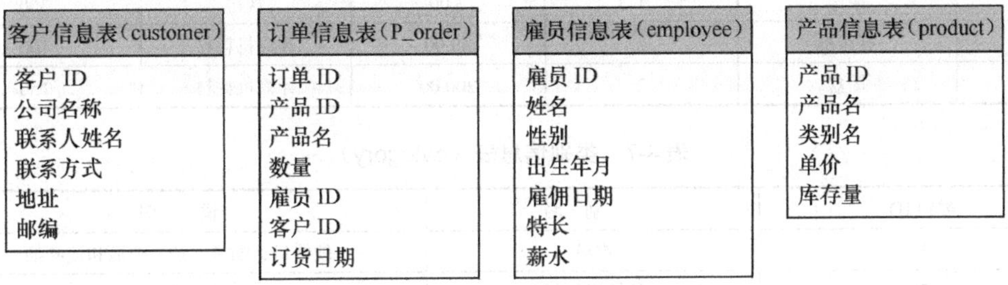

客户信息表（customer）	订单信息表（P_order）	雇员信息表（employee）	产品信息表（product）
客户 ID	订单 ID	雇员 ID	产品 ID
公司名称	产品 ID	姓名	产品名
联系人姓名	产品名	性别	类别名
联系方式	数量	出生年月	单价
地址	雇员 ID	雇佣日期	库存量
邮编	客户 ID	特长	
	订货日期	薪水	

图 4-30　将 E-R 图转接为系统的数据表

（2）逻辑模型的规范化和性能优化

由 E-R 图转换的数据库逻辑模型只是逻辑模型的雏形，要成为逻辑模型，还需要进行以下几个方面的处理。

1）对数据库的性能、存储空间等进行优化。下面是对数据库性能、存储空间优化的一些措施。

① 提高数据库性能的措施有：减小连接运算和关系运算的大小和数据量等。

② 节省存储空间的措施有：减小每个属性所占的空间、采用假属性减少重复数据所占存储空间。

通过分析公司管理数据库逻辑模型（如图 4-29 所示）中的产品信息表（product），来说明优化的原因和措施。该表的结构如表 4-5 所示。

表 4-5　product 表

产品 ID	产 品 名	单价（元）	类 别 名	库存量（件）
1	牛奶	2.30	饮料	200
2	冰激凌	1.50	饮料	400
3	果冻	3.00	饮料	300
4	打印纸	40.00	计算机耗材	100
5	墨盒	200.00	计算机耗材	150

从表 4-5 可以看出，当产品信息表（product）中包含产品"类别名"信息时，每一个产品都要存储相应的"类别名"，如表 4-5 中的前 3 条记录均属于"饮料"类。这使得"饮料"重复存储，造成了数据冗余。

另外，上述结构的产品信息表（product）还容易出现修改异常。例如，在修改一条记录的信息时，可能另一条记录中的相同信息没有修改。所以，需要重新设计产品信息表（product）。

在表设计过程中，遵循单值信息和多值信息尽量不放在一个表中的基本原则，可以将表 4-5 中的产品信息表（product）分解为产品信息表（product）和类别信息表（category），其结构如表 4-6 和表 4-7 所示。

表 4-6　产品信息表（product）2

产品 ID	产品名	类别 ID	单价（元）	类别名	库存量（件）
1	牛奶	1	2.30	饮料	200
2	冰激凌	1	1.50	饮料	400
3	果冻	1	3.00	饮料	300
4	打印纸	2	40.00	计算机耗材	100
5	墨盒	2	200.00	计算机耗材	150

表 4-7　类别信息表（category）

类别 ID	类别名	说明
1	饮料	软饮料、咖啡、茶、啤酒和淡啤酒
2	计算机耗材	打印纸等
3	日用品	牙刷等
4	谷类/麦片	面包、饼干、生面团和谷物
5	肉/家禽	精制肉
6	特制品	干果和豆乳
7	海鲜	海菜和鱼

可以看到，优化后的产品信息不仅避免了数据的冗余，而且不会因修改产生异常。对图 4-27 进行修改后的公司管理数据库系统的逻辑模型如图 4-31 所示。

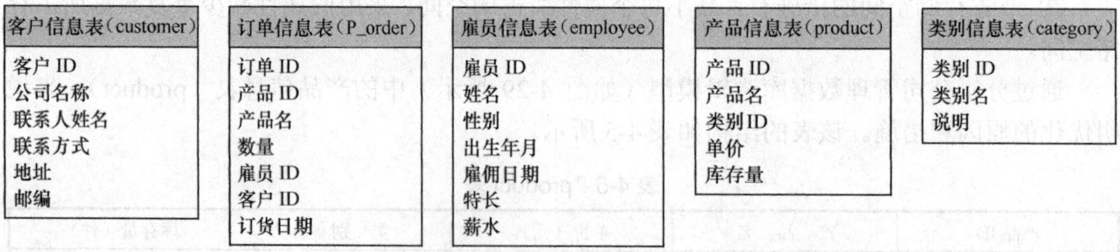

客户信息表（customer）	订单信息表（P_order）	雇员信息表（employee）	产品信息表（product）	类别信息表（category）
客户 ID 公司名称 联系人姓名 联系方式 地址 邮编	订单 ID 产品名 数量 雇员 ID 客户 ID 订货日期	雇员 ID 姓名 性别 出生年月 雇佣日期 特长 薪水	产品 ID 产品名 类别 ID 单价 库存量	类别 ID 类别名 说明

图 4-31　修改产品信息表（product）后的逻辑模型

2）数据库逻辑模型的规范化。

关系数据库范式理论是数据库设计的理论指南和基础，是数据库设计过程中要依据的准则，数据库结构只有满足这些准则，才能确保数据的准确性和可靠性，这些准则称为规范化形式，即范式。

根据范式理论，可以发现 p_order 表中的"产品名"字段不取决于"订单 ID"，而是取决于"产品 ID"，这不符合第二范式，所以应该把它去掉。这样，根据范式理论，规范化后的公司管理数据库的数据表如图 4-32 所示。

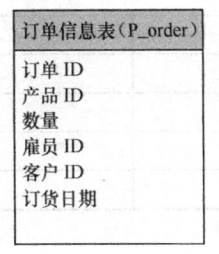

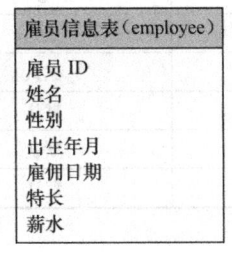

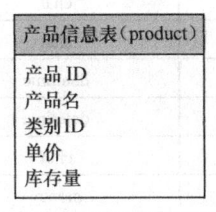

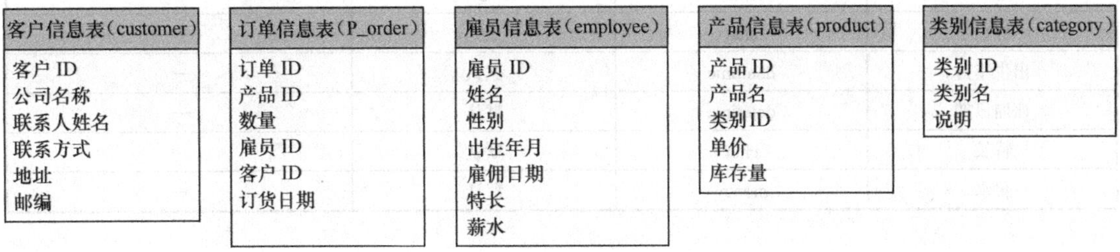

客户信息表（customer）	订单信息表（P_order）	雇员信息表（employee）	产品信息表（product）	类别信息表（category）
客户 ID 公司名称 联系人姓名 联系方式 地址 邮编	订单 ID 产品 ID 数量 雇员 ID 客户 ID 订货日期	雇员 ID 姓名 性别 出生年月 雇佣日期 特长 薪水	产品 ID 产品名 类别 ID 单价 库存量	类别 ID 类别名 说明

图 4-32 规范化后的公司管理数据库逻辑模型

（3）确定数据表和表中的字段

根据所给出的实体得到公司销售的数据表结构，需要为这些字段添加一些简单的描述，包括每个字段的数据类型及其限制等。

下面是对以上 5 个数据表进行的简单定义。

1）customer 表：用来存储有关客户的信息，其结构如表 4-8 所示。

表 4-8 customer 表

字 段 名 称	数 据 类 型	预 计 长 度	特 殊 限 制
客户 ID	int	默认	唯一，且不可为空
公司名称	char	—	—
联系人姓名	char	30	—
联系方式	char	8	—
地址	char	12	—
邮编	char	30	—

2）p_order 表：用来存储有关订单的信息，其结构如表 4-9 所示。

表 4-9 p_order 表

字 段 名 称	数 据 类 型	预 计 长 度	特 殊 限 制
客户 ID	int	默认	唯一，且不可为空
产品 ID	int	默认	—
数量	int	默认	—
雇员 ID	int	默认	—
客户 ID	int	默认	—
订货日期	datetime	默认	—

3）employee 表：用来存储有关雇员的信息，其结构如表 4-10 所示。

表4-10 employee 表

字 段 名 称	数 据 类 型	预 计 长 度	特 殊 限 制
客户ID	int	默认	唯一，且不可为空
姓名	char	8	—
性别	char	2	—
出生年月	datetime	默认	—
雇佣日期	datetime	默认	—
特长	char	默认	—
薪水	money	默认	—

4）product 表：用来存储有关产品的信息，其结构如表 4-11 所示。

表4-11 product 表

字 段 名 称	数 据 类 型	预 计 长 度	特 殊 限 制
产品ID	int	默认	唯一，且不可为空
产品名	char	10	—
类别ID	int	默认	—
单价	money	默认	—
库存量	int	默认	—

5）category 表：用来存储有关产品类别的信息，其结构如表 4-12 所示。

表4-12 category 表

字 段 名 称	数 据 类 型	预 计 长 度	特 殊 限 制
类别ID	int	默认	唯一，且不可为空
类别名	char	默认	—
库存量	char	16	—

任务 4 建立约束

操作：

（1）建立主键约束，以唯一标识数据表的各条记录。

在公司管理数据库中，"雇员ID"是 employee 表的主键，"客户ID"是 customer 表的主键，"产品ID"是 product 表的主键，"类别ID"是 category 表的主键，"订单ID"是 p_order 表的主键。

（2）建立数据表之间的关联，并根据建立的关联实现表之间的参照完整性。

通过前面实体关系的转换，建立了数据表之间的关联，如图 4-33 所示。

根据表间关联，建立参照完整性，即完整的公司管理数据库系统的逻辑模型，如图 4-34 所示。其中"雇员ID"是 employee 表的主键，同时也是 p_order 表的外键；"客户ID"是 customer 表的主键，同时也是 p_order 表的外键；"产品ID"是 product 表的主键，同时也是 p_order 表的外键；"类别ID"是 category 表的主键，同时也是 product 表的外键。

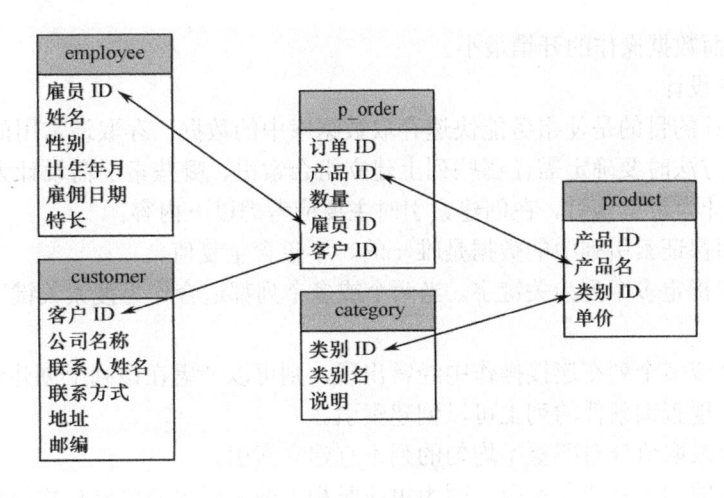

图 4-33　公司管理数据库中表间的关联

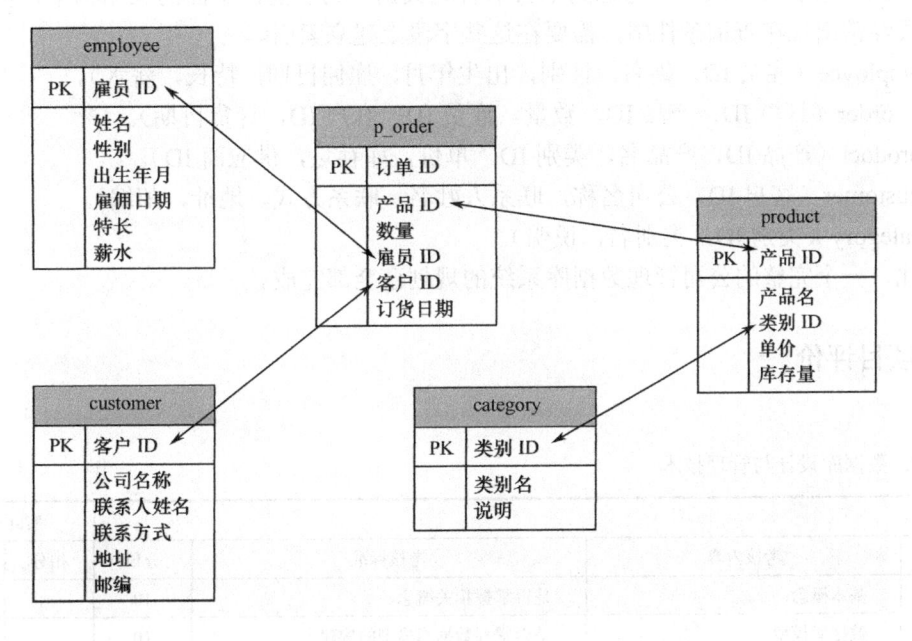

图 4-34　完整的公司管理数据库系统的逻辑模型

（3）对表的一些字段建立检查约束。

例如，"性别"字段值应为"男"或"女"，添加约束"check[性别 in（'男'，'女'）]"，订货日期应在系统日期之前，添加约束"check（订货日期<date()）"。

数据库物理设计的任务是选择合适的存储结构和存储路径。物理设计的目标通常包括两个方面：其一是提高数据库的性能，以满足用户应用的需要；其二是有效地利用存储空间。在物理设计阶段，设计人员一般需要考虑以下内容。

1）存储结构设计。

为了提高系统的性能，在实际设计时应根据具体情况将数据的易变部分与稳定部分、热点数据和一般数据分开存放。热点数据最好分散存放在不同的磁盘组上，以均衡各个磁盘组的负荷，充分发挥各个磁盘组并行操作的优势，同时保证关键数据的快速访问，缓解系统的性能瓶颈。物理存储结构设计的目的是确定如何在磁盘上存储关系、索引等数据库文件，使空间利用率最大而数据操作的开销最小。

2）存取方法设计。

存取方法设计的目的是使事务能快速存取数据库中的数据，存取最常用的方法是使用索引。在设计存取方法时要确定需在哪些列上建立组合索引、哪些索引需设计为唯一索引，以及哪些索引需设计为聚集索引。在创建索引时主要应考虑以下内容。

① 唯一索引保证索引列中的数据是唯一的，不包含重复值。

② 复合索引指定多个列为关键字。当两个或多个列都适合作为搜索关键字时，则可以考虑创建复合索引。

③ 如果一个或多个列在连接操作中经常出现，则可以考虑在该列上创建索引。

④ 在经常出现查询条件的列上可以创建索引。

⑤ 取值很少或取值分布严重不均匀的列不宜建立索引。

⑥ 经常更新的列不宜建立索引，因为更新时相关的索引也需要进行相应的修改。

依据以上索引设计原则，考虑到本公司管理数据库的功能，下面的表结构中，标有下画线的字段经常出现在查询条件中，需要在这些字段上建立索引。

a. employee（雇员ID，姓名，性别，出生年月，雇佣日期，特长，薪水）。

b. p_order（订单ID，产品ID，数量，雇员ID，客户ID，订货日期）。

c. product（产品ID，产品名，类别ID，单价，库存量，供应商ID）。

d. customer（客户ID，公司名称，联系人姓名，联系方式，地址，邮编）。

e. category（类别ID，类别名，说明）。

至此，一个完整的公司管理数据库系统的规划已全部完成。

项目评价

项目名称：数据库设计与管理技术　　　　　　　　　　　年　　月　　日

小组成员：				实际得分	
序号	考核内容	考核标准	分值	扣分	得分
1	基本概念	是否掌握相关概念	10		
2	数据库模型	是否掌握数据库模型的构建	10		
3	数据库模型的设计	是否能完成数据库模型的设计	20		
4	E-R图的设计操作	是否能正确完成E-R图的设计	10		
5	合理地构建公司数据库	是否能正确构建数据库	20		
6	公司数据库表的构建	是否能正确完成表的构建	5		
7	数据的录入及关联	是否能熟练地完成	5		
8	职业习惯及纪律	是否有良好的职业道德和规范的职业素养	20		
综合得分					
指导老师评语					

项目巩固与提高

一、选择题

1. 数据库的概念模型独立于（　　）。
   A. 具体的机器和 DBMS　　　　B. E-R 图
   C. 信息世界　　　　　　　　　D. 现实世界
2. 层次模型不能直接表示（　　）。
   A. 1:1 关系　　　　　　　　　B. 1:m 关系
   C. m:n 关系　　　　　　　D. 1:1 和 1:m 关系
3. 数据库设计不包括（　　）。
   A. 概念结构设计　　　　　　　B. 理论模型设计
   C. 物理设计　　　　　　　　　D. 逻辑结构设计
4. 数据库的运行与维护不包括（　　）。
   A. 数据库的转储和恢复　　　　B. 数据库的安全性、完整性控制
   C. 数据库性能的监督、分析和改造　　D. 数据库的构建

二、简答题

1. 简述数据库系统设计的步骤。
2. 试述数据模型的概念、数据模型的作用和数据模型的三要素。
3. 数据库管理系统有哪些功能？

模块五 物流信息支持系统

项目一 物流企业网络技术

（**编前哲思**：当今世界是一个网络的世界，如果不懂得应用网络，将变成新时代的"文盲"。）

项目目标

1. 熟悉物流企业网络的类型及功能；
2. 了解物流企业的网络组建过程；
3. 掌握物流企业网络的应用及特点。

项目准备

1. 物流企业网络技术授课课件；
2. 物流企业网络技术的资料和图片；
3. 物流企业网络技术校内实训场所及设备的准备。

一、物流企业网络类型及功能知识点学习

1. 物流企业网络 Intranet

各个物流公司及企业通过 Internet 技术建立了各自的局域网，对各自的局域网进行扩展、互连之后，每个企业的局域网几乎都成为中型甚至大型局域网（或广域网）。在企业网上人们对于网络功能的要求也越来越高，并且由于 Internet 的广泛流行和影响，人们将 Internet 上的各种功能运用于企业内部网，便成了物流企业网络 Intranet。

在企业内部网络基础设施上，采用 WWW 技术、TCP/IP 协议，在企业内部实现互联网功

能，从而实现企业内部的信息发布、共享，构成了企业内部的信息共享平台。

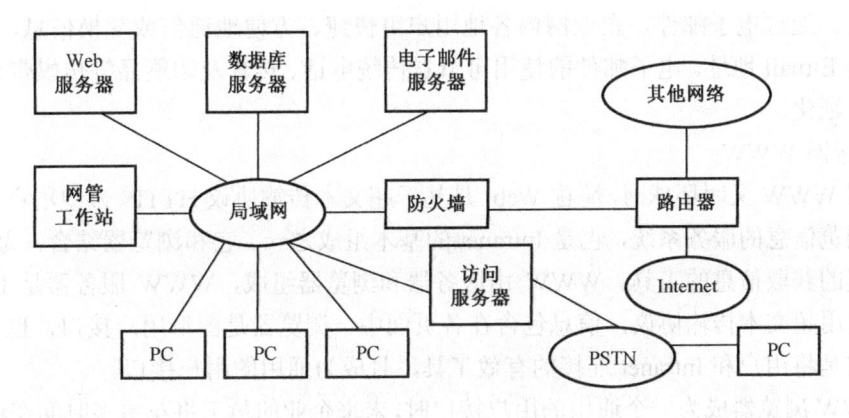

（1）Intranet

Intranet 是基于 TCP/IP 协议，使用 Internet 环球网 WWW 工具，采用防止外界侵入的安全措施，为企业服务，并有连接 Internet 功能的企业内部网络。

Intranet 与 Internet 相比，联系在于 Intranet 是使用 Internet 技术组建的企业内部网络，Intranet 要与 Internet 互连才能发挥作用，才能实现企业内部及企业和企业之间的信息交流。区别在于 Intranet 是一种企业内部网，而 Internet 是一种公共信息网。Internet 允许任何人从任何一个站点访问它的资源；而 Intranet 内部信息必须严格加以保护，它必须通过防火墙与 Internet 相连，只有企业内部人员才能访问，供应商和客户等外部人员只在许可条件下才能进入企业内部网。

借助于以上 Intranet 的介绍，可将 Intranet 的要点概括如下：

1）根据企业内部和经营发展的要求确定它的规模和功能；

2）它能方便地和外界连接，尤其是和 Internet 连接；

3）采用 TCP/IP 协议；

4）使企业员工、用户方便地浏览企业信息及 Internet 的丰富信息资源，广泛应用环球网 WWW 工具；

5）设置防火墙、安全代理等，以防止外界非法侵入。

不同的企业有不同的需求，其 Intranet 基本组成也有所不同，如图 5-1 所示，Intranet 的服务器主要有 Web 服务器、数据库服务器和电子邮件服务器（见图 5-1）。

图 5-1 Intranet 基本组成

其中 Web 服务器对 Intranet 有着举足轻重的作用，因此，对 Web 服务器需要考虑其响应能力、与后端服务器的集成度、管理的难易程度、信息开发的难易程度及稳定性、可靠性和安全性等主要性能。同时，Web 服务器的选择也要考虑两个方面：Web 服务器硬件和 Web 服务器软件。此外，访问服务器网络环境对数据库提出了新的要求，如数据库与 Web 服务器的集成度、安全性、稳定性、容错性和扩展性等。

1）网络与网络协议。网络是 Intranet 的核心。小的企业 Intranet 只是一个简单的网络，大的企业 Intranet 是若干小型网络组成的大型网络。网络的类型可以包括局域网和广域网。

网络协议即 TCP/IP 协议，其基本思想是通过网络互连设备将各种不同的网络连接起来，在各自网络的底层协议上构造一个虚拟的网络。TCP/IP 协议是创建 Intranet 的关键。

2）Intranet 服务与服务器。Intranet 服务一般指 Web、E-mail 和 FTP 等应用程序提供的服务，服务器指的是提供这些服务的硬件，如 Web 服务器提供 Web 服务。这些服务可运行于任何操作系统上，如在 Windows NT、Linux 和 Novell NetWare 等操作系统上。

3）客户软件。在用户的客户机上必须安装客户软件以方便地访问 Intranet 资源。

（2）Intranet 的组成

由于企业性质的不同和需要的不同，不同的企业有不同的 Intranet 组成结构。一般 Intranet 由以下各部分组成。

1）网络。

网络是 Intranet 的核心。小的企业一般只是一个简单的网络，大的企业则是复杂的网络。网络的类型很多，一般有局域网和广域网两大类。如同 Internet，TCP/IP 也是 Intranet 的基础。IP 为每个计算机指定了独特的地址，它可以告诉路由器将传输的信息送往何处；TCP 用顺序号码标记每个文件包，并在它们到达目的地后重新组合分配。这样一来，Intranet 中的任何人或任何部门不必考虑平台类型就能轻而易举地实现连网，并能进一步和 Internet 互连。

Intranet 并不完全是原来局域网的概念。企业可能是跨地区的，甚至是跨国的，各地可有分公司。这些企业的计算机网络实际上是一个区域网或广域网，是企业的 Intranet。

2）电子邮件 E-mail。

电子邮件是用户或用户组之间通过计算机网络收发信息的服务。对大部分企业来说，它是 Internet 的一种最普通的应用。电子邮件为企业成员提供了一个十分简便的人际交流和信息交流的工具。通过电子邮件，企业网内各地用户可快捷、方便地通信或交换信息，每个用户都有自己的 E-mail 地址。电子邮件的使用可节省传统电话、传真及印刷品等传媒带来的费用，实现办公无纸化。

3）万维网 WWW。

万维网 WWW 又叫环球网，简称 Web，是基于超文本传输协议 HTTP、方便用户在 Internet 上搜集和浏览信息的服务系统，也是 Intranet 的基本组成之一。它和浏览器结合，为企业成员提供了便捷的获取信息的工具。WWW 由服务器和浏览器组成，WWW 服务器是 Intranet 的核心，它使用超文本传输协议，信息包含在各页面中。浏览器是图形用户接口，也是 Intranet 的关键，它是将用户和 Intranet 连接的有效工具，且成为通用的用户接口。

当 WWW 浏览器成为一个通用的用户接口时，未来企业的员工将花更多时间在环球网上。可以用它进行通信，出版和共享信息。很多用户将利用各个内部环球网站点共享其他组织的信息。内部环球网将成为未来战略性的计算机平台，各种应用都采用环球网技术并从浏览器方便地获得。如果从环球网浏览器能获得各种各样的信息，那么各个操作系统的差别就无关紧要了。因为浏览器的使用如此之方便，只需简单的培训即可。基于计算机的培训可替代传统的课堂培训，通过内部环球网，企业员工可以得到及时的培训。

4）远程登录 Telnet。

Telnet 允许用户进入和使用一个远端计算机系统，就像用户端直接与远端计算机相连一样。远端计算机可以在同一间房子里，也可以远在万里之外。

Telnet 是支持远程登录的通信协议，它属于 TCP/IP 通信协议的终端协议部分。其软件用

TCP/IP 在用户计算机和远程机之间建立一条通信线路，使终端设备通过线路与远程主机连接，提供虚拟终端服务。通过这条临时线路，用户若在远程系统拥有账号，就可从本地系统的终端登录远程系统。

5）文件传输 FTP。

FTP 是计算机网络上主机之间传送文件的一种服务协议，文件传输功能是以其所使用的协议命名的。文件传输服务也是一种实时的联机服务，在工作时要先登录对方计算机，登录后就可进行文件查询和文件传送操作。FTP 有两种访问方式：一是按实际用户进行访问的方式，二是匿名方式。

6）其他。

除上述组成部分外，一般网络还有谈话（Chat）、新闻组（Usenet）、布告栏、地鼠等功能。

2. 物流网络 Intranet 的功能特点及分类

全球经济的发展使许多企业将眼光放得更远，更注意全球的经济关系。这就要求企业有快速的信息反应能力，才能与全球经济融合在一起。美国的一些企业在 20 世纪 90 年代初首先建立了 Intranet，当它们取得成功后，许多企业纷纷效仿。由于参加的企业越来越多，使得成功的战果越来越扩大；而未参与的企业明显受到挑战。这就是市场竞争，而且这种竞争越来越激烈。Intranet 是 Internet 技术在企事业单位内部的应用。Intranet 可以用很少的成本和时间将企业或事业内部的大量信息资源透明地传送到本企业或事业各成员的计算机中，也可以在安全保证的前提下授予其他企事业单位访问的权限。

建立 Intranet 后，可以方便地在独立的平台上使用全球网络的快速通信工具，使本企事业单位在竞争中处于优势，改善内部通信，降低成本开支，提高效益。据美国 Cisco Systems Inc. 的统计资料，在现有的计算机网络中 46%已建 Intranet，今后 3 年内将增加到 70%。一般来说，各企事业单位使用 Intranet 来更加有效的共享信息，并以利用 Internet 浏览程序模式简化内部信息管理、改善内部通信；利用 Web 引导和检索模式更方便地找到信息、分析信息。

此外，Intranet 确实给人们带来了不少好处，不仅提高了企业的竞争力。无论是企业内部的员工还是企业外部的用户，几乎都对 Intranet 报以欢迎的态度。如某企业的一些 Intranet 应用内容：新闻组、电子邮件、财务报告、仓储信息、销售报告、市场信息、产品开发信息、产品目录、客户信息、系统用户手册、用户培训、技术咨询。这些应用对于企业员工来说，无疑给他们的工作带来了很大的方便；而对于用户，又提供了多种支持服务。有了 Intranet，企业可以通过 Web 服务器向 Internet 发布信息，利用 Web 技术可以通过统一的 Web 浏览器访问各种数据库，使各种各样的用户可以方便地浏览信息资源，网上直销、网络虚拟商场、公司技术支持等已经得到广泛的应用。根据网络功能，可以分为几个常见的网站类型。

（1）产品展示型

通过分类、建立索引和搜索功能，将产品的图片及相关文字有条理地组织起来，形成便于查询的在线商品目录，适用于以生产、经销为主的企业和店面。

（2）信息发布型

这类网站相当于一个新闻中心，及时发布关于某一领域或行业的最新动态消息，或者综合性新闻，一般适合专业性比较强的站点。

（3）服务中心型

这类网站通常包含一个详尽的服务说明和 FAQ（常见问题解答），并通过一些交互程序完成订单提交、在线支付、在线服务的定制和管理、软件升级等工作，并且提供一个意见反馈窗口（在线留言或电子邮件），用来解答问题和处理用户意见，从而形成一个友好、便捷的在线服务中心。

（4）论坛型

针对某些话题（或课题）的讨论型网站，为业内人士、专家、爱好者或普通大众提供一个讨论和发表看法的场所，如发烧友论坛、学术论坛等。

（5）网上商城型

这种网站实际上是产品展示型网站的扩展，在清晰、详尽的商品目录的基础上，实现在线支付功能，并提供一种比较完善的订单处理机制，以确保订单的正确处理和货物的投递。

实际网站往往是以上类型中的几种或全部类型的综合体。那么不妨说网站可以具有这些功能（而不是类型），很少有单一功能的网站，而且 Web 技术所能实现的功能并不局限于此。一些门户网站或网上社区很好地综合了各种 Web 技术，形成功能强大的站点，优秀例子有国外的 Yahoo、Amazon、eBay 等。当然，一个站点要吸引人，仅仅有了强大的技术还不够，高水平的策划才是网站成功的关键。

3. 物流企业网络的组建

一般，在物流企业网络 Intranet 建设中需要经过三个重要建设阶段。这三个阶段是：建设需求的分析、建设的前期工作和建设的具体阶段。

（1）建设需求的分析

建设需求的分析包括连接方式、服务类型、信息量分析、管理需求分析、运行分析、建设步骤和投资预算等。

1）连接方式。

Intranet 的连接方式包括：对上与 Internet 或其他公共网络的连接，对下与 Intranet 内的单机用户、局域子网和广域子网的连接。Intranet 的对上与 Internet 或其他公共网络的连接方式主要有：DDN、FR、DDR（按需拨号路由选择）和 X.25 等。这些信道的选择原则上与 Internet 类似，Intranet 通过路由器连接广域信道并与 Internet 连通。Intranet 对下直接与单机用户的连接可采用拨号接入方式；与 LAN 的连接采用双绞线或光缆连接方式；与远程子网的连接方式与 Intranet 的对上连接方式相同。

2）服务类型。

Intranet 的服务类型可分为基本服务、可选服务和特殊服务。Intranet 提供的基本服务包括 DNS、E-mail 和 WWW 服务；提供的可选服务包括 FTP、Telnet 等，用于网络文件的传输、网络的远程管理操作；某些企业构建的 Intranet 还提供一些为本企业服务的特殊服务，如数据库、事务处理、CIS、CAD、视频会议、网络电话、网络 FAX、远程教育等。

3）信息量分析。

在建设 Intranet 前，要对网络中的信息量进行必要的基本分析，如信息量的类型、实时性、时延、吞吐量、存储量和时效等，便于网络的设计与实现。

4）管理需求分析。

Intranet 的管理可分为设备管理、系统管理和应用管理。

5）运行分析。

运行分析主要指对系统运行维护的环境和人员的分析，包括通信、NOC（网络运行中心）、NIC（网络信息中心）、信息资源建设、安全管理、用户管理和开发等所需的环境和人员安排。

（2）建设的前期工作

Intranet 建设的前期工作主要有：选择 ISP、域名申请、用户规划、组织机构、人员培训、规划建网步骤和编制投资预算等。

1）选择 ISP

ISP（Internet Service Provider，Internet 服务提供者）主要提供 Internet 网络服务，包括 IAP（Internet Access Provider）和 ICP（Internet Content Provider）两种服务提供商。其中，IAP 主要提供网络的接入服务（包括再次接入服务），ICP 提供网络信息服务（包括信息链接服务）。此外，ISP 还提供其他增值服务，如 FAX 转发、IP 语音等。目前，国内发展了很多 ISP，四大互连网络：CHINANET、ChinaGBN、CERNET、CSTN（CASnet）是国内最大的 ISP，此外还有其他一些中小型的 ISP 为用户提供多种网络服务。这些 ISP 按照国务院信息办、公安机关和电信业务管理部门的相关规定提供各自的网络服务。

ISP 的选择要从以下几个方面来考虑：

① 服务能力和服务保证能力；

② 网络能力，信道速率、接入类型和再次接入能力、三要素（IP 地址、域名和路由）的提供。

③ 信息能力，信息数量、信息类型、信息链接等级；

④ 服务类型；

⑤ 基本服务/增值服务、基本连接/再次连接、直接信息/链接信息；

⑥ 向 ISP 申请接入，首先要决定接入方式、速率，然后办理相应手续并调试、开通。在这期间，可能涉及好几个部门。

2）申请域名。

理论上，TCP/IP 域名语法只是一种抽象的标准，其中各标号值可任意填写，只要原则上符合层次型名字空间的要求即可。因此，任何组织均可根据域名语法构造本组织内部的域名，但这些域名的使用仅限于系统内部。

为保证域名系统的通用性，Internet 规定了一组正式的通用标准号，作为其第一级域的域名。在域名系统中，每个域分别由不同的组织进行管理。这样一种管理方式往往使得域名成为企业在网上的标志，因此人们又把域名称为企业的"网上商标"。但与此同时也带来了"抢注域名"的问题。目前，我国的所有域名都在"cn"域下，意为 China。用户要获得自己的域名可以向自己的 ISP 提出申请，由 ISP 代其申请域名，也可以直接向 ChinaNIC 申请。

3）用户规划。

在用户规划中要考虑以下几个问题：

① 用户数量及它们对服务的需求；

② 用户权限分配和用户分组；

③ 用户管理制度的建立。

在用户规划的过程中，不仅要做好各种调研、分析和文档工作，还要对用户进行宣传并进行用户登记。

4）组织机构。

组织机构建设主要是确定主管领导及网络运行部门，并配备必要的工作人员。

5）人员培训。

人员培训是 Intranet 建设中最重要、最难办、也是最易忽视的环节。需要培训和培养的人员包括：系统管理人员和最终用户。通常还需要培养一定的应用开发人员。

（3）建设阶段

进行完建设目标分析和前期工作后，即进入具体的建设阶段。下面谈一谈建设阶段的几个重点。

1）快速连入网络。

在决定建设 Intranet 之后，应当尽快连入 Internet。快速连入网络可以为网络建设做好前期技术准备和人员准备，还可以方便工作联系。一般采用单机拨号入网方式，大概在一个月之内完成。

2）试验小网建设。

试验性的小型网络建设可以提供基本的网络服务，逐步取得网络运行的经验，并建立基本网络工作环境。在试验小网建设中还要完成各种外部手续（如 ISP、线路、IP 地址、域名等）的办理，开始进行简单的应用开发，并考核集成商的网络方案和应用方案。

试验小网可采用简单的 LAN 入网方式，应该在四个月到半年之内完成。LAN 入网配置如图 5-2 所示。

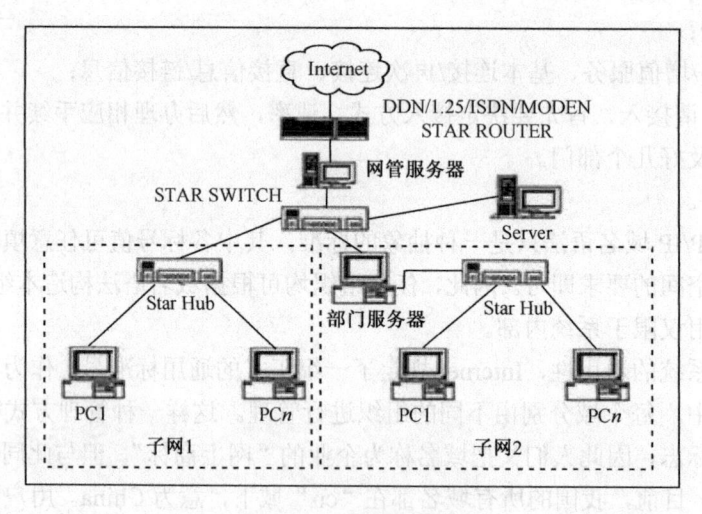

图 5-2 LAN 入网配置图

LAN 入网为用户提供 DNS、E-mail 和 WWW 等基本服务，内部用户可以通过拨号入网，并可逐步开发、试验多种应用。其硬件设备有 Hub 和带同步口（DDN）、可选异步口（拨号口）的路由器等网络设备，以及 UNIX 服务器、PC 服务器和网络工作站（PC）。软件主要有服务器操作系统（UNIX 和 NT）、工作站软件（WIN3.1、WFW3.11、WIN95、PWIN3.2、PWIN95）

和 DBMS（如 SQL Server）。

应该说明的是，这个小型网络中的所有设备都不会浪费。实际上，这些设备都是今后网络中心设备有机组成的一部分。

3）信息资源建设。

从建设小型网络开始，就应该抓紧信息资源的建设。如果等到网络全面建设基本完成才开始建设信息资源，就会严重贻误企业在信息竞争中的时机。

信息资源建设可以为企业建立网络形象，通过网络扩大商业联系，并可以培养一批信息资源制作人员。

信息资源建设首先通过建立企业网络主页（Homepage）的方式进行。

4）应用系统开发。

应用系统开发的几个要点是：考核技术、评估方案、模拟试验、验证方案、培养人员等，应用系统的开发包括数据库、事务处理等应用系统的开发。

5）全面网络建设。

全面的网络建设起始于系统需求说明书（RFP，Request For Proposal）的制定，根据系统需求说明书征求系统集成商并进行方案评定。

网络、主机、主要软件及应用软件系统应该相互配合地进行建设。在建设过程中，必须充分注意网络管理体制和服务体制的建立。

总之，物流企业根据自己的行业特点和实际状况，设计并实施 Intranet 方案，能够以低廉的成本和更高的效率进行企业内外信息沟通和管理，集约地实现物流功能，缩小与世界先进物流企业的差距，为物流业的信息化进程做出贡献。

4．物流企业网络应用

目前，国际上一些知名的物流公司及企业都十分重视对 Internet 资源的有效利用，开发了基于国际互联网的各种在线查询系统。通过 Internet 技术，顾客查询信息大都能够得到及时的响应，并且交互的内容都得到了加密技术和密码的保护。对于较复杂的查询，则以电子邮件或电话的形式进行回复。还发明了客户端工具，以桌面工具条的形式为在线费用查询系统提供导航，以方便顾客在个人计算机上进行查询。

在对 Intranet 资源的利用方面，一些大的物流公司和企业同时自主开发了一些物流信息管理系统，通过与 Internet 相连，对物流信息进行收集、加工、传递及共享，从而实时、准确、高效率地完成了对物流信息的采集与处理，明显提高了各个物流公司及企业的反应能力，降低了物流成本，增加了经济效益。各大物流公司及企业在有效地利用国际互联网的技术方面，主要有以下几个表现。

1）对通用数据的利用方面。国际互联网的应用使物流业发生了巨大的变化，开始大量运用通用数据。通用数据是国际互联网上信息流通的标准形式，RFID（射频识别技术）等数据采集和交换系统层出不穷。因为有了互联网这个大数据库，物流企业第一次有了取之不尽、用之不竭的各类数据。同时，物流企业只要支付一定的初装费和服务费，ISP 就会在自己的服务器上划出属于该企业的空间，使其成为国际互联网数据结构的一个有机组成部分。

2）对物流信息的发布方面。物流公司及企业通过 Internet 覆盖全球的特点进行信息发布。国际互联网能够延伸到的地方，互联网上的信息就可以引起人们的注意。借助于国际互联网的这个特性，可使企业形象的推广变得更具成效。通过建立企业网站及企业内部局域网，发布企业信息，加强对本企业的宣传。

3）对信息的时效性管理方面。互联网上的数据从某种意义上讲并不属于某个具体企业，但与时间密切相关。因此物流企业注意对信息的实效性进行管理，定期更新各自的信息，提高信息的有效利用率。

同时，物流企业网络 Intranet 建设和应用在一定程度上解决了企业战略目标实现上的瓶颈问题，如办公效率低下、新产品开发能力不足、生产过程中成本太高或生产计划不合理等。企业将其信息存放于 Web 页面中，使其信息可以得到迅速利用，其信息的制作、打印和传播等费用可大大节省，同时为用户迅速、方便地了解和获取信息提供了一条途径。其在企业中有以下典型应用。

1）企业内部主页。

企业内部主页（Homepage）主要介绍企业的情况，如企业的历史、宗旨、规章制度、组织结构、黄页（客户、厂商、员工电话簿）和服务、工具和资源等。这些信息放在网络服务器上，供企业内部共享。

2）通信处理。

通信处理有组织机构间的通信和个人间的通信两类。前者包括公务合作和部门之间的通信，后者用于个人通信或工作小组内的通信。组织机构的通信又分三类：企业的快报、公告栏、新闻等，经营单位或部门通信，以及企业的信息库。个人之间或小组内通信的最常用工具是电子邮件，此外还有新闻组、谈话和视频会议系统（Video Conference）。

通过 Usenet、BBS 等，还可建立企业内部社区，促进企业内部沟通，实现群组讨论。企业内部的每个员工都有参与公司经营管理的机会，及时为企业的运作出谋划策。

3）支持处理。

通过 Intranet 的事务处理方式，销售人员及时掌握相关的客户信息并向分散的客户提供及时、准确的本企业最新产品信息，还可随时完成合同的建立、订单的查询、状态的跟踪等一系列工作。支持处理用于企业内部，包括人事处理、财务处理、信息系统和技术支持、法律事务及基础设施的开发和建设等。

4）产品开发处理。

产品开发处理是企业经营的核心部分，它和企业的经营目标有关，也是企业专有的。一般都属于内部使用，不被外界共享，其内容大致可分研究开发和工程两部分。

5）运行处理。

Intranet 可以管理物流企业的配套供应项目，如调整项目安排、了解项目进展情况及客户反馈意见等，运行处理也是企业经营的核心，包括采购、电子数据交换 EDI、库存管理、制造及专门的服务开发等。

6）市场和销售处理。

市场和销售处理包括销售和市场策略、产品方向、市场研究信息、产品目录和说明、技术规范和需求、竞争能力的信息、价格清单、促销计划等。由于竞争的原因，这些信息一般也不被外界共享。

7）客户支持。

可以通过企业的 Web 主页给客户提供信息，提供客户和产品开发者联系的通道，以改善产品质量，将企业内部数据库通过 Internet 提供给客户使用。Intranet 能够为客户服务，能支持部门共享客户的反馈信息并创造一个相应的支撑系统。

此外，通过 Intranet 和 Internet 的综合应用，能以无纸贸易方式进行企业间的贸易活动，及时处理客户对企业的信息反馈。

二、物流企业网络技术模拟与实训

实训目标

1. 熟知局域网络的设备及组成；
2. 熟练操作设备连接和设置网络参数；
3. 顺利完成局域网络的组建和连通。

实训要求

1. 以 Hub 为中心设备组建局域网络；
2. 配置网卡 IP 地址并检测连通；
3. 局域网内各个计算机实现网络访问。

实训准备

集线器 Hub 一台；直通双绞线 3 根；计算机 3 台。

实训操作

任务 1　网络连接

操作：制作网线，安装网卡如图 5-3 所示，安装连接组件网络；检查网卡与指示灯的连接状态，判断网络是否连通。

	Hub	
Alice	Bob	Chris
IP 地址：192.168.10.20	192.168.10.30	192.168.10.10
子网掩码：255.255.255.0	255.255.255.0	255.255.255.0

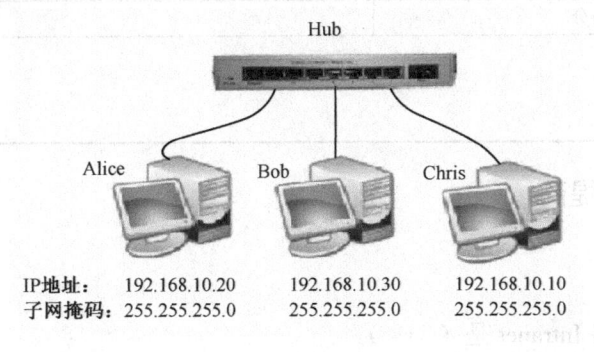

图 5-3　共享局域网

任务 2　TCP/IP 配置

操作：配置网络的 IP 地址，IP 地址如图 5-4 所示，Alice 的 IP 地址：192.168.10.20/24；Bob 的 IP 地址：192.168.10.30/24；Chris 的 IP 地址：192.168.10.10/24。配置界面如图 5-4 所示。

Alice，Bob，Chirs 之间互相 Ping，检查连通性。

任务 3　设置计算机名和工作组名

工作组模式以工作组为基本管理单位，网络中每台主机自主加入工作组，成为工作组的成员，工作组成员地位平等自主管理。

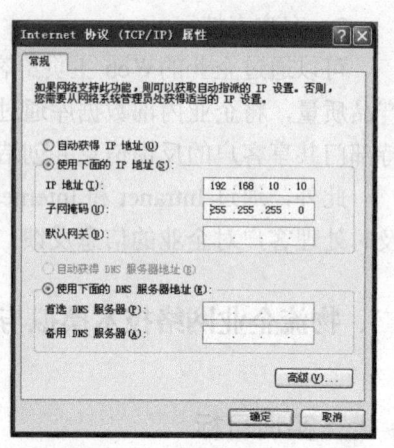

图 5-4　IP 地址设置界面

右击"我的电脑"图标，选择属性命令，打开"计算机名"选项卡，单击"更改"按钮，分别设置计算机名为 Alice，Bob，Chris，设置工作组为 Workgroup。

通过"网上邻居"访问局域网计算机。

双击桌面上的"网上邻居"图标，检查能否看到每台计算机名。

项目评价

项目名称：局域网络组建实训　　　　　　　　　　　　　　年　　月　　日

小组成员：				实际得分	
序号	考核内容	考核标准	分值	扣分	得分
1	基本概念	是否掌握相关概念	10		
2	设备的构成	是否掌握设备的构成	10		
3	功能及特点	是否熟悉功能及特点	10		
4	是否能准备好所需部件	网线和设备是否准备好	10		
5	是否能完成网络的连接操作	指示灯是否都正确	5		
6	是否完成 IP 地址的正确设置和 Ping 操作	IP 设定是否熟练，能否 Ping 到各个计算机	20		
7	网络是否连通、能够互相访问	整个网络是否能互访	15		
8	职业习惯及纪律	是否有良好职业道德和规范职业素养	20		
综合得分					
指导老师评语					

项目巩固与提高

一、选择题

1. 物流企业网络 Intranet 是（　　）。

　　A．局域网　　　　B．数字网　　　　C．局部网　　　　D．外部网

2. Intranet 基于（　　）协议。
   A．Net   B．ASP   C．GPS   D．TCP/IP
3. Intranet 的服务一般不包括（　　）。
   A．Web   B．E-mail   C．FTP   D．系统服务
4. 物流网络的类型不包括（　　）。
   A．产品展示型 B．信息发布型 C．服务中心型 D．游戏休闲型
5. 建设物流网络必须经过（　　）步骤。
   A．建设需求分析 B．建设安全   C．建设支持   D．建设备份

二、简答题

1. 简述 Internet 在物流信息系统中有哪些应用。
2. 简述企业内部网 Intranet 的特点和基本组成。
3. 简述物流网络的组建步骤和主要操作。

项目二　物流 EDI 技术

（**编前哲思**：因为标准格式，不同的文件得以通信和编译，从而实现了 EDI；因为共同的理念和价值观，不同地域的人得以交流和沟通，从而成为了朋友。）

项目目标

1. 了解 EDI 的分类和特点；
2. 了解 EDI 标准；
3. 掌握 EDI 的系统组成和工作原理；
4. 熟悉 EDI 在物流管理中的应用。

项目准备

1. EDI 教学授课课件；
2. EDI 视频资料。

一、EDI 技术知识点学习

全球贸易额的上升带来了各种贸易单证、文件数量的激增；传统的纸质单证信息处理中有相当大一部分数据需要反复输入，出错率较高；市场竞争出现了新的特征，价格因素在竞争中所占的比重逐渐减小，而服务性因素所占比重日益增大。销售商为了减少风险，要求小批量、多品种、供货快，以适应瞬息万变的市场行情。而在整个贸易链中，绝大多数企业既是供货商又是销售商，因此提高商业文件传递速度和处理速度成了所有贸易链中成员的共同

需求。同样，现代计算机的大量普及和应用及功能的不断提高，已使计算机应用从单机应用走向系统应用；同时通信条件和技术的完善、网络的普及又为 EDI 的应用提供了坚实的基础。在这样的背景下，EDI 技术应运而生。

由于 EDI 具有高速、精确、远程和巨量的技术性能，因此 EDI 的兴起标志着一场全新的、全球性的商业革命的开始。

1. EDI 的分类

（1）EDI 认知

EDI（Electronic Data Interchange，电子数据交换）是 20 世纪 80 年代发展起来的一种电子化贸易工具，是计算机、通信和现代管理技术相结合的产物。EDI 的含义是商业贸易伙伴之间，将按标准、协议规范化和格式化的经济信息，通过电子数据网络，在单位的计算机系统之间，进行自动交换和处理。国际标准化组织（ISO）于 1994 年确认了 EDI 的技术定义："将贸易（商业）或行政事务处理按照一个公认的标准变成结构化的事务处理或信息数据格式，从计算机到计算机的电子传输。"

从以上概念可知，EDI 是一套报文通信工具，它通过计算机通信网络将贸易、运输、保险、银行和海关等行业信息，用一种国际公认的标准格式，实现各有关部门或公司、企业之间的数据交换与处理，并完成以贸易为中心的全部过程。整个过程由系统自动完成，无须人工干预，减少了数据传输中可能会出现的差错，提高了工作效率。因此，EDI 是一个电子平台，一经出现便显现出了强大的生命力，无论是在商业贸易领域还是在其他领域，都可以作为 EDI 的一个具体的应用对象或实例进行开发和应用。

（2）EDI 的特点

EDI 作为一种全球性的具有巨大商业价值的电子化贸易手段及工具，具有几个显著的特点。

1）单证格式化：EDI 传输的是企业间格式化的数据，如订购单、报价单、发票、货运单、装箱单、报关单等，这些信息都具有固定的格式与行业通用性。

2）报文标准化：EDI 传输的报文符合国际标准或行业标准，这是计算机能自动处理的前提条件。

3）处理自动化：EDI 信息传递的路径是计算机到数据通信网络，再到商业伙伴的计算机，信息的最终用户是计算机应用系统，它自动处理传递来的信息，因此，这种数据是机器—机器、应用—应用的，无须人工干预。

4）软件结构化：EDI 的功能软件由五个模块构成，分别是报文生成与处理模块、标准报文格式转换模块、通信模块、内部接口模块、用户界面模块，这五个模块构成了 EDI 商业化软件。

5）运作规范化：任何一个成熟、成功的 EDI 系统，均有相应的规范化环境做基础。EDI 以报文的方式交换信息是有效、规范的，具有法律效力。

（3）EDI 的分类

可以从不同的角度对 EDI 进行分类。根据系统功能可将 EDI 分为以下 4 类。

1）订货信息系统，又称为贸易数据互换系统（Trade Data Interchange，TDI），它用电子数据文件来传输订单、发货票和各类通知，是最基本、最知名的 EDI 系统。

2）电子金融汇兑系统（Electronic Fund Transfer，EFT），即在银行和其他组织之间实行电子费用汇兑。EFT 经过不断的改进，已同订货信息系统联系起来，形成自动化水平更高的金融汇兑系统。

3）交互式应答系统（Interactive Query Response，IQR）：可用于旅行社或航空公司，作为机票预定系统。

4）带有图形资料自动传输的EDI。最常见的是计算机辅助设计（Computer Aided Design，CAD）图形的自动传输，如美国一个厨房用品制造公司Kraft Maid公司，在PC上用CAD设计厨房的平面布置图，再用EDI传输设计图纸、订货单证、收据等，大大提高了工作效率。

根据 EDI 的不同发展特点和运作层次，还可以将 EDI 分为封闭式 EDI、开放式 EDI、交互式 EDI、以 Internet 为基础的 EDI 等。

（4）EDI 在企业中的作用

EDI 之所以在世界范围内得到如此迅速的发展和应用，是因为使用 EDI 有着纸面单证处理系统无法比拟的优势，能给企业用户带来实质性的好处，这些好处主要体现在以下 4 个方面：

1）降低了企业的成本；
2）减少了重复劳动、提高了工作效率；
3）改善了贸易双方关系、提高了贸易效率；
4）提高了企业的国际市场竞争力。

2. EDI 系统组成

（1）EDI 系统结构

EDI 的产生是以现有的通信技术、计算机软件和硬件及数据的标准化为前提条件的。换句话说，数据通信网络是实现 EDI 的基础，业务处理的计算机化是实现 EDI 的条件，数据的标准化是实现 EDI 的保证。因此 EDI 系统由 EDI 技术标准、EDI 硬件及软件、EDI 通信网络三要素构成，三个要素相互衔接、相互依存、共同构成 EDI 的基础框架。

1）EDI 技术标准。

EDI 技术标准明确了进行电子事务处理的数据格式和内容，定义了一个在不同部门、不同公司、不同行业及不同国家之间进行信息传送的通用方法。现有的 EDI 标准已经达到可以满足全球业务数据交换的阶段，EDI 用户可以在全球范围内进行有关的事务处理资料的交换。

2）EDI 硬件及软件。

企业实现 EDI 需要配备相应的 EDI 硬件和软件。EDI 硬件包括数据存储设备、数据传输设备、数据格式转换设备等，是构建 EDI 系统的基础。EDI 软件可将用户数据库系统中的信息译成 EDI 的标准格式，以满足 EDI 数据传输交换的需要。

① EDI 系统所需的硬件设备大致有计算机、调制解调器（Modem）及通信线路。计算机是 EDI 数据的主要存储设备和处理设备，无论是 PC、工作站、小型机、大型机，均可在系统中使用；调制解调器用来进行模拟信号和数字信号之间的转换，可根据实际传输速度的需求选择合适型号的 Modem；一般最常用的通信线路是由电信部门提供的通信公网，如果对传输时效及传输流量有较高要求，可以考虑租用 DDN 专线。

② EDI 软件是在用户计算机系统上实现 EDI 功能的计算机应用程序。主要作用是将用户数据库系统中的信息翻译成 EDI 的标准格式以供传输交换。EDI 系统中常用的软件有转换软件、翻译软件及通信软件。其中转换软件可以帮助用户将原有计算机系统的文件转换成平面文件，或者将从翻译软件接收来的平面文件转换成原计算机系统中的文件；EDI 翻译软件将平面文件翻译成 EDI 标准格式，或将接收到的 EDI 标准文件翻译成平面文件，然后交给有关的通信软件，通过 EDI 的网络传送给指定的接收者；通信软件将 EDI 标准格式的文件外层加上通信信封，再送到 EDI 系统交换中心的邮箱，或从 EDI 系统交换中心将接收到的文件取回，如图 5-5 所示。

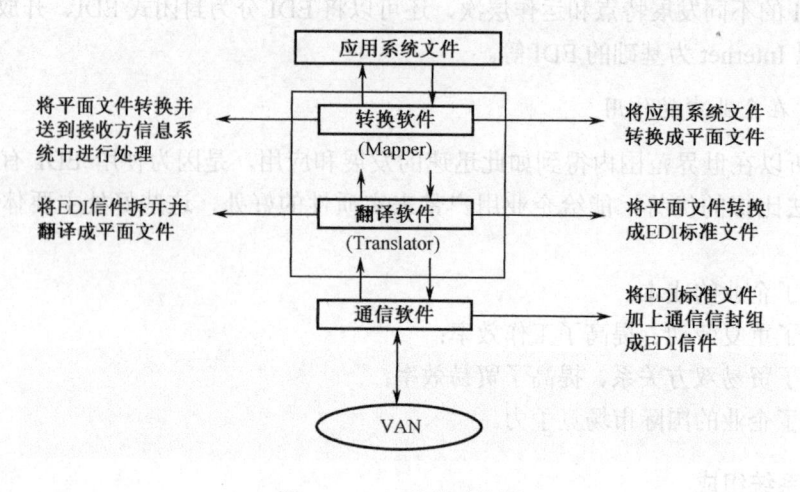

图 5-5　EDI 软件功能图

3）EDI 通信网络。

通信网络可将不同国家和地区的部门、企业、团体及个人联系起来，这是 EDI 系统实现通信的基础。各种数据通信网络（如公用电话网、专用网、分组交换网等）都可用于构成 EDI 的网络环境。

（2）EDI 系统的工作原理与流程。

EDI 的实质是通过约定的商业数据表示方法，实现数据经由网络在贸易伙伴所拥有的计算机应用系统之间的交换和自动处理，以达到迅捷和可靠的目的。其工作流程可以分为 3 个阶段。

1）文件的结构化和标准化处理。用户首先将原始的纸面商业和行政文件经计算机处理，形成符合 EDI 标准的、具有标准格式的 EDI 数据文件。

2）传输和交换。用户用自己的本地计算机系统将形成的标准数据文件经由 EDI 数据通信和交换网，传送到登录的 EDI 服务中心，继而转发到对方用户的计算机系统。

3) 文件的接收和自动处理。对方用户计算机系统收到发来的报文后，立即按照特定的程序自动进行处理。如有必要，则输出纸面文档。

EDI技术的实现主要体现在结构化标准报文在计算机应用系统之间的自动交换和处理。其单证处理过程可分为以下4个步骤（见图5-6）。

① 映射——生成 EDI 平面文件。用户应用系统将用户的应用文件（如单证、票据等）或数据库中的数据取出，通过映射（Mapping）程序把用户格式的数据变换为一种标准的中间文件。这个中间文件称为平面文件（Flat File），这一过程称为映射（Mapping）。

② 平面文件是一种普通的文本文件，其作用在于生成 EDI 电子单证，以及用于内部计算机系统的交换和处理等。应用文件是用户通过应用系统直接编辑、修改和操作的单证和票据文件，可直接阅读、显示和打印输出。

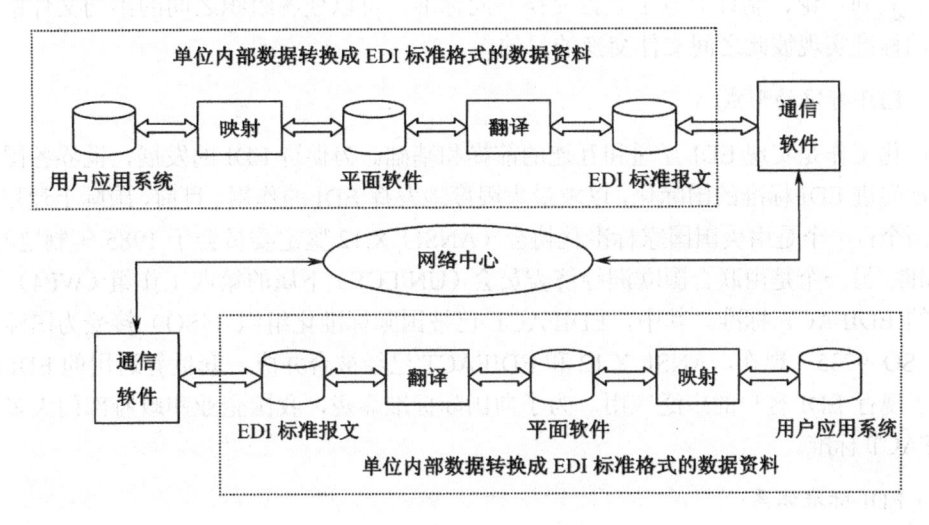

图 5-6　EDI 工作原理示意图

③ 翻译——生成 EDI 标准格式文件。将平面文件通过翻译软件生成 EDI 标准格式文件。EDI 标准格式文件就是所谓的 EDI 电子单证，或称电子票据。它是 EDI 用户之间进行贸易和业务往来的依据，具有法律效力。EDI 标准格式文件是一种只有计算机才能阅读的 ASCII 文件。它是按照 EDI 数据交换标准（EDI 标准）的要求，将单证文件（平面文件）中的目录项加上特定的分割符、控制符和其他信息，生成的一种包括控制符、代码和单证信息在内的 ASCII 码文件，一般称为 EDI 标准报文。

④ 通信。通信软件将已转换成标准格式的 EDI 报文经通信线路传送至网络中心，将 EDI 电子单证投递到对方的信箱中。信箱系统自动完成投递和转接，并按照 X.400（或 X.435）通信协议的要求，为电子单证加上信封、信头、信尾、投送地址、安全要求及其他辅助信息。

⑤ EDI 文件的接收和处理——发送过程的逆过程。首先需要接收用户通过通信网络接入 EDI 信箱系统，打开自己的信箱，将来函接收到自己的计算机中，经格式效验、翻译、影射还原成应用文件。最后对应用文件进行编辑、处理和回复。

图 5-7 是一个格式单证的 EDI 应用流程图。

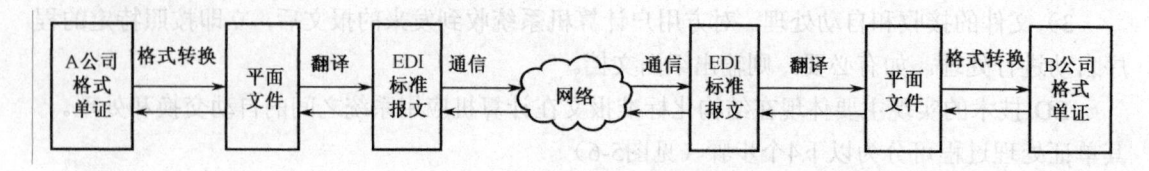

```
A公司      格式转换            翻译    EDI   通信          通信   EDI   翻译          格式转换    B公司
格式  ←──────→  平面  ←──────→  标准  ←────→ 网络 ←────→ 标准 ←──────→ 平面  ←──────→   格式
单证                文件            报文                        报文            文件                单证
```

图 5-7　EDI 格式单证应用流程图

3．EDI 标准

EDI 的关键在于用标准报文来解决企业之间不同单证与不同传递方式而引起的问题。所谓 EDI 标准，就是指贸易各方在进行数据交换时必须遵循的格式和要求。它是由各企业、各地区代表共同讨论、制订的电子数据交换共同标准，可以使各组织之间的不同文件格式，通过共同的标准实现彼此之间文件交换的目的。

（1）EDI 标准的形成

标准化工作是实现 EDI 互通和互连的前提和基础。为促进 EDI 的发展，世界各国都在不遗余力地促进 EDI 标准的国际化，以求最大限度地发挥 EDI 的作用。目前，国际上通用的 EDI 标准有两个：一个是由美国国家标准化协会（ANSI）X.12 鉴定委员会于 1985 年制定的 ANSI X.12 标准；另一个是由联合国欧洲经济委员会（UN/ECE）下属的第四工作组（WP4）于 1986 年制定的 EDIFACT 标准。其中，EDIFACT 已被国际标准化组织（ISO）接受为国际标准，编号为 ISO 9735。现在，ANSI X.12 和 EDIFACT 已经被合并成一套世界通用的 EDI 标准，并得到了现行 EDI 客户的广泛应用。为了向国际标准靠拢，我国企业和政府部门大多采用的是 EDIFACT 标准。

（2）EDI 标准体系

EDI 的标准是建立在 EDI 的各个业务环节上的，对每一个业务的数据及其操作进行规范，从而构成 EDI 的标准体系，该体系包括 EDI 网络通信标准、EDI 处理标准、EDI 联系标准和 EDI 语义语法标准等，下面分别进行说明。

1）EDI 网络通信标准是指在通信网络上保证 EDI 数据正常传输的网络协议，即建立一整套有关数据包传递、转接、校验等规则，确保 EDI 数据能够安全、准确、快速、完整地到达目的地，保证各类 EDI 用户系统能够互连。目前，国际上主要采用 MHX（X.400）作为 EDI 通信网络协议，以解决 EDI 的支撑环境。

2）EDI 处理标准是要研究那些不同地域、不同行业的各种 EDI 报文，针对相互共有的"公共元素报文"的处理标准。它与数据库、管理信息系统（如 MRPII）等接口有关。

3）EDI 联系标准解决 EDI 用户所属的其他信息管理系统或数据库与 EDI 系统之间的接口。

4）EDI 语义语法标准（又称 EDI 报文标准）解决各种报文类型格式、数据元编码、字符集和语法规则及报表生成应用程序设计语言等，这是 EDI 技术的核心。

（3）EDI 标准的构成要素

为了实现各公司计算机系统间传递贸易单证，必须保证这种贸易单证具有标准格式并能够为各公司的计算机所识别。为达到 EDI 标准所希望的目的、起到 EDI 标准所应起的作用，

EDI 标准至少要包括 EDI 标准报文、数据段和数据元三要素。图 5-8 描述了这三部分之间的关系。

1）数据元（data element）：在确定的上下文中被认为不可再细分的数据单元，在 EDIFACT 中特指规定用做标识、描述和数值表示的数据单元。可分为简单数据元和复合数据元。简单数据元是基本信息单元用以表示某些有特定含义的信息；复合数据元是由一组简单数据元组成的。制作电子单证时，首先要对涉及贸易数据元所对应的名称、使用范围、数据类型和长度做出规定。

数据元目录给予每个数据元一个标识（由 4 位数字组成标识号），给它一个有含义的名字作为数据元意义的简要解释，还指出数据元的版本（如 E91.2），最后规定了这个数据元的类型及长度；数据元值一般是一个字母数字串，类型无非是 n（数字）、a（字母）或 an（数字或字母），如 an..17 表示数据元类型是最长为 17 个数字或字母的一个字母数字串。

2）数据段：功能相关的数据元值的预定义和标识的集合。这些数据元的值用其在该集合中的顺序位置标识。段以段标记开始，以段终止符结束，它可以是服务数据段或用户数据段。段是标准报文中的一个信息行，由逻辑相关的数据元构成，这些数据元在数据段中有相应的固定形式、定义和顺序，可完成特定的功能。

3）EDI 标准报文：一份报文可分为首部、详细情况和摘要部分三部分。报文以 UNH 数据开始、以 UNT 数据段结束。一份公司格式的商业单据必须转换成一份 EDI 标准报文才能进行信息交换（见图 5-8）。

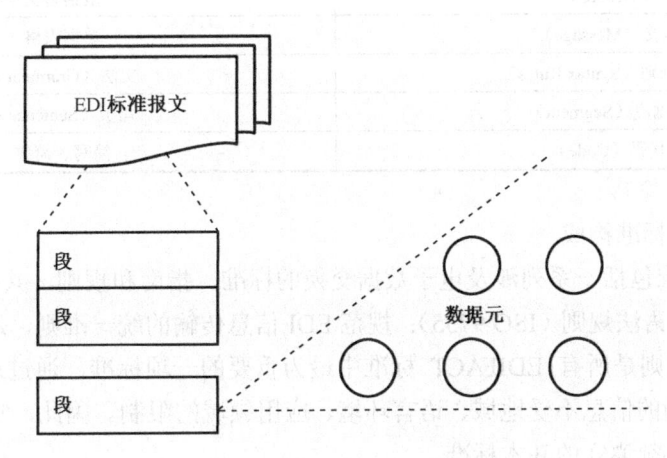

图 5-8　EDI 标准三要素的关系

EDI 报文相当于文章，段如同文章的章节，复合数据元是词组，简单数据元和代码则如单字，它们通过语法规则、报文设计指南与规则组合在一起，叙述不同目的的业务内容。

一个报文的例子：

> UNH+DATA' AAA+DATA' BBB+DATA' +CCC+DATA' UNT+DATA'
> 其中：UNH——报文头；UNT——报文尾；'——数据段分隔符；+——数据元分隔符；AAA+DATA'——数据段；AAA——段标识；DATA——数据元（复合数据元）。一个数据段中可以用+号连接多个数据元，如 AAA+DATA1+DATA2'。

构造一个符合 EDIFACT 标准的报文即电子单证应遵循以下步骤：
① 确定需要构造的具体报文中有哪些数据段；
② 建立这些数据段的结构；
③ 利用基本数据元目录和复合数据元目录来确定各数据段中的数据元及这些数据元的特点；
④ 查阅代码目录来确定具体数据元中的值。
目前，以上一系列工作可以由相应的软件来完成。

（4）国际统一的 EDI 标准——UN/EDIFACT

1）简介

UN/EDIFACT 是联合国用于行政、商业和运输的电子数据交换英文字母的缩写，以下简称为 EDIFACT。EDIFACT 的概念很简单，它是完全满足政府和专门行业需求的唯一的国际 EDI 标准。EDIFACT 的出现迅速得到了世界各国的接受，并作为全球性 EDI 标准得到各国的认可。

EDIFACT 标准由一系列国际认可的用于电子数据交换的标准、规则和指南组成（见表5-1）。

表 5-1　EDIFACT 与一般语言文字的比较

EDIFACT	一般语言文字
报文（Message）	单据表格
语法规则（Syntax Rules）	文法（Grammar）
数据段（Segment）	句子（Sentence）
代码（Code）	简写、简称

2）EDIFACT 标准构成

EDIFACT 标准包括一系列涉及电子数据交换的标准、指南和规则，共有 10 个部分。

① EDIFACT 语法规则（ISO 9735）：规范 EDI 信息传输的统一准则，是描述 EDI 信息的标准语言。语法规则是所有 EDIFACT 标准中最为重要的一项标准，通过这一标准，才使得经由 EDI 方式传输的信息不受地域、语言环境、应用领域的限制。因此，它是 EDI 数据传输和 EDI 报文设计必须遵守的基本标准。

② EDIFACT 报文设计指南：为从事标准报文的设计者提供技术依据。报文设计指南分成 8 个部分。其中，前 3 部分是对指南的说明介绍；第 4 部分是报文设计的总体规则，并按照报文的使用范围、报文的类型进行划分；第 5~7 部分从数据元选择入手，分层次地阐明了报文设计步骤：数据元设计、段结构设计、报文结构设计；第 8 部分规定了报文格式的修改步骤和得到国际最新标准报文的办法。

③ EDIFACT 语法应用指南：这一指南的目的是帮助 EDI 用户使用 EDIFACT 语法规则。

④ EDIFACT 数据元目录（EDED，ISO 7372）：EDIFACT 数据元目录收录了 300 个与设计 EDIFACT 报文相关的数据元，分为九大类，并对每个数据元的名称、定义、数据类型和长度都予以具体的描述。

⑤ EDIFACT 代码目录（EDCL）：代码目录给出数据元中的代码型数据元的代码集，收录了 103 个数据元的代码，这些数据元选自 EDIFACT 数据元目录，并通过数据元号与数据元目录联系起来。

⑥ EDIFACT 复合数据元目录（EDCD）：复合数据元是由别的数据元组成的，其功能更强，包含的信息量更多。目录收录了在设计 EDIFACT 报文时涉及的 60 多个复合数据元。目录中对每个复合数据元的用途进行描述，罗列了组成复合数据元的数据元，并在数据元后面注明其类型，注有字母"M"的表示该数据元在此复合数据元中是必须具备的，注有字母"C"的表示该数据元在此复合数据元中的出现与否是根据具体条件而定的。复合数据元通过复合数据元号与段目录相联系，组成复合数据元的数据元通过数据元号与数据元目录、代码表相联系。

⑦ EDIFACT 段目录（EDSD）：定义了 EDIFACT 报文中用到的段，注明了组成段的简单数据元和复合数据元、段名、段标识等，以便与标准报文相对应。"段标识"一般由三个英文字母组成，它们是段的英文首字母缩写。每个段通过"段标识"与 EDIFACT 标准报文相联系。段目录中的每个数据段都有一些属性解释（如版本号、主要功能等）；每一个数据段是由哪些数据元所组成的及这个数据元的出现状况，若组成这个数据段的数据元是必须出现的，则用 M 表示，可出现也可不出现的则用 C 表示。

⑧ EDIFACT 标准报文目录（EDMD）：这是已得到联系和批准的贸易单证标准报文的集合。EDIFACT 标准报文格式分三级：0 级、1 级和 2 级。0 级是草案级，1 级是试用推荐草案级，2 级是推荐报文标准级。

⑨ 贸易数据交换格式构成总览（UNCID）：介绍了 EDIFACT 国际标准产生的背景、欲达到的目的和对用户的要求。

⑩ 适当的解释说明。

4．EDI 在物流管理中的应用

（1）物流 EDI 系统

EDI 技术快速、准确、安全的特点非常适合于物流行业，在物流领域中广泛应用，出现了物流 EDI。所谓物流 EDI，是指货主、承运业主及其他相关的单位之间，通过 EDI 系统进行物流数据交换，并以此为基础实施物流作业活动的方法。物流 EDI 参与单位有货主（如生产厂家、贸易商、批发商、零售商等）、承运业主（如独立的物流承运企业等）、实际运送货物的交通运输企业（如铁路企业、水运企业、航空企业、公路运输企业等）、协助单位（如政府有关部门、金融企业等）和其他的物流相关单位（如仓库业者、专业报关业者等）。

图 5-9 是一个应用物流 EDI 系统的实例，这是一个由发送货物业主、物流运输业主和接收货物业主组成的物流模型。

该物流模型的动作步骤如下。

1) 发送货物业主（如生产厂商或出口商）在接到订单后制订货物运送计划，并把运送货物清单及运送时间安排等信息通过 EDI 发送给物流运输业主和接收货物业主（如零售商或进口商），以便物流运输业主预先安排车辆调配计划、接收货物业主制订接收计划。

2）发送货物业主依据顾客订单的要求和货物运送计划下达发货指令、分拣配货、打印出物流条形码的货物标签（即 SCM 标签，Shipping Carton Marking）并贴在货物包装箱上，同时把运送货物品种、数量、包装等信息通过 EDI 发送给物流运输业主和接收货物业主，依据请示下达车辆调配指令。

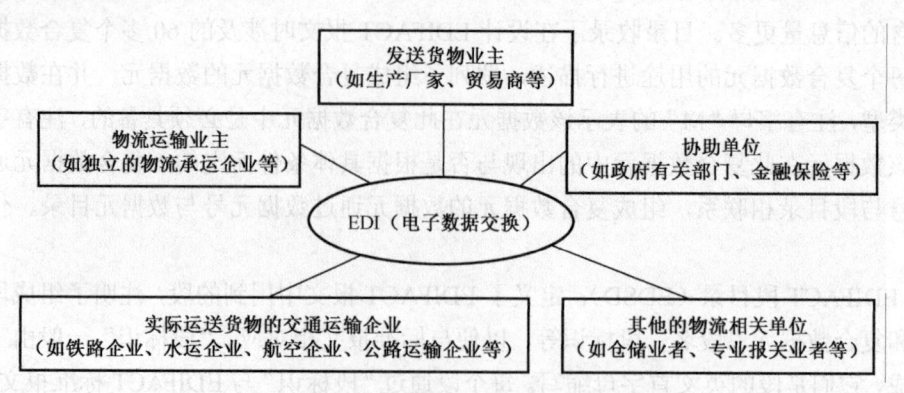

图 5-9 物流 EDI 系统

3）物流运输业主在向发送货物业主取运货物时，利用车载扫描读数仪读取货物标签的物流条形码，并与先前收到的货物运输数据进行核对，确认运送货物。

4）物流运输业主在物流中心对货物进行整理、集装、列出送货清单并通过 EDI 向收货业主发送发货信息。在货物运送的同时进行货物跟踪管理，并在货物交给收货业主后，通过 EDI 向发送货物业主发送完成运送业务信息和运费信息。

5）收货业主在收货时，利用扫描读数仪读取货物标签的物流条形码，并与先前收到的运输数据核对，确认后开出收货发票，货物入库。同时，通过 EDI 向物流运输业主和发送货物业主发送收货确认信息。

如果货物用于出口，则上述物流作业中相应地增加货物清关的有关手续，如商检、报关等。以商检为例，发送货物业主可通过 EDI 方式与商检部门进行产地证的电子单证传输，商检部门应用 EDI 单证审批系统对产地证进行审核签发。

（2）物流 EDI 系统业务流程

当物流企业引入 EDI 系统后，应该重新考虑物流企业的作业流程，利用物流信息系统分析方法对流程进行重组。企业与客户之间的商业行为大致可以分为接单、出货、催款及收款作业，其间往来的单据包括采购单、出货单、催款通知单和付款凭证等。图 5-10 为供应商引入 EDI 后的作业流程。

（3）EDI 在物流行业中的应用

1）EDI 系统在物流公司中的应用

物流公司是供应商与客户之间的桥梁，它对调节产品供需、缩短流通渠道、解决经济的流通规模及降低流通成本起着极为重要的作用。物流公司的交易流程如图 5-11 所示。

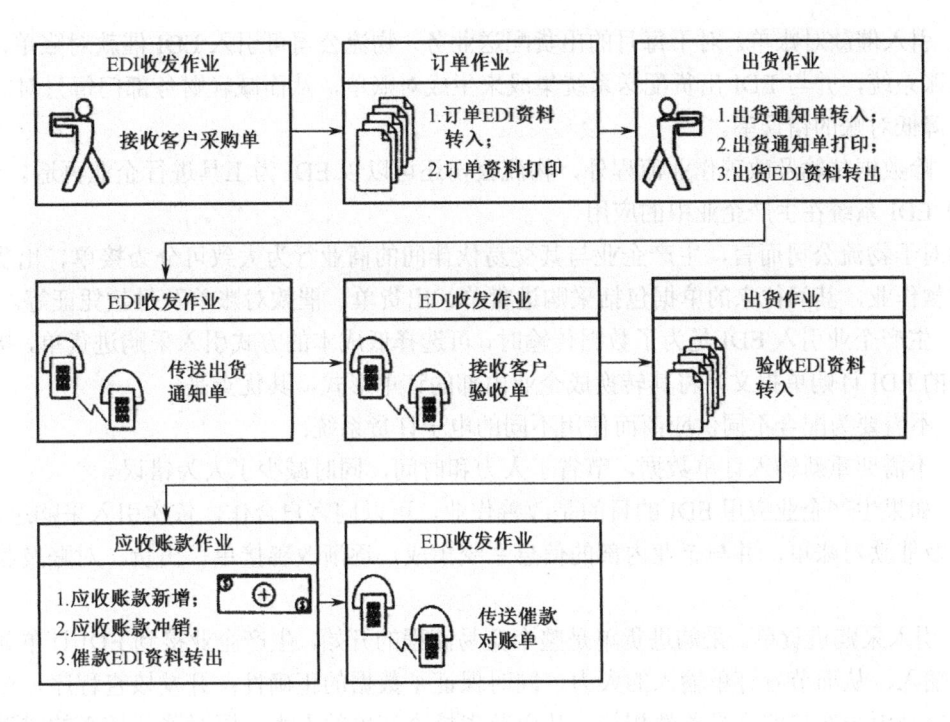

图 5-10　供应商引入 EDI 后的作业流程

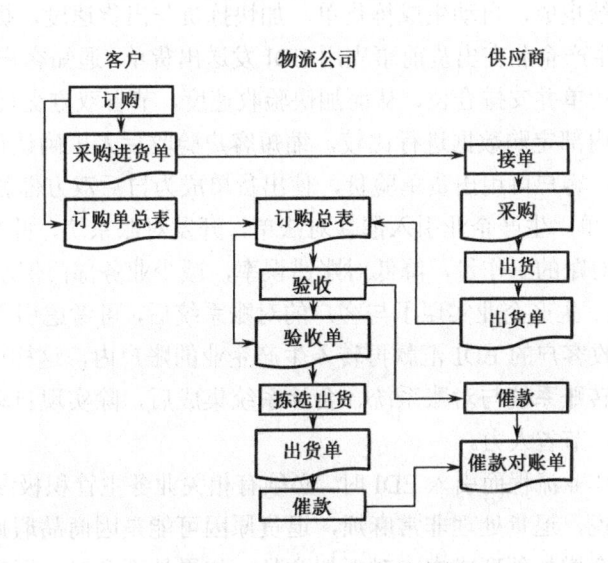

图 5-11　物流公司的交易流程

① 如果物流公司引入 EDI 是为了传输数据，则可以低成本地引入出货单的接收。

② 如果希望引入 EDI 改善作业流程，可以依次引入各单证，并与企业内部信息系统集成，逐步改善接单、配送、催款的作业流程。

a．引入出货单。对物流公司来说，出货单是客户发出的出货指示。物流公司引入 EDI 出货单后可与自己的拣货系统集成，生成拣货单，这样就可以加快内部作业速度，缩短配货时间；在出货完成后，可将出货结果用 EDI 通知客户，使客户及时知道出货情况，也可尽快处理缺货情况。

b. 引入催款对账单。对于每月的出货配送业务，物流公司可引入 EDI 催款对账单，同时开发对账系统，并与 EDI 出货配送系统集成来生成对账单，从而减轻财务部门每月对账的工作量、降低对账的错误率。

c. 除数据传输及改善作业流程外，物流公司还可以以 EDI 为工具进行企业再造。

2）EDI 系统在生产企业中的应用

相对于物流公司而言，生产企业与其交易伙伴间的商业行为大致可分为接单、出货、催款及收款作业，其间往来的单据包括采购进货单、出货单、催款对账单及付款凭证等。

① 生产企业引入 EDI 是为了数据传输时，可选择低成本的方式引入采购进货单，接收客户传来的 EDI 订购单报文，将其转换成企业内部的订单形式，其优点是：

a. 不需要为配合不同供应商而使用不同的电子订货系统；

b. 不需要重新输入订单数据，节省了人力和时间，同时减少了人为错误。

② 如果生产企业应用 EDI 的目的是改善作业，可以同客户合作，依次引入采购进货单、出货单及催款对账单，并与企业内部的信息系统集成，逐渐改善接单、出货、对账及收款作业。

a. 引入采购进货单。采购进货单是整个交易流程的开始，生产企业接到 EDI 订单就不需要重新输入，从而节省订单输入的人力，同时保证了数据的正确性；开发核查程序，核查收到的订单是否与客户的交易条件相符，从而节省核查订单的人力，同时降低核查的错误率；与库存系统、拣货系统集成，自动生成拣货单，加快拣货与出货速度，提高服务质量。

b. 引入出货单。生产企业在出货前事先用 EDI 发送出货单，通知客户出货的货品及数量，以便客户事先打印验货单并安排仓位，从而加快验收速度，节省双方交货、收货的时间；EDI 出货单也可供客户与内部定购数据进行比较，缩短客户验收后人工确认计算机数据的时间，减小日后对账的困难；客户可用出货单验货，使出货单成为日后双方催款对账的凭证。

c. 引入催款对账单。生产企业引入催款对账单，开发对账系统，并与出货系统集成，从而减轻财务部门每月对账的工作量，降低对账错误率，减少业务部门催款的人力和时间。

d. 引入转账系统。生产企业实现了与客户的对账系统后，可考虑引入与银行的 EDI 转账系统，由银行直接接收客户的 EDI 汇款再转入生产企业的账户内，这样可加快收款作业、提高资金运用的效率。转账系统与对账系统、会计系统集成后，除实现自动转账外，还可将后续的会计作业自动化，节省人力。

生产企业为改善作业流程而引入 EDI 时，必须有相关业务主管积极参与，才能获得成果。例如，对生产企业来说，退货处理非常麻烦，退货原因可能是因商品瑕疵或商品下架。对有瑕疵的商品，退货只会增加处理成本；对下架商品，如果处理及时，还有机会再次销售。因此，引入 EDI 退货单并与客户重新拟定退货策略，对双方都有好处。

3）EDI 系统在批发商中的应用

① 批发商因其交易特性，其相关业务包括向客户提供产品及向厂商采购商品。

② 批发商如果为了数据传输而引入 EDI，可选择低成本方式，根据交易对象的性质引入 EDI 采购进货单。

③ 交易对象若是厂商，可引入 EDI 采购进货单的传送，将采购进货单转换成 EDI 报文传给厂商，其优点是：不需要为配合不同厂商而使用不同的电子订货系统；使厂商提早收到订单，及时处理，加快送货速度。

④ 交易对象若是客户,可引入 EDI 采购进货单的接收,接收传送过来的 EDI 采购进货单报文,将其转换成企业内部用的订单,其优点是:不需要为配合不同客户而使用不同的电子订货系统;不需重新输入订单数据,节省人力和时间,同时减少人为错误。

批发商若为改善作业流程而引入 EDI,可逐步引入各项单证,并与企业内部信息系统集成,逐步改善接单、出货、催款的作业流程,或改善订购、验收、对账、付款的作业流程。

对旨在改善订购、验收、对账、付款流程的批发商来说,可依次引入采购进货单、验收单、催款对账单及付款明细表,并与企业内部的订购、验收、对账及转账系统集成。其做法与零售商的做法类似。

对旨在改善接单、出货、催款流程的批发商来说,可依次引入采购进货单、出货单及催款对账单,并与企业内部的接单、出货及催款系统集成。其做法与生产企业的做法类似。

4)EDI 系统在运输企业中的应用

运输企业以其强大的运输工具和遍布各地的营业点在流通业中扮演了重要的角色。

① 运输企业若为数据传输而引入 EDI,可选择低成本方式,先引入托运单,接收托运人传来的 EDI 托运单报文,将其转换成企业内部的托运单格式,其优点是:事先得知货物的详情,包括箱数、重量等,以便调配车辆。不需要重新输入托运单的数据,节省了人力和时间,减少人为错误。

② 若运输企业引入 EDI 是为改善作业流程,可逐步引入各项单证,且与企业内部信息系统集成,逐步改善托运、收货、送货、回报、对账、收款等作业流程。

a. 托运收货作业。运输企业事先得知托运货物的详情,可调配车辆前往收货。托运人传来的 EDI 托运数据可与发送系统集成,自动生成发送明细单。

b. 送货回报作业。运输企业的托运数据可与送货的回报作业集成,将送货结果及早回报给托运人,提高客户服务质量。此外,对已完成送货的交易,也可回报运费,供客户提早核对。

c. 对账作业。运输企业可用回报作业通知每笔托运交易的运费,同时运用 EDI 催款对账单向客户催款。

d. 收款作业。运输企业对托运量大且频繁的托运客户,可与其建立 EDI 转账作业,通过银行进行 EDI 转账。

(4)使用 EDI 产生的效益

1)使用 EDI 可以改进企业间的通信,更快地处理问题,减少纸面单证,降低成本;

2)通过对数据进行电子式的记录可以减少错误,提高总体质量,降低数据对人的依赖性,减少无意义的处理时间;

3)减少库存;

4)降低成本;

5)改善客户服务。

二、EDI 技术模拟与实训

实训目标

1. 了解 EDI 的系统组成;
2. 掌握 EDI 的工作流程及操作。

实训要求

1. EDI 单证录入；
2. EDI 转换和传送。

实训准备

港航 EDI Express 应用操作软件（下载位置：http://www.portinfo.net.cn/ediexp/download/dl.php，版权属于上海港航 EDI 中心）。

实训操作

任务 1 准备工作

操作：系统登录与设置；熟悉 EDI 的工作流程与操作。

1）EDI Express 安装运行，图 5-12 所示为 EDI Express 操作界面。

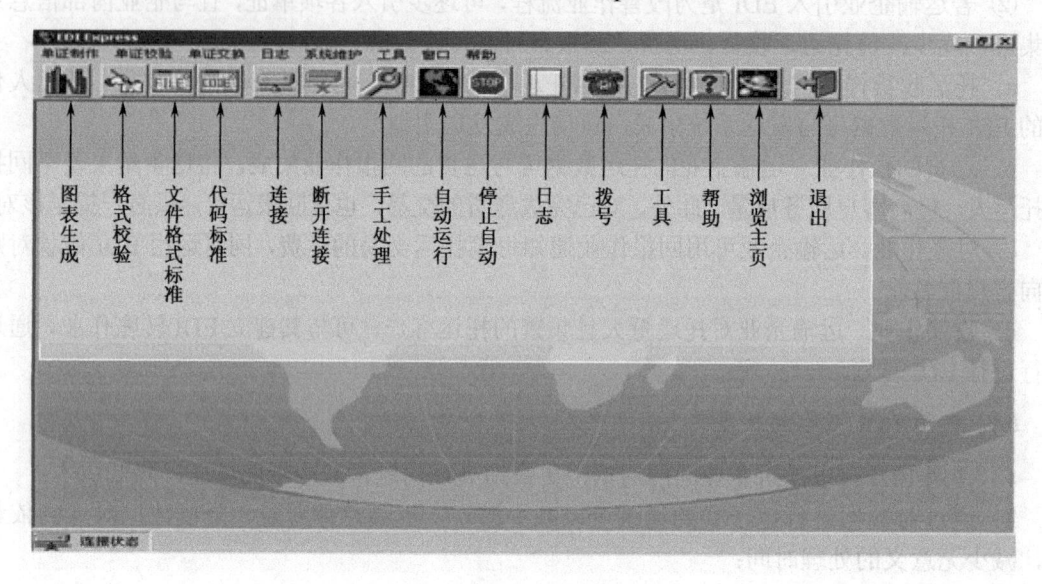

图 5-12 EDI Express 操作界面

2）EDI 单证录入、转换和传送过程见图 5-13。

任务 2 单证制作

操作：单证制作是 EDI 软件在本地操作的一个重要环节，制作过程如下。

1）选择"单证制作"菜单中的"新建"命令，弹出"创建新单证"对话框。

2）在弹出的对话框中选择要制作的单证类型，制作单证（以创建装箱单报文为例）。双击"COSTCO 装箱单报文"，进入单证制作窗口（见图 5-14）。

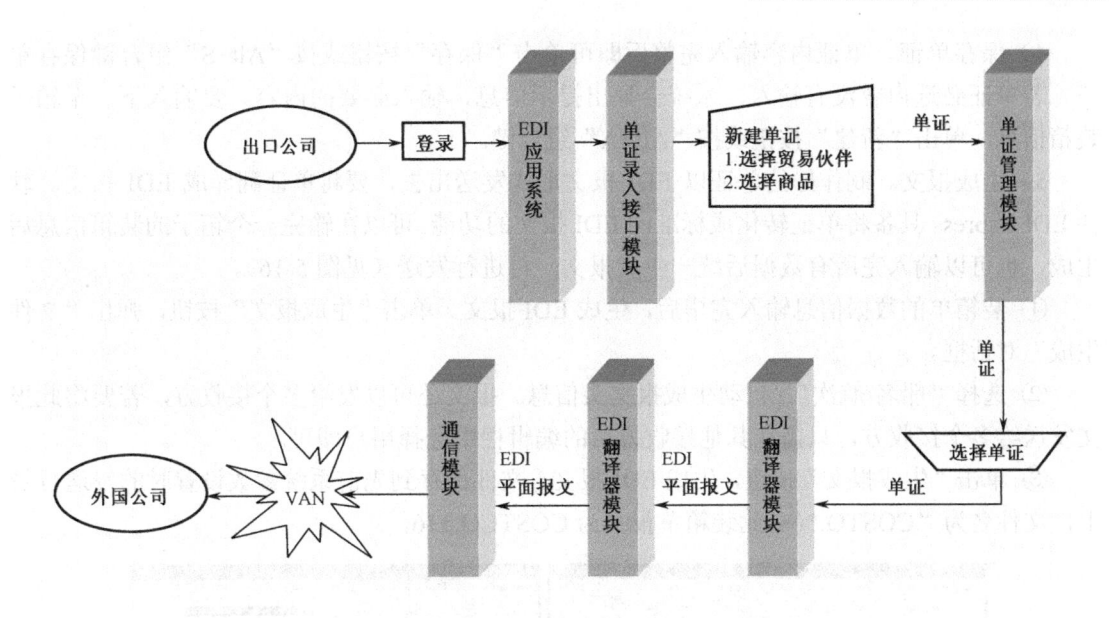

图 5-13　EDI 单证录入、转换和传送过程示意图

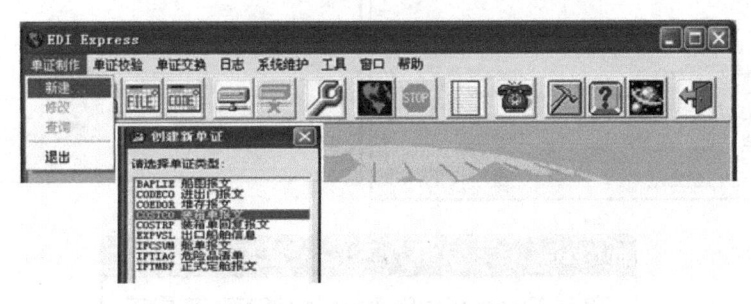

图 5-14　创建新单证窗口

3）输入单证内容。输入界面以箱号为关键字段，同一箱号下可以输入多票提单。输入数据时，请注意使用标准化代码。如有补充信息，单击"补充信息"按钮或按"Alt+Z"组合键，在打开的窗口中输入相关信息。见图 5-15，所填数据为实验数据。

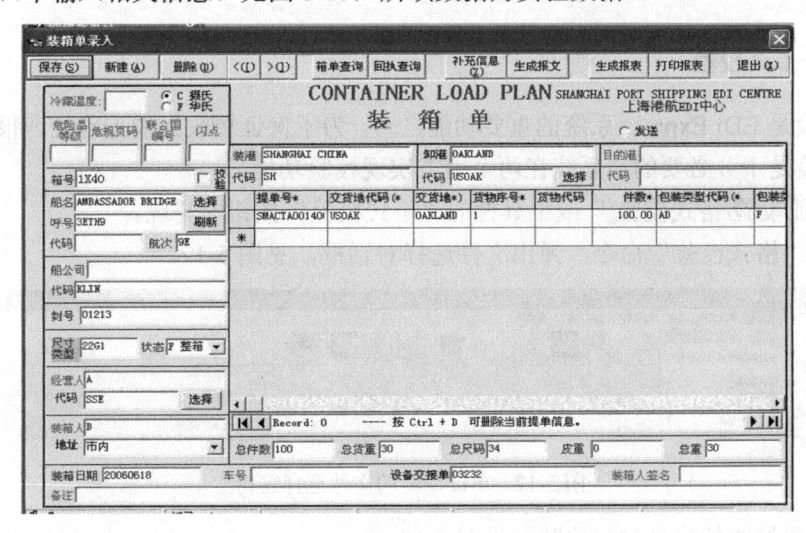

图 5-15　单证内容录入示意图

4)保存单证。单证内容输入完整后即可单击"保存"按钮或按"Alt+S"组合键保存单证。若单证必选内容没有输入，系统会弹出提示信息，输入必要的内容。要输入下一个箱子装箱信息，单击"新建"按钮或按"Alt+A"组合键。

5)生成报文。制作好的单证以 EDI 报文形式发送出去，要将单证翻译成 EDI 报文。软件 EDI Express 具备将单证转化成标准的 EDI 报文的功能。可以在输完一个箱子的装箱信息后生成，也可以输入完所有数据后统一生成报文，再进行发送（见图 5-16）。

① 装箱单的数据信息输入完毕后，生成 EDI 报文。单击"生成报文"按钮，弹出"文件生成"对话框。

② 选择"船名/航次"，自动生成报文头信息。报文还可以发给多个接收方，若要将此报文发送给多个接收方，只需在其他接收方后的编辑栏中选择用户即可。

③ 单击"生成报文"按钮，生成 EDI 报文。文件保存到先前系统参数设置时的发送目录下，文件名为"COSTO.*"。此装箱单报文为 COSTCO.176。

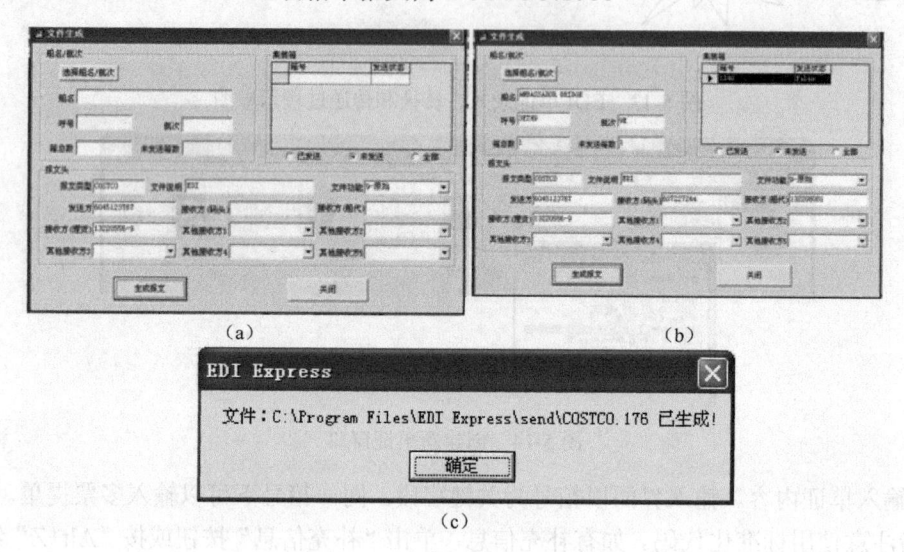

图 5-16 生成报文操作步骤示意

任务 3 单证校验

单证校验是 EDI Express 系统的重要功能之一。为了保证接收方能正确处理报文，对文件进行格式校验是十分必要的。系统在两个地方实现校验功能。

1)"/单证校验/格式校验/"或工具栏的"格式校验"按钮中实现。

① 选择"格式校验"命令，弹出文件选择对话框，见图 5-17。

图 5-17 单证校验的文件选择窗口

② 选择要校验的报文进行校验，见图 5-18。

图 5-18　单证校验的报文校验界面

③ 显示校验结果。
④ 查看校验结果。
2）在"手工处理"或"自动运行"中发送报文前进行校验。
① 选择"手工处理"命令，打开手工处理窗口（见图 5-19）。

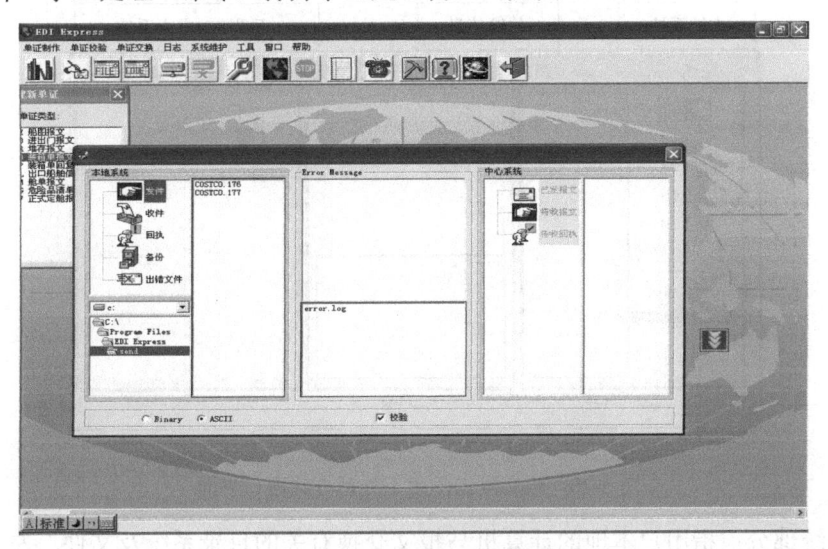

图 5-19　发送报文的手工处理窗口

② 在手工处理窗口中将校验前面的复选框选中，选择要发送的报文，在报文发送之前即对它进行校验。

任务 4　单证交换

单证交换是报文发送传输的过程，有以下几个步骤。

1. 拨号

用户通过拨号或通过专线连接到 EDI 中心。在拨号连接界面中，如果自动拨号参数设置为 true，系统将自动拨号号码簿选择框中的信息保存起来，在系统自动运行时，系统会调用该自动拨号号码簿来拨号。注意：如果用户在自动运行时不需要断开拨号连接，则应将自动拨号参数设置为 false。

2. 连接

当用户通过拨号连接到 EDI 中心的服务器上时，即连接上了用户的远程目录。选择"/单证交换/连接"命令或单击"连接"按钮，如果系统已设置好，即可连接网络。连接成功后，可进行报文收发处理。选择菜单"/单证交换/断开连接"命令或单击"断开连接"按钮，将断开网络连接。

3. 报文发送

EDI Express 提供了手工处理和自动处理两种传输方式。

（1）手工处理

单击快捷按钮 🔍 即可进入手工处理方式。手工处理方式窗口界面分本地系统、传输信息和远程 EDI 中心系统三部分，见图 5-20。

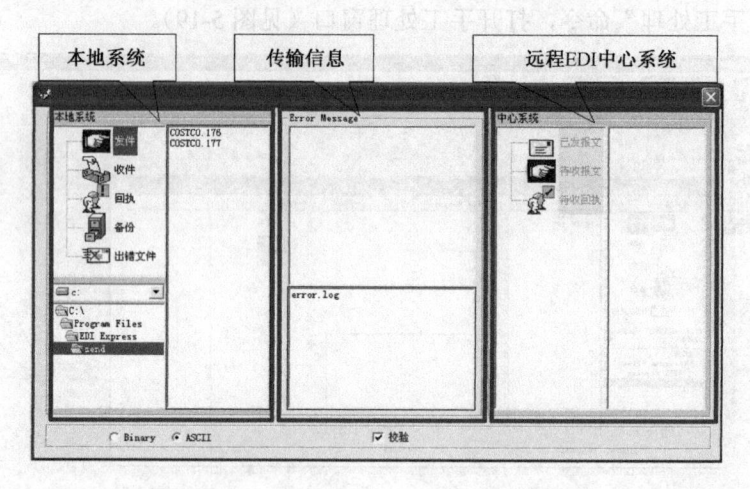

图 5-20　报文发送的手工处理方式窗口界面

本地系统部分：指用户本地的计算机与报文交换有关的目录系统及文件。左上角为本地的文件夹类型，左下角为本地目录，本地系统部分的右边是文件列表框，列出了当前目录的文件。

传输信息部分：显示文件校验、发送和接收的情况。传输信息部分的下半部分则显示出错信息文件。

远程 EDI 中心系统部分：指用户在 EDI 中心主机系统上的 3 个信箱目录及文件。3 个信箱的含义如下所述。"已发报文"：用户发出的文件将送至该目录，几秒后，EDI 中心主机系统将处理掉该文件，文件列表栏中不再有该文件。"待收报文"：用户滞留在 EDI 中心等待接收的报文，双击该文件，将收取该报文至本地系统的"收件"目录中。"待收回执"：用户滞留在 EDI 中心等待接收的回执，双击该文件，将收取该回执至本地系统"回执"目录中。

选中文件后，右击文件列表框，可打开、删除、复制、粘贴该文件，或刷新该目录。

（2）自动处理

自动处理是指用户与 EDI 中心连接后，系统进入自动运行状态。当系统检测到有需要发送的报文时，将自动拨号、连接中心主机、发送/接收报文及断开拨号连接。

在自动运行时，出口船舶信息刷新时间间隔为 2 小时，用户可以在其他模块中进行出口船舶信息刷新。自动运行开始时，首先完成一次出口船舶信息刷新。在自动运行时，发生出错情况时不再弹出出错对话框，而是将所有信息（包括错误信息）都显示在自动运行文本框中。在自动运行时，自动运行文本框每次刷新都显示在最后一行。

（3）接收回执

中心接收到报文后，会及时反馈给用户一个"Received"的回执，确认已收到报文；再过数分钟，反馈给用户另一个"Sent"的回执，确认报文的接收方已收取该报文。

项目评价

项目名称：物流 EDI 技术　　　　　　　　　　　　　　　　　　年　　月　　日

小组成员：				实际得分	
序号	考核内容	考核标准	分值	扣分	得分
1	基本概念	是否掌握相关概念	5		
2	EDI 的构成	是否掌握 EDI 的构成	10		
3	EDI 的功能及特点	是否熟悉 EDI 的功能及特点	5		
4	EDI 工作流程	是否掌握 EDI 的工作流程	20		
5	EDI Express 下载、安装与运行	是否完成软件安装、运行	10		
6	单证制作	是否完成单证制作	20		
7	单证转换、传输	是否顺利完成单证的转换、传输	10		
8	职业习惯及纪律	是否有良好的职业道德和规范的职业素养	20		
	综合得分				
指导老师评语					

项目巩固与提高

一、选择题

1. EDI 是（　　）在计算机之间的电子传输。
   A．商业文件　　　　　　　　B．电子数据
   C．标准格式数据　　　　　　D．交易单证

2. 有关 EDI 说法不正确的是（　　）。
   A．EDI 交易比因特网的 B2B 交易要安全

B. EDI 交易的双方没有必要都使用 EDI 系统
　　C. EDI 用户可以使用不同型号的计算机
　　D. EDI 传输的报文必须符合 EDI 标准规定的报文格式
3. 目前国际上使用最广泛的 EDI 标准是（　　）。
　　A. UN/EDIFACT　　　　　　B. ANSIX.12 标准
　　C. 欧洲标准　　　　　　　　D. ISO 标准
4. EDI 软件不能执行（　　）功能。
　　A. 翻译功能　　　　　　　　B. 编辑功能
　　C. 格式转换功能　　　　　　D. 通信功能
5. EDI 采用（　　）的格式，这也是与一般 E-mail 的区别。
　　A. 企业标准化　　　　　　　B. 无固定形式
　　C. 非格式化　　　　　　　　D. 共同标准化
6. EDI 是（　　）之间的数据传输。
　　A. 应用系统　　　　　　　　B. 应用系统与个人
　　C. 个人与应用系统　　　　　D. 个人
7. EDI 的应用领域不包括（　　）。
　　A. 运输业　　　　　　　　　B. 海关
　　C. 国际贸易　　　　　　　　D. 远程教学

二、简答题

1. 试述 EDI 的含义和特点。
2. 试述 EDI 的系统组成和工作原理。
3. 简述 EDI 在物流管理中的应用。

项目三　电子订货系统

（**编前哲思**：电子订货系统（EOS）使物流加快了响应速度，从而降低了库存成本、减少了仓储空间，电子订货系统讲述的是一个个时间换空间、时间是金钱的故事。）

项目目标

1. 了解电子订货系统（EOS）的结构组成；
2. 熟悉电子订货系统（EOS）的功能；
3. 掌握电子订货系统（EOS）的作业流程。

项目准备

1. 电子订货系统（EOS）教学授课课件；

2. 电子订货系统（EOS）视频资料、自动化立体仓库的设备组成图片；
3. 电子订货系统（EOS）实训场所及设备的准备。

一、电子订货系统（EOS）知识点学习

1. 电子订货系统认知

电子订货系统（Electronic Ordering System，EOS）是指将批发、零售商场所发生的订货数据输入计算机，即通过计算机通信网络连接的方式将资料传送至总公司、批发业主、商品供货商或制造商处。因此，EOS 能处理从新商品资料的说明直到会计结算等所有商品交易过程中的作业，可以说 EOS 涵盖了整个商流。

在网络技术广泛传播的今天，EOS 成为现代化物流管理中的重要一环，它使得零库存得以实现。在信息大量流入流出、交易额和交易频率越来越高的现代化商业社会中，零售业已没有很多的空间和时间用于存放货物。为了满足供货商及时补足售出商品的数量且不能有缺货的要求，就必须采用 EOS 系统。EOS 蕴涵的丰富内容和先进的管理手段，使其在国际上得以广泛应用。

从应用领域来讲，无论是零售业、批发业还是制造商，都可采用 EOS 作为企业的补充订货系统（见图 5-21）。从它们之间的关系来看，零售业将超市等和总公司的计算机连线，并将资料输入。总公司再将这些资料做成进货订单，再交给进货厂商。也就是说，商店与总公司间有连线，但和厂商间没有连线。而批发业及制造业则有由业务员利用手持式终端机进行读取的补充订货系统，这一连串的补货系统也称为 EOS。

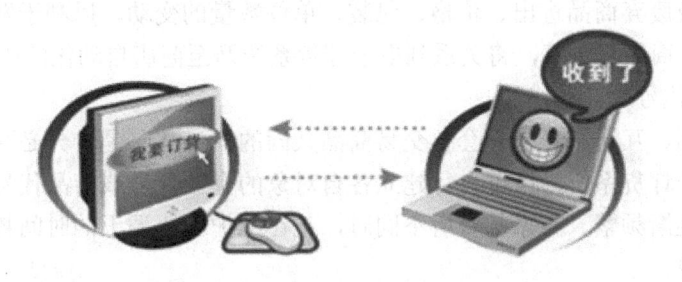

图 5-21　电子订货系统

这是以往的运行模式。随着 EOS 和计算机、通信技术等的发展，从前那种运行模式，或者说企业内的补充订货系统已渐渐变成更广泛的概念了。

现在，零售业的店面输入资料已经可以不经由人手操作，而是从零售业的计算机系统以连线方式传送到批发业或制造业的整体系统中。现在的 EOS 可以将零售店所发生的订货资料当场输入，即通过通信网络以连线方式将资料传至零售业总公司、批发业主或商品制造商处。

2. EOS 系统的构成

（1）电子订货系统构成的基本条件

因运用体制、大环境条件、企业体制等的差异，电子订货系统的架构有不同的运作形态。

参考先进国家现行的电子订货系统模式，完整的电子订货系统体制应具备下列要件。

1）共通性的订货传票。

订货传票可说是电子订货系统穿针引线、贯穿全局的灵魂，如何拟订具有共通性的标准格式，并确实遵循，将是检查电子订货系统能否顺利推行的首要指标。在订发货作业流程上，订货单（在供应商处为出货单）在全程电子订货自动化系统中担负了订单告知、验证、出货确认、清款等承前启后的功能。

在未导入电子订货系统前，订发货双方常因各家订单及出货单格式不一，增加了许多重复无谓的转换输入作业。建立或遵循一套标准的订单传票格式也不是件容易的事，只有通过业界协会、国家电子资料交换系统标准模式或共同的网络中心等较具公信力、客观的团体来制订推动，才是可行的方案。

一般而言，共通性的订单格式包括了基本资料和商品内容的格式、位置等，其中商品栏目的多寡常是较具争议性的，这时应依品种而论，拟订几种不同栏目的标准格式，如 6 行、10 行等，不失为一种有效的解决方法。

由于电子订货系统的本质和要求，旨在改善操作上"多对多"的订货系统的本质，因此在连线规模达到一定程度时，必须借助中介单位来协助制订、促成相关的共同性规范，借助更专业的服务来推动执行。此外，透过规模经营，降低导入成本、享受低廉的加入费用，则为必要前提。

2）其他支援系统。

为了参与跨体系电子订货系统，发挥更强大的自动化效果，必须有以下支援系统。

① 建立商品档案。

电子订货系统依赖商品档案的建立和健全维护，才能顺利运作。制度化地进行商品主动更新，如新商品及废弃商品进出、价格、包装、单位数量的变动，以利于发出订单传票、制作标签、货架卡、商品目录等，将关系到电子订货系统乃至商店自动化的成败。

② 共同企业代号及商品代号。

为了便于识别、互通，建立一套各交易商品共同的代号体制是十分必要的。连锁总部或供应商发起的电子订货系统，虽可自行建立各自对象的企业代号或商品代号对照表，但当电子订货系统来往逐渐频繁、各家却有所不同时，花在维护和协调上的时间势必造成彼此之间莫大的负荷与不便。

行业网络中心的成立要旨，就是担负因各家硬件环境、代号体制不同引发的转换功能。通过国家、协会或行业网络中心建立单一窗口，统筹共通性的企业代号和商品代号，不但省去了商家的转换成本，而且达到化繁为简、统一作业的效果。

共同企业代号和商品代号进一步予以条码化，除了提高识别共通效果，便于系统化管理外，利用扫描方式可大幅降低错误率，提升资料输入效率。代号的使用对象非常广泛，包括便利业本部、分公司、店铺、营业所、制造商、供应商、物流中心、行业网络中心及各分支单位等，均须赋予唯一代码。其应用范围则包括了各种制式表单、货箱、标签上的打印贴签或传输信息的附件等。

③ 共同资料库。

若能将详细资料建成资料库，包括商品名称、规格、参考价格、企业单位地址、电话、负责人、经营商品内容、标准分类级别、区间等一系列信息，予以建档纳入管理、以公共财产方式提供给外界做查询、更新、加值分析、打印等服务，对于商家导入电子订货系统或其他自动化管理（如销售时点情报管理系统、战略情报系统等）效果卓著。

国内目前类似的资料库正在规划中，尚未形成，除有赖于政府或权威单位主导外，重要的是，仍有赖于参与自动化的商家共同合作，提供资料来源，方能相辅相成，树立更成熟的商业自动化环境。

④ 共同电子订货中心。

如果没有居中介立场的流通行业网络中心或电子订货服务公司协调、提供必要的转换及资料处理服务，那么电子订货系统的成效将大大削弱。商家不仅在初期导入及后续扩展上须耗费大量的人力和物力，并且短期内难以显现投资回报效益，尤其是在涉及共同规范事务时，如企业代码、订单格式、商品码、作业规约等，因彼此互信、强弱和共识等敏感问题，其推动必将十分困难。所以电子订货系统是否能发挥应有的效益，在于共同流通行业网络中心的存在和健全运作。

（2）EOS的系统构成

从系统构成的角度来看，EOS系统指企业间利用通信网络（VAN或互联网）和终端设备以在线（on-line）方式进行订货作业和订货信息交换的系统。EOS系统按应用范围可分为企业内的EOS（如连锁店经营中各个连锁分店与总部之间建立的EOS系统）、零售商与批发商之间的EOS系统及零售商、批发商和生产商之间的EOS系统。

EOS系统并非单个零售店与单个批发商组成的系统，而是许多零售店和许多批发商组成的大系统的整体运作方式。

EOS采用电子手段完成供应链上从零售商到供应商的产品交易过程，因此，一个EOS系统必须包括以下几方面。

1）供应商——商品的制造者或供应者（生产商、批发商）；
2）零售商——商品的销售者或需求者；
3）网络——用于传输订货信息（订单、发货单、收货单、发票等）；
4）计算机系统——用于产生和处理订货信息。

EOS系统基本上是在零售店的终端利用条码阅读器获取准备采购的商品的条码，并在终端机上输入订货材料；利用电话线通过调制解调器传到批发商的计算机中；批发商开出提货传票，并根据传票开出拣货单，实施拣货，然后依据送货传票进行商品发货；送货传票上的资料便成为零售商的应付账款资料及批发商的应收账款资料；并传送到应收账款的系统中去；零售商对送到的货物进行检验后，便可以陈列与销售了。

EOS系统构成如图5-22所示。

从商流的角度来观察电子订货系统，不难看出批发、零售商场，以及商业增值网络中心、供货商在商流中所扮演的角色和所起的作用。

1）批发、零售商场。

采购人员根据MIS提供的功能，收集并汇总各机构要货的商品名称、要货数量，根据供货商的可供商品货源、供货价格、交货期限、供货商的信誉等资料，向指定的供货商下达采购指令，采购指令按照商业增值网络中心的标准格式进行填写，经商业增值网络中心提供的EDI格式转换系统而成为标准的EDI单证，经由通信界面将订货资料发送至商业增值网络中心，然后等待供货商发回的有关信息。

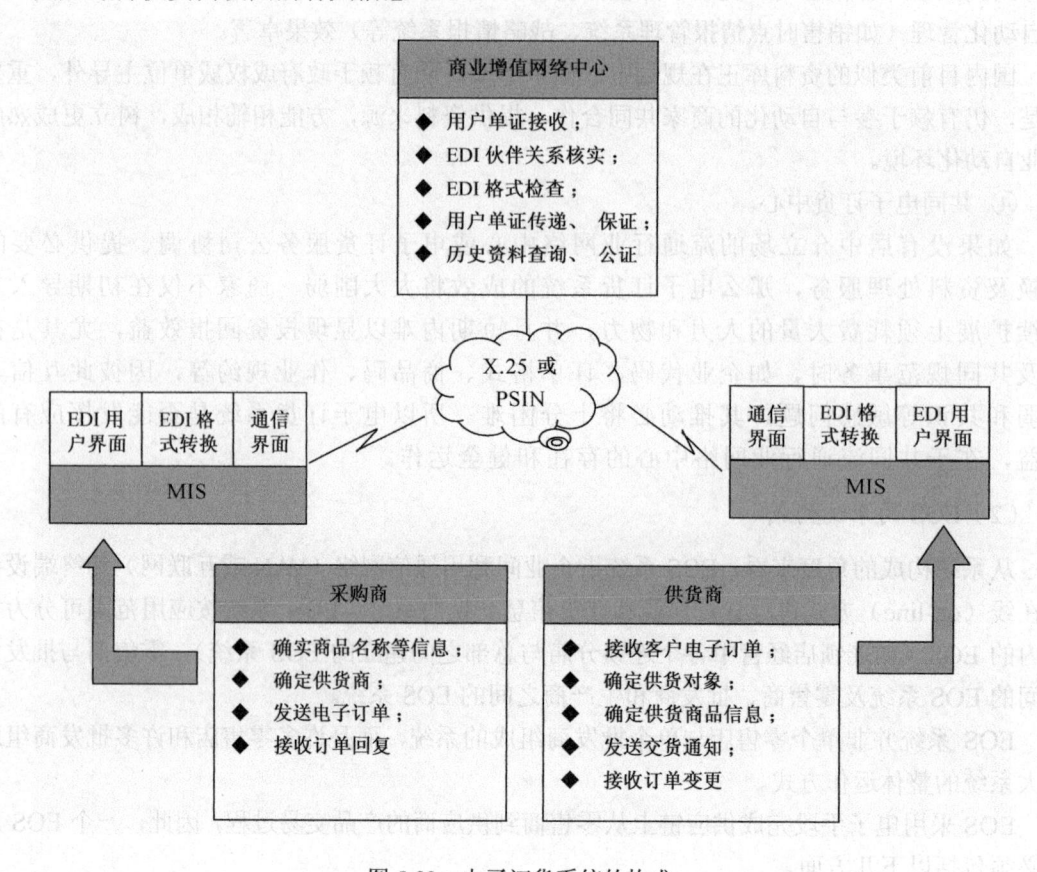

```
┌─────────────────────────┐
│    商业增值网络中心        │
│ ◆ 用户单证接收；          │
│ ◆ EDI 伙伴关系核实；       │
│ ◆ EDI 格式检查；           │
│ ◆ 用户单证传递、保证；     │
│ ◆ 历史资料查询、公证       │
└─────────────────────────┘
           │
       X.25 或
        PSIN
        ↙    ↘
┌────┬────┬────┐      ┌────┬────┬────┐
│EDI │EDI │通信│      │通信│EDI │EDI │
│用户│格式│界面│      │界面│格式│用户│
│界面│转换│    │      │    │转换│界面│
├────┴────┴────┤      ├────┴────┴────┤
│     MIS      │      │     MIS      │
└──────────────┘      └──────────────┘
       ↑                      ↑
┌──────────────┐      ┌──────────────┐
│    采购商     │      │    供货商     │
│◆ 确实商品名称等信息；│ │◆ 接收客户电子订单；│
│◆ 确定供货商；  │      │◆ 确定供货对象；│
│◆ 发送电子订单； │      │◆ 确定供货商品信息；│
│◆ 接收订单回复  │      │◆ 发送交货通知；│
│              │      │◆ 接收订单变更 │
└──────────────┘      └──────────────┘
```

图 5-22　电子订货系统的构成

2）商业增值网络中心。

商业增值网络中心不参与交易双方的交易活动，只提供用户连接界面。每当接收到用户发来的 EDI 单证时，自动进行 EOS 交易伙伴关系的核查，只有互有伙伴关系的双方才能进行交易，否则视为无效交易；确定有效交易关系后必须进行 EDI 单证格式检查，交易双方均认可的单证格式才能进行单证传递；并对每一笔交易进行长期保存，供用户今后查询，在交易双方发生贸易纠纷时，商业增值网络中心所储存的单证内容可作为司法证据。

VAN（商业增值网络中心）是共同的情报中心，它是通过通信网络让不同机构的计算机或各种连线终端相连，使情报收发更加便利的一种共同情报中心。实际上，在这个流通网络中，VAN 也发挥了巨大的作用。VAN 不仅负责资料或情报的转换工作，也可与国内外其他地域的 VAN 相连并交换情报，从而扩大了客户资料交换的范围。

3）供货商。

根据商业增值网络中心转来的 EDI 单证，经商业增值网络中心提供的通信界面和 EDI 格式转换系统而成为一张标准的商品订单，根据订单内容和供货商的批发、零售商场，从而完成一次基本的订货作业。

3. 电子订货系统（EOS）的工作流程

EOS 并非是由单个批发商组成的系统，而是许多零售店和许多批发商组成的大系统的整体运作方式。它之所以从产生之后就受到大家的广泛关注，且给企业带来了深刻的变革，主要是因为它完全不同于以往的订货流程，可随着时间的发展和技术的进步不断完善。

使用 EOS 时要注意：①订货业务作业的标准化，这是有效利用 EOS 的前提条件；②商品代码的设计，商品代码一般采用国家统一规定的标准，这是应用 EOS 的基础条件；③订货商品目录账册的完成和更新，订货商品目录账册的设计和运用是 EOS 成功的重要保证；④计算机及订货信息输入和输出终端设备的添置，这是应用 EOS 的基础条件；在应用过程中需要制订 EOS 应用手册并协调部门间、企业间的经营活动。在商业化、电子化迅速发展的今天，EOS 越来越显示出它的重要性，同时随着科技的发展和 EOS 的日益普及，EOS 的标准化和网络化已成为当今 EOS 的发展趋势。

EOS 的操作流程如图 5-23 所示。

① 在零售店的终端利用条码阅读器获取准备采购的商品条码，并在终端机上输入订货资料，利用电话线通过调制解调器传到批发商的计算机中。

② 批发商开出提货传票，并根据传票开出拣货单，实施拣货，然后根据送货传票进行商品发货。

③ 送货传票上的资料便成为零售商店的应付账款资料及批发商的应收账款资料，并传送到应收账款的系统中去。

④ 零售商对送到的货物进行检验后，就可以陈列出售了。

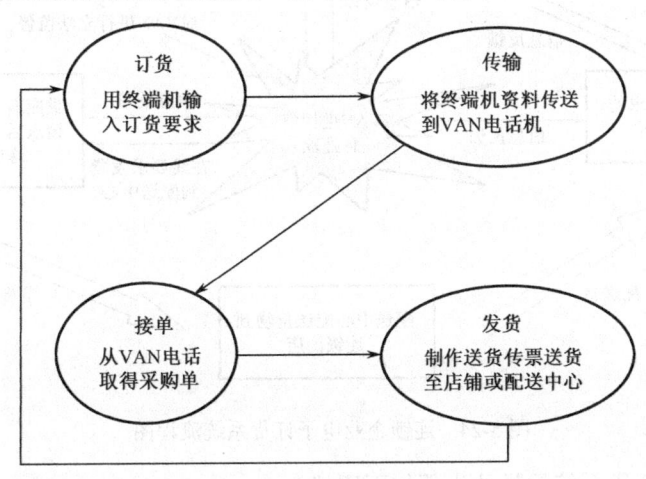

图 5-23　EOS 的操作流程

EOS 包括订货系统、通信网络系统和接单计算机系统。零售点只要配备了订货终端机和货价卡（或订货簿），再配上电话和数据机，就完成了电子订货系统的配置。供应商只要能接收零售点通过数据机发送的订货信息，并可利用终端机设备系统直接作订单处理，打印出货单和拣货单，就具备了 EOS 的功能。任何形式的 EOS 都以零售点订货系统的配置为基础。零售点订货系统配置由硬件设备配置与电子订货方式选择两部分构成。

（1）连锁门店订货系统配置

无论采用何种形式的电子订货系统，皆以门店订货系统的配置为基础。硬件设备一般由以下三部分组成。

1）电子订货终端机。其功能是将所需订货的商品条码及数量以扫描和输入的方式暂时储存起来。当订货操作完毕时，再将终端机与后台计算机相连，取出储存的订货资料，存入电话主机。

2）数据机。它是传递订货方与接单方计算机信息的主要通信装置。其功能是将计算机内的数据转换成线性脉冲资料，通过专用数据线路，将订货信息从零售点传递给商品供方的数据机，供方以此为依据来发送商品。

3）其他设备。例如个人计算机、价格标签及店内码的印制设备等。

（2）连锁商店的电子订货系统流程

本文以连锁门店——总部——配送中心——供应商体系为例，详述该流程。其理论前提假设是：所有连锁门店所需的订货均由相应的配送中心来完成最终配送，当配送中心库存不足时，要先由供应商向配送中心发货。

从整个系统的构建上来看，一个完整的连锁超市电子订货系统是由从属于不同领域的各个行业订货系统综合构成的。它包括：连锁门店、总部、配送中心、供应商、VAN 商业增值网络（或 Internet）及必要的立法监督机构。

连锁企业电子订货系统流程图如图 5-24 所示。

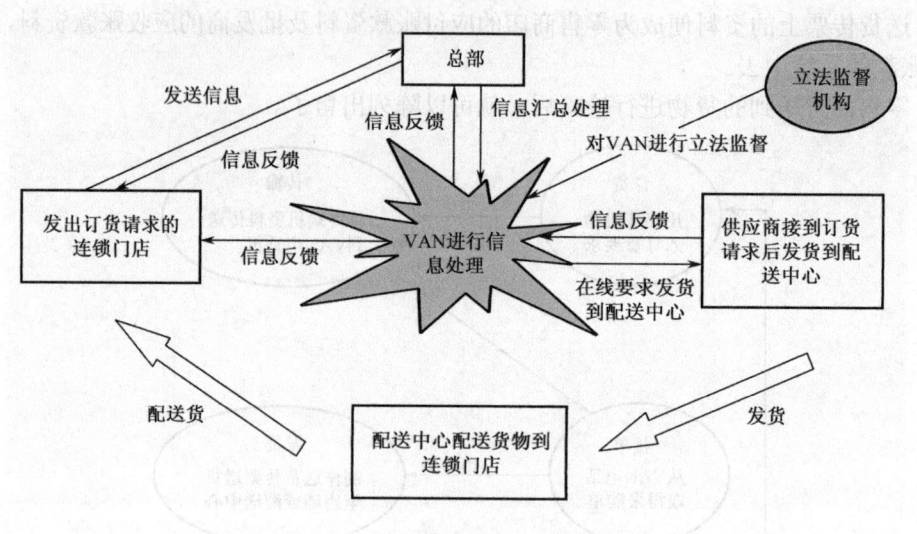

图 5-24 连锁企业电子订货系统流程图

连锁企业电子订货系统的具体步骤如下所述。

1）订货信息收集阶段。连锁门店中负责订货的人员在卖场查看各商品的销售状况，收集并汇总订货商品的名称、订货数量等信息，输入到掌上终端机中，并一同将选择哪家供应商进行订货交易的信息通过在线网络系统发送至总部，由总部进行信息处理后，发送至 VAN。

2）信息处理阶段。VAN 将获得的信息进行处理，核查交易双方的交易有效性；再进行企业与供应商、企业与配送中心之间的 EDI 单证格式的检查和传递工作。

3）信息传递阶段。商业增值网络将订货信息发送给供应商，供应商与相应的配送中心取得联系，如果配送中心有所需货物，则要求配送中心直接配送货至所需货物的连锁门店；如果配送中心库存不足，则要求供应商接到订货请求后先发货至配送中心，再由配送中心配送货至连锁门店。

4）实物配送阶段。配送中心在得到来自商业增值网络的订货信息后，根据发货清单向连锁门店进行配送货。如果配送中心库存不足，供应商需要先向配送中心发货。

4. 电子订货系统的应用

电子订货业务主要涉及的内容有销售订货业务和采购订货业务过程,下面将分别予以介绍。

(1) 销售订货业务过程

销售订货业务流程图见图 5-25,可以将基本的批发、订货作业过程中的业务往来划分成以下几个步骤。

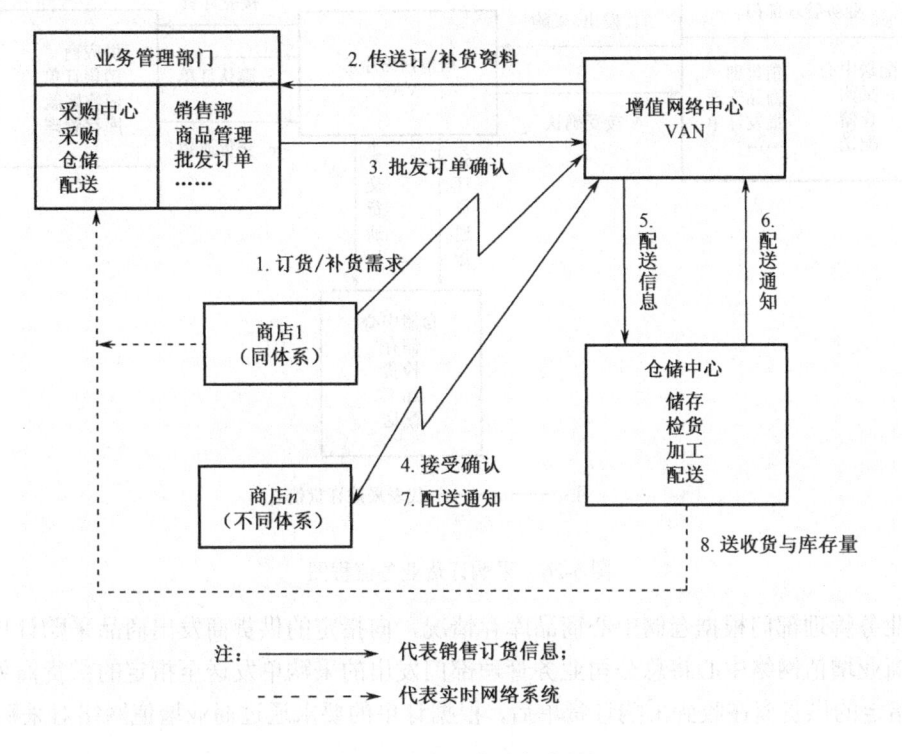

图 5-25 销售订货业务流程图

1) 各批发、零售商场或社会网点根据自己的销售情况,确定所需货物的品种、数量,按照同体系商场根据实际网络情况补货需求或通过增值网络中心或通过实时网络系统发送给总公司业务部门;不同体系商场或社会网点通过商业增值网络中心发出 EOS 订货需求。

2) VAN 将收到的补货、订货需求资料发送至总公司业务管理部门。

3) 业务管理部门对收到的数据汇总处理后,通过 VAN 向不同体系的商场或社会网点发送批发订单确认。

4) 不同体系的商场或社会网点从 VAN 接收到批发订单的确认信息。

5) 业务管理部门根据库存情况通过 VAN 或实时网络系统向仓储中心发出配送通知。

6) 仓储中心根据接收到的配送通知安排商品配送,并将配送通知通过 VAN 传送给客户。

7) 不同体系的商场或社会网点从 VAN 处接收到仓储中心对批发订单的配送通知。

8) 各批发、零售商场及仓储中心,根据实际网络情况将每天进出货物的情况通过 VAN 或实时网络系统报送至总公司业务管理部门,让业务部门及时掌握商品的库存数量,并根据商品的流转情况合理安排商品结构等工作。

上述八个步骤组成了一个基本的电子批发、订货流程,通过这个流程,将各店与同体系商场（某店中非独立核算单位）、不同体系商场（某店中独立核算单位）和社会网点之间的商流、信息流结合在了一起。

（2）采购订货业务过程

采购订货业务流程图见图 5-26，可以将向供货商采购作业过程中的业务往来划分成以下几个步骤。

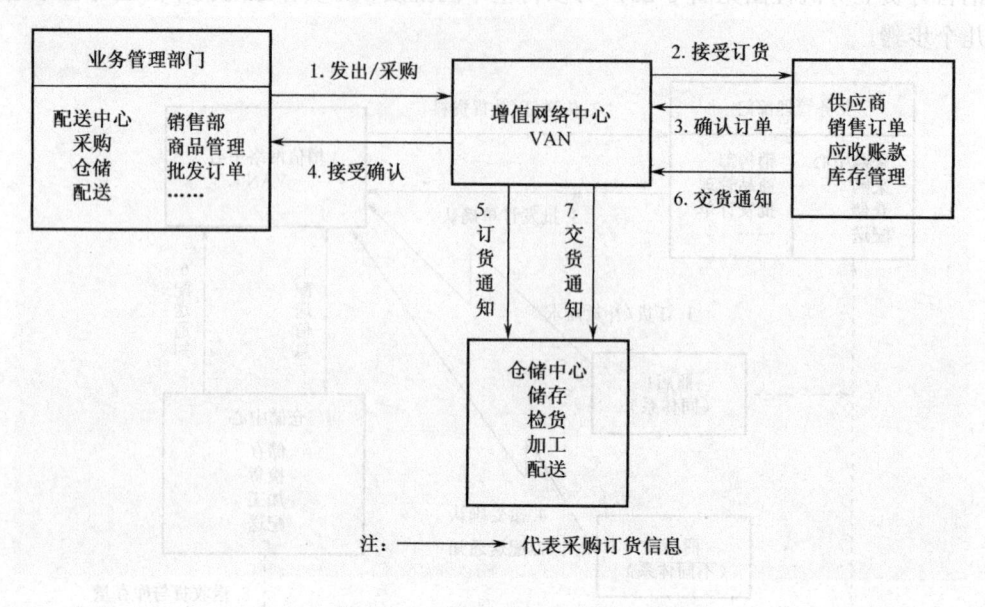

图 5-26 采购订货业务流程图

1）业务管理部门根据仓储中心商品库存情况，向指定的供货商发出商品采购订单。

2）商业增值网络中心将总公司业务管理部门发出的采购单发送至指定的供货商处。

3）指定的供货商在收到采购订货单后，根据订单的要求通过商业增值网络对采购订单予以确认。

4）商业增值网络中心将供货商发来的采购订单确认，发送至业务管理部门。

5）业务管理部门根据供货商发来的采购订单确认，向仓储中心发送订货信息，以便仓储中心安排检验和仓储空间。

6）供货商根据采购单的要求，安排发运货物，在向总公司交运货物之前，通过商业增值网络中心向仓储中心发送交货通知。

7）仓储中心根据供货商发来的交货通知安排商品检验并安排仓库、库位或根据配送要求进行备货。

上述 7 个步骤组成了一个基本的采购订货流程，通过这个流程将某店供货商之间的商流、信息流结合在了一起。

（3）盘点作业流程

在电子订货过程中，基本的前提是，对仓库中的货物进行盘点，发现库存量达到一定水平时才进行订货操作，因此盘点作业也是电子订货系统中不可或缺的一部分。其主要作业过程主要包括以下几个方面。

1）连锁店在进行盘点作业时，盘点人员可手持掌上终端机去卖场和仓库，逐一扫描商品的价格卡或商品的条码，并输入清点的商品数量。

2）商品存货清点与输入完成之后，将掌上终端机连接到后台计算机上，以便统计和传输盘点资料。

3）通过终端把盘点资料传输至公司总部的计算机，总部计算机经过运算后，可作出盘点统计表、盈亏表和其他管理报表。

二、电子订货系统模拟与实训

实训目标

1. 根据要求完成相应 EOS 软件的安装；
2. 掌握 EOS 的业务流程，并能够操作该系统；
3. 按照要求通过 EOS 完成相应的业务。

实训要求

该项目主要是通过一个简易 EOS 来进行的。学员可以通过查阅资料、实地参观调查来了解 EOS 在商业活动中的应用情况，在了解了 EOS 的概念、内容、组成、作业程序的基础上，正确完成 EOS 的操作，并能在 EOS 中完成销售订货、采购订货和相应的物流作业。

实训准备

1. 将全班学员分成几组，每组 3~4 人。
2. 项目小组在进行项目之前，查阅或学习相关的理论知识点。
3. 教师准备好计算机和相关软件，如 IIS 5.0 信息服务软件。
4. 简易电子订货 EOS 程序。

实训操作

1. 把光盘 EOS 文件夹内的文件复制到 D 盘上，然后解压到文件夹中。
2. 执行"开始—程序—管理工具—Internet 服务管理器"命令，打开"Internet 信息服务"管理控制台窗口。
3. 在管理控制台窗口中，用鼠标右键单击目录中的服务器图标，在弹出的菜单中选择"新建 Web 站点"命令，启动"Web 站点创建向导"。
4. 在弹出的对话框中输入 Web 站点说明，单击"下一步"按钮。
5. 在向导的"IP 地址和端口设置"对话框中，通过 IP 地址栏右侧的下拉列表为 Web 服务器选择要使用的 IP 地址。接下来，设置该 Web 站点应使用到的 TCP 端口，通常情况下，使用默认值 80，在"此站点的主机头"栏的文本框中也不需要填写，即可单击"下一步"按钮进入下一步操作。
6. 在所弹出对话框中的地址栏输入站点的主目录路径，设置为刚解压的文件夹。
7. 在打开的"Web 站点访问权限"对话框中，给主目录设定访问权限，单击"下一步"

按钮。

8. 在出现的成功完成 Web 站点创建向导对话框中，单击"完成"按钮结束创建虚拟 Web 站点的操作。这时，在"Internet 信息服务"管理控制台窗口中，将显示新建的 Web 站点项。

9. 打开 IE 浏览器，输入网址：http：//127.0.0.1。进入销售商网上订单订货页面，如图 5-27 所示。

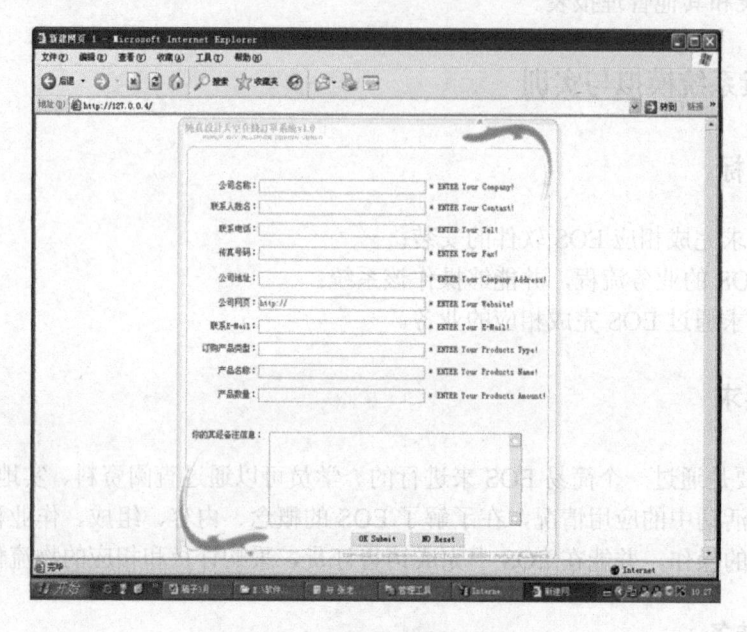

图 5-27 销售商网上订单订货页面

10. 填写所订商品信息，然后确认。

11. 输入网址：http：//127.0.0.4/login.asp，用户名和密码均为：admin。进入供应商订单管理后台登录页面，如图 5-28 所示。

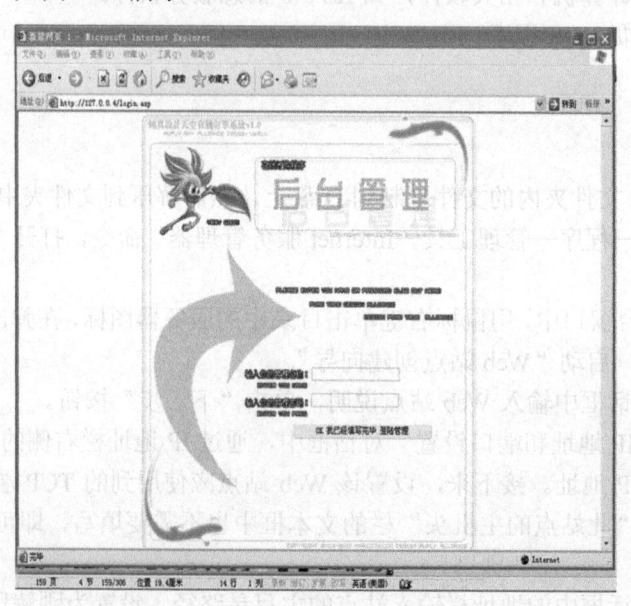

图 5-28 供应商订单管理后台登录页面

12. 进入后台管理界面进行订单管理，如图 5-29 所示。

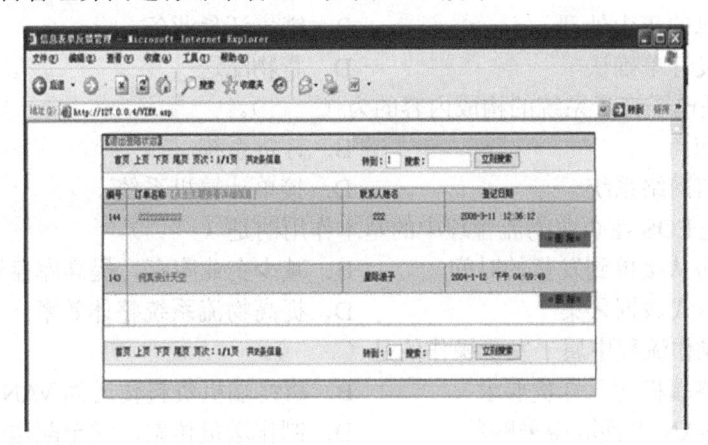

图 5-29　后台管理界面

项目评价

项目名称：电子订货系统　　　　　　　　　　　　　　　　　　年　　月　　日

小组成员：				实际得分	
序号	考核内容	考核标准	分值	扣分	得分
1	EOS 的基本概念	是否掌握相关概念	10		
2	EOS 的内容	是否掌握其内容	10		
3	系统的组成及其作业程序	是否了解系统的组成	10		
4	安装应用程序	是否能够正确安装程序	10		
5	掌握 EOS 的业务流程	是否能够操作该系统	20		
6	EOS 系统中完成销售订货、采购订货和相应的物流作业	相应的物流作业是否能顺利完成	20		
7	职业习惯及纪律	是否有良好的职业道德和规范的职业素养	20		
	综合得分				
指导老师评语					

项目巩固与提高

一、选择题

1. 以下哪项不属于 EOS 的构成要素（　　）。
   A．供应商　　　　　　　　　B．零售商
   C．网络　　　　　　　　　　D．POS 系统

2. 以下属于 EOS 业务应用的有（   ）。
   A. 信息的集中处理　　　　　　B. 销售订货业务
   C. 批发订单确认　　　　　　　D. 货物配送
3. 下面不是电子订货系统的构成内容的为（   ）。
   A. 供应商　　　　　　　　　　B. 订货系统
   C. 通信网络系统　　　　　　　D. 接单计算机系统
4. 以下不是 EOS 在企业物流管理中的基本作用的是（   ）。
   A. 缩短从接单到发货的时间　　B. 减少企业库存，提高库存管理效率
   C. 便携式数据采集　　　　　　D. 提高物流系统整体效率
5. EOS 的操作流程中属于发货操作的是（   ）。
   A. 用终端机输入订货要求　　　B. 将终端机资料传送到 VAN 电话机
   C. 从 VAN 电话取得采购单　　　D. 制作送货传票，送至配送中心

二、简答题

1. 什么是电子订货系统？
2. 请描述销售订货业务过程。
3. 请描述采购订货业务过程。

项目四　POS 系统

（**编前哲思**：商店或卖场的销售状况、库存状况、顾客购买行为可以通过"销售时点管理信息系统"（POS 系统）来分析，人的道德和品质，也是通过日常的言语行为而呈现的。）

项目目标

1. 了解 POS 系统的硬件、软件结构；
2. 熟悉 POS 系统的工作流程；
3. 了解 POS 系统对供应链上游企业所起的作用。

项目准备

1. POS 系统教学授课课件；
2. POS 系统视频资料、POS 系统的设备组成图片；
3. POS 系统校内实训场所及设备的准备。

一、POS 系统知识点学习

1. POS 系统认知

POS 系统（Point of Sales）称为"销售时点管理信息系统"，它是在应用条码技术的基础

上，由电子收款机（或收银机）和计算机联机构成的商店销售管理信息系统。该系统对商店零售柜台的所有交易信息进行加工整理，通过实时输入的销售数据（如商品名、单价、销售数量、销售时间、销售店铺、购买顾客等），实时地跟踪销售的情况，并根据这些数据对销售进行详细、正确、迅速的分析，为商品的补货和管理提供依据。

POS 系统是以电子收款机（Electronic Cash Register，ECR）为核心建立起来的销售交易系统，它针对销售的具体环节，如什么时候（when）、卖出的是什么（what）、由谁卖出的（who）、怎么卖出的（how），以及对这些销售数据的收集和整理，如销售汇总、报告等。随着计算机技术和网络技术在收款系统中的应用，再加上与电子订货系统（EOS）的结合，可以实现对商品进、销、调、存的计算机管理。

目前的 POS 系统大致可以分为两类，一类是金融 POS 系统，如消费 POS 系统、转账 POS 系统、财务 POS 系统、外卡 POS 系统、支票 POS 系统等；另一类是商业 POS 系统，如小型便携式 POS 系统终端、可进行大量事物处理的 POS 系统和在 POS 系统基础上发展起来的 EDI 电子自动订货系统等。本书仅对与物流关系密切的商业类 POS 系统作详细的介绍。

现有的 POS 系统大致由 POS 终端（ECR 或收银机）、系统服务器、工作站、网络设备及 POS 系统软件构成，完成商品管理的销售数据统计、补货作业、盘点作业、财务管理、人事管理、辅助分析和决策等功能。POS 系统终端如图 5-30 所示。

图 5-30　POS 系统终端

2．POS 系统的硬件、软件结构

（1）POS 系统的硬件结构

目前大多数超市连锁经营企业采用由收款机、微机与网络共同构成的 POS 网络系统。一般由前台 POS 系统和后台 MIS 系统构成，它的硬件结构主要包括收款机、扫描器、显示器、电子秤、打印机、网络、微机及网络服务器等部分，如图 5-31 所示。

1）计算机设备。计算机设备是商业管理信息系统及 POS 系统开发与应用所必需的基础设备。

普通的计算机，包括高配置的 PC，由于其速度快、容量大、功能强、价格低，且安装简便、操作方便，既可以作为单机在各种场合被大量使用，又可以联网作为网络站点或客户机使用。但从实际发展和系统运行稳定方面考虑，其并不适用于服务器。

由于工作站、服务器的处理速度快、容量大、多功能和专项处理能力强，且具有较好的开放性和稳定性，因此常常作为专用客户端和主服务器使用。

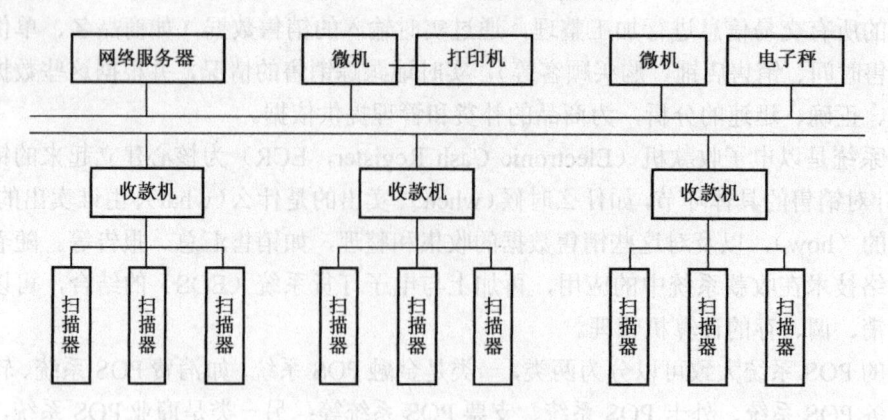

图 5-31 POS 系统的硬件结构

2）电子收款机及其附属设备。电子收款机也称收银机，是微电子技术发展及现代化商品流通管理理念和技术发展相结合的产物，是现代化、自动化商业管理必不可少的基本电子设备之一，如图 5-30 所示。

电子收款机主要由电子器件和机械部件组成，有七个组成部分：主板，中央数据处理部件；存储器，存储信息、数据、程序；键盘，用来输入各种销售数据；打印机，用于打印销售发票和管理存根；显示屏，方便收银员和顾客进行人机对话；钱箱，用于存放收款现金；外部设备接口，用于连接各种外部设备。

电子收款机具有如下一些优点。

① 收款迅速、正确、顾客满意。收银员通过对顾客购买信息的录入，收银机快速做出响应，正确地计算出该笔交易额并显示出应收钱、实收钱、找钱等信息，缩短了收银员对交易额的计算时间，提高了收银速度，特别是商品条形码的应用，使收银速度提高了三倍，减少了单笔交易时间，提高了经营效率，方便了顾客。

② 支持多种付款方式。支持顾客现金支付方式，支持支票、信用卡、外币、礼券、提货单等付款方式。甚至在同一笔交易中，以多种方式支付，极大地满足了顾客不同层次的需求。

③ 业绩统计，为管理服务。收银机能记录收银员在营业中的销售业绩及顾客的购物信息，并能打印多种形式的报表，直接为管理服务、为决策者提供客观依据。

④ 结账精确，杜绝舞弊。收银机的应用，使企业的钱、物受到严格的控制，缩短了结账时间，提高了精确度。

随着现代技术的发展，电子收款机的附属设备逐渐增多，常见的主要有以下几种。

① 热敏打印机，电子收银机除内置打印机外，还可连接外置打印机（如餐饮业中所用的厨房打印机和票据打印机。）

② 条码阅读器，也称条形码扫描器，是条形码的读入装置，从外观上可分为四种：笔式、手持式、台式、卡式，按光源可分为两种：红外光和激光。

③ 磁卡读/写器，它是一种磁记录信号的读入或写入装置。将信用卡记录的信息读入收银机。它的种类和型号较多，从磁迹数量上区分为单轨、双轨、三轨三种。

④ 电子秤，现场称重计量商品时，如散装糖果和时鲜果蔬的称重，电子秤将重量及其数

据传给主服务器或收款机。

⑤ 调制解调器,即 Modem,将收款机的数据通过电话线传给计算机。

⑥ 后备电源,即 UPS,用于断电后由电池直接向收款机供电。

⑦ 通信连网接口,主要用于收款机之间的通信及收款机与计算机连接。

电子收款机部分附属设备如图 5-32 所示。

(a) 电子秤　　(b) 热敏打印机

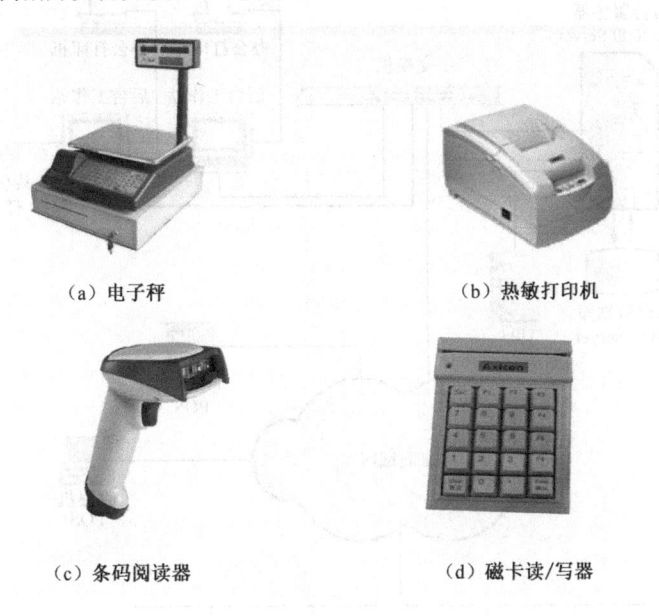

(c) 条码阅读器　　(d) 磁卡读/写器

图 5-32　电子收款机部分附属设备

3)网络。

POS 网络接入方式是关系到 POS 交易速度的重要环节。一般分为两种接入方式,一种是将 POS 前台与服务器相连的上联方式,另一种是将 POS 系统与外部网络相连的下联方式。

上联接入方式包括 RS 232 串口方式和 TCP/IP 方式。

下联接入方式一般有传统的拨号方式、专线组网方式和无线 POS 方式三种。其中,专线组网方式由于其交易响应速度较快,且费用较低,被大多数大型百货商场、购物中心、超市所采用。而无线 POS 方式则适合在需要移动支付的场所使用,如交警处理违章罚款、移动售票等。

通过网络连接所构成的 POS 系统的整体结构如图 5-33 所示。

(2) POS 系统的软件结构

POS 系统的软件部分是关系到整个 POS 系统是否能高效、稳定运行的关键。近年来,市面上出现了大量 POS 商业管理软件,如青岛方象管理软件、思讯 POS 超市管理软件、百威 POS 超市管理软件等。

POS 系统的设计有两个关键,即基本数据库设计和基本编码设计。

基本数据库设计主要包括商品档案库、销售库、销售结算库、行政部门销售库等。

基本编码设计是指除了商品所使用的标准条码之外,为了使用方便,连锁企业还需要根据自身的需要设计相应的编码，如主要用于商品入库、出库、货架价签、计算机后台检索查询的商品前台码和用于散装食品和生鲜蔬菜用的临时条码等。

POS 系统的软件结构大致可以分为两部分，即前台 POS 系统和后台 MIS（Management Information System）系统。POS 系统软件的结构如图 5-34 所示。

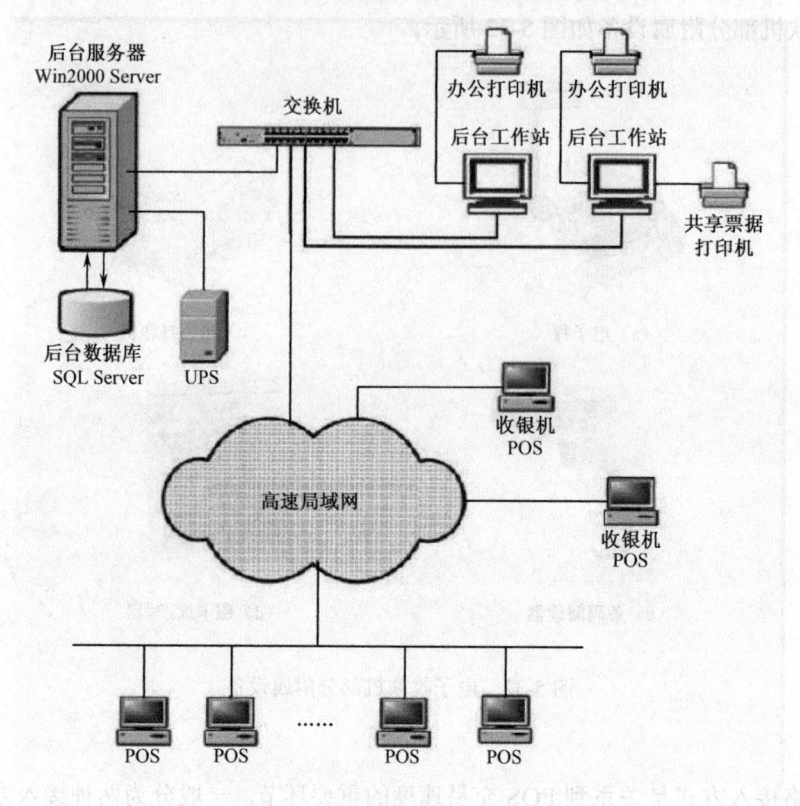

图 5-33 POS 系统的整体结构

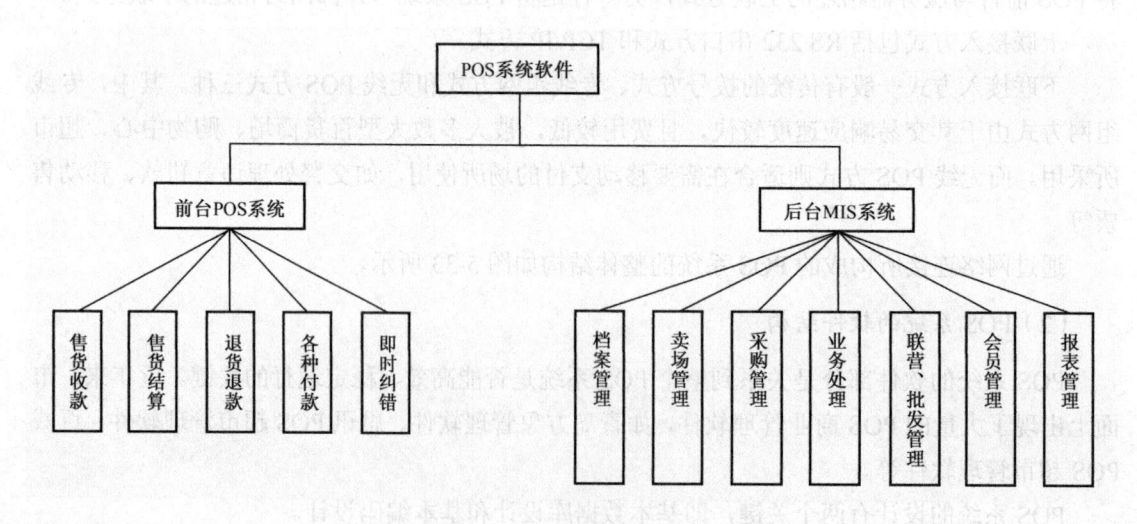

图 5-34 POS 系统软件的结构

前台 POS 系统软件的功能包括日常销售、交班结算、退货、及时纠错等。

日常销售，完成日常的售货收款工作，记录每笔交易的时间、数量、金额，进行销售收入操作。如果遇到条码不能识读等现象，系统应允许采用手工输入条码的方式查询。

交班结算，进行收款员交班时的收款小结、大结等管理工作，计算并显示出本班交班时的现金及销售情况，统计并打印收款机全天的销售金额及各售货员的销售额。

退货，这属于日常销售的逆操作，此功能记录退货时的商品种类、数量金额等，便于结算管理。

后台 MIS 系统的功能包括档案管理、卖场管理、采购管理、业务处理、联营、批发管理、会员管理和报表管理等。

档案管理，创建基本的资料信息，包括商品部门、品类、品牌、供应商档案、商品资料、组合商品及标价签打印、条码打印等。

卖场管理，以促销管理为核心，涉及与卖场相关的业务部署，如 POS 机的外设定义、收款员的权限定义、商品的销售控制、营业员的定义、POS 机的支付类型等，可以对卖场的实时销售情况进行监控、分析，便于及时做出促销调整。

采购管理，以补货申请、采购订单和出入库业务为核心，与采购合同相结合，掌握企业采购、价格管理及供应商结算各环节的业务处理。

业务处理，以库存盘点为核心，包括漏盘商品查询、处理，支持手抄盘点及数据采集器盘点、POS 机盘点等传统和现代的盘点手段，也包括商品损益、商品调拨及其他方式的出入库管理。

联营、批发管理，针对联营业务和大客户的单独处理，包括联营合同的签订、商品扣点的设定及联营结算，也包括支持批发报价、批发出货的处理等。

会员管理，支持多级会员，如多级价格、多级积分及储值卡；支持的会员卡介质包括磁卡、条码卡、IC 卡、ID 卡，同时支持连锁企业会员卡的通用。

报表管理，以销售报表为核心，包括财务报表、进货报表、订货报表、库存分析报表及各类环比分析。销售报表包括了以部门类别、收款员、营业员、供应商、客户、品牌、POS 机为主线的各类销售报表，同时包括了保质期管理、销售预测分析等。

3．POS 系统的工作流程

以超市卖场为例介绍 POS 系统的工作流程。一般的超市，POS 系统的运行大致由以下 5 个步骤组成。

1）店里销售的商品都贴有表示该商品信息的条码或光学识别（OCR）标签。一般的商品条码都使用国标 EAN-13 码。但是在超市卖场里出售的商品中，也有部分是没有条码标识的，如生鲜果蔬及散装食品、糖果等。

在超市里，生鲜果蔬一般使用电子秤进行称重、打印条码，并将相应的商品信息传送至服务器，以便收银机识别。电子秤所打印的条码一般仍然使用 13 位编码，其中包含相应的商品编码和金额数据及校验码信息。

2）在顾客结账时，收银员使用条码阅读器自动读取条码标签上的信息，如果遇到不能正确识读的损坏条码，则采用手工输入条码信息的方式，通过店面的计算机设备（如服务器）确认商品的单价信息，计算顾客购买的总金额等，同时返回给收银机，打印出顾客购买清单和付款金额。

收银员在使用 POS 机时，要求先打开服务器，才可以打开 POS 机，在 POS 机上启动收银系统时，会把各模块如售价、会员、当日特价等信息下载到 POS 机上的临时数据库，完成后收银员输入工号进行收银。

3）在一天的工作完成之后，信息部的技术人员将各个店面的销售时点信息通过 VAN 专线以实时在线的方式传送到总部或物流中心。

一般来说，收银员当班时段的数据存入 POS 机硬盘，等到交班结算后，再传输到后台服务器。收银员完成一天工作后，信息部的技术人员在服务器上处理流水，发现异常情况时（如有一条收不到），要在 POS 机上重新发送。完成后，关闭 POS 机。信息部做日结，算出各种销售报表，接着备份文件，然后关闭服务器。

4）在总部、物流中心、店面，相应的管理人员可以利用销售时点信息来进行库存查询、销售状况查询、库存调整、配送管理、商品采购等作业，并通过对销售时点信息进行数据挖掘、因果分析来掌握消费者的购买动向、购买习惯，找出畅销商品和滞销商品，商品的利润贡献度，并以此为基础，进行商品品种配置、陈列配置、价格制定等方面的作业。

5）在供应链整合的基础上，零售商上游的制造和供应企业可以通过网络对店面的销售时点信息进行查询，以便及时制订和调整经营计划，辅助决策，最大限度地避免"牛鞭效应"的产生。

对于供应商来说，可以利用 POS 数据收集商业情报，了解消费趋势，制订生产及管理计划，制定新产品开发策略。

对于物流公司来说，可以利用 POS 数据预测订单或迅速、精确地处理订单，精确管理库存，避免资金过度积压。

二、POS 系统模拟与实训

实训目标

1. 掌握 POS 系统的收银作业流程；
2. 能够熟练进行 POS 系统的维护操作。

实训要求

1. 模拟某超市的收银作业流程；
2. 完成 POS 系统数据库的备份与恢复操作。

实训准备

POS 系统实训室设备。

实训操作

1. 准备工作

操作：准备好 POS 实训室相关设备。清洁收银作业区。整理补充必备的物品，包括验钞机、计算器、海绵缸等。准备放在收银机内的定额零用钱。检查收银机内的程序设计和各项统计数值是否正确或归零。

2．实训分组

操作：将班级的同学分为每五人一队，每两队一组。其中，一队扮演顾客，一队扮演收银员，然后角色互换，轮流操作。

3．收银员 POS 机操作

操作：打开服务器后，才可打开 POS 机，在 POS 机上启动收银系统时，等待服务器把各模块如售价、会员、当日特价等信息下载到 POS 上的临时数据库中。

1）登录。收银员在进入收款界面之前，必须用本人的收银员密码及收银员当日密码在收银机内登录。密码输入后，会在界面显示收银员的姓名等相关信息，需要收银员确认。如果密码输入错误，收银机提示密码无效，需要收银员重新输入密码。

2）收款模式。收款模式分为非收款状态和收款状态两种。当收银员登录或一笔交易完成之后，收款机自动进入非收款状态，收银员必须按"回车"键以进入收款状态，才能继续进行收款工作。

3）数量。收银员直接录入商品条码时，收款机默认的数量为"1"，当需要更改商品数量时，要在录入商品条码之前输入商品数量，然后按"数量"键，再录入商品条码或货号。

4）小计。使用"小计"键可以在顾客显示器上显示已经输入收款机的商品价格总计。

5）取消或清除。"取消"键用于取消一次操作，如取消商品、总计等功能。"清除"键主要用于清除输入错误，在没有按"回车"键之前可用，否则只能使用"取消"功能了。

6）现金礼券和支票付款方式。如果用现金方式付款，应先输入顾客所付现金数额，再按"现金"键。用礼券或支票这两种支付方式，均直接按"礼券"或"支票"键，不需要输入应付现金金额。

7）信用卡支付方式。首先应为各个银行准备不同的销售单，每套一式三份：一份给顾客，一份给银行，一份给商场。其次需要识别各个银行的信用卡标志，如有疑问，应立即打电话与银行联系。

4．商品查询操作

操作：当商品的价签与收银机上的不符或条码信息扫描不了时，需要在 POS 系统上进行商品的查询操作。

1）收银员如与顾客在商品价格或无条码的商品方面发生分歧时，应首先与收银领班联系，做出初步处理。

2）收银领班应先为顾客服务，然后收银员应将出现的问题填写一张收银差异登记表，并提交楼面管理人员解决。

3）如果条码上的价格与收银机上的不同，楼面管理人员必须查询"库存查询"菜单，并查询商场里的同类商品，做出更正。

5. 系统维护操作

操作：系统维护，尤其是对数据库进行备份和恢复的重要性是不容忽视的。系统维护的相关操作主要是在服务器（Server）上完成的。系统管理员和数据库管理员应定期进行主机系统的数据备份和数据清理工作，以避免有用信息的丢失及非相关冗余和相关冗余信息占用有效空间。管理员需要制订并严格执行数据库备份计划，并保证备份数据至少存放在两台机器以上（或者同一台计算机的另一块硬盘上）。

1）数据库备份。通过"系统"→"数据维护"→"数据库备份"选择合适的路径并单击"备份"按钮。系统会自动以当前日期命名备份文件。或者通过 SQL Server 企业管理器工具备份数据库。

2）数据库恢复。通过"系统"→"数据维护"→"数据库备份"选择合适的路径并单击"恢复"按钮。系统会自动以当前日期命名备份文件。或者通过 SQL Server 企业管理器工具恢复数据库。

项目评价

项目名称：POS 系统　　　　　　　　　　　　　　　　　　　　　年　　月　　日

小组成员：				实际得分	
序号	考核内容	考核标准	分值	扣分	得分
1	基本概念	是否掌握相关概念	10		
2	设备的构成	是否掌握设备的构成	10		
3	系统硬件、软件结构	是否熟悉系统的硬件、软件构成	20		
4	系统在物流上的作用	理解系统在整个供应链环节中产生的作用	10		
5	启动系统	是否正确启动系统	10		
6	是否能完成收银操作	是否完成收银操作	20		
7	是否完成系统维护操作	能够进行系统的备份和恢复操作	10		
8	职业习惯及纪律	有良好的职业道德和规范的职业素养	10		
	综合得分				
指导老师评语					

项目巩固与提高

一、选择题

1. POS 系统称为（　　）。
   A. 销售时点管理信息系统　　　　B. 结账系统
   C. 超市系统　　　　　　　　　　D. 进销存系统

2. 下列中不属于商业 POS 系统的是（ 　　）。
   A. 小型便携式 POS 系统终端
   B. 可进行大量事物处理的 POS 系统
   C. 外卡 POS 系统
   D. 在 POS 基础上发展起来的 EDI 电子自动订货系统
3. POS 系统是以（ 　　）为核心建立起来的销售交易系统。
   A. 计算机　　　　　　　　　　　B. 电子收款机
   C. 条码阅读器　　　　　　　　　D. 热敏打印机
4. POS 网络接入方式是提高 POS 交易速度的重要环节，一般分为下联接入方式和上联接入方式。下联接入方式包括传统拨号方式、专线组网方式和（ 　　）。
   A. 无线 POS 方式　　　　　　　B. VAN 方式
   C. RS232 串口方式　　　　　　　D. TCP/IP 方式
5. POS 系统的（ 　　）是关系到整个 POS 系统能否高效、稳定运行的关键。
   A. 软件部分　　　　　　　　　　B. 硬件部分
   C. 数据库　　　　　　　　　　　D. 网络接入

二、简答题

1. 什么是 POS 系统？
2. 简述 POS 系统在商业、物流业中所产生的作用。
3. 简述 POS 软件系统的构成及各个模块的功能划分。
4. 简述 POS 系统的运行步骤。

模块六

物流信息应用系统

项目一 仓储管理信息系统

（**编前哲思**：加快仓储运转效率的，是仓储管理信息系统；加快知识更新速度的，是持续的学习能力。）

项目目标

1. 了解仓储管理信息系统的结构；
2. 熟悉仓储管理信息系统的功能；
3. 了解仓储管理信息系统的作业方式。

项目准备

1. 仓储管理信息系统教学授课课件；
2. 仓储管理信息系统视频资料、图片；
3. 仓储管理信息系统实训场所及设备的准备。

一、仓储管理信息系统知识点学习

1. 仓储管理信息系统概述

仓储管理信息系统（WMS）是一个实时的计算机软件系统，它能够按照运作的业务规则和运算法则（algorithms），对信息、资源、行为、存货和分销运作进行更加完美的管理，使其满足最大化有效产出和精确性的要求。仓储管理信息系统在对仓储物流企业业务进行详细调研及需求分析的基础上，结合先进的物流仓储管理理念，以仓储运作流程为核心，以物流信息技术为依托,通过信息管理的人机交互系统,实现对物流仓储信息的收集、储存、加工、转换及辅助决策。

全自动化的物流仓储管理信息系统由计算机仓储管理系统、电子标签辅助拣货系统和相关控制系统组成(见图6-1)。其各模块的功能如下:

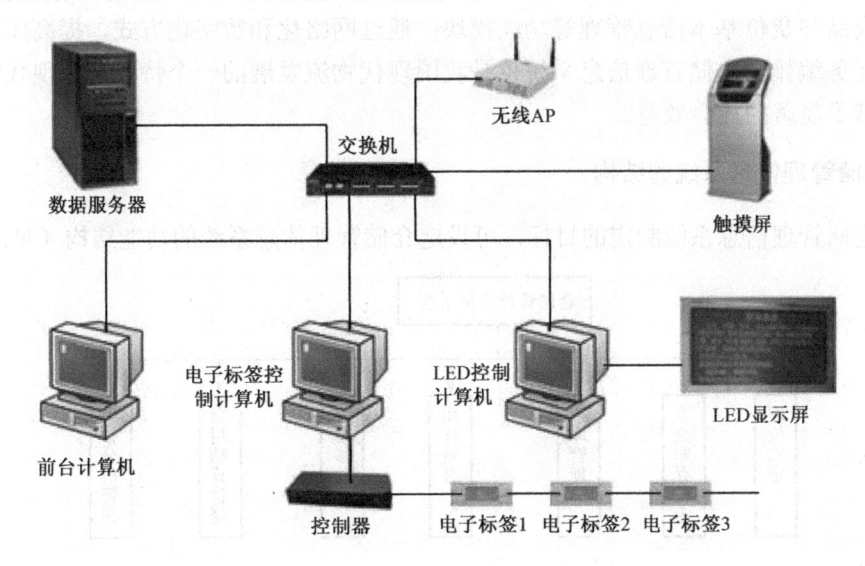

图 6-1　仓储管理信息系统网络拓扑图

(1)计算机仓储管理系统

负责数字化仓库系统的货位管理、入库管理、出库管理、查询报表、库存分析、货位图像化显示、系统维护等工作。

(2)电子标签辅助拣货系统

电子标签辅助拣货系统是一种计算机辅助的无纸化拣货系统,其原理是借助安装在货架上每一个货位的液晶电子标签取代拣货单,电子标签上显示货位编号、货物的规格型号、品名和数量、作业类型(入库或出库),同时具有声光信号,利用计算机将拣货单信息传输到对应的电子标签中,引导拣货人员正确、快速、轻松地完成拣货工作,拣货完成后按"确认"按钮完成拣货工作。计算机监控整个过程,并自动完成账目处理。

(3)控制系统

计算机系统通过控制系统对电子标签的显示进行控制。

2. WMS 在我国的应用

仓储管理系统(WMS)是仓储管理信息化的具体形式,目前它在我国的应用正在逐步推广,WMS在我国物流企业的应用主要有三种方式:一种是使用市场上比较成熟的WMS软件,但由于企业特点不太一样,通常只能应用部分模块,一些软件功能没有发挥作用;第二种是企业根据自身的情况,通过外包的方式,请软件公司根据自身情况量身定做,但由于软件公司对企业的业务流程不太了解,所以在开发上很难做到精细化,在实际业务处理中经常出现一些缺点;还有一种是企业参与到软件开发中,或者企业自身有能力开发,这类系统往往比较适合企业自身情况,应用情况也比较理想。

目前,国内烟草、医药、食品等行业的现代物流中心都有很多仓储管理信息系统的成功案例。这些系统的功能基本包括进货管理、库存管理、订单管理、拣选、复核、配送、RF 终端管理、商品与货位基本信息管理等功能模块;通过网络化和数字化方式,提高库内作业控制水平和任务编排。仓储管理信息系统也是我国现代物流发展的一个特征,为现代物流企业的发展贡献了显著的社会效益。

3. 仓储管理信息系统的结构

根据仓储管理信息系统制定的目标,可设定仓储管理信息系统的功能结构(见图 6-2)。

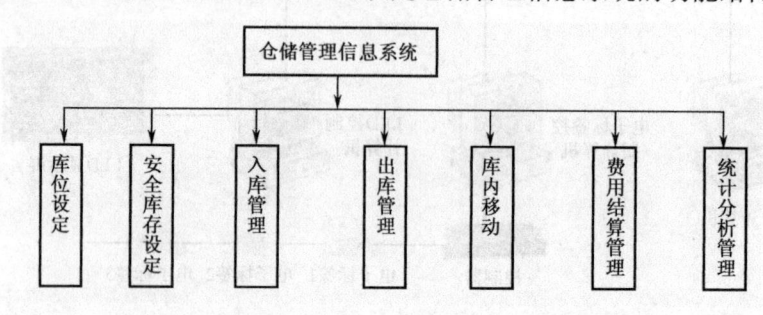

图 6-2 仓储管理信息系统的结构示意图

4. 模块的功能特点

(1)库位的设定

计算机可以根据仓库的实际情况自动生成三维立体仓库模型,提供后续的可视化操作。该模型可以自动实现仓库三维立体图和二维平面图之间的自由切换,在模拟位置上就可以查询相应的库存物品及物品的状态等属性。

(2)库位的安全库存和物品的最低存量

对仓库的最大存量进行设置,确保仓库存储的最大化以满足客户的要求,同时对一些客户的仓储物品的最低库存量进行设置,以满足客户的生产需要,随时根据实际情况对安全库存进行设定。

(3)入库管理

根据入库申请单对入库信息的预录入,经过审核确认后进行库位的分配,从而完成实际入库操作。可以通过射频技术完成入库操作,并根据客户、物品进行自动库位的安排。应用射频技术快速完成入库信息录入,并根据客户、物品的型号、规格进行同类物品的自动归类,增加入库操作的审核,确保数据的准确性,并随时统计任意时段、任何客户的入库情况。

(4)出库管理

根据客户的实际要求和客户的实际库存情况,提前做出库准备,一旦确定出库,以最快的速度完成出库,并对出库申请进行审核,以保证出库物品的正确性,同时对客户的库存物品的最低库存进行动态评估。根据出库申请单位、物品等属性，快速定位，并对出库物品进行登记、审核、待出库、实际出库等过程控制，动态管理库存量。

（5）库内移动

对库存物品的存放合理性进行人工调整，使仓库的利用率最大化，降低仓储成本，减轻客户的资金压力，有利于满足客户实际需要，同时提高物流企业的竞争力。

快速实现库位的调整，同时对物品移动进行跟踪。

（6）费用结算管理

对发生的实际费用如仓储费等进行管理，并将有关费用数据自动转到具体费用管理处理部门，与客户进行费用结算（一般与国际货运代理费用结算模块共享）。

（7）统计分析管理

实现对入库和出库的数据进行统计，并随时掌握目前的库存动态；可以实现对客户的测评和对操作人员工作成绩的考评。根据入库和出库的数量和频繁程度，实现对重点客户的跟踪，以及对业务增长型客户进行挖掘。

二、仓储管理信息系统模拟与实训

实训目标

1. 熟知仓储管理信息系统的界面；
2. 掌握仓储管理信息系统操作。

实训要求

熟悉仓储管理信息系统的操作界面，熟悉仓储业务流程，掌握仓储管理、仓储业务作业、调度管理的模块操作。

实训准备

实训室仓储管理信息系统准备。

实训操作

1. 系统登录

双击相应的仓储物流管理信息系统快捷图标，打开"系统登录"界面，如图6-3所示，输入操作员的登录名和密码，登录到仓储物流管理信息系统。用户第一次运行系统时可用系统管理员"admin"的身份登录，即：在系统登录"操作员"文本框中输入"admin"后按回车键，显示"系统管理员"，在"密码"文本框中输入"1"并按回车键。例如，张三，男，密码为123456，库管员。进入仓储物流管理信息系统主界面。主界面的左边为功能菜单，按照不同的功能模块划分成不同的功能组,分为仓库管理、企业资源管理、客户管理、业务管理和高度管理等,右边界面根据左边选项的不同而相应变化。

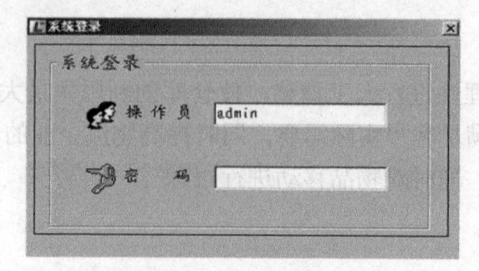

图6-3 系统登录界面

2. 仓库管理

仓库管理功能模块对"仓库"的基本信息进行管理,主要按照库、区和储位的方式对货品进行计划管理。

（1）对库房的管理

有屋顶和维护结构,供储存各种物品的封闭式建筑物称为库房。库房主要用于存放怕雨雪、怕风吹日晒,要求保管条件比较好的商品。按照建筑结构分,有混凝土、砖木、简易库房等;按库房的性能分,有简单库房、保温库房和冷藏库房等。对库房的操作中,可以根据库位的需要增加、编辑和删除相应的库房,也可以对库房内的货品进行查询。增加一个库房,输入它的名称、相应的联系电话、地址、类型、长宽高及它们和库管员的信息,确定后退出。

1）增加库房。

① 在库房操作区空白区域内右击,打开库房操作快捷菜单,如图6-4所示。

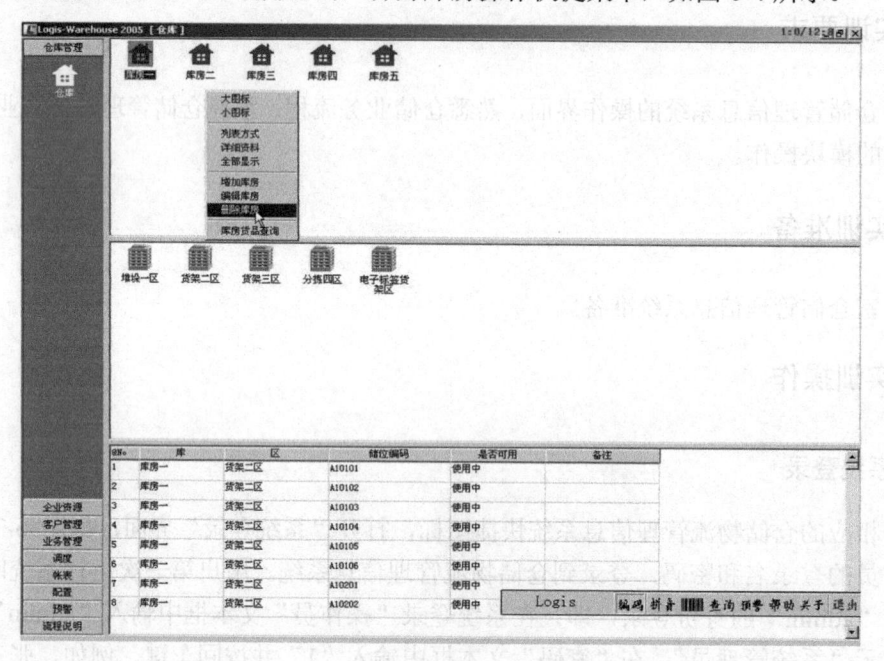

图6-4 增加库房操作界面

② 在库房操作快捷菜单中选中"增加库房"命令，弹出"库房属性维护"对话框，如图 6-5 所示。

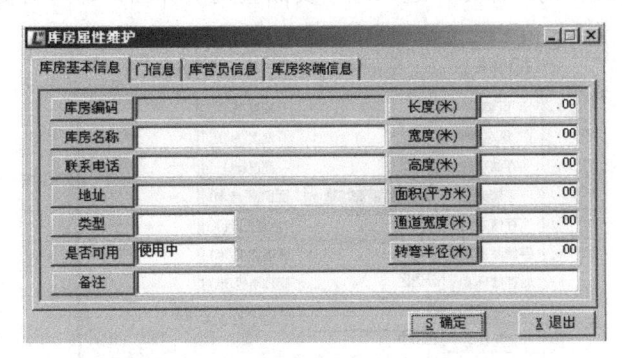

图 6-5 "库房属性维护"对话框

2）编辑库房。

① 在库房操作区内，选中要编辑的库房右击，弹出库房操作快捷菜单，选择"编辑库房"命令；或双击要编辑的库房对应的图标，弹出"库房属性维护"对话框。

② 在"库房属性维护"对话框中，打开"库房基本信息"、"门信息"、"库管员信息"、"库房终端信息"等不同的选项卡，在相应界面中单击完成对库房信息的修改。

③ 删除库房。在库房操作区内，选中要删除的库房右击，弹出库房操作快捷菜单，选择"删除库房"命令，弹出"确实要删除本库房吗"对话框，在弹出的对话框中，单击"是"按钮，将所选库房删除。

④ 库房货品查询。在库房操作区内，选中要查询货品的库房右击，弹出库房操作快捷菜单，选择"库房货品查询"命令，打开"货品查询"界面。"货品查询"界面对库房中货品的储存情况分别按"货品明细"、"货品总计"及"租用"三种情况进行统计，选中不同的单选按钮，在相应界面中即可对货品信息进行查询。

（2）对区的管理

分区管理是仓库管理的基本形式，即依据专业化的原则对库房的用途和功能进行确定，在区位的管理中，也可以通过增加区的管理来设定相应的要求，如对区的存储功能设定、存储的类型、存储的方式和它的品质要求及它的存储环境，同时包括它的长、宽、高、面积等，所有这些设定均可在后面的配置中进行相应的操作。

① 增加区

a. 在库房操作区内，选中需要增加区的库房，则显示该库房已划分的区。

b. 在操作区空白处右击，弹出区操作快捷菜单，选择"增加区"命令，弹出"区属性设置"对话框。

② 编辑区。在图 6-6 所示的操作区域中，选中要编辑的区右击，弹出区操作快捷菜单，选择"编辑区"命令，弹出"区属性设置"对话框，单击打开"区基本信息"或"门区对照"选项卡，在相应界面中对区信息进行修改，修改完成后，单击"确定"按钮，将修改结果保存至系统。

③ 删除区。在图 6-6 所示的操作区域中，选中要删除的区右击，弹出区操作快捷菜单，选择"删除区"命令，弹出"确实要删除区吗？"对话框，单击"是"按钮，将该区删除。

④ 区货品查询。在图 6-6 所示的操作区域中，选中要查询货品的区右击，弹出区操作快捷菜单，选择"区货品查询"命令，进入区"货品查询"界面，即可对货品信息进行查询。

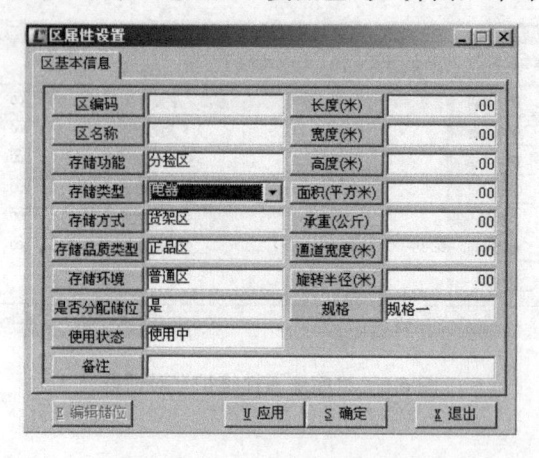

图 6-6　"区属性设置"对话框

（3）储位管理

为了实现安全保管和快捷作业，常将仓库、货场划分为一定的储位。储位管理包括两方面内容：一是为没有划分储位的区划分储位；二是将已划分储位的区取消储位的划分，即回到只给区划分成一个储位的状态。具体地说，可以按照行、列和纵深及相对应的通道数设定相应的储备，自动生成不同的储位编码，生成之后按"确定"按钮退出，储位编码即生成。

3．仓储业务作业

仓储业务作业是指从商品入库到商品发送的整个仓储作业全过程，主要包括客户凭证、入库流程、出库流程和库内作业等内容。

要启动仓储业务作业，管理部门必须建立储备商品、雇用人员、展开工作程序、建立结账方法和存货控制及启动当地配送系统等。仓储业务作业全过程所包含的内容：商品验收入库作业、商品保管作业、商品盘点作业、废商品处理、退货处理、账务处理、安全维护、商品出库作业、资料保管等。通过对仓储业务的了解和学习，要求：①掌握仓储保管合同的签订；②熟悉仓储作业的主要流程；③了解货源的组织及业务受理；④学会进出库作业规范等。其作业流程大体上如图 6-7 所示。

仓储业务作业的要求：仓储业务作业是一项技术要求高、组织严密的工作，必须做到及时、准确、严格、经济。

1）及时。只有及时验收，尽快提出检验报告，才能保证商品尽快入库，加快商品和资金周转。同时，商品的承付和索赔都有一定的期限，如果验收时发现商品不合规定和要求，要提出退货、换货或赔偿等要求，均应在规定的期限内提出。否则，责任方不再承担责任，银行也将办理拒付手续。

2）准确。验收的各项数据或检验报告必须准确无误。验收的目的是弄清商品数量和质量方面的实际情况，验收不准确，就失去了验收的意义。而且，不准确的验收还会给人以假象，造成错误的判断，引起保管工作的混乱，严重者还会危及营运安全。

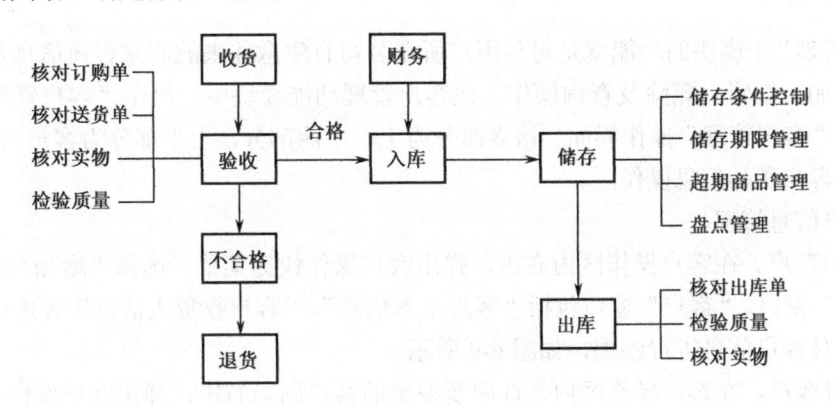

图 6-7 仓储作业流程示意图

3）严格。仓库有关各方都要严肃、认真地对待商品验收工作。验收工作的好坏直接关系到国家和企业利益，也关系到以后各项仓储业务的顺利开展，因此，仓库领导应高度重视验收工作，直接参与人员更要以高度负责的精神来对待这项工作。

4）经济。商品在验收时，多数情况下，不但需要检验设备和验收人员，而且需要装卸搬运机具和设备及相应工种工人的配合。这就要求各工种密切协作，合理组织调配人员与设备，以节省作业费用。此外，验收工作中，尽可能保护原包装，减少或避免破坏性试验，也是提高作业经济性的有效手段。由于仓储作业要求比较高，所以在填写业务管理的客户凭证时应仔细阅读、认真填写，客户凭证见图 6-8。

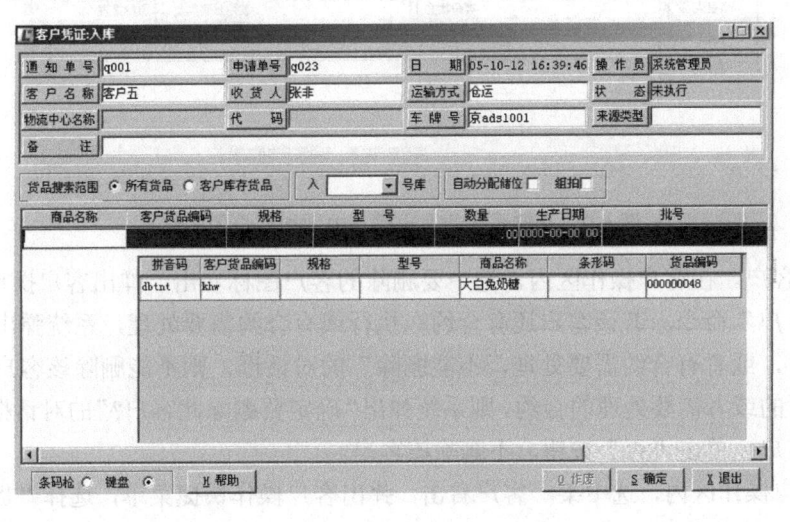

图 6-8 客户凭证操作界面

4．客户管理

客户管理模块的功能是对仓储企业客户信息及仓储合约进行管理，其下拉子菜单包含"客户管理"、"合约管理"和"合约审核"三个子模块。

(1) 客户管理

"客户管理"子模块的功能就是对与用户所在公司有生意往来的商家客户信息及客户货品信息进行增加、编辑、删除及查询操作。在客户管理功能模块中，单击"客户管理"图标，右边即显示"客户管理"操作界面。该界面分为上、下两部分，上半部分为客户信息操作区，下半部分为客户货品信息操作区。

1) 客户信息管理。

① 增加客户。在客户操作区内右击，弹出客户操作快捷菜单，选择"增加客户"命令，进入"客户"窗口。"客户"窗口包括"客户基本信息"、"客户收货人信息"等选项卡，选择相应的选项对客户信息进行添加，如图6-9所示。

② 编辑客户。在客户操作区内，选中要编辑的客户图标右击，弹出客户操作快捷菜单，选择"编辑客户"命令，进入"客户"窗口，在"客户"窗口中对客户信息进行编辑。编辑客户操作和增加客户操作基本相同，如图6-9所示。

图6-9 仓储系统的客户信息中增加客户的操作

③ 删除客户。在客户操作区内，选中要删除的客户图标右击，弹出客户操作快捷菜单，选择"删除客户"命令。若该客户还有合约在执行或有合约需要处理，系统弹出"此客户还有合约在执行，或者有合约需要处理，不能删除"的对话框，则不能删除该客户；若该客户没有还在执行的或者需要处理的合约，则系统弹出"确定要删除此客户？"的对话框，单击"是"按钮，删除客户；单击"否"按钮，不删除该客户。

④ 在客户操作区内，选中某一客户右击，弹出客户操作快捷菜单，选择"货品显示"命令，进入"货品查询"窗口。"货品查询"窗口包括"客户货品编码"、"名称"、"型号"等列表，选择相应的按钮即可查询库房中存放货品的信息。

(2) 客户货品管理。

① 货品列表。在客户操作区内的上半部分选中某一客户，则右边下半部分货品列表中列出被选中客户所对应的货品。

② 添加货品。在货品列表中的空白处右击，弹出货品操作快捷菜单，选择"添加货品"

命令，进入"货品定义"窗口，在该窗口中录入新货品信息。

③ 货品编辑。在货品列表中，右击货品列表中要编辑的货品，弹出货品操作快捷菜单，选择"货品编辑"命令，进入"货品定义"窗口，在该窗口中对货品信息进行编辑。

④ 货品删除。在货品列表中，右击货品列表中要删除的货品，弹出货品操作快捷菜单，选择"货品删除"命令，在弹出的对话框中单击"是"按钮，便可将该货品删除。

（3）合约管理

"合约管理"子模块的功能是对客户的合约信息进行增加、编辑、删除及查询等操作。在客户管理功能模块中，单击"合约管理"图标，右边即显示"合约管理"操作界面，该界面列出了"合约编号"、"合约编码"、"客户号"等合约基本信息。

1）增加合约。在合约列表中右击，弹出合约管理快捷菜单，选择"增加合约"命令，进入"合约属性维护"窗口，在该窗口中对合约信息进行添加。

2）编辑合约。在合约列表中右击，弹出合约操作快捷菜单，选择"编辑合约"命令，进入"合约属性维护"窗口，在该窗口中对合约信息进行编辑。

3）删除合约。在合约列表中，选中要删除的合约右击，弹出合约操作快捷菜单，选择"删除合约"命令，在弹出的对话框中单击"是"按钮，便将该合约删除。

（4）合约审核

1）在客户管理功能模块中，单击"合约审核"图标，右边即显示"合约审核"操作界面，包括"合约编号"、"合约编码"、"客户号"等合约基本信息列表。

2）在合约审核操作区内，单击相应按钮对合约信息进行审核。

5．业务管理

业务管理是对仓储企业的基本业务操作进行管理。根据不同的操作流程，业务管理功能模块分为"客户凭证"、"出入库"和"库内作业"三个子模块。

（1）客户凭证

"客户凭证"子模块的功能是在出入库作业之前录入客户凭证，对其进行增加、编辑、删除操作，并生成出入库单。在业务管理功能模块中，单击"客户凭证"图标，右边即显示客户凭证操作界面。该界面分为上、下两部分，上半部分是入库的客户凭证，下半部分是出库的客户凭证。

1）入库凭证。

① 增加入库凭证。

a．进入"客户凭证：入库"窗口。在入库凭证列表中右击，从弹出的快捷菜单中选择"增加入库凭证"命令，进入"客户凭证：入库"窗口，在该窗口的上方录入凭证基本信息；在该窗口的下方添加入库货品。

b．填写入库凭证。在入库凭证录入界面下部的入库货品信息列表中右击，单击"添加"按钮，列表中便新增一行，在该行的"商品名称"列中输入货品的拼音码或编码，或直接采用条码扫描仪录入货品条形码，则录入的同时在页面的右侧出现待选货品列表，在待选货品列表中用上、下方向键选中目标货品后按回车键，或直接双击目标货品，将该货品添加到入库货品列表中，如图6-10所示。

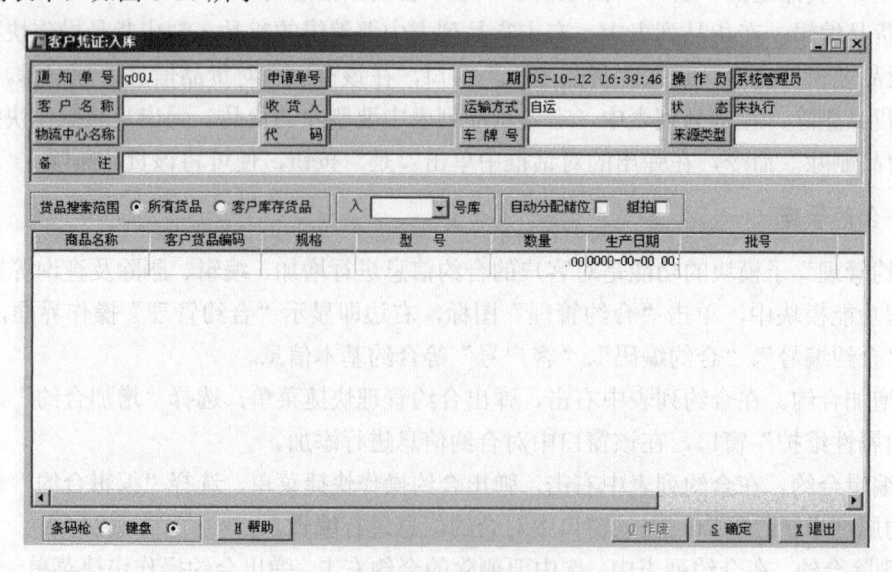

图6-10 入库凭证相关填写项目操作界面

c. 分配储位。入库凭证信息填写完成后，单击"确定"按钮将当前入库凭证保存至系统。如果将界面中"自动分配储位"复选框选中，则系统将自动根据储位分配原则对入库货品进行储位分配，分配的结果体现到"储位分配单"中；如果"自动分配储位"复选框没有选中，则系统弹出手工分配储位界面，操作人员可将待入库货品通过拖拽方式分配到指定的储位中，储位分配完成后，系统自动调出本次入库的入库单据。

② 编辑入库凭证。在入库凭证列表中，选中要编辑的入库凭证右击，从弹出的快捷菜单中选择"编辑入库凭证"命令，进入"客户凭证：入库"窗口，在该窗口中对入库凭证进行修改。

③ 删除入库凭证。在入库凭证列表中，选中要删除的客户凭证右击，从弹出的快捷菜单中选择"删除客户凭证"命令，便可将选定的入库凭证删除。

④ 查询凭证状态。在入库凭证列表中右击，从弹出的快捷菜单中选择"查询凭证状态"命令，打开"客户凭证查询"窗口。

在"客户凭证查询"窗口的"通知单号"中输入要查询的客户凭证编码，单击"查询"按钮，系统将显示该客户凭证信息窗口，窗口的左边显示该凭证的基本信息，窗口右边分为上、中、下三层：上层列出凭证中的货品信息；中层列出由凭证生成的出入库单；下层列出由凭证生成的派车单。

a. 双击出入库单表中的某张出入库单，系统弹出一个新窗口，里面列出了该张出入库单的货品信息。

b. 双击派车单中的某张派车单，将列出该派车单中包含的货品信息。

2）出库凭证。增加出库凭证、编辑出库凭证、删除出库凭证、查询凭证状态的具体操作与入库凭证的相应操作基本相同。

（2）出入库

"出入库"子模块的功能是对"已下达"的出入库单进行管理。在业务管理功能模块中，单击"出入库"图标,右边即显示"出入库"操作界面,分为上下两层,上层为入库单操作界面,下层为出库单操作界面。出入库单查询的具体操作同客户凭证的查询。

1) 显示出入库单。

① 在"入库单"操作界面中,右击要显示的入库单,弹出入库单操作界面,如图 6-11 所示。

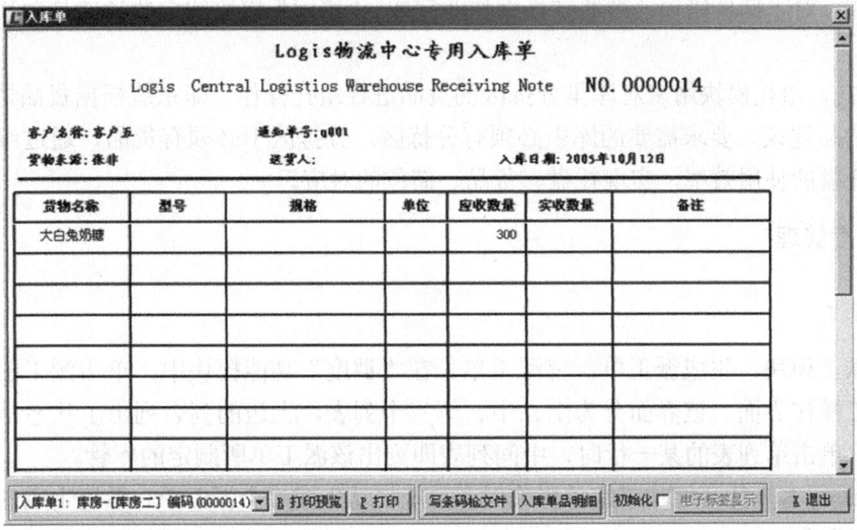

图 6-11 入库单操作界面

② 选择"显示出入库单"命令,进入"入库单"窗口,在该窗口显示入库单基本信息,在"出库单"操作界面中进行上述的类似操作可显示出库单的基本信息。

2) 反馈/分配显示。反馈/分配显示主要完成对出入库单的反馈工作,即在完成实际出入库操作后,对出入库货品的情况进行反馈。其操作如下。

① 在"入库单"操作界面中,右击要反馈的入库单,弹出出入库操作快捷菜单,选择"反馈/分配显示"命令,进入"出入库单反馈"界面,对于出库单的反馈,可类似操作。

② 反馈完成后单击"保存"按钮,即可将当前反馈结果保存至系统。

(3) 库内作业

"库内作业"子模块的功能是对盘点、移库、组拍等库内作业进行管理。在业务管理功能模块中,单击"库内作业"图标,右边即显示库内作业操作界面,分为"盘点"、"移库"、"组拍"三个子模块。

1) 盘点。盘点模块主要通过条码数据采集器下载盘点作业信息,并根据作业要求进行盘点操作。盘点完成后将盘点实际情况反馈至系统,系统将自动生成盘点报表。

① 生成盘点单。在库内操作界面中,双击盘点图标,即可显示盘点窗口,在这个窗口中选择好盘点条件后,单击"计算盘点单"按钮,系统即根据盘点条件生成盘点单,并把所有符合条件的出入库单的状态置为"盘点中",然后打印盘点单,就可以根据盘点单进行实际盘点了。

② 反馈盘点单。单击盘点操作界面中的"选择盘点单"按钮,系统即调出盘点单选择界面,在该界面中默认列出状态是"执行"的盘点单,将"全部"复选框选中,则列出所有状

态的盘点单；选中要进行反馈的盘点单号，单击"确定"按钮，返回盘点界面，这时在盘点界面中列出选择盘点单中的信息；输入实际的盘点数量后，单击"保存"按钮保存盘点信息。

③ 生成"盘点报表"。单击盘点单窗口中的"生成盘点表"按钮，系统打开"盘点报表"窗口，单击"生成"按钮即可生成盘点报表。

2）移库。在盘点作业中可能出现盈亏，也可能发现储位错误。对于数量的盈亏，通过单据冲销完成；对于储位错误，则通过移库作业完成。"移库"模块的主要功能是对移库作业进行操作。

3）组托。组托模块用来对库里分拣区的货品进行组托操作。即系统根据货品情况，提出每托存放货品建议。要求需要的库中必须有分拣区，分拣区中必须有货品，通过组托作业，可以提高托盘的使用效率，实现托盘、货品、储位的对应。

6. 调度管理

（1）派工

选择派工模块，生成派工单，空派工单。在"调度"功能模块中，单击派工图标，右边即显示派工操作界面。该界面分为上、中、下三个列表，上边的列表列出了状态是"生成"的派工单；单击单列表的某一行时，中间列表即列出该派工单所制定的库管。

① 当进行客户凭证增加或组拍操作时，系统自动生成一个派工单，系统生成的派工单将在本模块中看到。

② 处理/调节。处理/调节的功能是对已生成的派工单中的资源进行调整，并处理该派工单。

③ 反馈/显示。"反馈/显示"的功能是对已经完成的派工单进行反馈，只有反馈后派工单中调用的资源才可用。新作业的功能是对独立生成的派工单进行反馈。

（2）派车

选择派车模块，处理送货凭证。

1）路单由计算机打印输出，科学、规整、迅速、准确。

2）车辆调度日常管理，包括"已派车辆"、"未归车辆"、"病事假"、"保养"、"值班"、"加班"、"派车计划"等，全面实现自动化管理。

3）信息通信功能，方便快速。由于本系统为网络版运行，所以车队领导可直接与调度室通信，包括发通知、通报、给假、查询运行情况。

4）路单查询功能，方便、快速、准确，提高了车队管理水平。

5）多用户管理，级别可设置。车队领导及调度员等可分级别操作，消除了权限和误操作的问题。

6）操作简单，全面实现了鼠标操作。经过培训，任何人都可使用本软件。

7）用车计划清楚、科学。具有色彩提示，削除人工记载查找及处理的困难。

8）数据库备份及恢复功能，保证数据安全。

项目评价

项目名称：仓储管理信息系统　　　　　　　　　　　　　　　　　年　　月　　日

小组成员：				实际得分	
序号	考核内容	考核标准	分值	扣分	得分
1	仓储管理信息系统的作用	是否明晰其作用	5		
2	仓储管理信息的模块构成	是否掌握模块的功能	30		
3	仓库管理操作流程	是否熟悉流程	10		
4	仓储管理系统操作	是否正确掌握	10		
5	仓储业务作业	是否会仓储业务操作	15		
6	调度管理	是否顺利操作	15		
7	职业习惯及纪律	是否有良好的职业道德和规范的职业素养	15		
	综合得分				
指导老师评语					

项目巩固与提高

一、选择题

1. 入库系统需要具备（　　）功能或货位管理功能。
   A．货位判断　　　　　　　　B．货位指定
   C．库存控制　　　　　　　　D．货位分配

2. 库内移动是对库存物品的存放合理性进行（　　）调整。
   A．分析　　　　　　　　　　B．模拟
   C．人工　　　　　　　　　　D．自动

3. 实施库内移动系统，对于仓储企业的好处是（　　）。
   A．提高仓库利用率　　　　　B．提高作业效率
   C．减少装卸环节　　　　　　D．利于查询

4. 库位设定的功能是为了（　　）。
   A．确定库存数量　　　　　　B．便利入库管理
   C．查询物品信息　　　　　　D．监控库内状况

5. 仓储管理信息系统的统计分析管理是根据（　　）功能实现的。
   A．MIS　　　　　　　　　　　B．DSS
   C．CRM　　　　　　　　　　D．VAN

二、简答题

1. 仓储管理系统的功能模块主要有哪些？
2. 简述统计分析管理模块在仓储管理系统中的作用。

项目二 运输管理信息系统

（**编前哲思**：当今社会是一个"快吃慢"的社会，运输管理的主要任务就是解决时间与效率的问题。对于运输的过程，可以设计一个运输信息系统来管理和规范，人生的过程，我们应该采用什么样的系统来规范和管理呢？）

项目目标

1. 了解运输管理信息系统的结构；
2. 熟悉运输管理信息系统的功能；
3. 了解运输管理信息系统的作业方式。

项目准备

1. 运输管理信息系统教学授课课件；
2. 运输管理信息系统视频资料、图片；
3. 运输管理信息系统实训场所及设备的准备。

一、运输管理信息系统知识点学习

1. 运输概述

运输是用设备和工具将物品从一地点向另一地点运送的物流活动，其中包括集货、分配、搬运、中转、装入、卸下、分散等一系列操作。

在全球的物流活动中，对运输业的要求主要有如下几项。

1）节约运输成本和缩短运输时间；
2）及时交付；
3）运输时间的低变异性；
4）通过多种运输方式的结合实现无缝运输；
5）使延迟、损坏或丢失最小。

主要的运输方式及特点如下。

1）空运：最昂贵，但十分快捷。
2）公路：较为快捷，相对便宜，灵活性高。
3）铁路：相对便宜，适合大批量运输。

4）水运：最慢的运输方式，但对大批量的远洋货物运输而言是唯一经济的选择。

5）管道：通常用于石油和天然气运输。

6）电子化运输：最新兴起的运输方式，通过因特网电子传输音乐之类的产品。

2．运输管理信息系统发展概况

运输管理信息系统，英文缩写"TMS"，是一种"供应链"分组下的（基于网络的）操作软件。它能通过多种方法和其他相关的操作一起提高物流的管理能力；包括管理装运单位，指定企业内、国内和国外的发货计划，管理运输模型、基准和费用，维护运输数据，生成提单，优化运输计划，选择承运人及服务方式，招标和投标，审计和支付货运账单，处理货损索赔，安排劳力和场所，管理文件（尤其当国际运输时）和管理第三方物流。

运输管理信息系统包含的模块有：调度管理、车辆管理、配件管理、油耗管理、费用结算、人员管理、资源管理、财务核算、绩效考核、车辆跟踪、业务跟踪、业务统计、账单查询等。

运输信息管理的内容主要有：

1）货物跟踪管理；

2）运输车辆运行管理；

3）MCA（Multi Channel Access）无线技术的车辆运输运行系统；

4）应用通信卫星、GPS技术、GIS技术的车辆运行管理系统；

5）现代物流实时跟踪管理。

3．运输管理信息系统模块功能

运输中的决策主要包括选择较合理的运输方式和路线、具体物品的运输物流计划。例如，日本开发的直达运输系统，目的在于选择最接近用户的仓库，然后对用户实行快速直达运输。广东省水泥管理调运系统利用线性规划，以最低流通费用为目标，用计算机进行数据处理，取得了较好的经济效益。

运输管理信息系统的结构见图6-12。其目的是对运输过程中的人（驾驶员）、车、货、客户及费用核算进行有效的协调和管理，实现各种资源的实时控制、协调管理，满足客户服务的信息要求。

运输管理信息系统必须能够对物流公司的所有车辆进行实时跟踪，并能够合理地安排司机、车辆、任务三者之间的关系，优化企业的内部管理，提高物流企业的服务质量。同时，运输管理信息系统必须与物流环节中的其他系统（如货运、仓储、配送）衔接，保持信息流、资金流、物流的畅通，增强公司的竞争能力，为客户提供更加完善的服务。

运输管理系统的软件体系结构和强大的后台数据处理，为企业处理大量业务提供了可靠保障，还提供了与仓储、配送、货运软件及各种财务软件的接口，既可以独立使用，又可以整合在整个物流软件系统中。此外，还强调了模块间的相对独立性，可以根据客户的需要和业务流程进行组合，满足客户的个性化需求，随时扩展系统的应用。

一个成功的运输战略开始于有效、严密的整体计划，这是一种基于企业自身情况和最终客户的需求量身定做的战略方案。在实施计划之前，通过多种假设进行测试，并根据业务需要的变化进行快捷的修改，将所有可变因素纳入预计之中，通过多种线路进行分析，充分利用企业资源，确定最佳业务方案。

利用卫星定位和无线通信手段来传输和显示动态载体的移动信息，使办公室和驾驶员之间能够通过无线通信联系，实时掌握业务运行，从而实现管理人员、客户服务部门、调度员、客户代表及其他人员通过计算机实时了解所有移动作业进程和工作人员位置。随着不断地接收发送来的无线信号，系统会自动更新并显示这些新信息，如果在某一站有延误，当天的其他站点将马上在修正的日程表中反映出来。如果延误会导致客户服务问题，调度员可以提前掌握事态，如通过无线电信息通知修改驾驶线路。如果遇到超载或破损等，驾驶员可立即向调度员发送信号，以采取必要的措施。

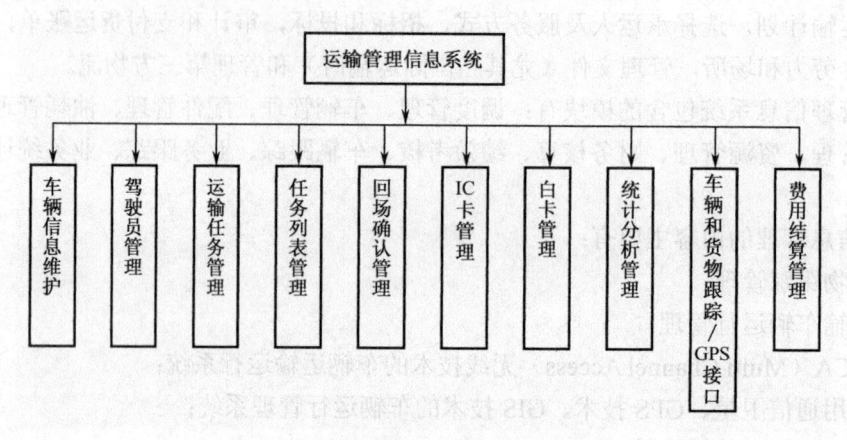

图 6-12 运输管理信息系统的结构

4．运输管理信息系统模块的功能特点

（1）车辆信息维护

对运输车辆的信息进行日常的管理维护，随时了解车辆的运行状况，以确保运输任务下达时有车辆可供调配。主要包括车辆的一些基本属性，如载重大小、运行年限、随车人员的要求，以及是否属于监管车辆等。

为确保车辆的最佳运行状态，需要定期或不定期地对车辆进行维修和保养，并编制维修和保养计划，从而保证整个运输业务过程中的安全和准时，进一步提高客户服务水准。

（2）驾驶员管理

对驾驶员的基本信息进行管理，以随时跟踪（驾驶员的学习情况、违章记录、事故情况、准驾证件及其他证件的管理等）。同时可以考核驾驶员的业务素质，以保证驾驶员队伍的稳定和发展。

在对驾驶员的管理中，还需要对驾驶员的出勤情况进行管理，以便在任务安排时可以自动判断任务当日是否能够正常出勤。

（3）运输业务登记

登记客户需要进行运输的货物信息，以便合理地安排运输计划。客户的一个委托为一笔业务，这里有三种情况：一是这笔业务是由其他操作流程流转过来的，如可能是客户在报关、国际货运代理时就同时需要提供运输服务的；二是物流公司自行承接的业务，即销售人员直接与客户交流的结果；三是由合作伙伴提供的货源信息，如物流公司把货运抵目的地后，正好合作伙伴需要将某些货物带回，由于信息沟通顺畅，可以减少车辆的空载率，进一步降低物流成本，可以更好地吸引客户。

（4）运输计划安排

根据客户要求安排运输计划，客户的一笔业务可以安排一次运输计划，也可以安排几次运输计划，这就需要根据实际情况做出合理安排。运输任务的大小、客户时间要求的限制等，都是安排运输计划所要考虑的因素。

（5）任务列表管理

根据运输计划，将运输计划分解成一笔一笔的任务，将运输计划分解成一个一个的原始任务，这样在安排车辆时就可以根据地点、时间、车班情况进行优化与组合，还可选择最优的运行线路，达到较高的车辆利用率和效益。

当然，对已经由计算机自动制作出来的任务列表，还可以对一些不合理的地方进行修改，或者对回程货物的安排进行确认。

根据已经生成确认的任务列表制作派车单，并及时将派车单交给当班的驾驶员，实施运输计划。

（6）回场确认管理

驾驶员把货物送至目的地且车辆回场后，就将客户收货确认带回，输入本次执行任务后的一些信息，如行程、油耗、台班数、货物有无损伤和遗失及是否准点到达等，这些数据将成为数据统计分析的基础。

（7）IC卡管理

将派车单的内容写入IC卡，这样出车的车辆就具有电子身份证的功能，这是根据不同的地方对营运车辆管理需要而设计的，它可以提高工作效率、减少人为差错，如在集装箱车辆进入港区后，需要将IC卡交付工作人员进行货物确认，否则车辆将不允许进入港区。

（8）白卡管理

白卡是海关对监管车辆管理的凭证，不是每辆车都拥有的，只有运输海关监管货物的车辆才有。系统中体现的功能模块有基本资料输入、白卡使用记录、白卡最新流向查询。

（9）查询与报表

各种车辆运营情况、派车情况、任务完成情况及月度统计报表的处理，这是企业营运分析所必须的功能。

（10）车辆和货物跟踪

智能化信息调度网是为了适应将来大容量、大范围、数字化、网络化的交通运输车辆调度和综合信息服务而开发的平台系统，它以GPS全球卫星定位网、GSM全球个人通信和SMS短消息网、FLEX高速寻呼网、Internet互联网为基础，采用数据分析和智能化决策支持、GIS地理信息系统等技术，具有车辆调度、监控、防盗、报警、移动综合信息服务等功能。

智能化交通车辆调度和综合信息服务的基本功能原理是，利用 GSM 的短消息功能和数字传输功能将目标的位置和其他信息传送到主控中心，在主控中心进行地图匹配后显示在 GIS 监控服务器上，主控中心能够对移动车辆的准确位置、速度和状态等必要的参数进行监控和查询，从而科学地进行车辆调度和管理，实现对车辆的实时动态跟踪，提高效率。移动车辆在紧急状态或受到安全威胁的情况下，它可以向主控中心发送报警信息，从而及时得到附近交通管理部门的支援。

1) GPS 的构成。

智能化调度信息网络平台主要由一级调度信息网络中心、二级调度信息网络中心、车载终端系统和通信网络系统构成。其中，通信网络系统以移动通信网络为主。

2) 自动收货确认系统。

此系统在硬件上由两部分组成：便携式电子扫描枪、无线通信模块 PDA。

系统主要针对货物配送人员（驾驶员），在货物交付时，对交货货物进行电子扫描，自动读取条码信息，输送到 PDA 存取。客户签收可直接在 PDA 上进行，把交付货物信息与签收信息一起通过无线网络传输到信息管理中心，使调度、客户服务和发货人在第一时间获得货物送抵信息，结合管理系统完成全过程信息控制和管理。

目前，国际国内已有相关的集成产品，但因为通信网等因素，在中国还未大面积进行应用。但是，国内现有的便携式电子扫描枪和 PDA 产品已开始与相应的通信模块集成，已有一些厂家开始使用。

（11）GSM/GPS 车辆监控调度的接口

利用 GSM 公用数字移动通信网作为监控中心与移动目标（如车辆）之间的信息传输媒介，利用全球卫星定位系统（GPS）的定位技术、电子技术、计算机技术、网络技术，结合运用电子地图地理信息系统，实现对移动目标（车辆）的位置、状态监视并利用 Internet 向外发布信息。这套系统可以实现以下功能。

1) 将中心要发送的信息按通信协议处理并向车载设备发送。

2) 接收车载设备发来信息，根据通信协议，得到有效的车载信息，存储记录，可能时（如果工作站在线）将信息发给对应的工作站。

3) 自动调节通信信息流量，保证通信畅通。

4) 初始化并自动检测 GSM 通信机状态，实时监视并显示通信状态。

5) 矢量电子地图放大、缩小、平移。

6) 地理信息电子地图图层分层显示、管理。

7) 矢量电子地图的编辑、修改功能。

8) 车辆监控、调度、管理。

9) 发送短消息。

10) 显示接收到的短消息。

11) 接收车载设备的紧急报警信息并发出声光提示。

12) 远程遥控功能。

13) 指定车辆允许的行驶路线，车辆行驶偏离路线时自动报警。

14) 指定车辆允许的行驶区域，车辆越界时自动报警。

15）资料检索与历史轨迹回放、打印。
16）资料统计打印。
17）地图打印。

（12）监控中心系统

1）电子地图功能。

① 分层、多窗口显示电子地图图层，矢量电子地图放大、缩小、平移、测距（直线、折线），地理信息查询。
② 复杂地理信息的添加、编辑、删除。
③ 用不同的颜色、图标显示不同种类的车辆。
④ 地图打印输出功能。
⑤ 将车辆的位置信息以图标的形式显示在电子地图上，并可将偏离的轨迹居中到道路上。

2）车辆监控调度功能。

① 中心可向一辆或多辆车载设备发送文字信息（如调度指令）、控制指令（立即回报当前位置、定时回报位置信息、立即监听、电话功能的设置、断油断电、开闭车厢锁）和车载设备配置信息（监控中心的 SIM 卡号码、短信息服务中心号码）。
② 中心可以直接接收车载系统发回的位置信息、速度信息、车辆运行状态信息、车载系统内预定义的文字信息、报警信息（超速报警、越界/越线报警信息）。
③ 接到报警信号后，发出声光提示信息。
④ 历史轨迹回放。
⑤ 设定行驶路线或行驶区域，并指定相应的车辆。
⑥ 按需将车辆编组，短信可在组内进行广播。

3）通信管理功能。

① 初始化时或运行中自动检测 GSM 通信机的状态，实时监视并显示系统的通信状态，发现故障时发出声光报警信号，提示值班人员。
② 设置中心 GSM 通信机内 SIM 卡的短消息服务中心号码。使中心能与 GSM 网接口。
③ 接收车载设备发来信息，根据通信协议，得到有效的车载信息，存储记录，将信息发给对应的工作站。
④ 将中心要发送的信息按通信协议处理并向车载设备发送。
⑤ 自动调节通信信息流量，保证通信畅通。

（13）费用结算管理

对每一业务所发生的费用进行登记确认，及时判断业务盈亏状况，包括企业财务管理的所有过程，从费用登记确认到发票的制作，实收实付的确认和销账、最终生成企业所需要的统计分析表格。

二、运输管理信息系统模拟与实训

实训目标

1. 熟知运输管理信息系统的操作流程；

2．掌握运输作业和配送作业的系统操作。

实训要求

熟悉运输管理信息系统的基本操作流程操作，在此基础上，会使用系统进行派车作业的信息录入，能填报运输作业订单，进行相关信息补全和填报，完成运输作业任务。根据配送作业订单，完成订单的作业信息填报，制定派车调度，完成配送作业任务。

实训准备

实训室运输管理信息系统设施设备。

实训操作

任务 1　熟悉操作流程

1）客服人员根据客户委托录入订单。

2）将已录入的订单提交给调度。

3）根据运单承运人，在系统中将运单信息补录完整。

4）确认运单信息和货品信息并提交给财务部门复核。

5）需调整运费的运单，经过相关的审批流程后，录入调整金额。

6）对于客户已签收的运单，在系统中进行签收录入。

7）对需要签单返回的单据进行返单处理和返单监控。

8）对于自提货物的客户，客服人员根据“到货通知”列表联系客户来场站提货。

任务 2　运输作业

1）运输订单录入：切换系统（发货站人员登录）→订单管理→订单录入→新增→ 选择订单类型→填入订单信息→保存→生成作业计划（见图 6-13）。

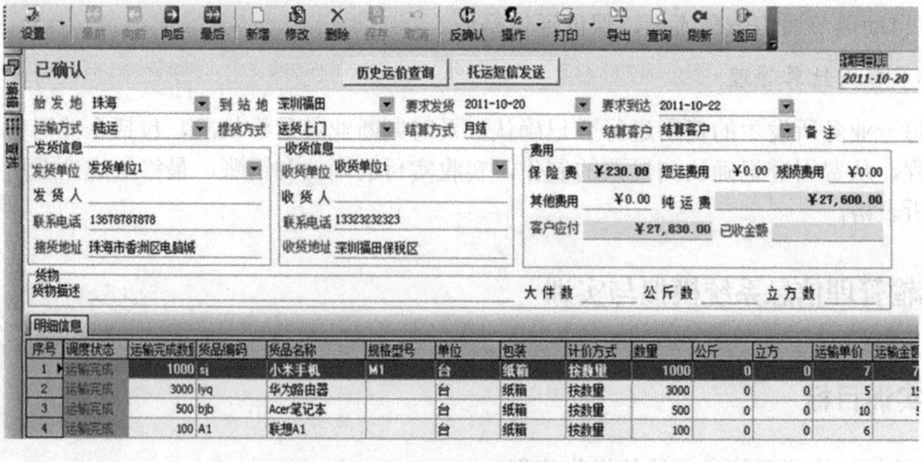

序号	调度状态	运输完成数	货品编码	货品名称	规格型号	单位	包装	计价方式	数量	公斤	立方	运输单价	运输金额
1	运输完成	1000	sj	小米手机	M1	台	纸箱	按数量	1000	0	0	7	7
2	运输完成	3000	lyq	华为路由器		台	纸箱	按数量	3000	0	0	5	1
3	运输完成	500	bjb	Acer笔记本		台	纸箱	按数量	500	0	0	10	5
4	运输完成	100	A1	联想A1		台	纸箱	按数量	100	0	0	6	

图 6-13　运输订单的信息录入示意图

2）集货调度：切换系统→运输管理系统→运输管理→调度作业→分单→选择运输方式和分供方→保存并填入费用。

3）信息补录：运输管理→补录信息→修改（补填相关信息）→提交复核。

4）订单审核：切换系统→商务结算→商务结算管理→复核管理→运单复核→搜索目标运单号→通过复核。

5）集货作业：运输管理→场站作业→自提自送→直接进站。

6）发货调度：运输管理→调度作业→待发运→找到运单→通知发货→填入费用→确定。

7）发货作业：运输管理→场站作业→发运到达→直接出站。

8）接货调度：切换系统（收货站人员登录）→运输管理系统→运输管理→调度作业→待到达→到货。

9）接货作业：运输管理→场站作业→发运到达→直接进站。

10）派送交接：运输管理→运单管理→签收录入→搜索目标运单号→签收。

11）签收返单：见图6-14。

12）费用结算：见图6-15。

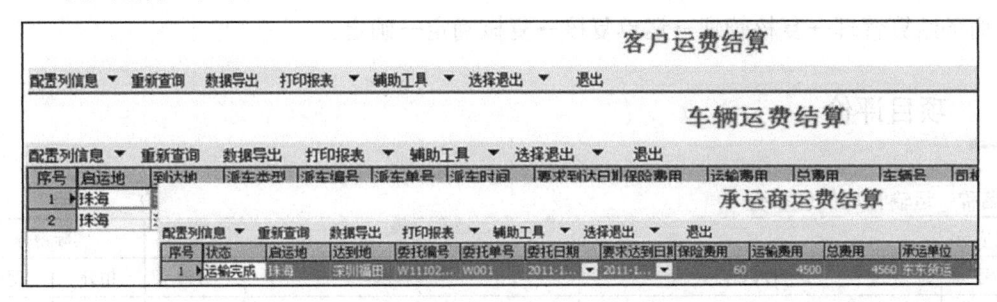

图6-14 运输作业费用结算示意图

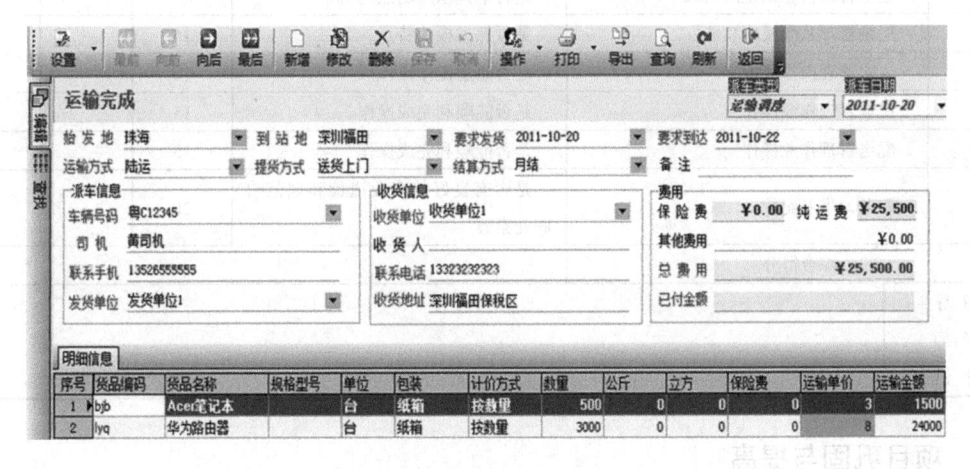

图6-15 运输管理完成示意图

任务3 配送作业

（1）配送订单录入

订单管理系统→ 订单管理→ 订单录入→ 新增→选择配送订单→ 确定 →填写配送订

单→保存订单。

(2) 生成作业计划

选中生成的订单→生成作业计划→确认无误→确定生成。

(3) 配送调度

运输管理系统→配送管理→配送作业→配送调度→ 取/派调度单列表 → 待取运单列表 →选中运单→向下按钮→ 打印→确定→ 提交→ 确定→ 确认费用 →费用维护→保存。

(4) 送货

配送管理→配送作业→配送操作→选中记录→场站扫描→打印待取货品标签→直接出站→场站扫描→ 直接进站。

(5) 签单

配送管理→配送作业→配送签收→填写信息→保存→确定。

(6) 补单

配送管理→配送作业→配送补录→提交复核→确定。

(7) 运单复核

商务结算管理→复核管理→运单复核→复核确定→确定。

项目评价

项目名称：运输管理信息系统　　　　　　　　　　　　年　　月　　日

小组成员：				实际得分	
序号	考核内容	考核标准	分值	扣分	得分
1	基本概念	是否掌握相关概念	10		
2	运输管理信息系统的构成	是否掌握系统功能构成	15		
3	运输管理系统模块功能	是否熟悉模块特点	15		
4	运输管理操作流程	是否熟悉操作流程	10		
5	运输管理作业操作	是否能顺利完成操作	15		
6	配送管理作业操作	是否能顺利完成操作	15		
7	职业习惯及纪律	是否有良好的职业道德和规范的职业素养	20		
	综合得分				
指导老师评语					

项目巩固与提高

一、选择题

1. 车辆信息维护不包括（　　）。

    A. 车辆型号　　　　　　　　B. 运行年限

　　　　C. 维修记录　　　　　　　　D. 随车司机信息
　2. 安排运输计划时，不需要考虑（　　　）。
　　　　A. 回程货的揽取　　　　　　B. 运输任务大小
　　　　C. 时间要求　　　　　　　　D. 运输成本
　3.（　　）被认为是车辆的电子身份证。
　　　　A. RF 接收器　　　　　　　 B. 车辆条码
　　　　C. IC 卡　　　　　　　　　 D. GPS 接收器
　4. 目前，在对车辆进行监控调度时，除了使用 GPS 系统外，还会运用（　　）系统。
　　　　A. EDI　　　　　B. RF　　　　　C. SIM　　　　　D. GSM
　5. 如果没有（　　）系统，智能化调度平台就难以实现对车辆越界的自动报警功能。
　　　　A. GIS　　　　　B. FLEX　　　　C. GSM　　　　　D. TMS
　6. 运输管理信息系统的目的是实现（　　）的协调管理。
　　　　A. 运输车辆与货物　　　　　B. 运输车辆与路线
　　　　C. 发货人与收货人　　　　　D. 司机、车辆与任务
　7. 运输管理信息系统中的核心功能模块是对（　　）的管理。
　　　　A. 货物集合　　　B. 运行路线　　C. 运输工具　　　D. 费用结算
　8. TMS 的运输任务管理模块业务操作包括：① 货物配载；② 车辆安排；③ 货运跟踪；④ 线路调度；⑤ 分单作业。其顺序为（　　）。
　　　　A. ②⑤④③①　　B. ⑤④②①③　　C. ③①④②⑤　　D. ④③①②⑤
　9. TMS 运输任务列表管理模块功能的输入是（　　）后的一些信息。
　　　　A. 运输业务　　　B. 客户需求　　C. 运输计划　　　D. 物流当量

　二、简答题

　1. 运输管理信息系统的模块组成？
　2. 运输管理信息系统的模块特点？

项目三　货运代理管理信息系统

　（**编前哲思**：授人玫瑰，手留余香。货运代理管理信息就是这样一种有意思的"双赢"工具，它在帮客户完成愿望的同时，也帮代理商实现自己的愿望。）

项目目标

　1. 掌握货运代理管理信息系统的模块组成；
　2. 熟悉货运代理管理信息系统的功能；
　3. 了解货运代理管理信息系统的单证填写作业。

项目准备

1. 货运代理管理信息系统教学授课课件；
2. 货运代理管理信息系统单证资料及图片；
3. 货运代理管理信息系统的单证准备。

一、货运代理管理信息系统知识点学习

1. 货运代理管理信息系统概述

国际货运代理是物流服务性行业中的一种，1926年5月31日在维也纳成立的国际货运代理协会联合会（FIATA），作为联合国的常设顾问机构和世界范围内最大的非政府和非营利性机构，对国际货运代理的定义是："根据客户的指示，为客户的利益而揽取货物运输的人，其本人并不是承运人，货运代理也可以依这些条件，从事与运输合同有关的活动，如集货、报关、报检、收款。"货运代理管理信息系统结构见图6-16。

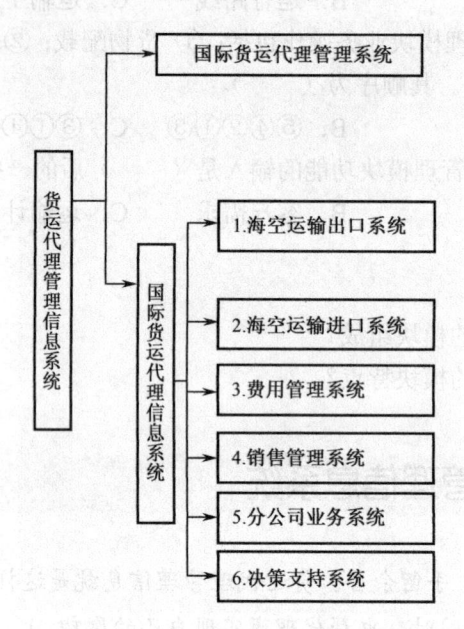

```
                              ┌──国际货运代理管理系统
                              │
货运代理管理信息系统──国际货运代理信息系统──┤
                              │  1.海空运输出口系统
                              │  2.海空运输进口系统
                              │  3.费用管理系统
                              │  4.销售管理系统
                              │  5.分公司业务系统
                              └  6.决策支持系统
```

图6-16 货运代理管理信息系统结构

1995年，我国颁布的《中华人民共和国国际货物运输代理业管理规定》将其定义为"国际货物运输代理企业可以作为进出口货物收货人、发货人的代理人，也可作为独立经营人从事国际货代业务。"

国际货代企业作为代理人，从事国际货运代理业务，是指国际货运代理企业接受进出货物收货人、发货人或其代理人的委托，以委托人或自己的名义办理有关业务，收取代理费或佣金的行为。

国际货运代理企业作为独立经营人从事国际货运代理业务，是指国际货运代理企业接受

进出货物收货人、发货人或其代理人的委托,签发运输单证,履行运输合同并收取运费和服务费的行为。可见,传统的国际货运代理业务是指国际货运代理企业为当事人办理国际货运运输及相关业务并收取服务报酬的行业。国际货运代理精通业务,熟悉国际货运市场的供求变化、航线运价的季节变化及各种运输手段及相关法律规定,与承运企业、贸易方及保险、银行、海关、商检、港口等有着广泛的联系和密切的关系,利用自身的有利条件,在较大范围内为委托人办理国际货运业务提供较好的服务,并在国际贸易运输发展过程中起着非常重要的作用。

2. 国际货运代理企业信息化需求

作为一个国际货运代理企业,要想在竞争激烈的市场中取胜,必须有一套成功的国际货运代理信息系统作为支持。该系统必须能够达到:全面优化整体作业流程,提升企业核心竞争力,建立现代物流同步模式及实现对客户的个性化服务等。

国际货运信息系统的实现,将确保国际货运企业形象的全面提升,同时实现"五流合一"(单证流、货物流、信息流、资金流、人才流)和"五网合一"(总部信息网、分部信息网、合作伙伴网、政府机构网、客户内部网),使国际货运代理在物流信息化方面引领同业潮流,保持持久的竞争力。

国际货运代理业务标准流程如图 6-17 所示,一个国际货运代理业务的完成要经过以下几个步骤。

1)客户提出国际货运代理业务要求。
2)公司接单制单。
3)订舱、调度操作,其中的操作包括:运输操作、仓储操作、装箱操作和保管操作。
4)提单签发和费用结算,完成整个国际货运代理业务。

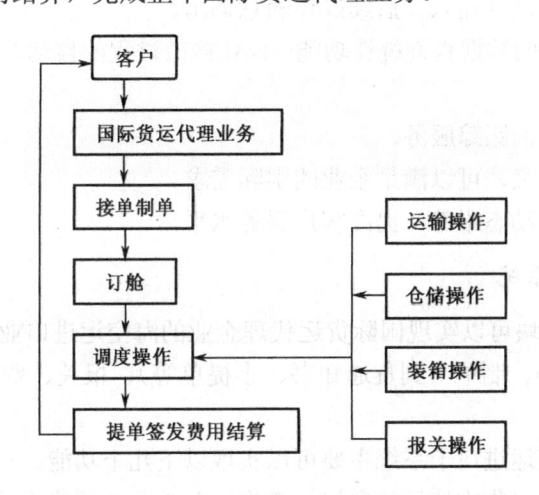

图 6-17 国际货运代理业务标准流程

3. 货运代理管理信息系统的主要功能模块

一个国际货运代理信息系统一般包括海空运出口子系统、海空运进口子系统、费用管理子系统、销售管理子系统、分公司业务子系统及决策支持子系统。

(1) 海空运出口子系统

1) 模块概述。该模块可以实现国际货运代理企业的海空运出口业务的操作和管理，其中包括接单（客户委托书）、制单（十联单、装箱单、进仓通知书、运输通知书、提单等）、订舱、提单签发、费用登记确认等整个业务流程的管理。

2) 模块功能。海空运出口子系统主要可以实现以下几个功能。

① 订舱委托：即接受客户的托运委托，以便及时订舱，能够自动生成委托书，在此所有录入的信息是后续操作的源泉。另外，在此可以实现对特殊货物的管理，如危险品、牲畜、鲜活食品等。当然该子系统还可以实现费用的预估输入和利润预测。

② 操作调度。整、拼箱的装箱操作及集装箱的箱单制作。在输入集装箱箱号的时候，系统可以自动按照国际标准对箱号进行检测，以确保输入的准确性。系统可以根据客户的要求安排运输计划，以确保货物能够准确、及时地到达目的地；还可以根据客户仓储需要，安排仓储计划，以确保客户送货时能够准确地摆放货物，为实际装箱提供方便。

③ 单证处理。可以实现提单的制作和签发；可以实现保管单据的流转及跟踪管理，以确保对所有单据实行动态的、科学的管理；在退给客户单据时，可以实时地了解客户的费用结算情况；单据格式的自定义，还可以实现对委托书、提单确认件、提单等单据的自定义，可以带底图进行快速调整，以满足企业实际业务发展的需要。

④ 查询统计。可以对运箱量、集装箱及提箱信息、费用信息、操作记录及操作状态等信息进行查询统计。

3) 模块特点。海空运出口子系统的特点可以总结如下。

① 方便快捷的托单信息输入。

② 多种单据格式的自定义。

③ 所有信息确保一次性输入，后续操作随意调用。

④ 多途径、多条件的数据查询统计功能；操作修改过程的自动存档，满足 ISO 企业的管理需要。

⑤ 实现对任意单据的跟踪服务。

⑥ 操作流程的自定义，可以满足企业的实际需求。

⑦ 货物状态的实时动态跟踪，提高客户服务水平。

(2) 海空运进口子系统

1) 模块概述。该模块可以实现国际货运代理企业的海空运进口业务的操作和管理，其中包括接单（客户委托书）、制单（到货通知书、小提单等）、报关、费用登记确认等整个业务流程的管理。

2) 模块功能。海空运进口子系统主要可以实现以下几个功能。

① 业务委托。对进口货物信息的登记、查询、跟踪及各项费用的输入。

② 作业调度。报关及单据的管理、运输的安排及拼箱进口的分拨。

③ 单证处理。小提单、运输委托单及费用流转清单等的制作。

④ 查询统计。业务量、相关费用及其他信息的统计查询。

3) 模块特点。海空运进口子系统的特点可以总结如下。

① 所有信息确保一次性输入，后续操作随意调用。

② 多途径、多条件的数据查询统计分析功能。
③ 操作修改过程的自动存档，满足 ISO 企业的管理需要。
④ 实现对任意单据的跟踪服务。
⑤ 操作流程的自定义，可以满足企业的实际需求。
⑥ 货物状态的实时动态跟踪，提高客户服务水平。

（3）费用管理子系统

1）模块概述。追求利润是企业运行的目标之一，而合理的费用管理则是实现这一目标的重要保障，国际货运代理信息系统中的费用管理子系统为此设立了很好的信息操作平台。费用管理子系统将企业每日交易、每次业务交易的财务信息（包括应收/应付费用、发票信息、实收/实付费用等）逐笔记录下来，用以进行财务分析核算，并供报税、股东或投资者咨询和参考。

2）典型流程。费用管理子系统主要对整个物流系统中各个相关业务的财务信息进行收集、审核、管理和分析核算（见图 6-18）。

3）系统功能。费用管理子系统可以实现的主要功能分解如下。

① 应收应付、代收代付费用输入：输入、修改报关、仓储、运输等各项业务所产生的各项应收应付费用、代收代付费用。
② 应收应付、代收代付费用审核：对各项费用进行审核。
③ 发票管理：发票的制作、打印、查询等。
④ 实收实付管理：实收实付费用的登记、审核、销账。
⑤ 应收应付、代收代付报表：各种相关报表的制作、生成、打印。
⑥ 成本利润表、账龄分析表：成本利润表、账龄分析表的制作、生成、打印。
⑦ 对账自动传真、催账自动传真：自动生成传真文件。

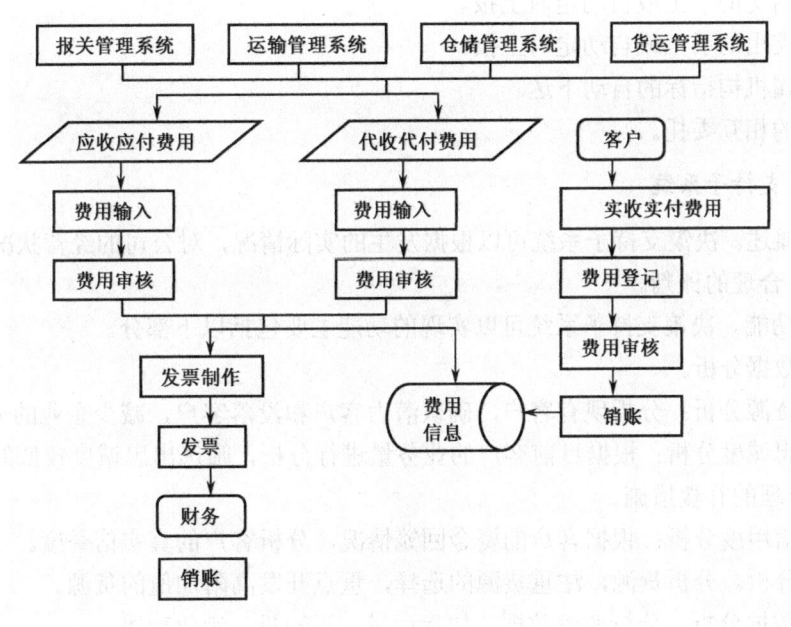

图 6-18 费用管理子系统流程图

4）模块特点。国际货运代理信息系统的费用管理子系统主要有以下特点。

① 多方式的费用录入，如手工、复制、根据运价本、自动计算方案等，并对分箱费用进行分摊。

② 不同要求的发票制作模式，如分币种合并发票、分单位合并开票等。

③ 客户正常付费、多付、少付的销账处理，可以确保每一业务中的每一个费用项目都管理得清楚。

④ 多途径、多条件的数据查询统计功能。

⑤ 各种数据报表的自动生成，如应收明细表、应付明细表、成本利润表等。

（4）销售管理子系统

1）模块概述。该功能模块可以实现对客户资料、信用度及客户投诉的管理，对销售队伍的考核、运价的日常维护，以及对客户报价的管理。

2）模块功能。销售管理子系统可以实现的主要功能分解如下。

① 合同管理：合同信息的新增、修改、查询，以及根据客户的要求进行最优报价的处理。

② 客户关系管理：客户信息的新增、删除、查询和修改，客户联系信息和客户服务信息的维护。

③ 单体成本、利润考核：对某个团队或个人的支出成本和利润进行统计分析。

④ 公共信息管理：公开运价、船期等公用信息的维护。

（5）分公司业务子系统

1）模块概述。对于集团性的企业，分公司业务子系统可以实现企业对下属机构的业务和财务运作情况进行动态管理，以及下属机构之间的业务协调。

2）模块功能。分公司业务子系统可以实现的功能如下。

① 业务情况的手工或自动定时上报。

② 收入支出的手工或自动定时上报。

③ 对下属机构指标的自动下达。

④ 业务的相互委托。

（6）决策支持子系统

1）模块概述。决策支持子系统可以根据发生的实际情况，对公司的经营状况、客户的情况进行科学、合理的评判。

2）模块功能。决策支持子系统可以实现的功能主要包括以下部分。

① 客户数据分析。

a. 客户资源分析：分析现有客户，确认潜力客户和没落客户，减少企业的无效开支。

b. 客户忠诚度分析：根据目前客户的业务量进行分析，筛选出忠诚度较低的客户，以便决策层提出合理的补救措施。

c. 客户信用度分析：根据客户的资金回笼情况，分析客户的真实信誉度。

② 货源分析。分析货源，注重货源的选择，重点开发高附加值的货源。

③ 业务数据分析。分析业务数据，如货运量、运输量、销售额等。

a. 业务量分析：对某一时间内的某个/某些部门、某个/某些销售员的业务量进行考核，以图表的形式表现出来，然后进行比较分析。

b. 操作和服务质量数据分析：用于分析服务和操作质量，如差错率、任务按时完成率、工作量等。

c. KPI指标分析：包括完美订单完成率、准时订单完成率及订单破损丢失率等。

d. 业务跟踪查询分析：包括货物跟踪查询，即各种货物的位置状态查询；业务执行情况查询，即根据反馈信息来查询各种业务订单执行效果。

④ 财务分析。

a. 成本利润：对某一时间内的某个/某些部门、某个/某些销售员的成本利润进行考核，以图表的形式表现出来，然后进行分析。

b. 财务数据分析：用于分析各类财务数据，如销售额、应收账款、折扣、坏账等。

⑤ 综合分析。

a. 万能分析：可以通过所有的数据类型自由组合检索，以便应付突发的特殊数据检索需要。

b. 物流系统绩效评估：根据事前的控制指导，对绩效进行事后的度量与评价，从而判断是否完成了预定的任务、完成的水平、取得的效益与所付出的代价。

3) 模块特点。该模块可以通过多种分析途径，对影响企业发展的各种因素进行多种表现形式的分析，如各种动态曲线图和走势图，帮助企业进行科学决策。

二、国际货运代理管理信息系统模拟与实训

任务一：空运出口业务实训

实训目标

了解并掌握空运出口业务操作及运作流程。

实训要求

使用诺思货运代理管理系统软件，使用系统中已维护好的数据，操作流程：基本资料→订舱→陆运→报关→费用→账单→文件跟踪→档案。

实训准备

诺思货运代理管理系统的操作流程图如图6-19所示。

实训操作

步骤1：单击"空运出口"图标，打开空运出口页面，当前页面显示的是已完成或正在完成或待完的操作记录。通过上半部的查询条件可查询已有记录。在页面的底部有三个功能按钮：增加、删除和刷新，如要进行新增，可单击"增加"按钮，其操作见图6-20。

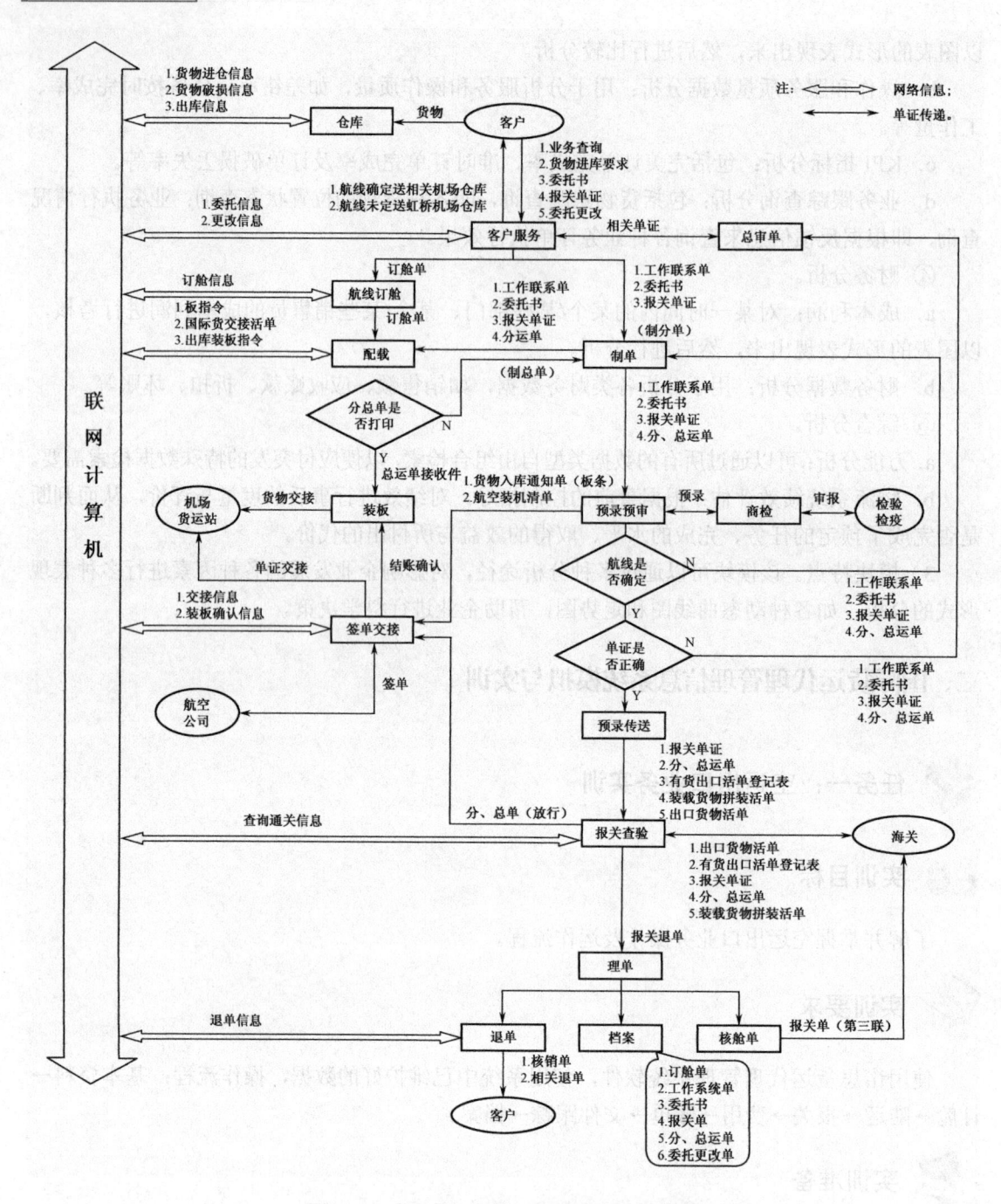

图 6-19 诺思货运代理管理系统操作流程图

步骤 2：单击左下角的"增加"按钮，进行新的空运出口业务操作，进入以后，用户可看见页面分为以下几部分：操作状态、委托、订舱、服务、分单，见图 6-21 和图 6-22。

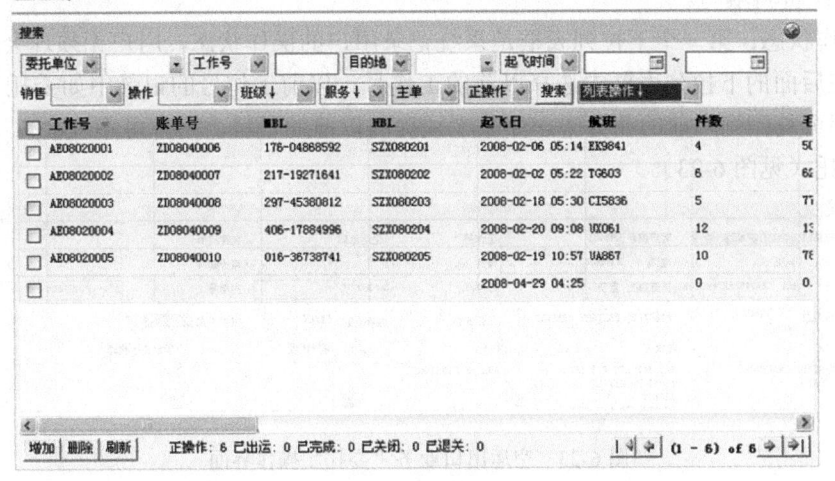

图 6-20　空运出口界面

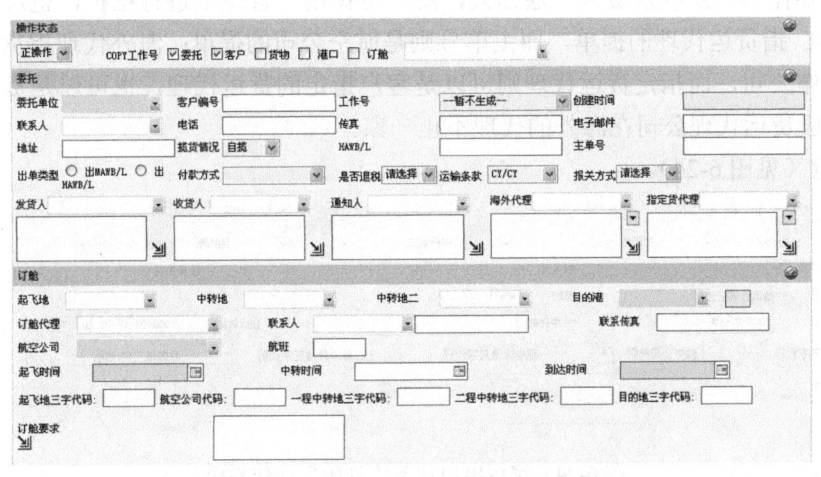

图 6-21　空运出口业务"增加"操作界面

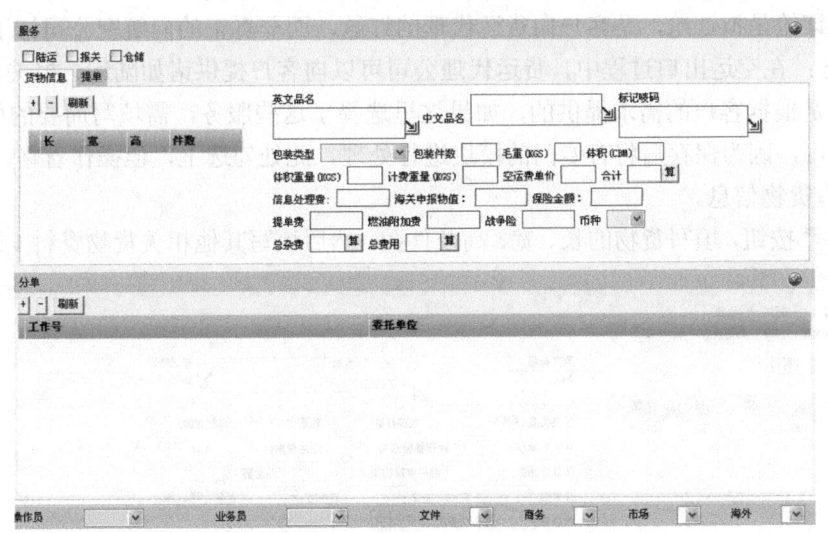

图 6-22　空运出口业务"服务"操作界面

步骤3：资料填写。

1）操作状态：第一个下拉列表框是系统记录用户的操作状态，用户无须理会；COPY工作号，即在后面的下拉列表框中选择以前的工作号，以前工作号的记录中如委托、客户、货物及订舱都可复制到当前的业务中。如果无须提取以前的资料，用户可不理会。

2）委托（见图6-23）。

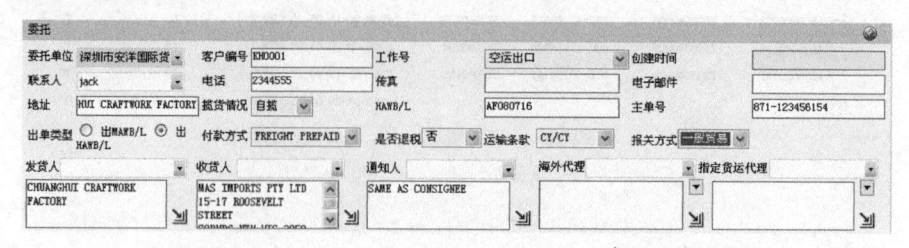

图6-23　空运出口业务"委托"操作界面

说明：委托单位及收发货人、通知人，用户可在用户管理里进行维护，也可以在此处维护；HAWB/L指货运代理的提单，而主单号则是航空公司的提单；海外代理指货运代理公司在海外的合作公司，而指定货运代理则可以是客户指定的货运代理，也可以是货运代理公司的代理，一般货运代理公司在海外的代理不止一家。

3）订舱（见图6-24）。

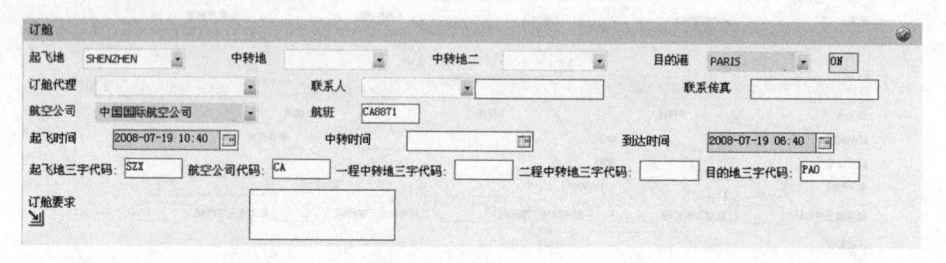

图6-24　空运出口业务"订舱"操作界面

这里的订舱是拟订舱，是客户向货运代理的订舱，而非真正的向航空公司订下的舱位。

4）服务：在空运出口过程中，货运代理公司可以向客户提供诸如陆运、报关、仓储等服务，这些都是根据客户的需求提供的，如果这里选择了这些服务，需填写简要的信息资料，用户填写也可，因为保存后将有专门的模块进行处理，此处勾选上，但操作省略。

① 填写货物信息。

单击"+"按钮，填写货物的长、宽、高及件数，然后填写其他相关货物资料（见图6-25）。

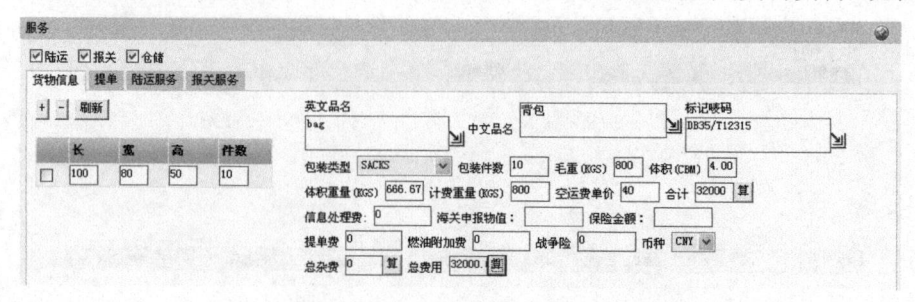

图6-25　货物资料填写操作界面

② 填写提单信息：见图6-26。

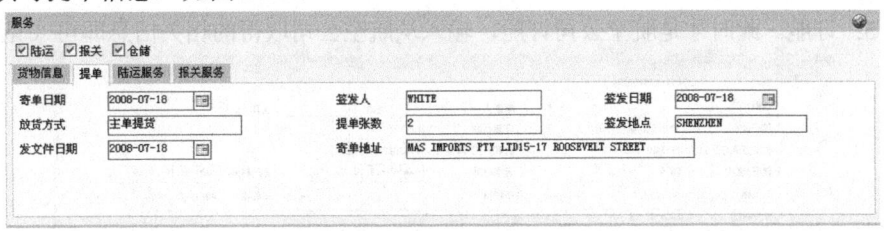

图6-26 提单信息填写界面

5) 分单：分单就是将该单根据客户的要求分成几份，即客户将此票货发给多个不同的收货人，资料填写同上，此处略。

步骤 4：保存。注意保存后页面上部与此前的区别，如订舱、陆运等一系列操作按钮，此时用户可输出各种单证及提单。提单如图6-27所示。

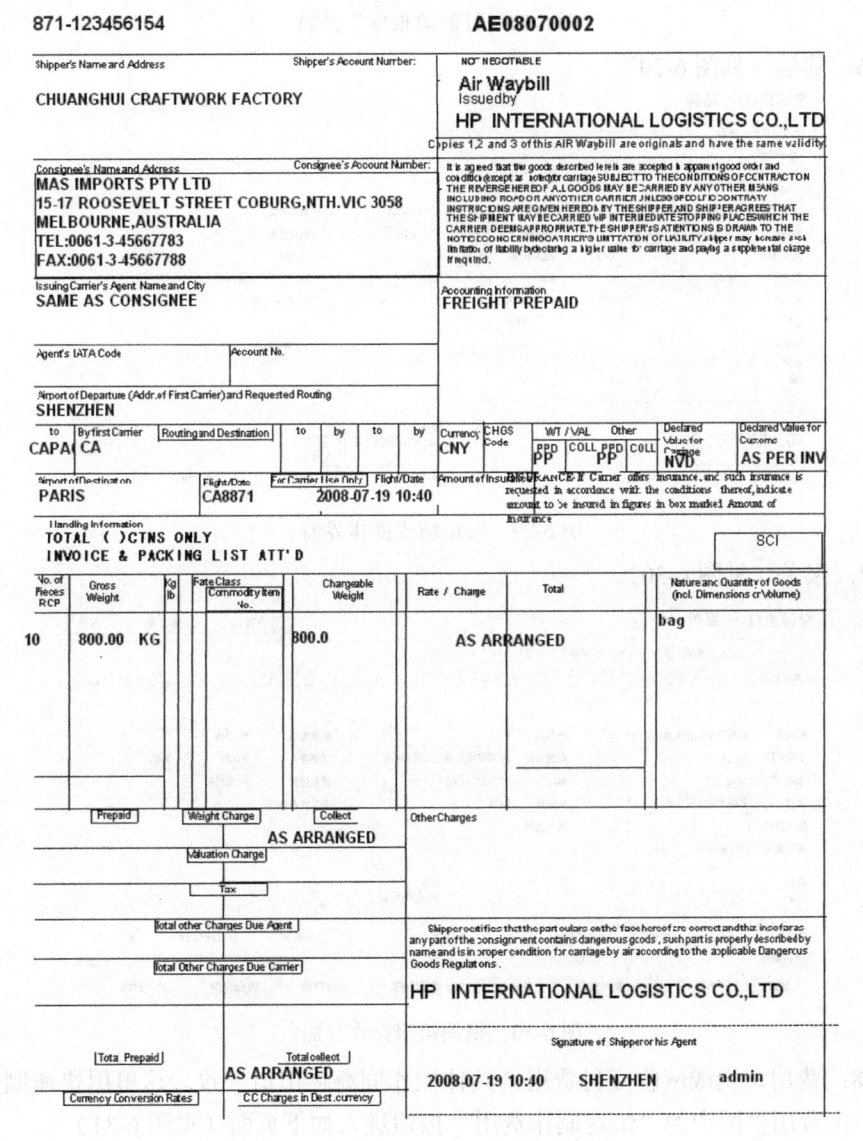

图6-27 提单填写完成后保存样式

此时用户可生成档案,以备查询。

步骤5:订舱。此时才是航空公司订舱,输入从航空公司取得的相关信息即可(见图6-28)。

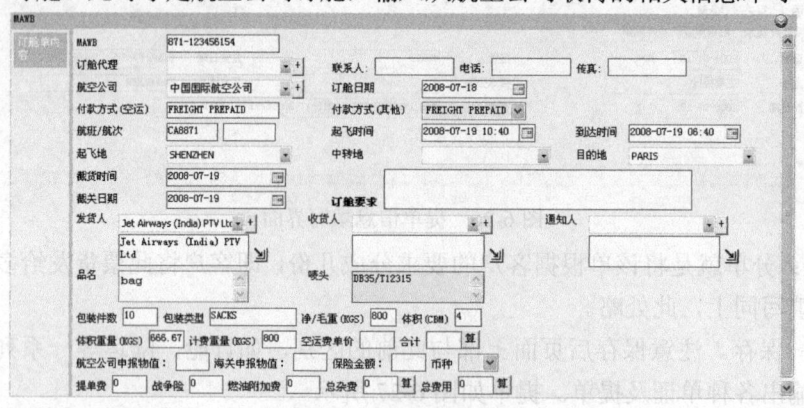

图6-28 订舱填报操作界面

步骤6:陆运(见图6-29)。

图6-29 陆运填报操作界面

步骤7:报关(见图6-30)。

图6-30 报关填报操作界面

步骤8:费用,生成应收应付费用,具体操作同海运出口一致。这里用快速制作费用进行操作。单击费用页面中的"快速制作费用"按钮进入如下页面(见图6-31)。

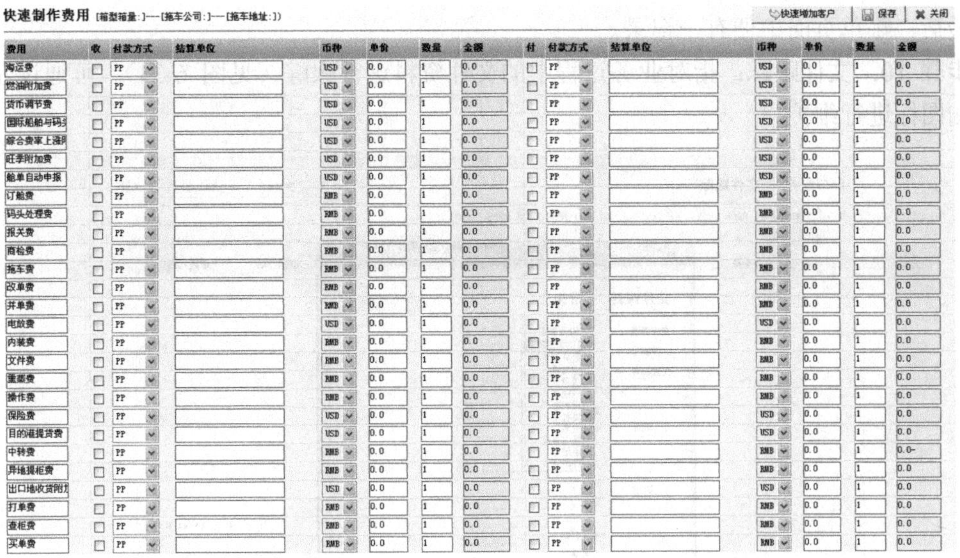

图 6-31 费用快速生成界面

用户可在费用名称里直接修改，如将"海运费"改为"空运费"，可在海运费方框里双击，在弹出的下拉列表框里选择"空运费"即可，然后完善相应资料，见图 6-32 的示例。

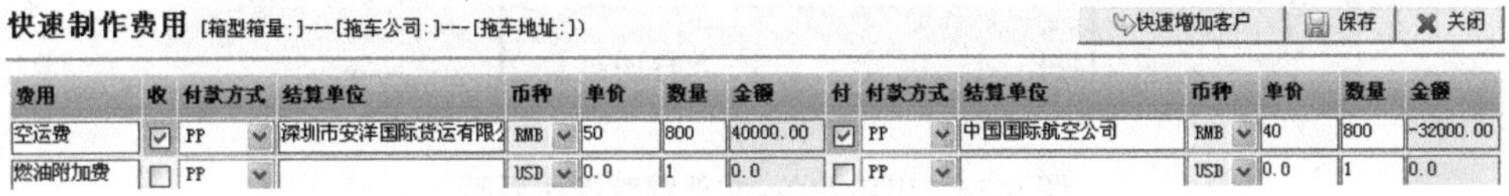

图 6-32 费用修改或增加操作界面

保存后，即可进行审核，选中"审"下的复选框即可。

步骤 9：账单。账单就是生成对账单，主要用于和应付客户进行对账。

单击"＋"按钮，生成如图 6-33 所示的对话框，用户在页面下部选中应收的客户，其信息便自动显示在基本资料里，如果用户用外币支付，可同时计算出外币支付的数量（见图 6-33）。然后保存，通过单击"输出"按钮可打印出单据，然后发送给客户进行对账。

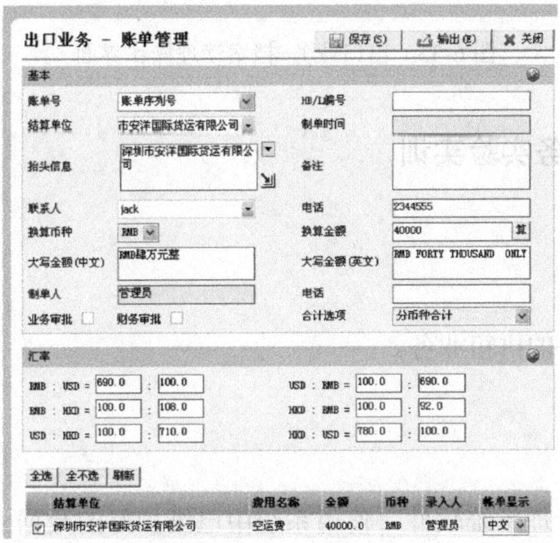

图 6-33 账单管理操作界面

最后，账单页面中便有一记录。

步骤 10：文件跟踪：指对业务过程中的文件资料进行跟踪（见图 6-34）。可通过左下角的增加图标进行维护。

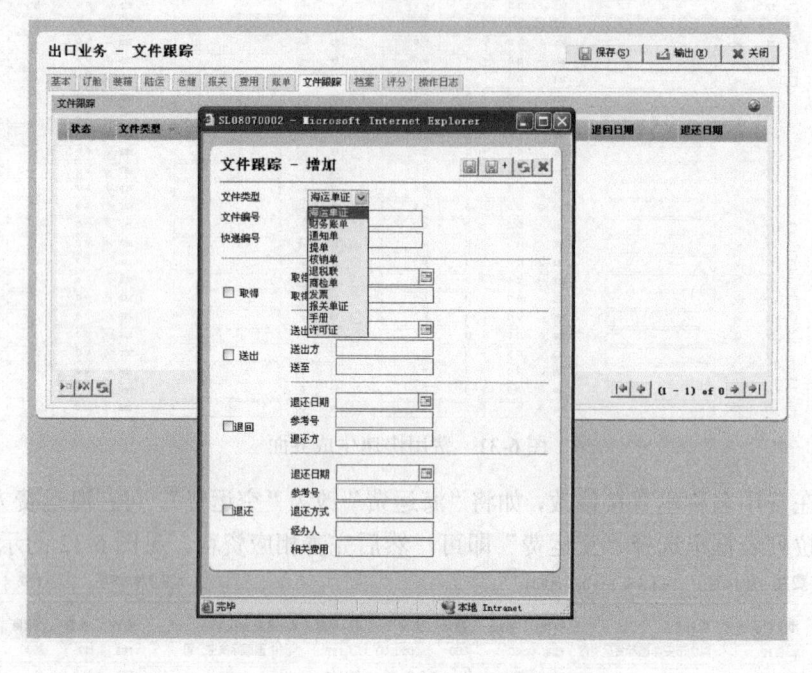

图 6-34　出口业务–文件跟踪操作界面

步骤 11：档案管理。在业务操作中，能输出单据的都能生成档案，保存后都可在这里进行查询并下载（见图 6-35）。如果保存成档案，见第 6 步操作。

图 6-35　出口业务-档案管理操作界面

任务二：拼箱业务实验实训

实训目标

了解并掌握海运业务的拼箱业务。

实训要求

使用诺思货运代理管理系统软件，使用系统中已维护好的数据，操作流程：散货号→配载号。

实训准备

诺思货运代理管理系统软件的操作流程图见图 6-36。

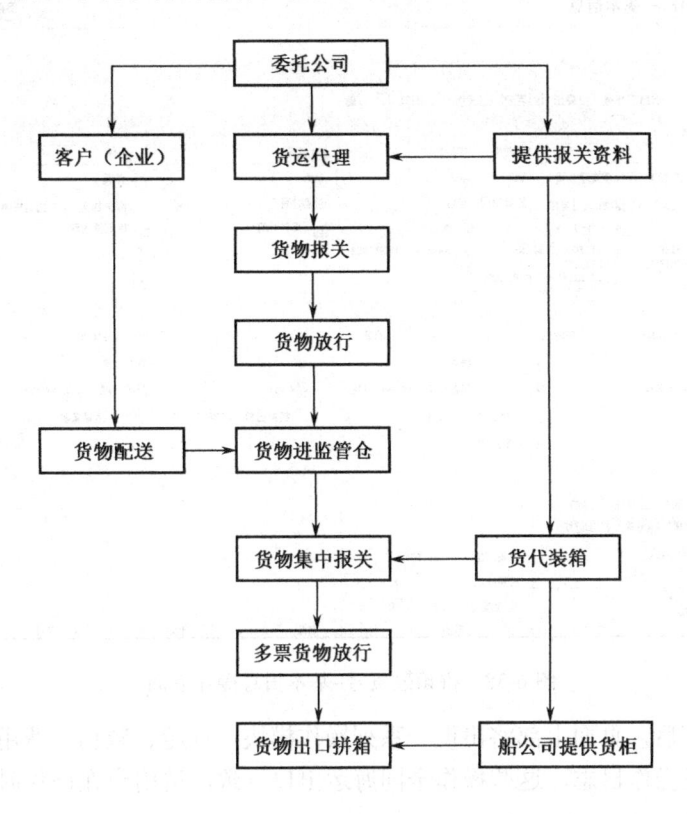

图 6-36　诺恩货运代理管理系统软件的操作流程图

实训操作

步骤 1： 单击"拼箱业务"下的"散货号",进入如图 6-37 所示的页面。

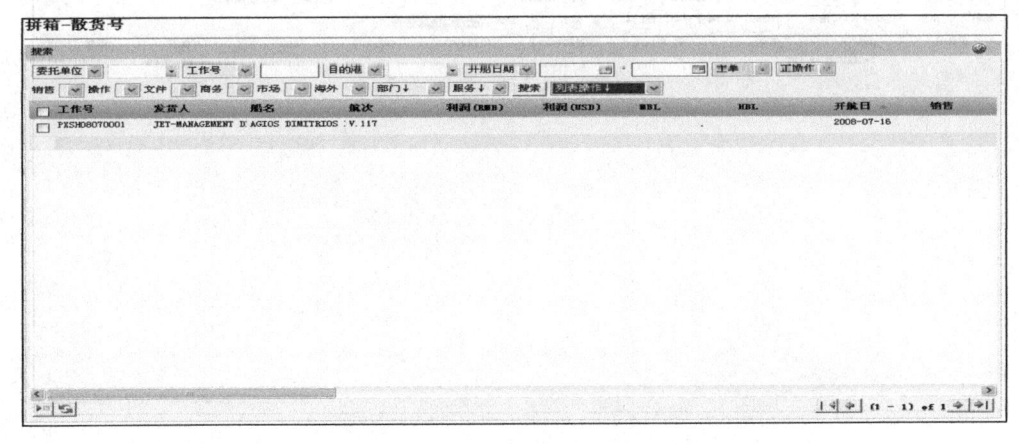

图 6-37　拼箱业务操作界面

步骤 2： 单击左下角的增加图标进行新的业务操作。

步骤 3： 录入货物基本信息，其录入方式与海运出口相似，用户可查看海运出口的录入方式（见图6-38），这里不详细说明。

图 6-38　拼箱散货号–基本信息操作界面

步骤 4： 保存后，页面上部将出现一系列操作模块：订舱、装箱、费用、账单、文件跟踪、档案、备注及操作日志，这些操作全同海运出口一致，请用户在操作时翻阅海运出口实验的操作，此处略。

步骤 5： 配载号，可查询出所有的散货记录，然后进行手工配置（见图6-39），本系统暂无自动配置功能。

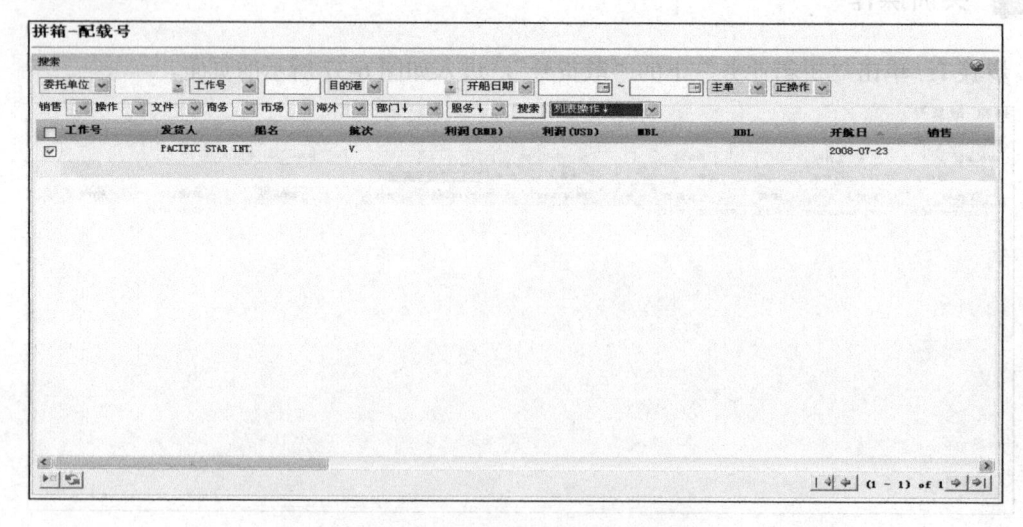

图 6-39　拼箱业务配载号的操作界面

项目评价

项目名称：货运代理管理信息系统　　　　　　　　　　　年　　月　　日

小组成员：				实际得分	
序号	考核内容	考核标准	分值	扣分	得分
1	基本概念	是否掌握相关概念	10		
2	货运代理管理系统的组成	是否掌握结构组成	5		
3	货运代理系统模块功能	是否熟悉模块功能	15		
4	国际货代理系统流程	是否掌握系统流程	10		
5	拼箱业务实训操作	是否能顺利操作	15		
6	空运出口业务操作	是否完成操作	25		
7	职业习惯及纪律	是否有良好的职业道德和规范的职业素养	20		
综合得分					
指导老师评语					

项目巩固与提高

一、选择题

（一）单项选择题

1. 货运代理信息管理的核心是运托人与承运人的货物运输信息及（　　）。
   A. 服务项目收费信息　　　　B. 航线信息
   C. 单证信息　　　　　　　　D. 作业信息

2. 从本质上说，海运货运代理出口和进口信息系统功能的差别是由不同的（　　）所决定的。
   A. 业务流程　　　　　　　　B. 客户要求
   C. 国家规定　　　　　　　　D. 业务习惯

3. 运价维护功能是货运代理信息系统（　　）模块中的一个功能。
   A. 海空运输出口　　　　　　B. 销售管理
   C. 费用管理　　　　　　　　D. 决策支持

4. 对货运代理业务的资金压力进行分析，通常是在货运代理信息系统的（　　）模块中实现的。
   A. 出口/进口业务管理　　　 B. 销售管理
   C. 费用管理　　　　　　　　D. 决策支持

5. 货运代理企业下属各公司之间海运出口业务的相互委托，在信息系统中是由（　　）功能模块管理的。
   A. 海运出口　　　　　　　　B. 销售管理

   C. 分公司业务系统   D. 决策支持

6. （　　）是 FMS 海空运输出口系统模块的特点。
  A. 操作修改过程自动存档 B. 不同要求的发票制作方式
  C. 多种单据格式的自定义 D. 各种报表的自动生成

7. FMS 决策出口系统模块运作的重点是（　　）系统。
  A. 自动生成托运单   B. 自动生成装箱单
  C. 自动生成报关单   D. 单证处理

（二）多项选择题

1. 国际货代信息系统中，（　　）等模块不能单独存在。
  A. 海空运输出口系统   B. 海空运输进口系统
  C. 费用管理系统   D. 决策支持系统

2. 国际货运代理海空运输进口系统可以实现从接单、制单到（　　）等整个业务流程的管理。
  A. 审核 B. 定舱 C. 报关 D. 费用登记确认

3. 货运代理管理系统中的销售管理模块包括（　　）。
  A. 应收账款管理   B. 销售人员管理
  C. 销售团队管理   D. 客户关系管理

4. FMS 的查询功能通过使用（　　）完成的。
  A. 调度平台   B. 船名航次
  C. 运输编号   D. 提单号码

5. FMS 与（　　）软件无缝连接。
  A. 财务系统   B. 海线平台
  C. 港口信息   D. 海轮代理

6. FMS 单证的处理功能是（　　）。
  A. 发票的制作与收费   B. 集装箱及提箱信息查询
  C. 费用查询   D. 操作记录查询与状态跟踪

7. FMS 查询模块的功能是（　　）。
  A. 生成运量分析表   B. 集装箱及提箱信息查询
  C. 费用查询   D. 操作记录查询与状态跟踪

8. FMS 海空运输进口系统功能包括（　　）。
  A. 货物信息与费用输入   B. 中转代理
  C. 作业调度与单证处理   D. 查询统计

9. FMS 决策支持系统的功能模块是（　　）。
  A. 客户资源   B. 业务分析
  C. 技术适用   D. 成本考核

10. FMS 销售管理系统模块功能是（　　）。
  A. 客户关系与公用信用管理 B. 合同管理
  C. 单体成本与利润考核管理 D. 补货管理

二、简答题

1. 简述国际货运代理业务标准流程。
2. 海空运出口子系统模块的功能有哪些？
3. 海空运进口子系统模块的功能有哪些？

项目四 ERP 系统

（编前哲思：因为有一套科学、客观和规范的程序，所以实现了企业资源的整合；如果有一套科学、客观、公平的制度，也可以实现员工精神的整合。）

项目目标

1. 了解 ERP 的产生与发展；
2. 理解 ERP 的概念；
3. 熟悉 ERP 系统的功能与结构；
4. 掌握 ERP 系统的应用。

项目准备

1. ERP 系统教学授课课件；
2. ERP 系统教学图片；
3. ERP 系统校内实训场所及设备的准备。

一、ERP 系统知识点学习

1. ERP 的产生与发展

20 世纪 90 年代以来，企业信息处理量不断加大，企业资源管理也越来越复杂，这要求信息的处理有更高的效率，传统的人工管理方式难以适应以上的系统，而只能依靠计算机系统来实现，信息的集成度要求扩大到企业整个资源的利用、管理面向整个企业供应链的企业结构和资源结构的重组和整合，从而产生了新一代管理理论与计算机系统——企业资源计划 ERP 的发展形成过程表见表 6-1。

2. ERP 概念

ERP 是 Enterprise Resources Planning（企业资源计划）的缩写，最初是由美国的 Gartner Group 公司在 20 世纪 90 年代初提出的。根据 Gartner Group 的定义，ERP 系统是"一套将财会、分销、制造和其他业务功能合理集成的应用软件系统"。中华人民共和国国家标准物流术语对 ERP 的定义是："企业资源计划（ERP）是在 MRP II 的基础上，通过前馈的物流和反馈的信息流、资金流，把客户需求和企业内部的生产经营活动及供应商的资源整合在一起，体现完全按用户需求进行经营管理的一种全新的管理方法。"具体可见表6-1。

表6-1 ERP的发展形成过程表

阶段	企业经营的特点	问题提出	ERP的形成过程	理论基础
20世纪40年代	降低库存成本；降低采购费用	如何确定订货时间和订货数量	订货点方法（手工管理）	库存管理理论
20世纪60年代	追求降低成本；手工订货发货；生产缺货频繁	如何根据主生产计划确定订货时间、订货品种、订货数量	时段式MRP	库存管理理论；主生产计划；BOM物料清单
20世纪70年代	计划偏离实际；手工完成车间生产计划	如何保证从计划制订到有效的及时调整	闭环式MRP	能力需求计划；车间作业计划；计划实施反馈与控制的循环
20世纪80年代	追求竞争优势；各子系统间缺乏联系，甚至彼此独立	如何实现管理系统一体化	MRP-II	决策技术；系统仿真技术；物流管理技术；系统集成技术
20世纪90年代	追求技术、管理创新，追求适应市场环境的快速变化	如何在企业及合作伙伴范围内利用一切可利用的资源	ERP	事前控制；混合型生产；供应链技术；JIT和AM技术

3．ERP系统管理思想

ERP的核心管理思想就是实现对整个供应链的有效管理，主要体现在以下三个方面。

（1）体现对整个供应链资源进行管理的思想

在知识经济时代仅靠自己企业的资源不可能有效地参与市场竞争，还必须把经营过程中的有关各方如供应商、制造工厂、分销网络、客户等纳入一个紧密的供应链中，才能有效地安排企业的产、供、销活动，满足企业利用全社会一切市场资源快速、高效地进行生产经营的需求，以期进一步提高效率和在市场上获得竞争优势。换句话说，现代企业竞争不是单一企业之间的竞争，而是一个企业供应链与另一个企业供应链之间的竞争。ERP系统实现了对整个企业供应链的管理，适应了企业在知识经济时代市场竞争的需要。

（2）体现精益生产、同步工程和敏捷制造的思想

ERP系统支持对混合型生产方式的管理，其管理思想表现在两个方面。其一是"精益生产LP（Lean Production）"的思想，它是由美国麻省理工学院（MIT）提出的一种企业经营战略体系。即企业按大批量生产方式组织生产时，把客户、销售代理商、供应商、协作单位纳入生产体系，企业同其销售代理、客户和供应商的关系已不再是简单的业务往来关系，而是利益共享的合作伙伴关系，这种合作伙伴关系组成了一个企业的供应链，这就是精益生产的核心思想。其二是"敏捷制造（Agile Manufacturing）"的思想。当市场发生变化，企业遇到特定的市场和产品需求时，企业的基本合作伙伴不一定能满足新产品开发和生产的需求，这

时,企业会组织一个由特定的供应商和销售渠道组成的短期或一次性供应链,形成"虚拟工厂",把供应和协作单位看成企业的一个组成部分,运用"同步工程(SE)"组织生产,用最短的时间将新产品打入市场,时刻保持产品的高质量、多样化和灵活性,这就是"敏捷制造"的核心思想。

(3)体现事先计划与事中控制的思想

ERP系统中的计划体系主要包括:主生产计划、物料需求计划、能力计划、采购计划、销售执行计划、利润计划、财务预算和人力资源计划等,而且这些计划功能与价值控制功能已完全集成到整个供应链系统中。另外,ERP系统通过定义事务处理(Transaction)相关的会计核算科目与核算方式,在事务处理发生的同时自动生成会计核算分录,保证了资金流与物流的同步记录和数据的一致性,从而实现了根据财务资金现状追溯资金的来龙去脉,并进一步追溯所发生的相关业务活动,改变了资金信息滞后于物料信息的状况,便于实现事中控制和实时做出决策。此外,计划、事务处理、控制与决策功能都在整个供应链的业务处理流程中实现,要求在每个流程业务处理过程中最大限度地发挥主观能动性与潜能。实现企业管理从"高耸式"组织结构向"扁平式"组织机构的转变,提高企业对市场动态变化的响应速度。

总之,借助IT技术的飞速发展与应用,ERP系统得以将很多先进的管理思想变成现实中可实施和应用的计算机软件系统。

4.ERP系统的功能与结构

ERP是一种可以提供跨地区、跨部门、甚至跨公司整合实时信息的企业管理信息系统。它在企业资源最优化配置的前提下,整合企业内部主要或所有的经营活动,包括财务会计、管理会计、生产计划及管理、物料管理、销售与分销等主要功能模块(见图6-40),以达到效率化经营的目标。

(1)ERP系统的基本功能

1)生产规划系统。让企业以最优水平生产,并同时兼顾生产弹性,包括生产规划、物料需求计划、生产控制及制造能力计划、生产成本计划、生产现场信息系统。

2)物料管理系统。协助企业有效地控管物料,以降低存货成本,包括采购、库存管理、仓储管理、发票验证、库存控制、采购信息系统等。

3)财务会计系统。提供企业更精确、跨国且实时的财务信息,包括间接成本管理、产品成本会计、利润分析、应收应付账款管理、固定资产管理、一般流水账、特殊流水账、作业成本、总公司汇总账。

4)销售、分销系统。协助企业迅速掌握市场信息,以便对顾客需求做出最快速的反应,包括销售管理、订单管理、发货运输、发票管理、业务信息系统。

5)企业情报管理系统。提供决策者更实时有用的决策信息,包括决策支持系统、企业计划与预算系统、利润中心会计系统。

(2)ERP系统的扩展功能

1)供应链管理(SCM)系统。供应链管理系统是将从供应商的供应商、到顾客的顾客中间的物流、信息流、资金流、程序流、服务和组织加以整合化、实时化、扁平化的系统。SCM

系统可细分为供应链规划与执行系统、运送管理系统、仓储管理系统。

2）顾客关系管理（CRM）及销售自动化（SFA）系统。这两者都用来管理与顾客端有关的活动，销售自动化系统（SFA）指能让销售人员跟踪记录顾客详细数据的系统；顾客关系管理系统（CRM）则指能从企业现存数据中挖掘所有关键的信息，以自动管理现有顾客和潜在顾客数据的系统。CRM 及 SFA 都是强化前端的数据仓库技术，其通过分析、整合企业的销售、营销及服务信息，协助企业提供更好的服务及实现目标营销的理念，因此可以大幅改善企业与顾客间的关系、带来更好的销售机会。

3）电子商务（E-Commerce）。产业界对电子商务的定义存在分歧。电子商务（EC）一般指具有共享企业信息、维护企业间关系及产生企业交易行为等三大功能的远程通信网络系统，其结构见图 6-40。

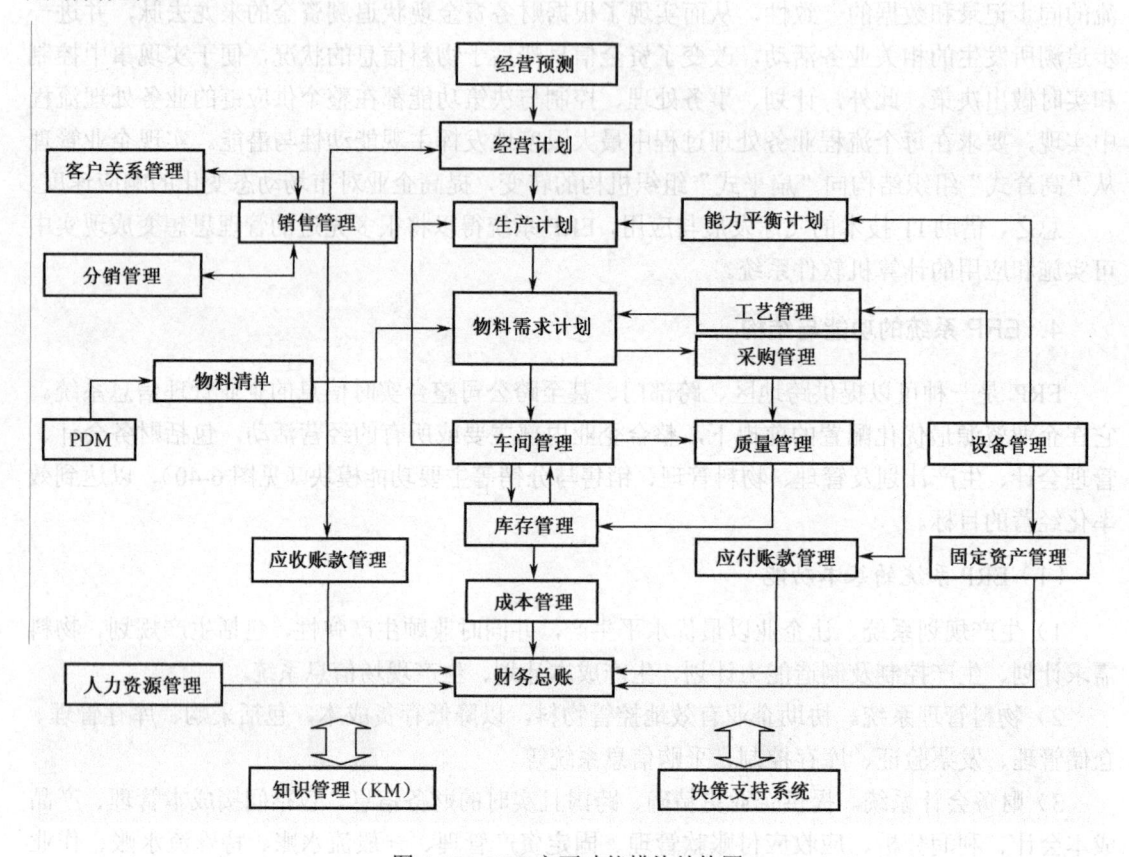

图 6-40　ERP 主要功能模块结构图

（3）ERP 系统结构

当今企业所使用的 ERP 系统种类很多，各 ERP 系统所包括的功能范围乃至各功能模块的划分及名称也有所不同。但不管哪一家的 ERP 系统，都是以"平衡供需"为目的、以计划为中心思想的，并将各管理职能紧密集成。因为企业本来就是一个非常复杂的分工与合作的系统，ERP 系统只有做到了职能间的高度集成，才能跨职能地通盘规划、达成供需平衡，并有效地执行和控制。

所以要了解 ERP 系统的基本结构，就必须理解 ERP 系统中职能集成的基本逻辑。

1）现存量（On Hand Quantity）：即仓库中现有料品（成品、半成品、采购件）的库存数量。如果按英文直译叫"在手量"，所以现存量表示一个已经拥有的料品的数量。

2）在单量（On Order Quantity）。假设本公司向供应商发出一张采购订单，采购 A 料品 300 个库存单位，这时就可以说料品 A 的"在单量"为 300 个库存单位。在单量表示"已经计划好了将来要有，但目前还未真正拥有的数量"，直观地把它想象成一个"在单据上的"数量。

对采购件而言：指已下采购订单而供应厂商尚未交货（验收入库）的数量。

对自制成品、半成品而言：指已下生产订单而制造车间尚未完工入库的数量。

对委外件而言：指已下达委外单而委外厂商尚未交货（验收入库）的数量。

3）预约量（Allocated Quantity）。如果客户向本公司下单订购 A 产品 100 台，双方约定 20 天后交货。这时产品 A 的"预约量"就为 100 台。"预约"表示一种"将来要发生而现在还没有发生的"需求量。

为什么在接到客户订单时，计算机系统要记录客户订购产品的"预约量"呢？因为预约量代表一种"待发"的数量，可以让人们事先预估料品将来的现存量是否会不足，而针对可能发生的缺货状况提前准备。

① 对采购件而言：已发生产订单或委外单，要领用而车间或委外厂商尚未领料的数量。

② 对成品而言：已接到客户订单而尚未交货的数量。

③ 对自制半成品而言：已发生产订单或委外单，要领用而车间或委外厂商尚未领料的数量。

④ 对委外件而言：已发生产订单或委外单，要领用而车间或委外厂商尚未领料的数量。

4）现存可用量（On Hand Available Quantity）。假设料品 A 的现存量为 500 台，而预约量为 200 台，那么称"500 台–200 台＝300 台"为 A 料品的"现存可用量"。也就是说，公司手中料品 A 在满足现有客户订单量情况下，还可以供新接订单来使用的数量有 300 台。看到现存可用量，就知道能够再承接客户订单而可立即出货的数量。

现存可用量 = 现存量-预约量

5）可用量（Available Quantity）。上例中，A 料品的现存可用量为 300 台，是否目前公司还能接受的订单量只有 300 台呢？假若 A 料品还有一个在单量为 200 台，那么对销售人员而言，公司到目前为止总共还可再接 A 料品 300 台+200 台=500 台订单。该 500 台称为"可用量"。

可用量=现存可用量+在单量

=现存量-预约量+在单量

通过上述名词解释可以看出，"在单量"代表供应量，而"预约量"则代表需求量。所以这两个量的掌握对于库存的供需平衡是至关重要的。

但是在手工管理方式下，对库存量的掌握是不完整的。手工方式下，数据只有现存量，无法记录在单量与预约量，自然也无法算出可用量了。因此，无法提供管理者应用时所要的信息，当然不可能做好供需平衡、统筹规划了。

(4)连动关系的处理方法

从本质上讲,职能的集成即是对数量和时间的连动关系的掌握。

1)数量的连动关系,举例说明(下列活动对象为产品A,现存量为零)。

公司在8月5日发出生产订单(M00208001),要生产200台。8月8日,生产订单M00208001部分完工入库180台。8月10日,业务人员接到客户订单(C00208001),数量为80台。8月15日,客户订单C00208001发货80台。8月20日,业务人员又接订单(C00208002),数量为300台。那么,产品A逐日的库存资料变动情况如表6-2所示。

表6-2 数量连动关系例表

产品A的库存	08/05 生产订单200台	08/08 生产入库180台	08/10 客户订单80台	08/15 出货80台	08/20 客户订单300台
在单量	200	20	20	20	20
现存量	—	180	180	100	100
预约量	—	—	80	—	300
现存可用量	—	180	100	100	-200
可用量	200	200	120	120	-180

注意8月20日产品A的库存资料:现存可用量为-200,即现存量100台不足客户订单C00208002所需,但有一个在单量20台,那么还应该安排生产产品A多少才够客户订单C00208002所需呢?

很显然,有两个结果:一是如果在单量20个的完工日期在客户订单C00208002的交货日期之前,那么只要在客户订单C00208002的交货日期之前再安排生产完成180台即可;二是如果在单量20个的完工日期在客户订单C00208002的交货日期之后,那么就需要在客户订单C00208002的交货日期之前再安排生产完成200台。

可见,只掌握料品"数量"的连动关系是不够的,还必须考虑"时间"的连动关系的处理,因为没有时间的数量往往是没有意义的。

2)时间的连动关系,接上例,假设:生产订单M00208001余量20台,计划于8月25日完工入库;8月21日再下一生产订单M00208002,数量为200台,计划完工日期为8月27日;客户订单C00208002数量300台,其预计交货日期为8月28日,则产品A逐日的库存资料变动情况如表6-3所示。

表6-3 时间连动关系例表

产品A的库存	08/20 客户订单300台	08/21 生产订单200台	08/25 生产入库20台	08/27 生产入库200台	08/28 出货300台
在单量	20	220	200	—	—
现存量	100	100	120	320	20
预约量	300	300	300	300	—
现存可用量	-200	-200	-180	20	20
可用量	-180	20	20	20	20

3）连动关系的处理方法：自动规划。

再接上例，假设：业务人员接到订单 C00208003，数量为 400 台，预定交货日 9 月 5 日；业务人员又接到客户订单 C00208004，数量为 500 台，预定交货日 9 月 10 日；请问如何制订生产计划，以满足上述客户订单的要求呢？

表 6-4 连动关系处理方法例表

产品 A 的库存	08/28 出货 300 台	09/05 客户订单 400 台	09/10 客户订单 500 台
在单量	—	—	—
现存量	20	—	—
预约量		380	880
现存可用量	20	−380	−880
可用量	20	−380	−880

由表 6-4 可知，制造部门应该在 9 月 5 日和 9 月 10 日分别完工入库 A 产品 380 台和 500 台。

假设产品 A 的生产提前期为 3 天，则生产部门所制订的制造计划应该如下（未考虑休息日）：9 月 2 日，发出生产订单，制造数量为 380 台，预计完工日 9 月 5 日；9 月 7 日，发出生产订单，制造数量为 500 台，预计完工日 9 月 10 日。

借助这样的集成逻辑，就可以将销、供、产职能紧密地联系起来，协助做好供需平衡及通盘规划和执行控制的工作。

以上有关数量和时间的连动关系的处理方法构成了物料需求规划（Material Requirement Planning，MRP）最基本的技巧。当然，上述逻辑还过于简化。例如企业生产的产品构成可能是很复杂的，一个成品往往是由很多半成品组成的，而这些半成品又由很多其他零组件或原物料加工而成。所以时间和数量的连动关系的处理是按产品的物料清单（Bill of Material，BOM）的阶层来逐阶进行的。如果不同产品中再出现共用料件的状况，那么处理的逻辑就更复杂了。

制造企业在大量应用 MRP 系统而取得管理效益后，又把生产能力的需求计算纳入系统，因而产生了"产能需求规划（Capacity Requirement Planning，CRP）"，同时也把"车间管理（Shop Floor Control，SFC）"、销售职能的"分销需求规划（Distribution Requirement Planning，DRP）"、应收账款和应付账款的管理、总账会计等功能都整合起来，形成了管理整个制造企业资源的管理系统，因而称为"制造资源规划"系统（Manufacturing Resource Planning），其英文简称也是 MRP。因此，MRP 系统有了狭义与广义之分，狭义的 MRP 指"物料需求规划系统"，广义的 MRP 则指"制造资源规划系统"。也有人将前者称为 MRP，将称后者为 MRP Ⅱ。

近几年来，随着信息技术（Information Technology，IT）的飞速发展，企业利用先进的信息技术，使 MRP 系统的应用范围更加扩大，把企业与上游供应商和下游客户往来的信息也纳入管理。这种应用范围的扩大，可以大大增强企业整个供应链对市场的应变能力，也减少了彼此用在数据处理上的时间和成本。这种系统叫"企业资源规划（Enterprise Resources Planning，ERP）"。

尽管不同的 ERP 系统在功能面上存在或多或少的差异，但总体结构基本上是相似的。

例如，图 6-41 所示为用友 ERP 系统一般性的结构模块。

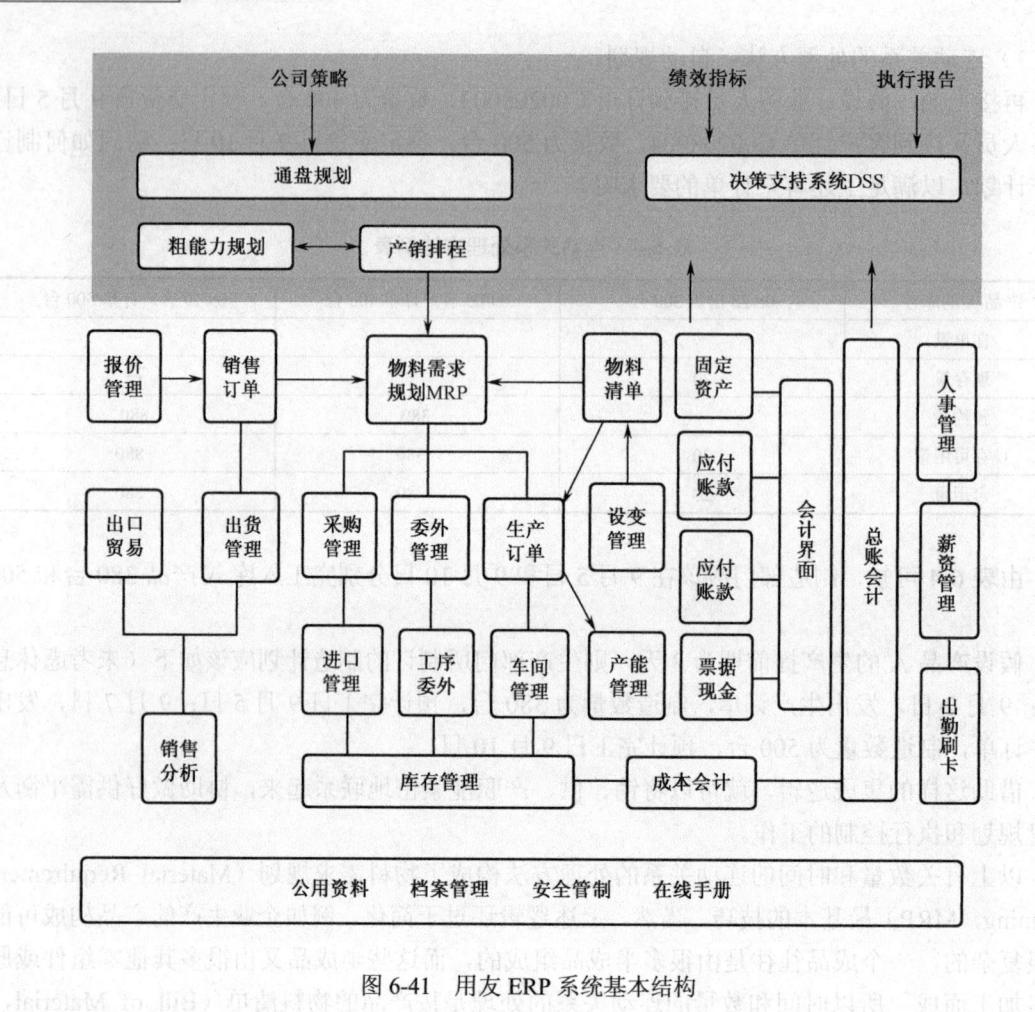

图 6-41 用友 ERP 系统基本结构

5. ERP 系统应用

ERP 借用新的管理模式来改造原企业旧的管理模式，是先进的、行之有效的管理思想和方法。

（1）ERP 系统应用的先决条件

1）领导层的共识。

企业领导层应该首先是受教育者，其次才是现代管理理论的贯彻者和实施者，规范企业管理及其有关环节，使之成为领导者、管理层及员工自觉的行动，使现代管理意识扎根于企业中，成为企业文化的一部分。

2）系统工程的稳定投入。

ERP 的投入和产出与其他固定资产设备的投入和产出比较并不那么直观，投入不可能见到效益。必须在不断深化中向管理要效益。此外，实施 ERP 还要因地制宜，具体问题具体分析。

3）复合型人才的积极培养。

既要懂计算机技术，又要懂管理，复合型人才的培养需要一个过程和一定的时间。

（2）ERP 系统应用的步骤

1) 战略规划。明确 ERP 系统的实施范围和实施内容。

2) 项目预准备。确定硬件及网络方案、选择 ERP 系统和评估咨询合作伙伴是该阶段的三项主要任务，也是 ERP 系统实施的三大要素。硬件及网络方案直接影响系统的性能、运作的可靠性和稳定性；ERP 系统功能的强弱决定了企业需求的满足程度；咨询合作伙伴的工作能力和经验决定了实施过程的质量及实施成效。

① 项目实施控制。

在 ERP 系统实施中，通常采用项目管理技术对实施过程进行控制和管理。有效的实施控制表现在科学的实施计划、明确的阶段成果和严格的成果审核三方面。不仅如此，有效的控制还表现在积极的协调和通畅的信息传递渠道。实施 ERP 的组织机构包括：指导委员会、项目经理、外部咨询顾问、IT 部门、职能部门的实施小组和职能部门的最终用户。部门之间协调和交流的好坏程度决定了实施过程的工作质量和工作效率。目前，在企业缺乏合适的项目经理的条件下，这一风险尤其明显和严重。

② 业务流程控制。

企业业务流程重组是在项目实施的设计阶段完成的。流程中的控制和监督环节保证 ERP 在正式运行后各项业务都处于有效的控制流程之中，避免企业遭受人为损失。设计控制环节时，要兼顾控制和效率。过多的控制环节和业务流程势必降低工作效率，而控制环节不足又会有业务失控的风险。

③ 项目实施效果。

虽然项目评估是 ERP 实施过程的最后一个环节，但这并不意味着项目评估不重要。相反，项目评估的结果是 ERP 实施效果的直接反映。正确地评价实施成果，离不开清晰的实施目标、客观的评价标准和科学的评价方法。目前普遍存在着忽视项目评估的问题，忽视项目评估将带来实施小组不关心实施成果这一隐患，这正是 ERP 项目的风险所在。

④ 系统安全管理。

系统安全包括：操作系统授权、网络设备权限、应用系统功能权限、数据访问权限、病毒的预防、非法入侵的监督、数据更改的追踪、数据的安全备份与存档、主机房的安全管理规章、系统管理员的监督等。目前，企业中熟练掌握计算机技术的人员较少，计算机接入 Internet 的也不多。因此，在实施 ERP 系统时，普遍存在着不重视系统安全的现象，如用户不注意口令保密、超级用户授权多人等。缺乏安全意识的直接后果是系统在安全设计上存在着漏洞和缺陷。近年来，不断有银行或企业计算机系统被非法入侵的消息，这给企业敲响了警钟。

⑤ 意外事故或灾难防范与处理。

水灾、火灾、地震等不可抗拒的自然灾害会给 ERP 系统带来毁灭性的打击。企业正式启用 ERP 系统后，这种破坏将直接造成业务交易的中断，给企业带来不可估量的损失。未雨绸缪的策略和应对措施是降低这一风险的良方，如建立远程备份和恢复机制；在计算机系统不能正常工作的情况下恢复手工处理业务的步骤和措施。

（3）ERP 系统应用举例

SAP R/3 系统见图 6-42（a）和图 6-42（b）。

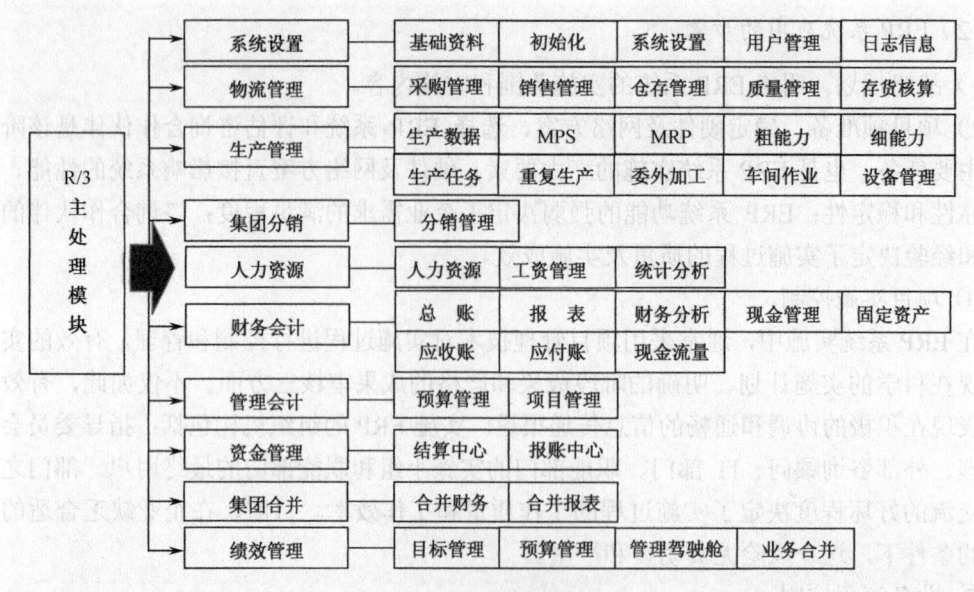

(a) SAP R/3 系统模块结构

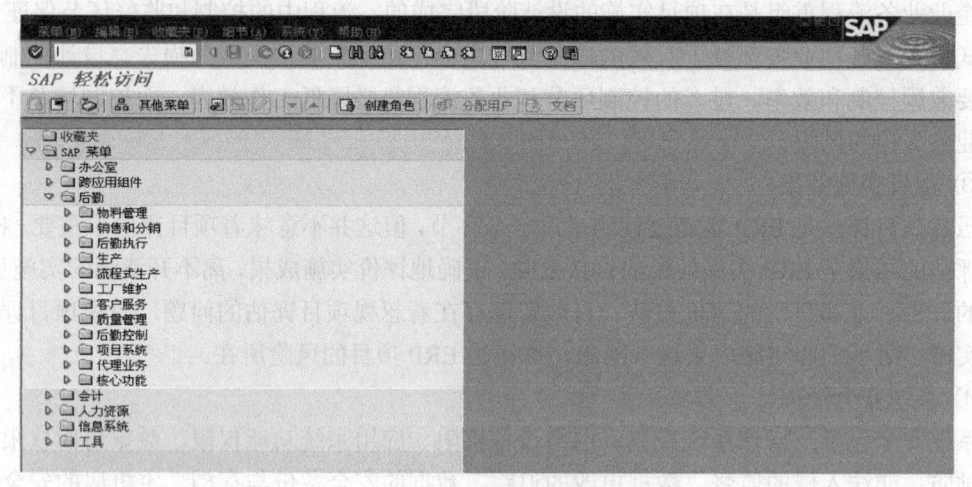

(b) SAP R/3 系统处理界面

图 6-42 SAP R/3 系统

1）系统基本组件（BC）。

系统基本组件（BC）由系统管理、数据库管理、ABAP/4 开发工作平台三个主要功能模块组成。

2）财务管理（FI）。

SAP R/3 系统财务管理（FI）包括 FI 实施指南（IMG）、FI 结算和制表、FI 自动程序、FI 应收账款、FI 应付账款、FI 总分类账会计、FI 财务信息系统、FI-AA 资产会计等功能模块。

3）管理会计（CO）。

SAP R/3 系统管理会计（CO）包括获利能力分析（CO-PA）、利润中心会计核算（EC-PCA）等模块。

4）物料管理（MM）。

SAP R/3 系统物料管理（MM）包括采购管理、库存管理、仓库管理、发票校验、供应商评估等模块，其操作界面见图 6-43 和图 6-44。

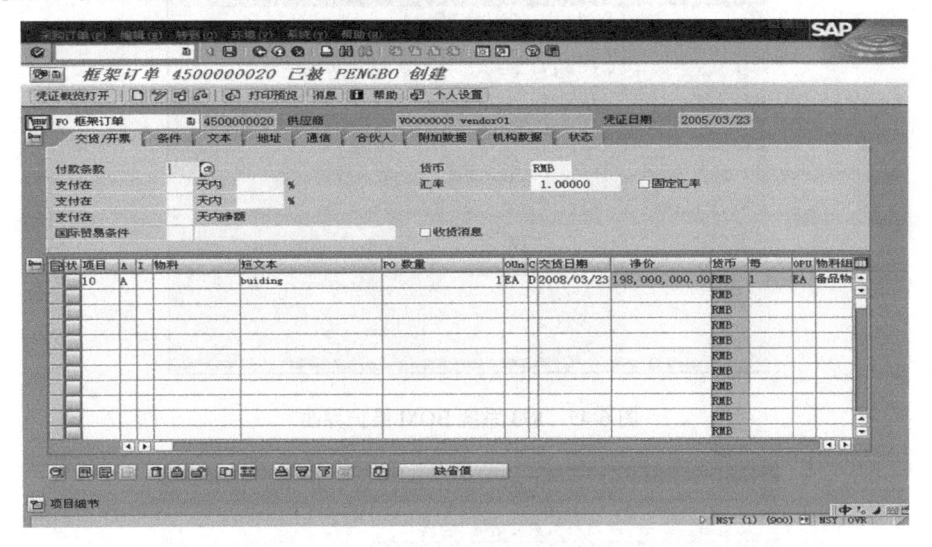

图 6-43　R/3 系统采购订单处理界面

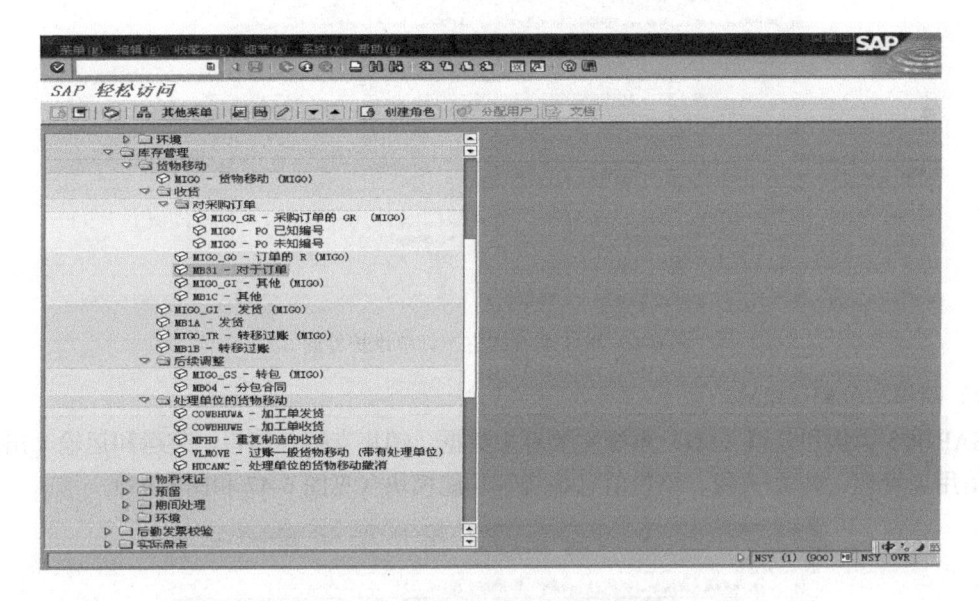

图 6-44　R/3 系统库存管理功能界面

5）生产管理（PP）。

SAP R/3 系统生产管理（PP）包括主数据维护（包括 BOM 清单、工作中心、工艺路线等）、计划管理（销售与经营计划、能力计划、MRP）、制造控制（看板管理、重复制造）、生产任务管理（需求管理、生产订单）等模块（见图 6-45 和图 6-46）。

6）质量管理（QM）。

SAP R/3 质量管理（QM）的主要功能有基本数据、制订检验计划、检验处理、质量通知单、后勤过程中的质量管理、评估、归档、对子系统的接口等。

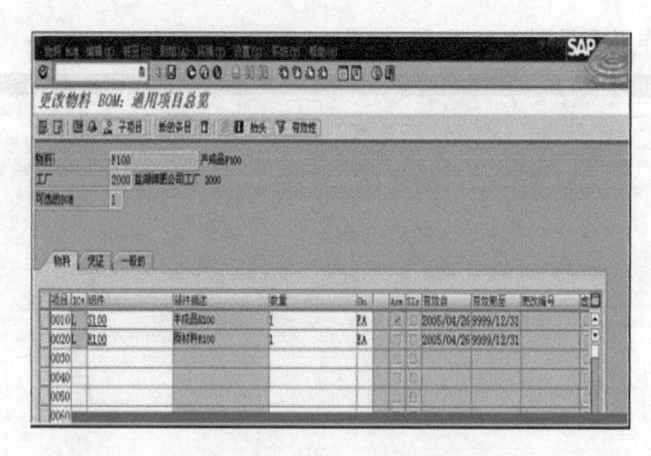

图 6-45　R/3 系统 BOM 维护界面

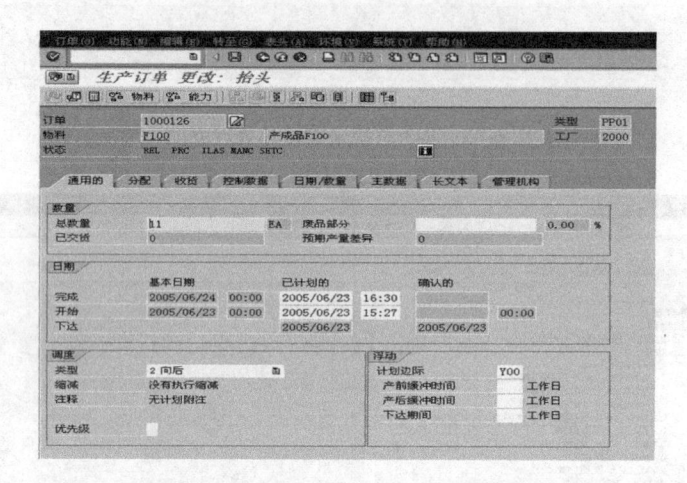

图 6-46　R/3 系统的生产订单维护界面

7) 销售与分销 (SD)。

SAP R/3 销售和分销 (SD) 系统主要有主数据、销售支持、销售、装运和运输、出具发票、信用证管理、外贸/关税、销售信息系统等功能模块（见图 6-47 和图 6-48）。

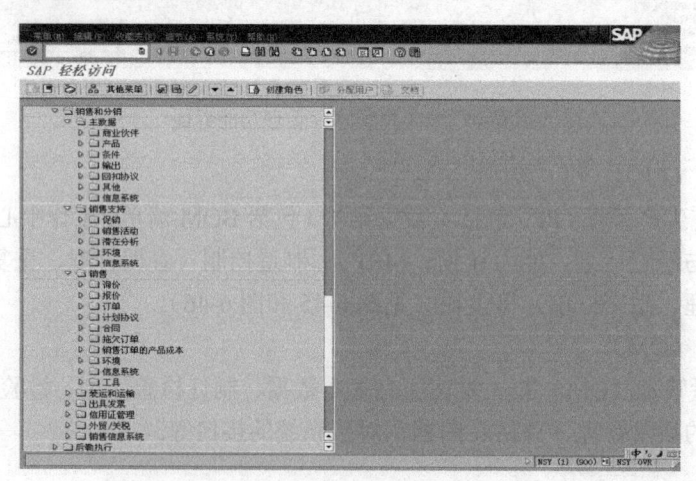

图 6-47　SAP R/3 系统销售与分销主要功能展开界面

模块六 物流信息应用系统

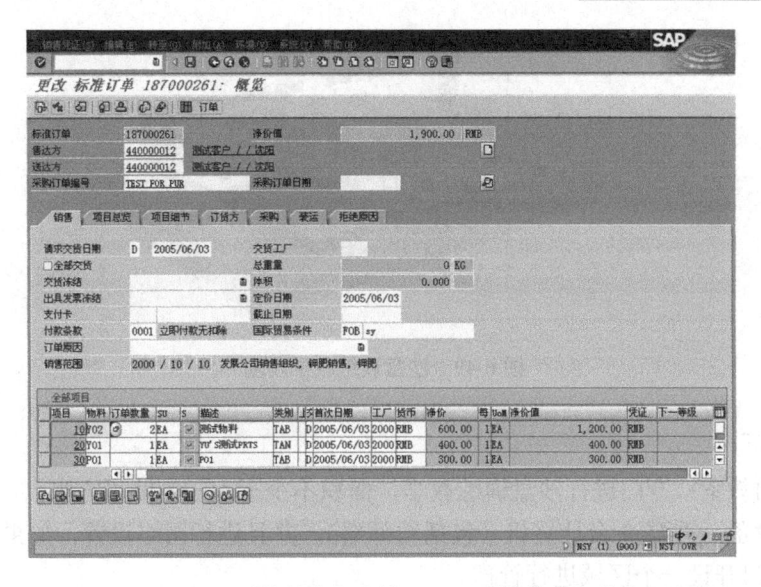

图 6-48 SAP R/3 系统销售与分销（SD）系统销售订单处理界面

二、ERP 系统模拟与实训

实训目标

1. 理解 ERP 先进管理思想；
2. 熟练 ERP 的业务管理模式；
3. 熟练掌握软件功能和应用技术，具备应用 ERP 进行公司业务管理的能力。

实训要求

1. 模拟课程的基础背景设定为一家已经经营若干年的企业，拥有 1 亿元资产。资金充裕，银行信用良好；但是产品单一，而且正在老化。目前只在国内市场销售，但国内市场需求量不大，竞争越来越激烈。预计未来几年销售收入将继续下降。同时还有 5 家公司面临同样的市场发展机会、新产品开发机会和融资渠道。

2. 每个模拟小组（分别代表一个企业）由 4~8 个学员组成。他们从目前的管理团队中接手该企业，在面对来自其他企业（其他学员小组）的激烈竞争，将企业向前推进、发展。

3. 模拟各公司 CEO，依据市场信息决定自己的定位和市场策略，决定何时投资于何种新产品、何时进入哪个目标市场，决定如何扩展生产能力，使之与市场策略相适应；还要决定如何融资、如何平衡资金。

实训准备

1. 硬件环境需求

沙盘训练教学场地如图 6-49 所示。

图 6-49 沙盘训练教学场地

（1）方案一

1）专门的教室：专门进行沙盘训练教学，面积不少于60～100平方米。

2）机器设备：需要 9 台计算机（包括教师端），并且进行网络设置，如果学校有自己的网络，可以专门开设一个区域进行管理。

3）投影设备，如果可能安排扩音设备。

4）白板和相关设备。

5）9 组桌椅（1:8）、教师讲台和助手讲台等。

6）展板：制作沙盘训练中的应用规则和流程展示。

沙盘桌椅平面图（长方形桌）见图 6-50（a）。

（2）方案二

1）专门的教室：专门进行沙盘训练教学，面积不少于80～120平方米。

2）机器设备：需要 25 台计算机（包括教师端），并且进行网络设置。如果学校有自己的网络，可以专门开设一个区域进行管理。

3）投影设备，如果可能安排扩音设备。

4）白板和相关设备。

5）9 组桌椅（1:8）、教师讲台和助手讲台等。

6）展板：制作沙盘训练中的应用规则和流程展示。

7）沙盘桌椅平面图（六边形桌）见图 6-50（b）。

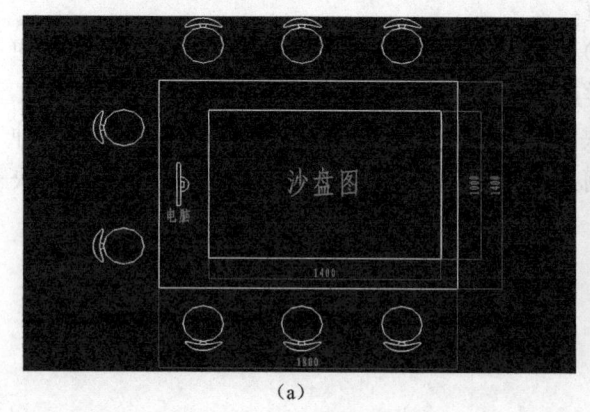

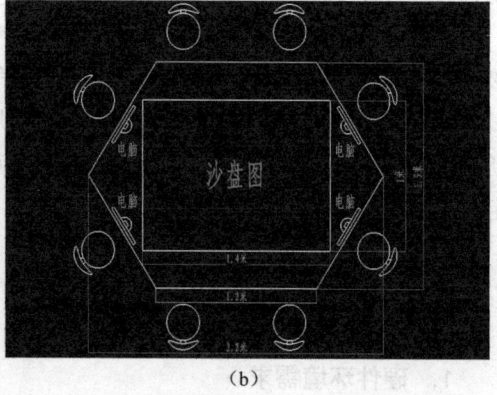

(a)   (b)

图 6-50 沙盘布置平面图

2. 软件环境需求

中教畅享（北京）科技有限公司企业经营管理沙盘训练软件。

实训操作

1. 学员训练系统

可以为学生提供模拟企业经营的操作界面和全部实时数据，并在此基础上进行数据分析和挖掘，更科学地进行经营决策，这是一套完整的企业管理模拟系统，为学员提供大量的分析数据和经营决策工具。

2. 主要操作界面

软件沙盘训练操作界面见图 6-51。

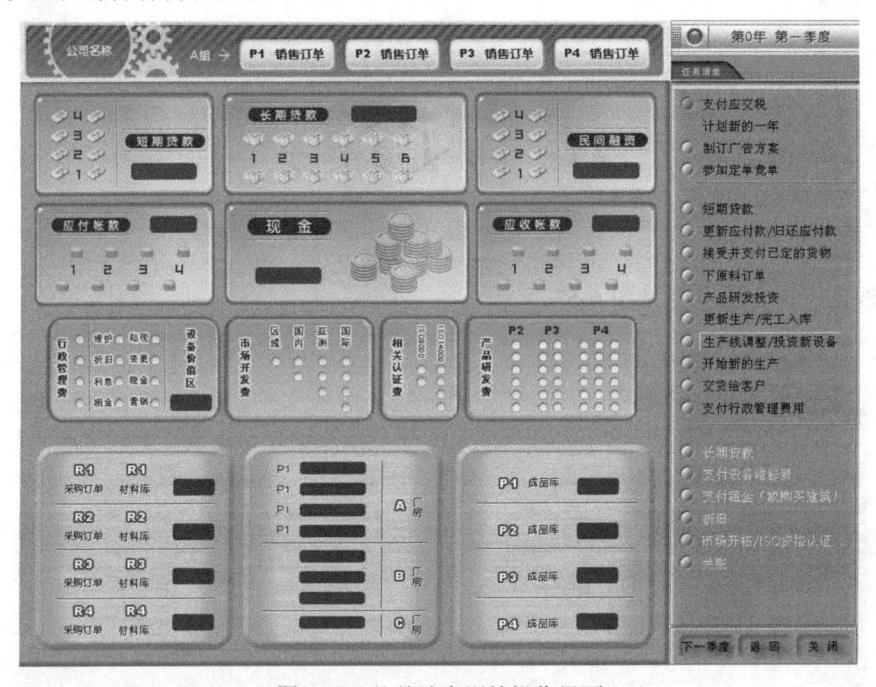

图 6-51　软件沙盘训练操作界面

3. 市场竞单（网络竞单和现场竞单两种方式可选）

软件沙盘市场竞争界面见图 6-52。

4. 教师指导系统

配合沙盘模拟训练的教师指导系统，可以分析各个模拟企业在生产/供应/财务/决策/人力资源等方面的各项分析指标，为讲师的深度点评提供充分的数据保证。进度监控功能方便教师掌握各组的经营状态。

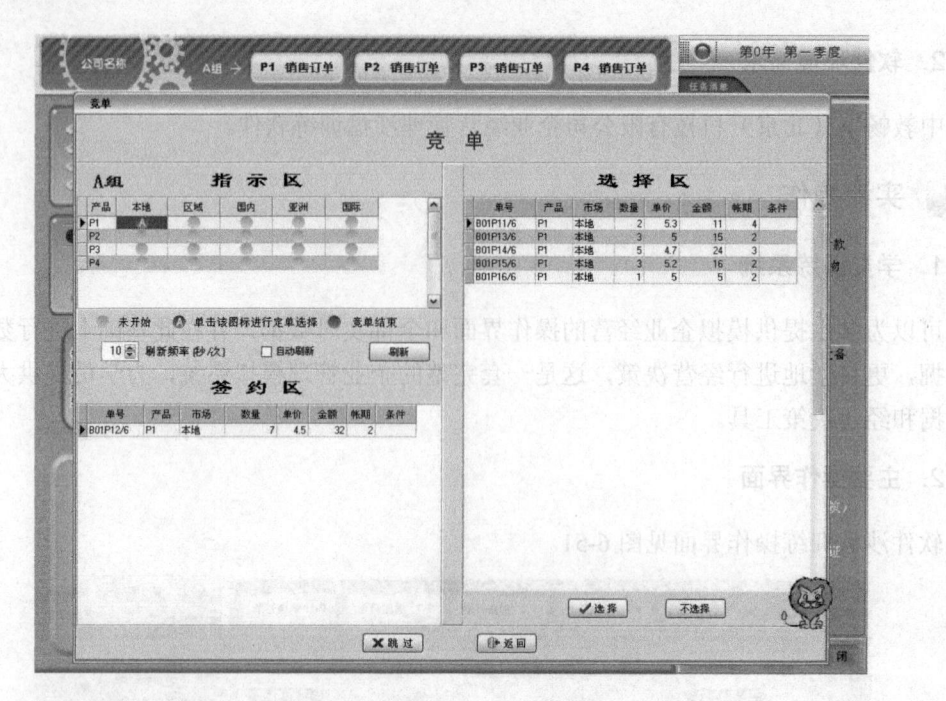

图 6-52 软件沙盘市场竞单界面

5. 广告分析

软件沙盘广告分析界面见图 6-53。

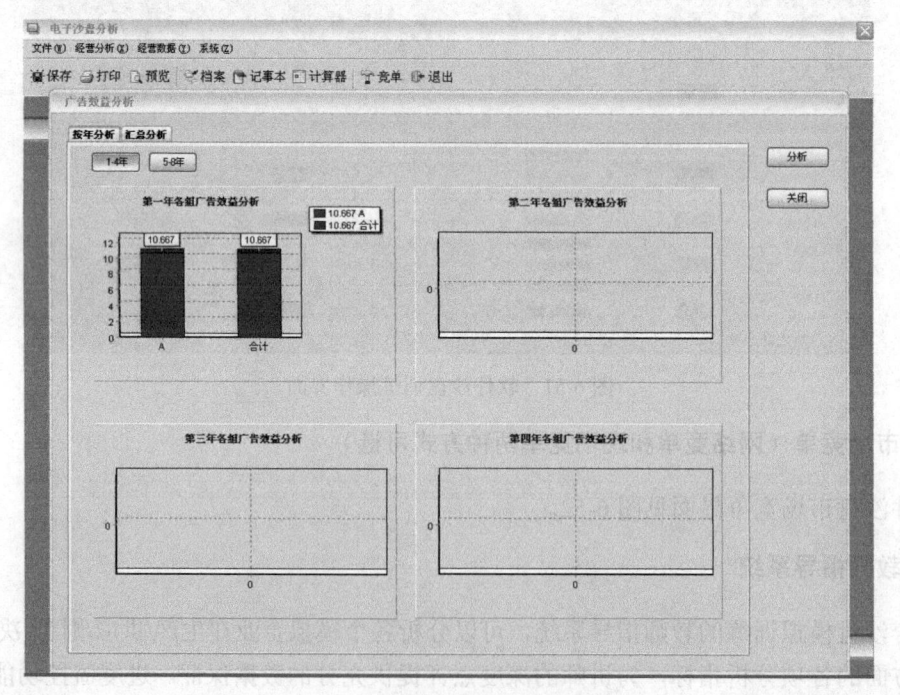

图 6-53 软件沙盘广告分析界面

6. 管理员控制系统

根据学校的安排，任课教师和实验室管理人员可以使用此系统安排教学。管理员控制系统具有简单的数据库设置功能（见图6-54），方便不太熟悉计算机的管理专业教师使用。初始化数据功能方便教师在讲授规则时，让学生大胆练习而不影响正式沙盘经营。数据备份功能帮助教师进行实验过程和实验结果的保存，促进实验教学的管理，符合教育部教学评估的要求。数据还原功能便于教师复盘讲解，方便不同班级在不同时间安排实验。

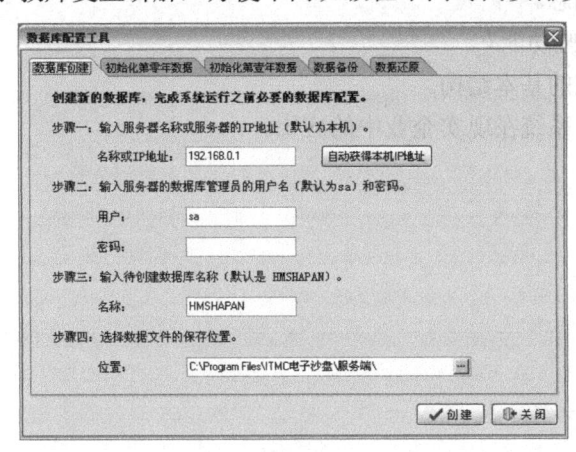

图6-54　软件沙盘管理员操作界面

项目评价

项目名称：ERP系统　　　　　　　　　　　　　　　　　　　　　年　月　日

小组成员：				实际得分	
序号	考核内容	考核标准	分值	扣分	得分
1	ERP的概念	是否掌握相关概念	10		
2	ERP系统功能	是否认识相似功能	15		
3	ERP系统结构	是否了解系统结构	15		
4	沙盘模拟软件应用	是否能够有针对性地进行相关模拟训练	40		
5	学习纪律及职业习惯	是否遵守纪律、有良好的职业习惯	20		
	综合得分				
指导老师评语					

项目巩固与提高

一、选择题

1. 最早提出ERP概念的咨询公司在（　　）。
   A．英国　　　　B．美国　　　　C．印度　　　　D．中国

2. ERP 实质是在（　　）基础上进一步发展起来的、面向供应链的管理思想。
   A．MRPⅡ　　　　B．时段 MRP　　　　C．闭环 MRP　　　　D．订货点法
3. ERP 项目实施工作大部分是由（　　）来完成的。
   A．项目实施小组　　B．程序员　　　　C．职能组　　　　D．咨询公司

二、简答题

1. 试述 ERP 的概念。
2. ERP 系统有哪些功能？
3. 简述 ERP 系统的基本结构。
4. 举例说明 ERP 系统在现实企业中的应用。

模块七　电子商务物流

项目一　电子商务物流认识

（**编前哲思**：随着电子商务的涌现和流行，人们传统的习惯正在改变，眼球经济正在风行。）

项目目标

1. 理解电子商务的内涵；
2. 理解物流在电子商务中的重要性。

项目准备

1. 电子商务物流教学授课课件；
2. 电子商务实务案例。

一、电子商务物流认识知识点学习

1. 电子商务的定义

电子商务一词起源于 20 世纪 70 年代，是伴随着电子数据交换这一技术而产生的商务新概念。到了 20 世纪 90 年代，Internet 技术的飞速发展又为电子商务提供了巨大的市场机遇与挑战。近几年，随着经济全球化和信息网络化的快速发展，电子商务更是达到了更高层次，基于互联网的电子商务正以前所未有的速度迅猛地发展起来。

对于电子商务的概念，国内外经济组织、行业组织和企业有着不同的认识。在此给出几种比较典型的定义供参考，以助于读者对电子商务的概念有一个比较准确和全面的认识。

1）联合国贸发组织对电子商务的定义：电子商务是发生在开放网络上的包含企业之间、

企业和消费者之间的商业活动。

2）世界贸易组织对电子商务的定义：电子商务是以电子通信为手段的经济活动，通过这种方式人们可以对带有经济价值的产品和服务进行宣传。

3）全球信息基础设施委员会电子商务工作组对电子商务的定义：电子商务是以电子通信为手段的经济活动，通过这种方式人们可以对带有经济价值的产品和服务进行宣传。

4）加拿大电子商务协会对电子商务的定义：电子商务通过数字通信进行商品和服务的买卖及资金的转账，它还包括公司间和公司内利用电子邮件、电子数据交换、文件传输、传真、电视会议、远程计算机联网所能实现的全部功能。

5）通用电气公司对电子商务的定义：电子商务指通过电子数据交换以进行商业交易。

从以上给出的各种定义不难看出，电子技术和商业活动是电子商务的主要内容。

2．电子商务的内涵

电子商务指交易当事人或参与人利用计算机技术和网络技术（主要是互联网）等现代信息技术所进行的各类商务活动。

现代信息技术主要指的是互联网、内部网和电子数据交换 EDI。

商务活动主要包括采购、生产、销售、商贸磋商、价格比较、经营决策、营销策略、推销促销、公关宣传、售前/售后服务、客户关系、咨询服务等。

3．物流在电子商务中的作用

完整的电子商务交易过程一般包括信息流、商流、资金流和物流四种基本"流"。信息流指有关交易的各种信息的交流，包括商品的介绍、技术支持、售后服务及有关贸易单证的传输等；商流指商品在购、销之间进行交易和商品所有权转移的运动过程；资金流指交易过程中付款、转账等过程；物流指物质实体从供应者向需求者的物理流动，包括运输、保管、配送、包装、装卸、流通加工及物流信息处理等一系列活动。在电子商务运作过程中，信息流、商流、资金流均可借助因特网在瞬间实现。而对因特网来说，实现物流的能力十分有限，除了软件产品、音乐唱片、信息产品等可通过网络直接传输外，其他商品和服务必须通过物理方式传输。

物流是电子商务发展的核心环节，电子商务物流不畅将会成为电子商务发展的"瓶颈"。物流在电子商务中的重要性表现在以下三个方面。

1）物流是信息流、商流和资金流最终实现的根本保证。物流是电子商务全过程的关键环节，没有商品或服务的转移，信息流、商流、资金流就无法真正实现。

2）物流是实现"以顾客为中心"理念的根本保证。电子商务的出现，在最大程度上方便了最终消费者。他们只要坐在家里，在 Internet 上进行搜索、查看、挑选，就可以完成购物。但试想，他们所购的商品迟迟不能送到，或者商家所送商品并非自己所购，那消费者还会选择网上购物吗？物流是电子商务中实现"以顾客为中心"理念的最终保证，缺少了现代物流技术，电子商务给消费者带来的购物便捷等于零，消费者必然会转向他们认为更为安全的传统购物方式，那时网上购物就没有存在的必要了。

3）物流是生产顺利进行的保证。电子商务下，生产依然是商品流通之本，而生产的顺利进行需要物流活动的支持。合理化、现代化的物流，通过减少费用来降低成本、优化库存结构、减少资金占用、缩短生产周期，保证了生产的高效进行。相反，缺少了现代化的物流，生产将难以顺利进行，无论电子商务是多么便捷的贸易形式，仍无法体现其优势。

4. 电子商务下物流的特点

电子商务时代的来临，给全球物流带来了新的发展，使物流具备了一系列新特点。

1）信息化。电子商务时代，物流信息化是电子商务的必然要求。物流信息化表现为物流信息的商品化、物流信息收集的数据化和代码化、物流信息处理的电子化和计算机化、物流信息传递的标准化和实时化、物流信息存储的数字化等。信息化是一切的基础，没有信息化，任何先进的技术设备都不可能应用于物流领域。

2）自动化。自动化的基础是信息化，自动化的核心是机电一体化，自动化的效果是省力化，另外自动化还可以扩大物流作业能力、提高劳动生产率、减少物流作业的差错等。物流自动化的设施非常多，如条码/语音/视频识别系统、自动分拣系统、自动存取系统、自动导向系统、货物自动跟踪系统等。

3）网络化。基于信息化的物流网络化有两层含义：一是物流配送系统的计算机通信网络，物流配送中心与供应商或制造商的联系要通过计算机网络实现，与下游顾客之间的联系也要通过计算机网络通信；二是组织网络化，即企业内网（Intranet），如我国台湾的计算机在20世纪90年代创造了"全球运筹式产销模式"，这种模式的基本点是按照客户订单组织生产。生产采取分散形式，即将全世界的计算机资源都利用起来，采取外包的形式将一台计算机的所有零部件、元器件、芯片外包给世界各地的制造商去生产，然后通过全球的物流网络将这些零部件、元器件和芯片发往同一物流配送中心进行组装，由该物流配送中心将组装的计算机迅速发给订户。这一过程就需要有高效的物流网络支持。

4）智能化。智能化是物流自动化、信息化的一种高层次应用。物流作业过程有大量的运筹和决策，如库存水平的确定、运输路径的选择、自动导向车的运行轨迹和作业控制、自动分拣机的运行、物流配送中心经营管理的决策支持等，都需要借助于大量的知识才能解决。在物流自动化的进程中，物流智能化是不可回避的技术难题。物流智能化已经成为电子商务下物流发展的一个新趋势。

5）柔性化。为了实现"以顾客为中心"的理念，真正能够根据消费者需求变化来灵活调节生产工艺，必须构建配套的柔性化的物流系统。同时要求配送中心要根据消费需求"多品种、小批量、多批次、短周期"地灵活组织和实施物流作业。

另外，物流设施、商品包装的标准化，物流社会化、共同化也是电子商务下物流的新特点。

二、电子商务物流模拟与实训

实训目标

1. 对国内电子商务现状有正确的认识；
2. 分析传统商务与电子商务流程的异同。

实训要求

1. 登录电子商务相关网站，查询国内外电子商务的发展现状，并写出调查报告；
2. 浏览电子商务相关站点，分析比较电子商务与传统商务流程的区别。

实训准备

网络畅通的多媒体实验机房。

实训操作

任务 1 分别登录中国互联网信息中心（CNNIC）、中国电子商务协会（CECA）等站点，查询收集国内外电子商务发展现状。

操作：登录中国互联网信息中心（CNNIC）、中国电子商务协会（CECA）等站点，查询、收集、筛选、整理资料，撰写调查报告。

任务 2 登录亚马逊网上书店，了解网上书店与传统书店的异同，从运作流程上分析电子商务与传统商务的区别。

操作：登录亚马逊网上书店，从获得商品信息、购物申请、产生订单、发送订单、库存检查、开具发票、发送提货单、支付等方面进行网上书店与传统书店运作流程的比较，分析电子商务与传统商务流程的异同。

项目评价

项目名称：电子商务认识实训　　　　　　　　　　　　　　年　　月　　日

小组成员：				实际得分	
序号	考核内容	考核标准	分值	扣分	得分
1	基本概念	是否掌握相关概念	10		
2	电子商务现状认识	是否认识深刻	15		
3	电子商务与传统商务的区别	是否了解电子商务运作流程	15		
4	收集、整理有效信息的能力	是否能够有针对性地进行有效信息的收集整理	20		
5	撰写调查报告的能力	是否能独立地进行调查报告撰写	20		
6	学习纪律及职业习惯	是否遵守纪律、有良好的职业习惯	20		
	综合得分				
指 导 老 师 评 语					

项目巩固与提高

一、选择题

1. 电子商务实际上是一种（　　）活动。
   A．网络　　　　　B．买卖　　　　　C．生产　　　　　D．运输
2. 电子商务有许多分类，其中 B to B 是指（　　）。
   A．企业与企业　　B．企业与个人　　C．个人与个人　　D．企业与政府
3. 人们常称物流为（　　）。
   A．第一利润源　　B．第二利润源　　C．第三利润源　　D．第四利润源
4. 电子商务下物流的特点之一是柔性化，它的实质不包括（　　）。
   A．适应生产、流通、消费的需求而发展起来的一种新型物流模式
   B．"以顾客为中心"的理念
   C．将生产、流通进行集成，根据客户需求组织生产，安排物流运作
   D．品种少，批量多
5. 电子商务的任何一笔交易都由（　　）组成。
   A．商流、资金流、物流　　　　　B．信息流、商流、物流
   C．信息流、商流、资金流　　　　D．信息流、商流、资金流、物流

二、简答题

1. 什么是电子商务？
2. 简述电子商务和传统商务流程的异同。
3. 试述物流在电子商务中的作用。
4. 电子商务下的物流具有哪些特点？

项目二　电子商务物流系统

（**编前哲思**：思想与行动的结合，才能成就事业，电子商务物流系统就告诉了人们这个事实。）

项目目标

1. 理解电子商务物流系统的概念、构成；
2. 对电子商务物流过程有所认识；
3. 理解电子商务物流系统的合理化作用。

项目准备

1. 电子商务物流系统教学授课课件；

2. 电子商务物流系统认识实务案例。

一、电子商务物流系统知识点学习

电子商务因其市场规模大、信息传递快、商品品种多、可靠性强、流通环节少、交易成本低等优点而风靡全球。是一种先进技术和营销方法，代表着未来贸易方式、消费方式和服务方式，是信息化、网络化和服务要求日益提高的必然产物，是商流、信息流、资金流和物流的结合。电子商务需要解决电子支付、网络安全、金融认证体系、安全体系、产品品种和经营模式创新等一系列问题。电子商务在线服务背后的物流系统支撑能力已成为企业在商业领域竞争成败的关键。

1. 电子商务物流系统的基本概念

（1）电子商务物流系统的概念

电子商务物流系统指在实现电子商务特定过程的时间和空间范围内，由所需位移的商品、包装设备、装卸搬运机械、运输工具、仓储设施、人员和通信联系设备等若干相互制约的动态要素所构成的具有特定功能的有机整体。

电子商务物流系统是信息化、现代化、社会化和多层次的物流系统。该系统主要针对电子商务企业的需要，采用网络化的计算机技术和现代化硬件设备、软件系统及先进的管理手段，严格地、守信用地进行一系列分类、编配、整理、分工和配货等理货工作，定时、定点、定量地交给没有范围限制的各类用户，满足其对商品的需求。

现代社会里用户对商品的需求已不仅满足于其使用价值的本身，优质服务已经成为必然要求。通过新型的电子商务物流系统，可以使传统的商品流通环节中的物流和配送方式更容易信息化、自动化、社会化、智能化、合理化和简单化，在降低库存成本的同时提高了物流效率，加速了资金的周转，可以让企业在更低成本的运作中完成高效的商品营销。

（2）电子商务物流系统的构成

作为物流系统的一个分支，电子商务物流系统包括了运输、存储和配送等主要功能及包装、装卸、搬运、流通加工、物流信息处理等辅助功能，只是在信息化、自动化技术的采用及准确、及时的要求上更为严格，尤其强调了物流速度、物流信息的流畅性和整体系统的合理化。平滑、无缝地将整个物流环节整合起来，才形成了现代的电子商务物流系统，如图7-1所示。

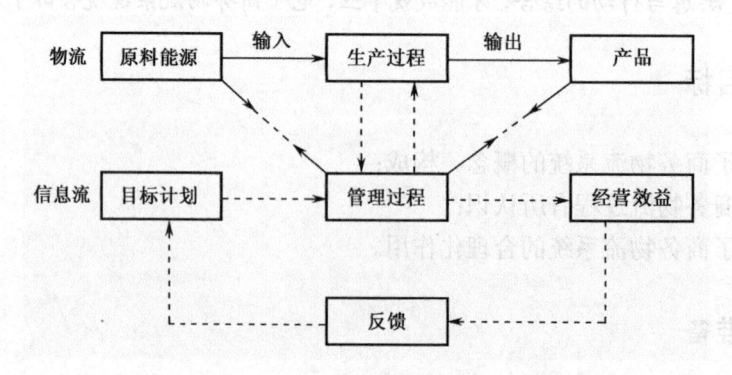

图7-1 电子商务物流系统结构示意图

电子商务物流系统与一般系统一样，具有输入、转换和输出三大功能。通过输入和输出使物流系统与电子商务系统及社会环境进行交换，并相互依存。输入包括人、财、物和信息；输出包括效益、产品、服务、环境的影响及信息等；而实现输入到输出转换的则是电子商务物流的各项管理活动、技术措施、设施设备和信息处理等。

2．电子商务物流过程

电子商务的物流作业流程同普通商务作业流程一样，目的都是将用户所订货物送到用户手中，其主要作业环节与一般物流作业环节一样，包括商品包装、商品运输、商品储存、商品装卸和物流信息管理等电子商务物流系统的基本业务流程。

电子商务物流系统的基本业务流程因电子商务企业性质不同而有所差异。例如，制造型企业的电子商务物流主要业务过程可能起始于客户订单，中间可能包括与生产准备和生产过程相关的物流环节，同时包括从产品入库直到产品送达客户的全部物流过程；而对销售型的电子商务企业而言，其物流过程不包括生产过程物流的提供，但其商品组织与供应物流和销售物流的功能极为完善；对于单纯的物流企业而言，由于它充当为电子商务企业提供第三方物流服务的角色，因此它的功能和业务过程更接近传统意义上的物流中心或配送中心。

虽然各种类型的电子商务企业的物流组织过程有所差异，但从电子商务物流过程的流程上看，还是具有许多相同之处的。具体地说，其基本业务流程一般包括进货、进货检验、分拣、储存、拣选、包装、分类、组配、装车及送货等。与传统物流模式不同的是，电子商务的每个订单都要送货上门，而有形店铺则不用，因此电子商务的物流成本更高，配送路线的规划、配送日程的调度、配送车辆的合理利用难度更大。与此同时，电子商务的物流流程可能会受到更多因素的制约。

图 7-2 给出了电子商务物流的一般过程。

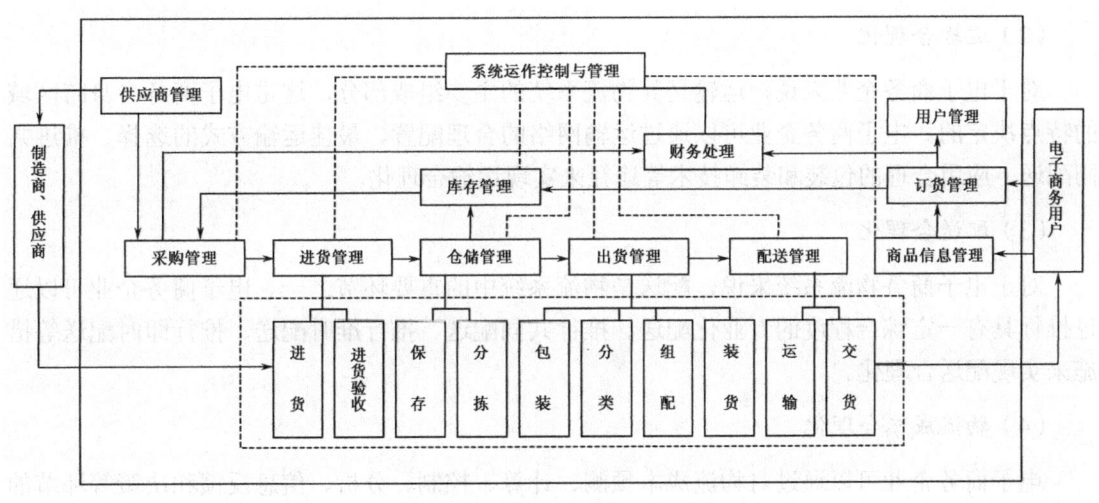

图 7-2 电子商务物流的一般过程

3．电子商务物流系统合理化的作用

物流的各种功能是相互联系的，只有整体考虑和综合管理物流系统的各个子系统，才能有效地推进物流系统的合理化。物流系统作为电子商务运作的基础，其改善可以带来巨大的经济利益，物流系统的合理化对于电子商务企业至关重要，必将成为电子商务企业最重要的

竞争领域。如果物流系统的建立不合理，则可能由于相互抵消作用而导致企业走入恶性循环。

电子商务物流系统合理化的作用主要体现在以下几个方面。

（1）确保电子商务企业的正常运转

1）将商品在适当的交货期内正确地向顾客配送；

2）满足顾客的订货要求，不缺货；

3）适当配置仓库和配送中心的位置；

4）实现运输、装卸和仓储自动化；

5）确保信息畅通。

（2）降低物流成本和费用

对于电子商务企业来说，物流成本在总成本中占有相当大的比例。物流系统合理化可以提高物流作业效率、减少运输费用和仓储包装费用，从而达到降低成本的目的。

（3）压缩库存

库存是物流系统合理化的主要内容，库存控制的目的是通过各种方法使电子商务企业在满足客户需求的前提下把库存控制在合理范围内。

4．电子商务物流系统合理化的途径

（1）仓储合理化

电子商务企业的流动资金大部分被库存商品所占用，降低库存可以减少占用的流动资金，加快资金周转速度。但是，库存降低是有约束条件的，它要以满足客户需求为前提。

（2）运输合理化

对于电子商务企业来说，运输是其物流系统的主要组成部分，这是电子商务自身跨区域的特点决定的。电子商务企业可以通过运输网络的合理配置、最佳运输方式的选择、推进共同配送、应用合理的包装和装卸技术等途径来实现运输合理化。

（3）配送合理化

对于电子商务物流系统来说，配送是物流系统中的重要环节之一。电子商务企业可以通过推行具有一定综合程度的专业化配送、推行共同配送、推行准时配送、推行即时配送等措施来实现配送合理化。

（4）物流成本合理化

电子商务企业可以通过对物流成本预测、计算、控制、分析、信息反馈和决策等环节的管理，实现物流成本合理化。

（5）建立健全物流信息系统

为了有效地对物流系统进行管理和控制，必须从建立即时有效的物流管理系统、运输规划与安排系统、订货管理系统、物流运作决策支持系统等方面入手，建立和完善的电子商务物流信息系统。

二、电子商务物流系统模拟与实训

实训目标

1. 对电子商务物流系统构建的重要性有所认识；
2. 分析电子商务物流系统合理化途径。

实训要求

1. 登录电子商务相关网站，查询企业电子商务物流系统构建相关资料，对电子商务物流系统概念有所认识，总结电子商务物流系统构建的重要性；
2. 浏览电子商务企业相关站点，总结电子商务物流系统合理化途径。

实训准备

网络畅通的多媒体实验机房。

实训操作

任务 1 登录企业电子商务站点，查询企业电子商务物流系统构建相关资料，总结电子商务物流系统构建的作用。

操作：分别登录海尔集团网上商城、亚马逊网上购物商城、联想集团网上商城等站点，查询电子商务企业物流系统构建相关资料，并对资料进行筛选、整理，分析说明电子商务物流系统构建对企业发展有何作用。

任务 2 登录电子商务企业站点，了解它们的物流运作过程；

操作：登录戴尔官方网站、百盛商业集团网站等相关网站，对它们的物流运作过程是如何实现的进行总结。

项目评价

项目名称：电子商务认识实训　　　　　　　　　　　　　　年　月　日

小组成员：				实际得分	
序号	考核内容	考核标准	分值	扣分	得分
1	基本概念	是否掌握相关概念	10		
2	电子商务物流系统认识	是否认识深刻	15		
3	电子商务物流系统合理化的重要作用	是否结合实际进行总结	15		
4	电子商务企业物流运作过程	是否能结合电子商务企业实际运作情况进行总结	20		
5	收集、整理有效信息的能力	是否能有针对性地进行有效信息的收集整理	20		
6	学习纪律及职业习惯	是否遵守纪律、有良好的职业习惯	20		
	综合得分				
指导老师评语					

项目巩固与提高

一、选择题

1. 由物流各项要素活动组成的有机整体称为（　　）。
   A．物流集合　　　B．物流体系　　　C．物流系统　　　D．物流组织
2. 以下是对电子商务环境下物流业的发展趋势进行的预测，其中不合理的是（　　）。
   A．物流系统要有良好的信息处理和信息传输系统
   B．物流企业将向跨国经营和全球化方向发展
   C．在电子商务的环境下，物流向粗放型阶段发展
   D．在电子商务环境下，物流企业是介于买卖双方之间的第三方，以服务为第一宗旨
3. 在物流系统中，起着缓冲、调节和平衡作用的物流活动是（　　）。
   A．运输　　　　　B．配送　　　　　C．装卸　　　　　D．仓储
4. 通过提供资源、能源、设备、劳力等手段与系统发生作用，统称为外部环境对物流系统的（　　）。
   A．输入　　　　　B．转化　　　　　C．输出　　　　　D．服务
5. 配送中心的计算机信息管理系统的功能包括订货管理系统、（　　）等。
   A．收货管理系统、配货管理系统
   B．收货管理系统、入库管理系统、配货管理系统
   C．收货管理系统、入库管理系统、摆货管理系统、配货管理系统
   D．入库管理系统、配货管理系统

二、简答题

1. 什么是电子商务物流系统？
2. 电子商务物流系统合理化的作用有哪些？
3. 电子商务物流系统合理化途径有哪些？

项目三　电子商务物流模式

（**编前哲思**："给人方便，就是给己方便"，电子商务物流就是在贯彻这种理念。）

项目目标

1. 通过交流，对电子商务物流模式有所认识；
2. 熟悉各种电子商务物流模式，能够结合企业实际构建适合企业自身的电子商务物流模式。

项目准备

1．电子商务物流模式教学授课课件；
2．电子商务物流模式案例。

一、电子商务物流模式知识点学习

1．电子商务物流模式的含义

电子商务物流模式主要指以市场为导向、以满足顾客要求为宗旨、获取系统总效益最优化的适应现代社会经济发展的模式。

2．电子商务物流模式

（1）自营物流

企业自身经营的物流称为自营物流。自营物流出现在电子商务刚刚萌芽的时期，那时的电子商务企业规模不大，从事电子商务的企业多选用自营物流的方式。企业自营物流模式意味着电子商务企业自行组建物流配送系统，经营、管理企业的整个物流运作过程。在这种方式下，企业也会向仓储企业购买仓储服务，向运输企业购买运输服务，但是这些服务都只限于一次或一系列分散的物流功能，而且是临时性的纯市场交易的服务，物流公司并不按照企业独特的业务流程提供独特的服务，即物流服务与企业价值链的松散的联系。如果企业有很高的顾客服务需求标准，物流成本占总成本的比重较大，而企业自身的物流管理能力较强时，企业一般不应采用外购物流，而应采用自营方式。由于我国物流公司大多是由传统的储运公司转变而来的，还不能满足电子商务的物流需求，因此，很多企业借助于它们开展电子商务的经验开展物流业务，即电子商务企业自身经营物流。

目前，在我国，采取自营模式的电子商务企业主要有两类：一类是资金实力雄厚且业务规模较大电子商务公司，电子商务在我国兴起的时候，国内第三方物流的服务水平远不能满足电子商务公司的要求；第二类是传统的大型制造企业或批发企业经营的电子商务网站，由于其自身在长期的传统商务中已经建立起初具规模的营销网络和物流配送体系，在开展电子商务时只需将其加以改进、完善，即可满足电子商务条件下对物流配送的要求。选用自营物流，可以使企业对物流环节有较强的控制能力，易于与其他环节密切配合，全力、专门地服务于本企业的运营管理，使企业的供应链更好地保持协调、简捷与稳定。此外，自营物流能够保证供货的准确和及时，保证顾客服务的质量，维护了企业和顾客间的长期关系。但自营物流所需的投入非常大，建成后对规模的要求很高，大规模才能降低成本，否则将会长期处于不赢利的境地，而且投资成本较大、时间较长，对于企业柔性有不利影响。另外，自建庞大的物流体系需要占用大量的流动资金。更重要的是，自营物流需要较强的物流管理能力，建成之后需要工作人员具有专业化的物流管理能力。

（2）物流联盟

物流联盟是制造业、销售企业、物流企业基于正式的协议而建立的一种物流合作关系，参加联盟的企业汇集、交换或统一物流资源以谋取共同利益；同时，合作企业仍保持各自的独立性。物流联盟为了取得比单独从事物流活动更好的效果，在企业间形成了相互信任、共担风险、共享收益的物流伙伴关系。企业间不完全采取使自身利益最大化的行为，也不完全采取使共同利益最大化的行为，只是在物流方面通过契约形成优势互补、要素双向或多向流动的中间组织。联盟是动态的，只要合同结束，双方又变成追求自身利益最大化的单独个体。选择物流联盟伙伴时，要注意物流服务提供商的种类及其经营策略。一般可以根据物流企业服务的范围和物流功能的整合程度这两个标准来确定物流企业的类型。物流服务的范围主要指业务服务区域的广度、运送方式的多样性、保管和流通加工等附加服务的广度。物流功能的整合程度指企业自身所拥有的提供物流服务所必需的物流功能的多少，必要的物流功能指包括基本的运输功能在内的经营管理、集配、配送、流通加工、信息、企划、战术、战略等各种功能。

一般来说，组成物流联盟的企业之间具有很强的依赖性，物流联盟的各个组成企业要明确自身在整个物流联盟中的优势及担当的角色，减少内部的对抗和冲突、明晰分工，使供应商把注意力集中在提供客户指定的服务上，最终提高了企业的竞争能力和竞争效率，满足企业跨地区、全方位物流服务的要求。

（3）第三方物流

第三方物流指独立于买卖之外的专业化物流公司，长期以合同或契约的形式承接供应链上相邻组织委托的部分或全部物流功能，因地制宜地为特定企业提供个性化的全方位物流解决方案，实现特定企业的产品或劳务快捷地向市场移动，在信息共享的基础上，实现优势互补，从而降低物流成本、提高经济效益。它是由相对"第一方"发货人和"第二方"收货人而言的第三方专业企业来承担企业物流活动的一种物流形态。第三方物流公司通过与第一方或第二方的合作来提供其专业化的物流服务，它不拥有商品，不参与商品买卖，而是为顾客提供以合同约束、以结盟为基础的、系列化、个性化、信息化的物流代理服务。服务内容包括设计物流系统、EDI能力、报表管理、货物集运、选择承运人、货运代理人、海关代理、信息管理、仓储、咨询、运费支付和谈判等。第三方物流企业一般都是具有一定规模的物流设施设备（库房、站台、车辆等）及专业经验、技能的批发、储运或其他物流业务经营企业。第三方物流是物流专业化的重要形式，它的发展程度体现了一个国家物流产业发展的整体水平。

第三方物流是一个新兴的领域，企业采用第三方物流模式对于提高企业经营效率具有重要作用。首先，企业将自己的非核心业务外包给从事该业务的专业公司去做；其次，第三方物流企业作为专门从事物流工作的企业，有丰富的专门从事物流运作的专家，有利于确保企业的专业化生产，降低费用，提高企业的物流水平。目前，第三方物流的发展十分迅速，有几方面是值得关注。第一，物流业务的范围不断扩大，商业机构和各大公司面对日趋激烈的竞争，不得不将主要精力放在核心业务上，将运输、仓储等相关业务环节交由更专业的物流企业进行操作，以求节约和高效；另外，物流企业为提高服务质量，也在不断拓宽业务范围，提供配套服务。第二，很多成功的物流企业根据第一方、第二方的谈判条款，分析比较自理的操作成本和代理费用，灵活运用自理和代理两种方式，提供客户定制的物流服务。第三，物流产业的发展潜力巨大，具有广阔的发展前景。

(4) 第四方物流

第四方物流主要指由咨询公司提供物流咨询服务，但咨询公司并不等于第四方物流公司。目前，第四方物流在中国还停留在"概念化"的第四方物流公司上，一些物流公司、咨询公司甚至软件公司纷纷宣称自己的公司就是从事"第四方物流"服务的公司，这些公司将没有车队、没有仓库当成一种时髦；号称拥有信息技术，其实却缺乏供应链设计能力；只是将第四方物流当成一种商业炒作模式。第四方物流公司应物流公司的要求为其提供物流系统的分析和诊断，或提供物流系统优化和设计方案等。所以第四方物流公司以其知识、智力、信息和经验为资本，为物流客户提供一整套的物流系统咨询服务。从事物流咨询服务就必须具备良好的物流行业背景和相关经验，但并不需要从事具体的物流活动，更不用建设物流基础设施，只是对整个供应链提供整合方案。第四方物流的关键在于为顾客提供最佳的增值服务，即迅速、高效、低成本和个性化服务等。

第四方物流有众多优势。第一，它对整个供应链及物流系统进行整合规划。第三方物流的优势在于运输、储存、包装、装卸、配送、流通加工等实际的物流业务操作能力，在综合技能、集成技术、战略规划、区域及全球拓展能力等方面存在明显的局限性，特别是缺乏对整个供应链及物流系统进行整合规划的能力。而第四方物流的核心竞争力就在于对整个供应链及物流系统进行整合规划的能力，这也是降低客户企业物流成本的根本所在。第二，它具有对供应链服务商进行资源整合的优势。第四方物流作为有领导力量的物流服务提供商，可以通过其影响整个供应链的能力，整合最优秀的第三方物流服务商、管理咨询服务商、信息技术服务商和电子商务服务商等，为客户企业提供个性化、多样化的供应链解决方案，为其创造超额价值。第三，它具有信息及服务网络优势。第四方物流公司的运作主要依靠信息与网络完成，其强大的信息技术支持能力和广泛的服务网络覆盖支持能力是客户企业开拓国内外市场、降低物流成本所极为看重的，也是取得客户信赖、获得大额长期订单的优势所在。最后，具有人才优势。第四方物流公司拥有大量高素质国际化的物流和供应链管理专业人才和团队，可以为客户企业提供全面的卓越的供应链管理与运作，提供个性化、多样化的供应链解决方案，在解决物流实际业务的同时实施与公司战略相适应的物流发展战略。发展第四方物流可以减少物流资本投入、减少资金占用。通过第四方物流，企业可以大大减少在物流设施（如仓库、配送中心、车队、物流服务网点等）方面的资本投入，减少资金占用，提高资金周转速度，减少投资风险，降低库存管理及仓储成本。第四方物流公司通过其卓越的供应链管理和运作能力可以实现供应链"零库存"的目标，为供应链上的所有企业降低仓储成本。同时，第四方物流大大提高了客户企业的库存管理水平，从而降低了库存管理成本。发展第四方物流还可以改善物流服务质量，提升企业形象。

(5) 物流一体化

物流一体化指以物流系统为核心，由生产企业、物流企业、销售企业直至消费者的供应链整体化和系统化。它是在第三方物流的基础上发展起来的新的物流模式。20世纪90年代，美、法、德等国提出物流一体化现代理论，并应用和指导其物流发展，取得了明显效果。在这种模式下，物流企业通过与生产企业建立广泛的代理或买断关系，使产品在有效的供应链内迅速移动，使参与的企业都能获益，使整个社会获得明显的经济效益。这种模式还表现为用户之间广泛交流供应信息，从而起到调剂余缺、合理利用、共享资源的作用。在电子商务时代，这是一种比较完整意义上的物流配送模式，它是物流业发展的高级和成熟阶段。

物流一体化的发展可进一步分为三个层次：物流自身一体化、微观物流一体化和宏观物流一体化。物流自身一体化指物流系统的观念逐渐确立，运输、仓储和其他物流要素趋向完备，子系统协调运作、系统化发展。微观物流一体化指市场主体企业将物流提高到企业战略的地位，并且出现了以物流战略为纽带的企业联盟。宏观物流一体化指物流业发展到这样的水平：物流业占到国民总产值的一定比例，处于社会经济生活的主导地位，它使跨国公司从内部职能专业化和国际分工程度的提高中获得规模经济效益。物流一体化是物流产业化的发展形式，它必须以第三方物流充分发育和完善为基础。物流一体化的实质是一个物流管理的问题，即专业化物流管理人员和技术人员，充分利用专业化物流设备、设施，发挥专业化物流运作的管理经验，以求取得整体最优的效果。同时，物流一体化的趋势为第三方物流的发展提供了良好的发展环境和巨大的市场需求。

二、电子商务物流模式模拟与实训

实训目标

对电子商务物流模式有所认识。

实训要求

登录电子商务相关网站，查询凡客诚品、京东商城、淘宝商城是如何完成其物流服务的。

实训准备

网络畅通的多媒体实验机房。

实训操作

任务1 登录凡客诚品，了解其是如何进行商品物流配送的。

操作：登录凡客诚品网站，单击"新手指南"、"配送范围及时间"、"售后服务"等栏目，从国内配送、海外配送、订单拆分、商品验货与签收等方面入手，探究凡客诚品的物流配送实现过程。

从物流配送送货方式、配送范围、配送费、商品出库后配送时限、货物跟踪查询等方面入手，详尽了解其物流配送实现过程。

任务2 登录京东商城，了解其物流配送网络构建现状。

操作：登录京东商城，单击"购物指南"、"配送方式"、"售后服务"等栏目，查阅资料，对其物流配送模式进行分析。

任务3 登录淘宝商城，了解电子商务商家是如何实现其物流配送服务的。

操作：登录淘宝商城，分别进入美的电器官方旗舰店、李宁官方旗舰店、联想手机官方旗舰店，通过单击"购物须知"、"配送区域"、"买家须知"、"售后服务"等栏目，查阅资料，对其物流配送模式进行分析。

项目评价

项目名称：电子商务物流模式实训　　　　　　　　　　　　　　　　年　　月　　日

小组成员：				实际得分	
序号	考核内容	考核标准	分值	扣分	得分
1	基本概念	是否掌握相关概念	10		
2	凡客诚品物流配送模式分析	是否有明确的认识	15		
3	京东商城物流配送模式分析	是否有明确的认识	15		
4	淘宝商城商家物流配送模式分析	是否有明确的认识	20		
5	收集、整理有效信息的能力	是否能够有针对性地进行有效信息的收集和整理	20		
6	学习纪律及职业习惯	是否遵守纪律、有良好的职业习惯	20		
综合得分					
指导老师评语					

项目巩固与提高

一、选择题

1. 物流一体化的发展可进一步分为（　　）个层次。
   A. 二　　　　　　B. 三　　　　　　C. 四　　　　　　D. 五

2. 为了提高物流效益，对许多用户一起配送，以追求配送合理化为目的的配送形式是（　　）。
   A. 综合配送　　　B. 共同配送　　　C. 专业配送　　　D. 继承配送

3. 电子商务物流模式包括物流一体化、第四方物流、第三方物流、自营物流和（　　）。
   A. 差异配送　　　B. 物流联盟　　　C. 送货上门　　　D. 单一配送

4. 在中国，目前大多数的网上书店、竞拍网站、体育用品网站都是利用（　　）物流模式实现物品配送的。
   A. 中央直属的专业性物流企业　　　B. 地方专业性物流企业
   C. 中国邮政及其第三方物流　　　　D. 自营物流

5. （　　）是制造业、销售企业、物流企业基于正式的相互协议而建立的一种物流合作关系，参加联盟的企业汇集、交换或统一物流资源以谋取共同利益；同时，合作企业仍保持各自的独立性。
   A. 物流联盟　　　B. 自营物流　　　C. 第三方物流　　　D. 第四方物流

二、简答题

1. 简述电子商务物流模式的含义。
2. 我国采取自营物流模式的企业主要有什么特点？
3. 物流一体化发展可分为哪几个层次？

模块八

物流系统自动化技术

项目一 自动化立体仓库

（**编前哲思**：我们拥有的知识和能力也装在一个自动化立体仓库里，如果没有一套智能化的科学管理系统——神经系统，语言交流中可能就会答非所问，行动过程中就可能洋相百出。）

项目目标

1. 了解自动化立体仓库的设备组成；
2. 熟悉自动化立体仓库系统的功能；
3. 掌握自动化仓库系统的入库、出库、移库及对调作业流程。

项目准备

1. 自动化立体仓库教学授课课件；
2. 自动化立体仓库视频资料、自动化立体仓库的设备组成图片；
3. 自动化立体仓库系统及校内实训场所和设备的准备。

一、自动化立体仓库知识点学习

1. 自动化立体仓库认知

自动化立体仓库（AS/RS）是由立体货架、有轨巷道堆垛机、出入库托盘输送机系统、尺寸检测条码阅读系统、通信系统、自动控制系统、计算机监控系统、计算机管理系统及其他如电线电缆桥架配电柜、托盘、调节平台、钢结构平台等辅助设备组成的复杂的自动化系统，其在整体结构见图8-1。

图 8-1 自动化立体仓库示意图

我国对立体仓库及其物料搬运设备的研制始于 1963 年，由机械部北京起重运输机械研究所研制成第一台桥式堆垛起重机。1973 年由机械部起重所负责研制第一座由计算机控制的自动化立体仓库（高 15 米），该库于 1980 年投入运行。立体仓库由于具有很高的空间利用率、很强的入出库能力、采用计算机进行控制管理而有利于企业实施现代化管理等特点，已成为企业物流和生产管理不可缺少的仓储技术，越来越受到企业的重视。

自动化立体仓库是现代物流系统中迅速发展的一个重要组成部分，它具有节约用地、减轻劳动强度、消除差错、提高仓储自动化水平及管理水平、提高管理和操作人员素质、减少储运损耗、有效减少流动资金的积压、提高物流效率等诸多优点。自动化立体仓库与生产企业厂级计算机管理信息系统连网并与生产线紧密相连，是当今 CIMS（计算机集成制造系统）及 FMS（柔性制造系统）必不可少的关键环节。

运用一流的集成化物流理念，采用先进的控制、总线、通信和信息技术，通过系统设备的协调动作，按照用户的需要完成指定货物的自动有序、快速准确、高效的入库、出库、移库等系列作业。

2. 自动化立体仓库的系统结构及功能

（1）自动化立体仓库的系统结构

自动化立体仓库系统主要由立体货架、有轨巷道堆垛机、出入库托盘输送机系统、尺寸检测条码阅读系统、通信系统、自动控制系统、计算机监控系统、计算机管理系统及其他如电线电缆桥架配电柜、托盘、调节平台、钢结构平台等辅助设备组成，其主体结构见图 8-2。自动化立体仓库系统能够按照指令自动完成货物的存取，并能对库存货物进行自动管理，完全实现自动化作业。

1）立体货架：用于存储货物的钢结构。目前主要有焊接式货架和组合式货架两种基本形式。

2）托盘（货箱）：用于承载货物的器具，也称工位器具。

3）有轨巷道堆垛机：用于自动存取货物的设备。按结构形式分为单立柱和双立柱两种基本形式；按服务方式分为直道、弯道和转移车三种基本形式（见图 8-3）。

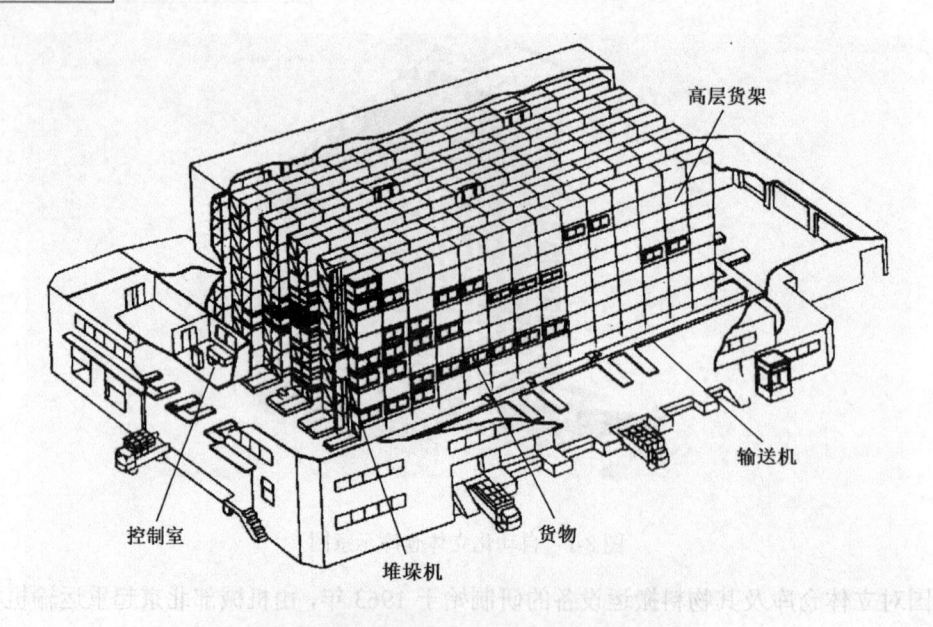

图 8-2 自动化立体仓库主体构成

图 8-3 有轨巷道堆垛机

4）输送机系统：是立体仓库的主要外围设备，负责将货物运送到堆垛机或从堆垛机将货物移走。输送机种类非常多，常见的有辊道输送机、链条输送机、升降台、分配车、提升机、皮带机等。

5）AGV 系统：即自动导向小车。根据导向方式分为感应式导向小车和激光导向小车。

6）自动控制系统：驱动自动化立体库系统各设备的自动控制系统。目前主要采用现场总线方式为控制模式。

7）储存信息管理系统：也称中央计算机管理系统，是全自动立体仓库系统的核心。目前，典型的自动化立体库系统均采用大型的数据库系统构筑典型的客户机/服务器体系，可以与其他系统（如 ERP 系统等）连网或集成。

（2）自动化立体仓库的功能

自动化立体仓库一般有如下五大功能。

1）大量存储和保管的功能。

自动化立体仓库的货架高度一般在15m左右，最高的可达40m以上，可存储数十万个货物单元，即可存储数十万个托盘。按平均每托盘货物重1吨计算，每个自动化立体仓库可同时存储数十万吨货物，这相当于一艘排水量为数十万吨级的巨轮所装载的货物。例如意大利Benetton公司建造的一个30万吨货位的自动化立体仓库，就可以承担向全球60多个国家的5000多间连锁店配送物品的任务。

2）自动存取功能。

自动化立体仓库的出入库和库内的搬运作业全部由计算机控制的自动化系统来实现。自动化立体仓库计算机控制系统的功能模块主要有：物流作业的管理、调度与跟踪、物流设备管理与监控、自动联机入库等（见图8-4），自动化立体仓库的出入库和库内的搬运作业运行和处理速度比普通仓库快得多，大幅提高了劳动生产率，降低了操作人员的劳动强度；同时能高效率地纳入企业的物流系统中。例如Benetton公司，其30万吨货位的自动化立体仓库的自动存取系统中，每天只需8个管理人员负责货物存取系统的操作、监控和维护。管理人员通过计算机发出入库/出库分拣、包装、组配、存储等作业指令，自动存取系统就会调用库内的巷道堆垛机、自动分拣机、自动导向车及其配套的周边设备协同操作，在短时间内自动完成作业。

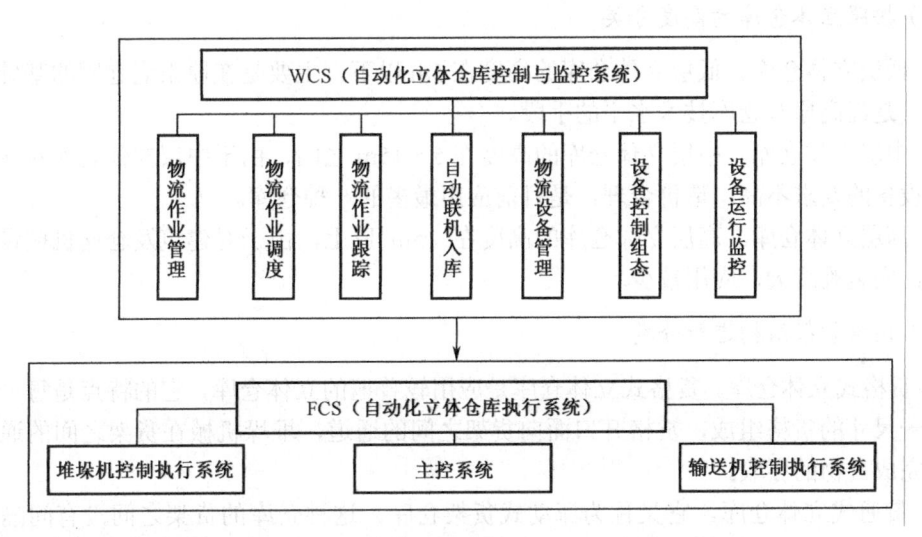

图8-4 自动化立体仓库信息系统功能结构

自动化立体仓库一般配备较好的设备和设施，可根据所存储物品的特性来进行分类保管，以保证存储物品的完好性。

3）调节供需功能。

现代化大生产的形式是多种多样的。从生产和消费的连续性角度来看，各种产品都有不同的特点。例如，有些产品的生产是均衡的，但消费却有季节性；有些产品的生产是不均衡的，但消费是均衡的。这些不均衡而导致的大批物品的存储，无法单独依靠一般的仓库来承担。因此，为了使大生产和大消费协调起来，自动化立体仓库依靠其储量大、反应快的特点，起着"大型蓄水池"的作用。

4)货物运输能力调节功能。

各种运输工具的运输能力相差较悬殊。船舶的运输能力最强,海运往往是万吨级至10万吨级的。汽车的运输能力最弱,一般每辆货车(轻型以上的货车)的运载量在1.8~30吨之间,它们两者之间的运输衔接是不平衡的。例如一艘好望角型干散货船,总载重量在10万吨级以上,其货物至少需要25 000辆次的4吨货车来运载,这样的运输衔接要想达到平衡是很困难的。而自动化立体仓库就能很好地对这种相差悬殊的运力进行调节。

5)为企业的生产指挥和决策提供有效依据。

自动化立体仓库的信息系统可以与企业的生产信息系统集成,实现企业信息管理的自动化。同时,由于使用自动化仓库,促进企业的科学管理,减少了浪费,保证了均衡生产。自动化仓库往往也是企业信息系统的重要环节,决策者根据库存信息制订战略和计划,指挥、监测和调整企业行为。由于仓储信息管理及时准确,便于决策者随时掌握库存情况,根据生产情况及时对企业计划做出调整,提高生产的应变力和决策力。

3. 自动化立体仓库的分类

不同的立体仓库,其高度、货架形式、通道宽度都和现代化仓库不同,仓库内设备的配置应与仓库的类型相适应。

(1)按照立体仓库的高度分类

1)低层立体仓库。低层立体仓库的高度在5m以下,主要是在原来老仓库的基础上进行改建的,是提高原有仓库技术水平的手段。

2)中层立体仓库。中层立体仓库的高度在5~15m之间,由于中层立体仓库对建筑及仓储机械设备的要求不高,造价合理,是目前应用最多的一种仓库。

3)高层立体仓库。高层立体仓库的高度在15m以上,由于对建筑及仓储机械设备的要求太高,安装难度大,应用较少。

(2)按照货架结构进行分类

1)货格式立体仓库。货格式立体仓库是应用较普遍的立体仓库,它的特点是每一层货架都由同一尺寸的货格组成,货格开口面向货架之间的通道,堆垛机械在货架之间的通道内行驶,以完成货物的存取。

2)贯通式立体仓库。它又称为流动式货架仓库,这种仓库的货架之间没有间隔,不设通道,货架组合成一个整体(见图8-5)。货架纵向贯通,贯通的通道具有一定的坡度,在每一层货架底部安装滑道、辊道等装置,使货物在自重的作用下沿着滑道或辊道从高处向低处运动。

3)自动化柜式立体仓库。自动化柜式立体仓库是小型的可以移动的封闭立体仓库,由柜外壳、控制装置、操作盘、储物箱和传动装置组成,主要特点是封闭性强、小型化和智能化、有很高的保密性。

4)条形货架立体仓库。它是专门用于存放条形和筒形货物的立体仓库。

(3)按照建筑物形式分类

按建筑物形式可分为整体式仓库和分离式仓库两种。

1)整体式仓库:指货架除了存储货物以外,还作为建筑物的支撑结构,构成建筑物的一部分，即库房货架一体化结构，一般整体式高度在 12m 以上。这种仓库结构质量小、整体性好、抗震性好。

图 8-5 贯通式立体仓库

2）分离式仓库：存货物的货架在建筑物内部独立存在。分离式仓库高度在 12m 以下，但也有 15～20m 的。适用于利用原有建筑物作为库房，或在厂房和仓库内单建一个高货架的场所。

（4）按照货物存取形式分类

按照货物存取形式分为单元货架式仓库、移动货架式仓库和拣选货架式仓库。

1）单元货架式仓库：单元货架式仓库是常见的仓库形式。货物先放在托盘或集装箱内，再装入单元货架的货位上。

2）移动货架式仓库：移动货架式仓库由电动货架组成，货架可以在轨道上行走，由控制装置控制货架的合拢和分离。作业时货架分开，在巷道中可进行作业；无作业时可将货架合拢，只留一条作业巷道，从而提高空间的利用率。

3）拣选货架式仓库：拣选货架式仓库中分拣机构是其核心部分，分为巷道内分拣和巷道外分拣两种方式。"人到货前拣选"是拣选人员乘拣选式堆垛机到货格前，从货格中拣选所需数量的货物出库。"货到人处拣选"是将存有所需货物的托盘或货箱由堆垛机至拣选区，拣选人员按提货单的要求拣出所需货物，再将剩余的货物送回原地。

4. 自动化立体仓库的布局

一般来说，自动化立体仓库包括入库暂存区、检验区、码垛区、储存区、出库暂存区、托盘暂存区、不合格品暂存区及杂物区等。在做自动化立体仓库的规划时，立体仓库内不一定要把上述的每一个区都规划进去，可根据用户的工艺特点及要求来合理划分各区域和增减区域。同时，还要合理考虑物料的流程，使物料的流动畅通无阻，以免影响自动化立体仓库的能力和效率。

二、自动化立体仓库模拟与实训

实训目标

1. 熟知自动化立体仓库的设备组成；

2. 熟练操作自动化立体仓库软件系统；
3. 顺利完成自动化立体仓库货物的入库和出库操作。

实训要求

1. 正确启动自动化立体仓库电气柜，完成自动控制系统、通信系统、计算机监控系统正常启动；
2. 模拟某客户的送货单完成货物的入库作业；
3. 模拟某配送中心客户的出库单完成出库作业。（选做）。

实训准备

实训室自动化立体仓库设备。

实训操作

任务1　准备工作

操作：启动自动化立体仓库电气柜；打开通信系统和计算机监控系统。

任务2　启动外围程序

操作：完成用户指令身份识别；启动 NeoLogistics Software 程序，进入立体仓库管理软件系统。

任务3　收货订单制作

操作：在主菜单中选择"业务管理"命令，打开业务管理下拉菜单，选择"收货订单"命令，进入"收货订单查询"界面，可以进行收货订单查询、新增、修改、删除等操作。

（1）新增

单击"收货订单查询"界面的"新增"按钮，进入新增收货订单输入程序，按程序界面提示的内容依次录入新数据（例如，上海光明乳业有限公司有 2000 箱酸奶进仓库），每输完一项按一次回车键，录入完后单击"退出"按钮进行保存（见图 8-6）。

（2）修改

在"收入合同查询"界面中输入货主代码及合同号，然后单击"查找"按钮，程序显示该合同记录，选定需要修改的记录行，并单击"修改"按钮，进入修改界面进行合同修改。修改完成单击"退出"按钮。

任务4　查询订单与打印

操作：选择系统主菜单中的"业务管理"命令，菜单显示业务管理下拉框，单击下拉菜单中的"订单查询"命令，进入"订单查询"统计界面[见图 8-7（a）]。

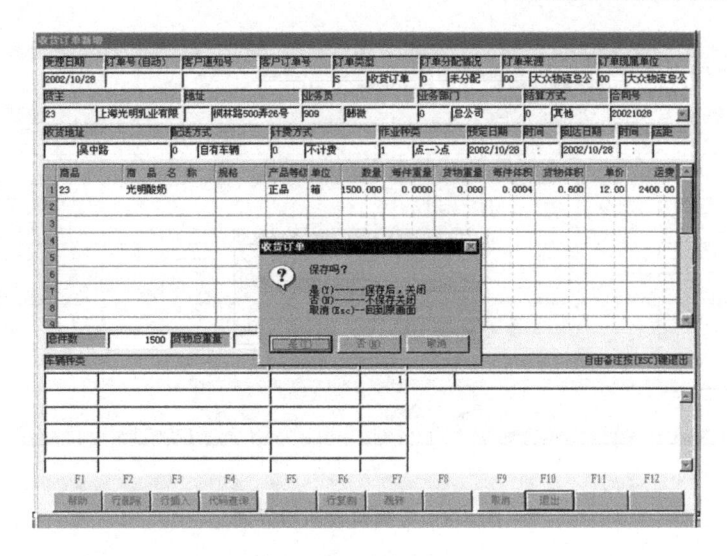

图 8-6 收货订单新增界面

在"订单查询"界面中输入查询订单的记录日期、订单号、订单类型代码和业务部门代码等后,单击"订单明细表"按钮,程序显示与之对应的报表(见图 8-7 (b) 表)。打印报表时,在报表预览程序中单击"打印"按钮或按 F11 键进行报表的打印。

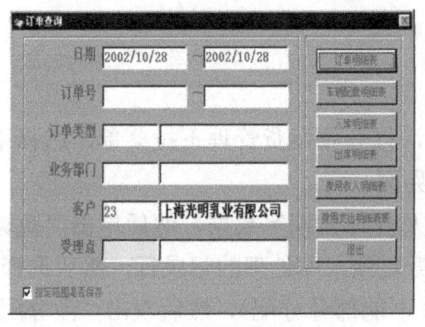

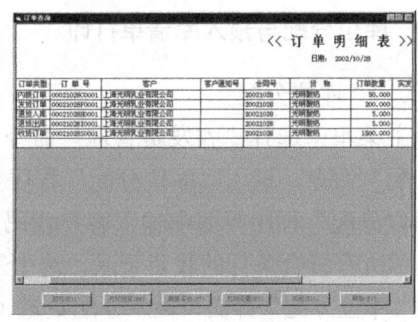

(a)订单查询　　　　　　　　　　(b)订单明细表

图 8-7 查询订单与打印界面

任务 5 货物验收

操作:在主菜单中选择"货物验收"命令,打开收发货管理下拉菜单,单击"货物验收"按钮,进入"货物验收查询"界面。

(1)新增

在"货物验收查询"界面中选择"新增"命令,进入货物验收新增程序,输入客户代码、订单号,然后单击"重读数据"按钮,程序将显示该订单管理,在接收数据栏中输入实际接收货物的数量(包括入库前的破损量和搁置数量,一般三个栏目的数值之和应等于订单数量,否则系统会提示实际接收数量小于或大于订单数量),并相应地输入产品批号、生产日期、保质期,然后单击"退出"按钮(见图 8-8)。

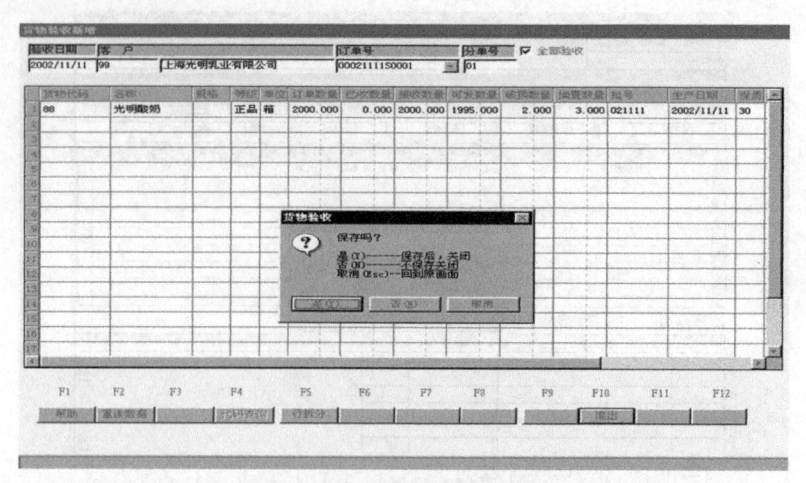

图 8-8　货物验收新增界面

（2）修改

在"货物验收查询"界面中输入客户代码、订单号及分单号，然后单击"查找"按钮，程序显示货物的验收情况。选定需要修改的记录行，单击"修改"按钮，在"接收数量"文本框中输入修改后的实际接收数量，修改成功后单击"确认"按钮。

任务 6　库位分配与预入库清单打印

操作：（1）"库位分配"

在系统主菜单中选择"收发货管理"命令，打开收发货管理下拉菜单，选择下拉菜单中的"库位分配"命令，进入"库位分配"程序界面。

在"库位分配"程序界面中输入客户代码及受理日期等数据，然后单击"重读数据"按钮，程序显示所有符合条件的收货记录，选中需要预入库处理的记录行，然后选择"预入库"命令，进入"库位分配"界面，输入分配数量（不能部分分配），然后双击"预分配库位"栏，在下拉列表框中选定库位。库位分配完成，单击"退出"按钮（见图 8-9）。

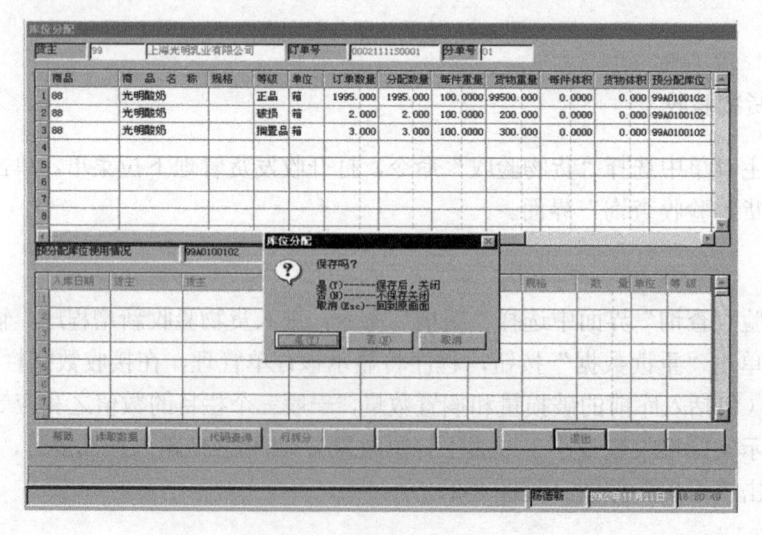

图 8-9　库位分配界面

（2）预入库清单打印

在系统主菜单中选择"收发货管理"命令，打开收发货管理下拉菜单，选择下拉菜单中的"预入库清单打印"命令，进入"预入库清单打印"程序界面，输入客户代码及日期、订单范围、仓库代码和受理点代码数据，然后单击"确定"按钮，进入预入库清单打印报表，打印报表时单击"打印"按钮（见图8-10）。

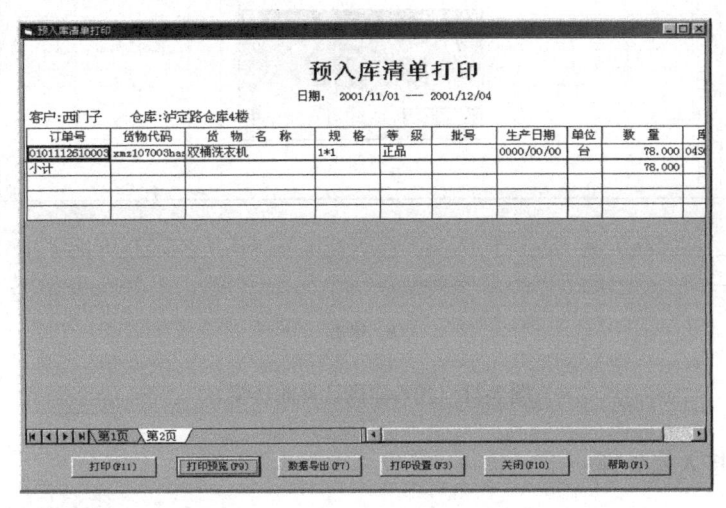

图 8-10 预入库清单打印界面

任务 7　预入库确认

操作：在系统主菜单中选择"收发货管理"命令，打开收发货管理下拉菜单，选择下拉菜单中的"预入库确认"命令，进入"预入库确认"程序界面。

在"预入库确认"程序界面中，单击左上角的"确认"按钮，并输入预入库日期、货主代码及货物代码等中的一项或几项，单击"查询"按钮，程序显示符合条件的记录（见图8-11（a））。单击需要确认的入库货物记录行，然后单击"确认"按钮，进入"预入库确认"界面，单击确认记录行，使其显示"√"，确认后单击"退出"按钮（见图8-11（b））。

（a）显示记录

图 8-11　预入库确认界面

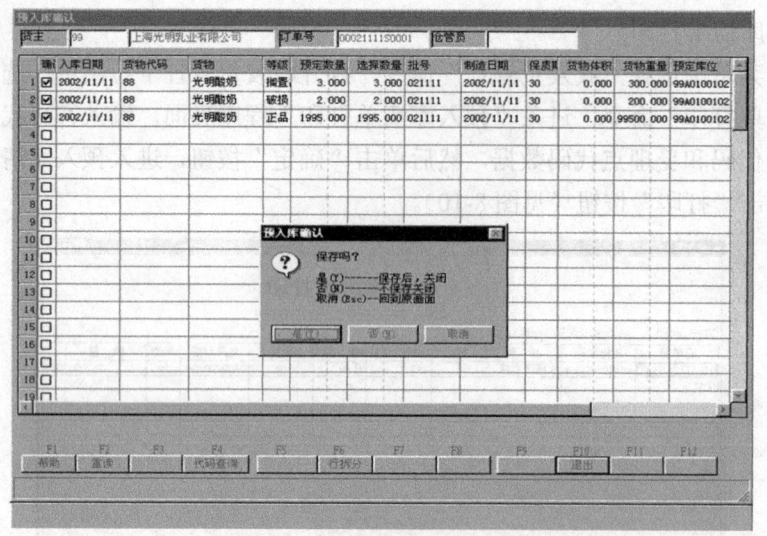

(b) 退出

图 8-11 预入库确认界面（续）

任务 8 直接入库处理

操作：在主菜单中选择"收发货管理"命令，打开收发货管理下拉菜单，选择"直接入库处理"命令，进入"入库处理查询"界面。

单击"入库处理查询"界面的"新增"按钮或按 F5 键，进入入库处理新增程序，按程序要求依次输入入库日期、客户代码、订单号、仓库号（都必须输入）等数据，然后单击"直接读入"按钮，双击库位栏，在下拉列表框中选定安排的库位，操作完成，单击"退出"按钮，并按提示对话框选择保存。

任务 9 实际物品的入库

操作：把货物托盘放入入库输送设备，启动入库指令，自动输送线执行自动入库操作，由堆垛机自动将货物运送到指定库位，完成自动入库操作。

项目评价

项目名称：自动化立体仓库　　　　　　　　　　　　　　　　　　年　　月　　日

小组成员：				实际得分	
序号	考核内容	考核标准	分值	扣分	得分
1	基本概念	是否掌握相关概念	10		
2	设备的构成	是否掌握设备的构成	10		
3	功能及特点	是否熟悉功能及特点	20		
4	启动系统	是否正确启动系统	10		
5	是否能完成入库管理系统操作	是否完成订单入库	20		
6	是否能完成实际货物的入库	货物是否顺利进入轨道	5		

续表

7	货物是否到达指令位置，完成堆垛任务	堆垛设备是否顺利工作	5		
8	职业习惯及纪律	是否有良好的职业道德和规范的职业素养	20		
	综合得分				
指导老师评语					

项目巩固与提高

一、选择题

1. 自动化立体仓库按建筑形式分为（　　）仓库。
   A．整体式　　　B．托盘单元式　　　C．分离式　　　D．箱盒式
2. 自动化立体仓库按照货架结构分为（　　）。
   A．中层立体仓库　　　　　　B．贯通式立体仓库
   C．整体式立体仓库　　　　　D．移动式立体仓库
3. 自动化立体仓库按照货物存取形式分为（　　）。
   A．单元货架式立体仓库　　　B．贯通式立体仓库
   C．整体式立体仓库　　　　　D．移动式立体仓库

二、简答题

1. 简述自动化立体仓库的优缺点。
2. 自动化立体仓库由哪些主体部分构成？
3. 自动化立体仓库有哪些分类标准？
4. 简述现代自动化仓库的设计步骤。

项目二　自动导向车系统

（**编前哲思**：自动导向车的运动，靠的是信号；人生的导航，靠的是信念。信号来自于外部，而信念来自于我们自己。）

项目目标

1. 了解自动导向车系统的结构组成；
2. 熟悉自动导向车系统的功能；
3. 了解自动导向车的作业方式。

项目准备

1. 自动导向车系统教学授课课件；
2. 自动导向车系统视频资料、自动导向车系统的图片；
3. 自动导向车系统实训场所及设备的准备。

一、自动导向车系统知识点学习

1. 自动导向车发展概述

自动导向车（AGV）最早产生于美国，但第二次世界大战之后首先在欧洲得到应用。20世纪50年代，Barrett公司设计出无人驾驶卡车，也就是今天称为AGV的雏形。后来，美国物料搬运研究所将其定义为AGV（参见图8-12），它是可充电的无人驾驶小车，可根据路径和定位情况编程，而且行走的路线可以改变和扩展。1954年英国最早研制了电磁感应导向的AGVS，由于它的显著优点，迅速得到了应用和推广。1960年欧洲就安装了各种形式、不同水平的AGVS 220套，使用了AGV 1300多台。1976年，我国起重机械研究所研制出第一台AGV，建成第一套AGVS滚珠加工演示系统，随后又研制出单向运行载重500 kg的AGV，以及双向运行载重500kg、1000kg、2000kg的AGV，开发研制了几套较简单的AGV应用系统。1999年3月27日，由昆明船舶设备集团有限公司研制生产的激光导引无人车系统在红河卷烟厂投入试运行，这是在我国投入使用的首套激光导引无人搬运车系统。

图8-12 自动导向车

我国国家标准《物流术语》中对AGV的定义为：装有自动导引装置，能够沿规定的路径行驶，在车体上具有编程和停车选择装置、安全保护装置及各种物料移载功能的搬运车辆。多台AGV小车在控制系统的统一指挥下，组成一个柔性化的自动搬运系统，称为自动导向车系统，简称AGVS。

2. 自动导向车AGV的组成

AGV由以下各部分组成：车体、蓄电池、车上充电装置、控制系统、驱动装置、转向装置、精确定位装置、移载机构、通信单元和导引系统（参见图 8-13 和图 8-14）。

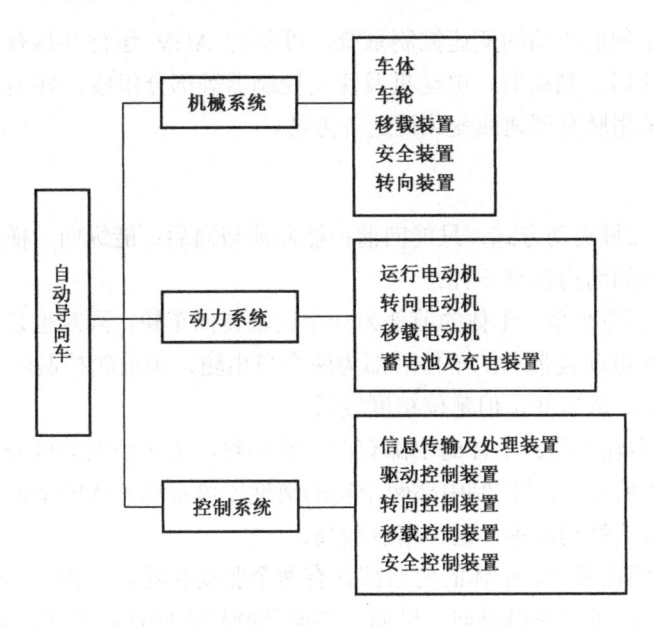

```
                    ┌─ 机械系统 ──── 车体
                    │              车轮
                    │              移载装置
                    │              安全装置
                    │              转向装置
                    │
                    │              运行电动机
自动导向车 ─────────┼─ 动力系统 ──── 转向电动机
                    │              移载电动机
                    │              蓄电池及充电装置
                    │
                    │              信息传输及处理装置
                    │              驱动控制装置
                    └─ 控制系统 ──── 转向控制装置
                                   移载控制装置
                                   安全控制装置
```

图 8-13 AGV 的部件组成

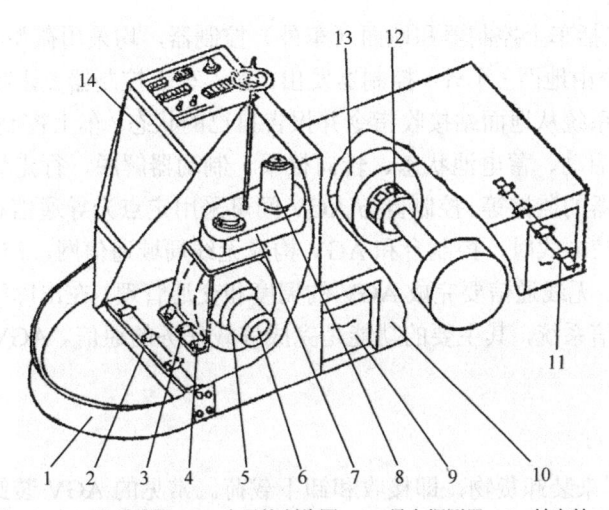

注：1—安全挡圈；2、11—认址线圈；3—失灵控制线圈；4—导向探测器；5—转向轮；6—驱动电动机；7—转向机构；8—导向伺服电动机；9—蓄电池；10—车架；12—制动器；13—驱动车轮；14—车上控制器。

图 8-14 AGV 结构示意图

（1）车体

车体由车架和相应的机械电气结构如减速箱、电机、车轮等组成。车架常采用焊接钢结构，要求有足够的刚性。

（2）蓄电池与充电装置

常采用 24V 或 48V 直流工业蓄电池为动力源。

（3）驱动装置

驱动装置是一个伺服驱动的变速控制系统，可驱动 AGV 运行并具有速度控制和制动能力。它由车轮、减速器、制动器、电动机及速度控制器等部分组成，并由计算机或人工进行控制。速度调节可采用脉宽调速或变频调速等方法。

（4）转向装置

AGV 常设计成三种运动方式：只能向前；能向前与向后；能纵向、横向、斜向及回转全方位运动。转向装置的结构也有三种。

1）铰轴转向式三轮车型。车体的前部为一个铰轴转向车轮，同时也是驱动轮。转向和驱动分别由两个不同的电动机带动，车体后部为两个自由轮，由前轮控制转向，实现单方向向前行驶。其结构简单、成本低，但定位精度较低。

2）差速转向式四轮车型。车体的中部有两个驱动轮，由两个电动机分别驱动。前后部各有一个转向轮（自由轮）。通过控制中部两个轮的速度比可实现车体的转向，并实现前后双向行驶和转向。这种方式结构简单，定位精度较高。

3）全轮转向式四轮车型。车体的前后部各有两个驱动和转向一体化车轮，每个车轮分别由各自的电动机驱动，可实现沿纵向、横向、斜向和回转方向任意路线行走，控制较复杂。

（5）控制系统

AGV 控制系统包括车上控制器和地面（车外）控制器，均采用微型计算机控制和联系。输入 AGV 的控制指令由地面（车外）控制器发出，存入车上控制器（计算机）；AGV 运行时，车上控制器通过通信系统从地面站接收指令并报告自己的状态。车上控制器可完成以下监控：手动控制、安全装置启动、蓄电池状态、转向极限、制动器解脱、行走灯光、驱动和转向电动机控制与充电接触器的监控等。控制台与 AGV 间可采用定点光导通信和无线局域网通信两种方式。采用无线通信方式时，控制台和 AGV 构成无线局域通信网，控制台和 AGV 在网络协议支持下交换信息。无线通信要完成 AGV 的调度和交通管理。在出库站和拆箱机器人处移载站都设有红外光通信系统，其主要的功能是完成移载任务的通信。AGV 的充电可以采用在线自动快速充电方式。

（6）移载装置

AGV 用移载装置来装卸货物，即接收和卸下载荷。常见的 AGV 装卸方式可分为被动装卸和主动装卸两种（见图 8-15）。

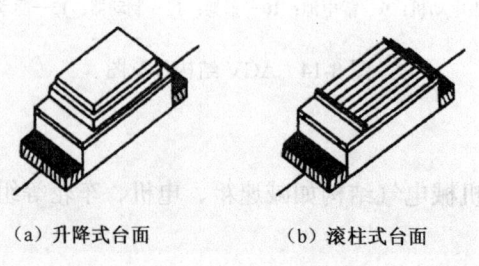

(a) 升降式台面　　(b) 滚柱式台面

图 8-15 被动装卸装置

1）被动装卸方式的小车自己不具有完整的装卸功能，而是采用助卸方式，即配合装卸站或接收物料方的装卸装置自动装卸。常见的助卸装置有升降式台面和滚柱式台面两种。采用滚柱式台面的要求是站台必须带有动力传动辊道，AGV 停靠在站台边，AGV 上的辊道和站台上的辊道对接之后同步动作，实现货物移送。升降式台面的升降台下设有液压升降机构，高度可以自由调节。为了顺利移载，AGV 必须精确停车才能与站台自动交换。

2）主动装卸方式指自动小车自己具有装卸功能。常见的主动装卸方式有单面推拉式、双面推拉式、叉车式和（见图 8-16（a））机器人式（见图 8-16（b））四种。

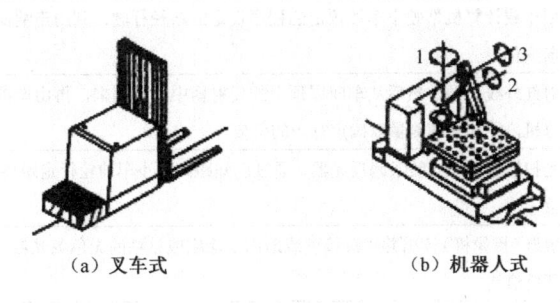

（a）叉车式　　（b）机器人式

图 8-16　主动装卸装置

（7）安全装置

为确保 AGV 在运行过程中的自身安全、现场人员及各类设备的安全，AGV 将采取多级硬件、软件的安全措施。在 AGV 的前面设有红外光非接触式防碰传感器和接触式防碰传感器——保险杠。AGV 安装有醒目的信号灯和声音报警装置，以提醒周围的操作人员。一旦发生故障，AGV 自动进行声光报警，同时无线通信通知 AGV 监控系统。

1）障碍物接触式缓冲器。障碍物接触式缓冲器是一种强制停车安全装置，它产生作用的前提是与其他物体接触，使其发生一定的变形，从而触动有关限位装置，强行使其断电停车。

2）障碍物接近传感器。非接触式检测装置是障碍物接触式缓冲器的辅助装置，是先于障碍物接触式缓冲器发生作用的安全装置。为了安全，障碍物接近传感器是一个多级的接近检测装置，在预定距离内检测障碍物。在一定距离范围内，它会使 AGV 降速行驶，在更近的距离范围内，它会使 AGV 停车，而当解除障碍物后，AGV 将自动恢复正常行驶状态。障碍物接近传感器包括激光式、超声波式、红外线式等多种类型。例如日本产的红外线传感器能检测搬运车前后方向、左右方向的障碍物，也能在二段内设定慢行和停止，即 2m 内减速、1m 内停车。发射的光频率数有 4 种或 8 种，能防止各搬运车间的相互干扰。

3）装卸移载货物执行机构的自动安全保护装置。AGV 的主要功能是解决物料的全自动搬运，故除了其全自动运行功能外，还有移载货物的装置。移载装置的安全保护装置包括机械和电气两大类，如位置定位装置、位置限位装置、货物位置检测装置、货物形态检测装置、货物位置对中结构、机构自锁装置等。

3. AGVS 的导向方式

目前 AGVS 有 7 种导向方法，可根据不同的使用环境来选择（见表 8-1）。

表 8-1　AGVS 的 7 种导向方法

导向方法	注　释
地链牵引导向	早期采用的技术方法，它靠嵌入地下的链索或缆绳来引导
电磁感应导向	沿预定的运行路线埋设地下电缆，电缆在地下深 30~40 mm，上面覆盖有环氧树脂层，导线通以低频正弦波信号，使导线周围产生交变电磁。小车上的一对探头可以感应出与小车运行偏差成比例的误差信号，经放大处理后可驱动导向电动机，由此带动小车的转向机构，就可使 AGV 沿预定的线路运行
惯性导向	使用车载计算机驾驶小车按预定的程序设定的路径行驶，利用声呐探测障碍物，使用陀螺仪来检查方向变化
红外线导向	发射红外线光源，然后从车间屋顶上的反射器中反射回来，再由像雷达那样的探测器把信号中转给计算机，经计算和测量以确定行走的位姿
激光导向	激光扫描墙壁上安装条码反光器，通过已知距离和小车前轮行走距离的测量，AGV 可精确地运行和定位
光学导向	光敏器（摄像机）读出并跟踪墙壁或地面上涂刷或粘贴的无色荧光粒子。这是 AGV 常选择的方法，要求环境清洁
示教型导向	当程控小车沿着要求的路径行走一次后，即记住行走路线。它实际上可学会新的行走路径，并通知主控计算机它所学到的东西，主控计算机可通知其他 AGV 这条新的路径的信息

AGV 导向技术的研究十分活跃，具体体现为：
1）路径的设定更加灵活机动；
2）路径变更简单易行；
3）提高对路面或环境变化的适应能力；
4）精确地实时检测位置和方位值，提高引导性能；
5）赋予感知和回避障碍的性能（智能）；
6）具有人机对话功能；
7）更强的信息通信功能；
8）系统尽量不依赖于中央计算机；
9）多辆 AGV 协调工作。

为此，需要解决好以下几项关键技术：
1）高精度且廉价的位置、方向检测手段；
2）信息通信手段；
3）图像处理和图像识别技术及自动转换器的实用化；
4）系统总体技术（特别是多辆 AGV 群控技术）。

4．AGV 导向原理

AGV 的导向可分为固定路径导向方式和自由路径导向方式（见图 8-17）。固定路径导向方式是指在行驶路径上设置导向用的信息媒介物，AGV 通过检测出它的信息而得到导向的一种方式，如电磁导向、光学导向、磁带导向等。自由路径导向方式是在 AGV 控制系统中储存着搬运区域布置的尺寸坐标，通过不同方式实时识别出 AGV 的当前方位，并自动控制其按选择的行驶路径运行的一种导向方式。

模块八 物流系统自动化技术

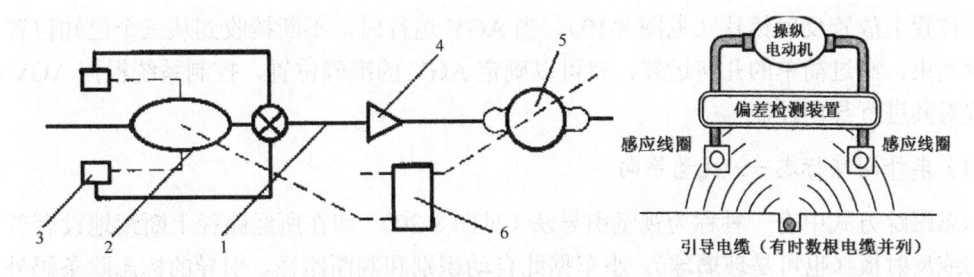

注：1—导向电线；2—导向轮；3—信号检测器；4—放大器；5—导向电动机；6—减速器。

图 8-17 AGV 电磁导引原理图

（1）电磁导向

在 AGV 的运行路线下面埋设导向电线 1，通以 3~10kHz 的低压、低频电流，该交流电信号在电线周围产生磁场，AGV 上装设的信号检测器 3 可以检测到磁场的强弱并通过检测回路以电压的形式表示出来。当导向轮 2 偏离导向电线后，信号检测器测出电压差信号，此信号通过放大器 4 放大后控制导向电动机 5 工作，然后导向电动机再通过减速器控制导向轮回位，这样，就会使 AGV 的导向轮始终跟踪预定的导向路径。

（2）光学导向（Optical Guided）

当 AGV 在反光带的上方运行时，小车下方的光源照射到反光带后，被反光带反射回来的光线由车上的感光元件接收，经过检测和运算回路进行计算后，对小车的位置进行准确的判断，得出小车是否偏离轨道的结论。

AGV 没有偏离导向路径时，如图 8-18 所示位置，处于中间位置的信号孔不打开；AGV 偏离导向路径时，偏离中间位置的信号孔被打开，检测回路根据检测到的不同感光信号就可判断出 AGV 是否偏离，并且判断出向哪个方向偏离了、偏离值是多少。根据这个结论，由控制系统对 AGV 的运行状态进行及时修正，使其及时回到导向路径上来。因此，AGV 能够始终沿着反光带的导向轨迹运行。

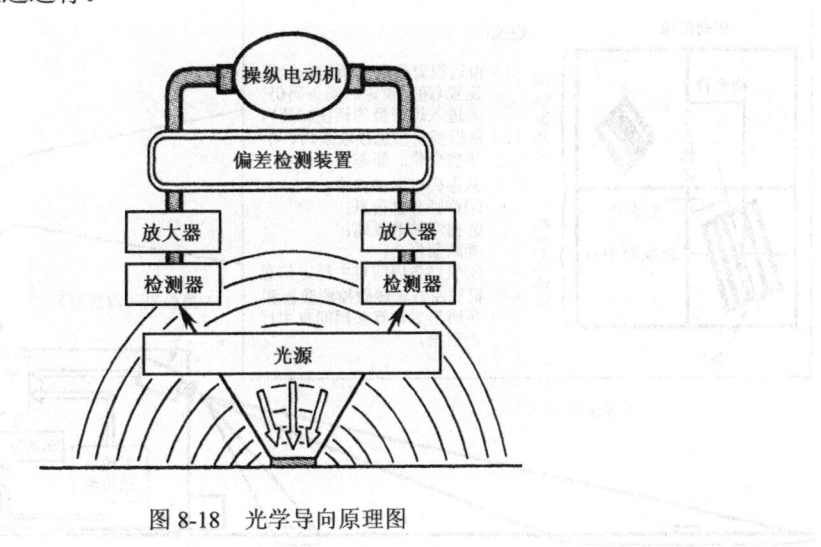

图 8-18 光学导向原理图

（3）自由路径导向

在导引车顶部装置一个沿 360°方向按一定频率发射激光的装置。同时在 AGV 四周的一些固定位置上放置反射镜片（见图 8-19）。当 AGV 运行时，不断接收到从三个已知位置反射来的激光束，经过简单的几何运算，就可以确定 AGV 的准确位置，控制系统根据 AGV 的准确位置对其进行导向控制。

（4）车外间断标志——视觉导向

标志跟踪方式中有一种称为视觉引导法（见图 8-20），即在所经路径上断续地设有若干引导标志或反射板（也可是玻璃球），小车据此自动识别和判断路径。引导的标志除条码外，还可用圆形、方形、箭头等图形。该引导方法要求环境洁净。

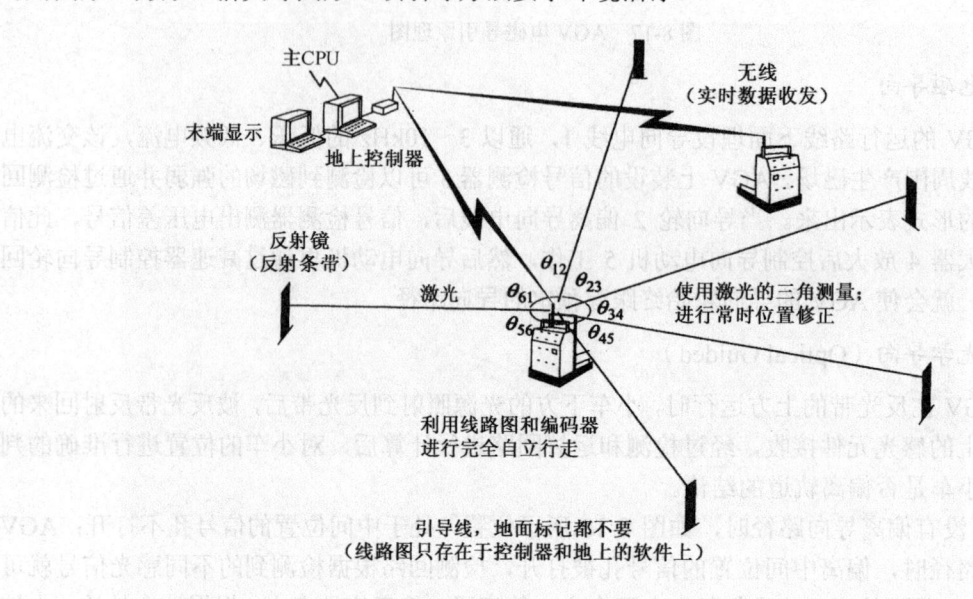

图 8-19 激光导航导向原理图

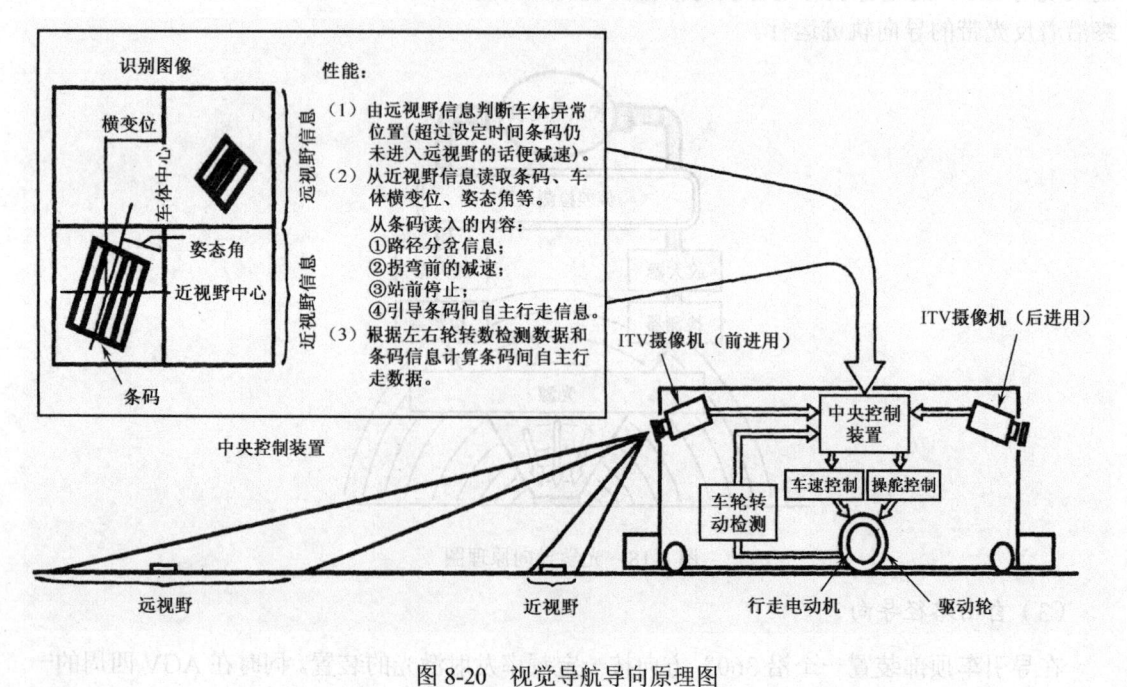

图 8-20 视觉导航导向原理图

二、自动导向车系统模拟与实训

实训目标

1. 熟知自动导向车的设备组成;
2. 掌握自动导向车系统操作。

实训要求

熟悉 AGV 基本操作,主要包括六方面内容:①AGV 上电的操作方法;②AGV 关电的操作方法;③AGV 运行方式的选择方法;④AGV 暂停的操作方法;⑤AGV 从运行任务中的退出;⑥AGV 安全下线。

实训准备

实训室自动导向车系统设备。

实训操作

任务 1　自动导向车认识

操作:AGV 外观结构认识、AGV 手控盒认识、操作面板认识(见图 8-21)。

图 8-21　认识操作面板

任务 2　AGV 上电、关电的操作

操作:上电操作,把所有急停开关松开;关电操作,首先将状态开关置于中间位置——等待状态,按下急停开关,关闭带锁开关。

任务 3　AGV 运行操作

操作:单击手控盒的"移载"按钮,在 LCD 显示器"设置"下选择运行方式,有三种运行方式：在线自动运行、离线自动运行、手动控制运行，根据需要选择其中一种，通过指示键操作（见图8-22）。

任务4　AGV暂停的操作

操作： 单击手控盒的相关按钮，可进行AGV暂停的操作。该项目的操作主要有AGV急停、保险杠停车、AGV手动暂停、控制台暂停、AGV安全下线。

"急停"：AGV急停开关按下后将退出运行状态，在手动运行状态下急停被按下不显示，非紧急状态下请不要按急停按钮。

图8-22　AGV运行操作面板

"保险杠停车"：在保险杠发生碰撞的情况下系统自动显示，单击"确定"按钮后，将出现提示信息（见图8-23）。

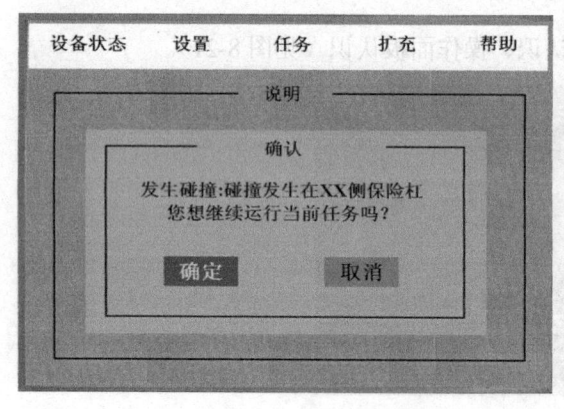

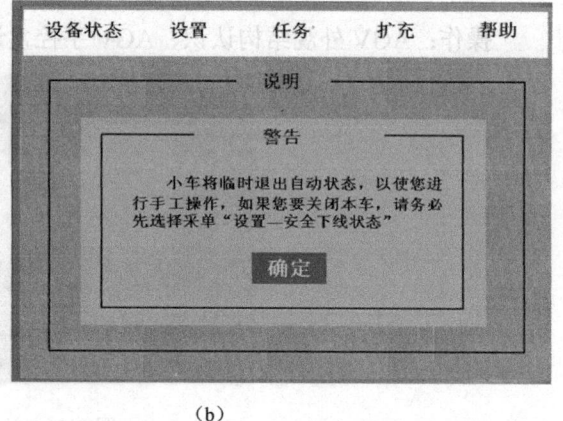

(a)　　　　　　　　　　　　　(b)

图8-23　AGV暂停的操作界面

"AGV手动暂停"：单击手控盒的相关按钮，进行手动暂停操作，LCD显示器自动显示，单击"确定"按钮后，将出现提示信息。

任务5　AGV控制台暂停操作

操作： 单击手控盒的相关按钮，进行手动暂停操作，LCD显示器自动显示（见图8-24），AGV控制台暂停不退出运行状态，AGV在接收恢复命令后自动恢复运行，控制台的暂停操作有自动及手动两种。

任务 6 AGV 安全下线操作

操作：单击手控盒的相关按钮，进行安全下线操作，LCD 显示器自动显示，单击"确定"按钮后，将出现提示信息"小车现已安全下线"。

任务 7 手控盒基本操作

操作：单击手控盒的相关按钮，进行手控操作，AGV 手控盒基本操作包括：AGV 手动速度设置、AGV 自动上线、AGV 手动控制。单击相关按钮，手控盒上方的小 LCD 显示器自动显示相关内容（见图 8-25）。

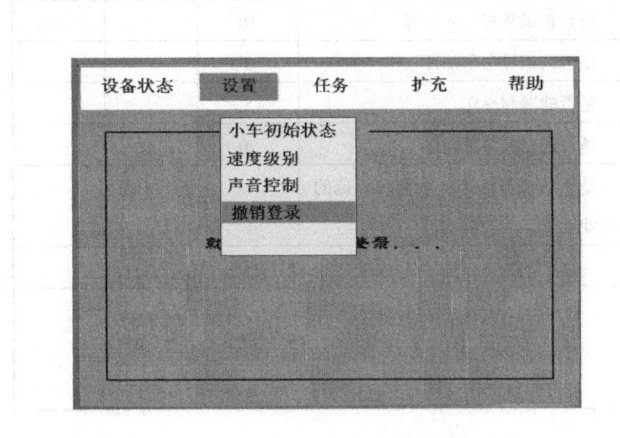

图 8-24 AGV 控制台暂停的操作界面

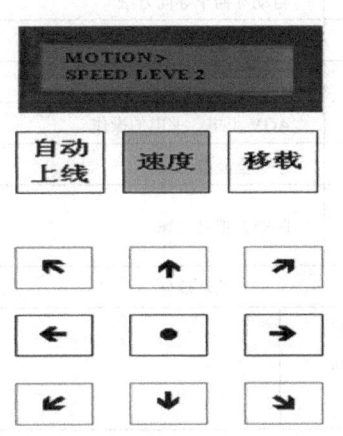

图 8-25 手控盒操作示意图

任务 8 AGV 设置菜单

操作：单击手控盒的相关按钮，可进行 AGV 设置菜单的操作。该项目的操作主要有：设备状态菜单、设置菜单、任务菜单、扩充菜单。相关的操作可利用 AGV 手控盒的"上、下、左、右"按钮选择操作，LCD 显示器自动显示相关内容（见图 8-26）。

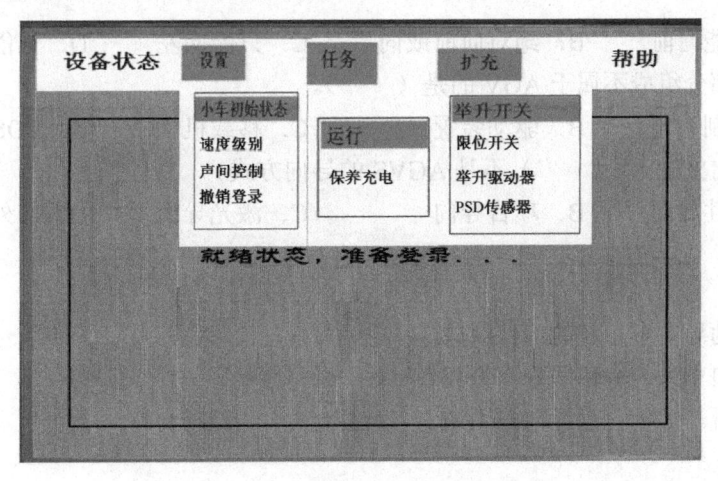

图 8-26 AGV 设置菜单示意图

项目评价

项目名称：自动导向车系统　　　　　　　　　　　　　　　　　　　　年　　月　　日

小组成员：				实际得分	
序号	考核内容	考核标准	分值	扣分	得分
1	基本概念	是否掌握相关概念	10		
2	自动导向车的构成	是否掌握设备的构成	15		
3	自动导向车导向方法	是否熟悉导向方法	15		
4	导向系统原理	是否正确掌握导向原理	10		
5	自动导向车认识	是否认识导向车部件	5		
6	AGV上电、关电的操作	是否能顺利操作	5		
7	手控盒及菜单操作	是否能完成菜单操作	20		
8	职业习惯及纪律	是否有良好的职业道德和规范的职业素养	20		
	综合得分				
指导老师评语					

项目巩固与提高

一、选择题

1. AGV常设计成三种运动方式：(　　)；能向前与向后；能纵向、横向、斜向及回转全方位运动。

　　A. 只能向前　　B. 绝对向前或向后　　C. 只能向左　　D. 只能向上

2. 以下各部分组成不属于AGV的是(　　)。

　　A. 控制系统　　B. 驱动装置　　C. 移载机构　　D. EOS系统

3. 以下导向方法中，(　　)不是AGVS的导向方式。

　　A. 惯性导向　　B. 项目导向　　C. 激光导向　　D. 红外线导向

二、简答题

1. 简述自动导向车系统的部件组成。
2. 自动导向车系统有哪些导向方式？
3. 简要分析与评价自动导向车系统。

项目三 自动分拣系统

（**编前哲思**：做任何事情，总是要理一理思路，理思路的过程就是大脑在对相关意识进行自动分拣的过程，自动分拣存在于社会的每一个角落。）

项目目标

1. 了解自动分拣系统的结构组成；
2. 熟悉自动分拣系统的功能；
3. 了解自动分拣的作业方式。

项目准备

1. 自动分拣系统教学授课课件；
2. 自动分拣系统视频资料、自动分拣系统的图片；
3. 自动分拣系统实训场所及设备的准备。

一、自动分拣系统知识点学习

1. 自动分拣系统发展概述

自动分拣系统、自动化高层货架仓库和自动导向车是当代物流科技发展的三大标志。第二次世界大战以后，美国、日本的物流中心率先广泛采用一种自动化作业系统，成为发达国家先进的物流中心、配送中心或流通中心所必需的设施条件之一，但因其要求使用者必须具备一定的技术经济条件，因此，在发达国家，物流中心、配送中心或流通中心不用自动分拣系统的情况也存在。

自动分拣传输系统指能够识别物品 ID 属性并据此对物品进行分类传输的自动系统。自动分拣传输系统由传输供件同步导入装置、识别及控制系统、机械分拣机构及信息处理系统等组成（见图 8-27）。

图 8-27 自动分拣系统

自动分拣系统（Automated Sorting System）是现代物流中心进行商品分类（分拣）作业的自动化装备，它始于邮政包裹分拣系统，目前广泛应用于医药、食品、卷烟、商业、航空、港口、生产制造等行业。

我国自动分拣机的应用大约始于20世纪80年代，近期的市场兴起和技术发展始于1997年。自动分拣的概念先在机场行李处理和邮政处理中心得到应用，然后普及到其他行业。随着业界对现代化物流的实际需求的增大，各行业对高速、精确的分拣系统的要求正在不断提高。这一需求明显地表现在烟草、医药、图书及超市配送领域，并有望在将来向化妆品及工业零配件等领域扩展。这些领域的共同点是产品种类繁多、附加值高、配送门店数量多、准确性要求高和人工处理效率低等。

世界知名的自动化物流系统包括德国德马泰克开发的自动分拣系统及相关系统、丹麦的克瑞斯普兰（德国伯曼机械）的全自动分拣系统、深圳市天和双力物流自动化设备有限公司的自动分拣系统、康大基业电子标签拣货系统、上海邮政通用技术设备公司的交叉带式分拣机控制系统、壹比多系列电子分拣系统等。

2. 自动分拣的基本原理

自动分拣系统（Automatic Sorting System）是先进配送中心所必需的设施条件之一（见图8-28），具有很高的分拣效率，通常每小时可分拣商品6000～12 000箱。为了达到自动分拣的目的，自动化分拣系统通常由供件系统、分拣系统、下件系统、控制系统4部分组成，在控制系统的协调作用下，实现物件从供件系统进入分拣系统进行分拣，最后由下件系统完成物件的物理位置的分类，从而达到物件分拣的目的。

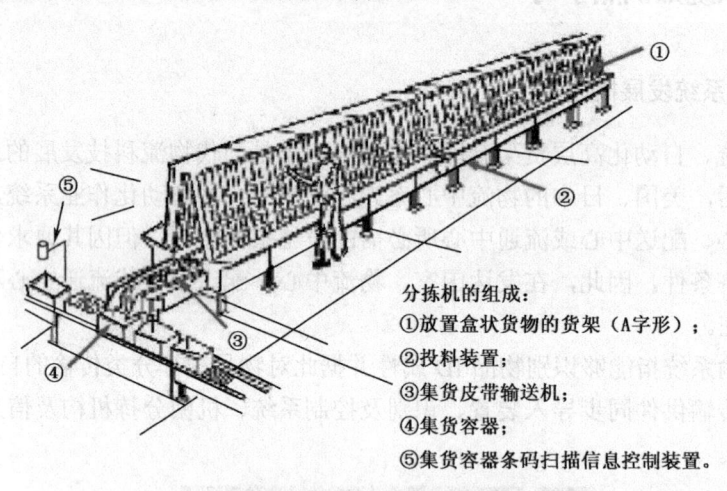

分拣机的组成：
① 放置盒状货物的货架（A字形）；
② 投料装置；
③ 集货皮带输送机；
④ 集货容器；
⑤ 集货容器条码扫描信息控制装置。

图 8-28 分拣机构造示意图

（1）供件系统

供件系统是为了实现分拣系统高效、准确的处理而存在的，它的目的是保证等待分拣的物品，在各种物理参数的自动测量过程中，通过信息的识别和处理，准确地将物品送入高速移动的分拣主机中，由于供件系统的处理能力往往低于分拣主机，所以一般要配备一些特定数量的高速自动供件系统，以保证分拣的需要。

(2)分拣系统

分拣系统是整个系统的核心，是实现分拣的主要执行系统。它的目的就是使具有各种不同附载信息的物件，在一定的逻辑关系的基础上实现分配与组合。

(3)下件系统

下件系统是分拣处理的末端设备，它的目的是为分拣处理后的物件提供暂时的存放位置，并实现一定的管理功能。

(4)控制系统

控制系统是整个分拣系统的大脑，它的作用不仅是将系统中的各个功能模块有机地结合在一起协调工作，更重要的是控制系统中的通信及其与上层管理系统进行数据交换，以便分拣系统成为整个物流系统不可分割的一部分。

3. 自动分拣系统的组成

分拣指将物品按品种、出入库先后顺序进行分门别类堆放的作业。这项工作可以通过人工的方式进行，也可以用自动化设备进行处理。

自动分拣系统种类繁多，但一般有收货输送机、喂料输送机、分拣指令设定装置、合流装置、分拣输送机、分拣卸货道口、计算机控制器等部件。按照其作用和功能，自动分拣系统由控制装置、分类装置、输送装置及分拣道口四部分组成（见图8-29）。

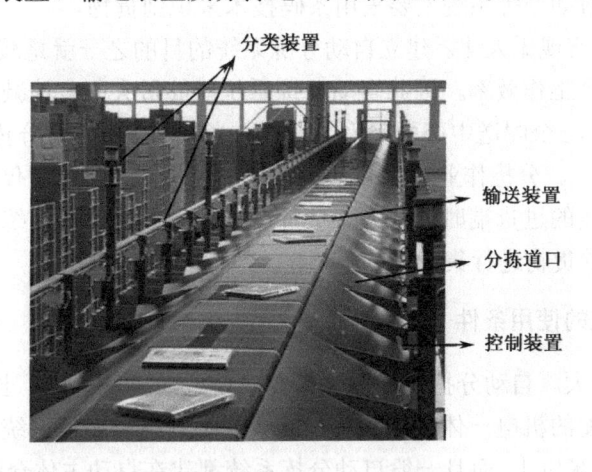

图8-29 自动分拣系统组成

(1)控制装置

控制装置的作用是识别、接收和处理分拣信号，根据分拣信号的要求指示分类装置、输送装置进行相应的作业。按货物品种、货物送达地点或货主的类别对货物进行自动分类及决定其进入哪一个分拣道口。

(2)分类装置

分类装置的作用是，当具有与控制装置发出的分拣指令相同的分拣信号的商品经过该装置时，该装置动作，使其改变输送装置上的运行方向，进入其他输送机或进入分拣道口。

(3) 输送装置

输送装置的主要组成部分是传送带或输送机，其主要作用是使待分拣货物鱼贯通过识别装置、控制装置、分类装置。在输送装置的两侧一般要连接若干分拣道口，使分好类的货物滑下主输送机（或主传送带）以便进行后续作业。

(4) 分拣道口

分拣道口是已分拣货物脱离主输送机进入集货区域的通道，一般由钢带、皮带、滚筒等组成滑道，使商品从主输送装置滑向集货站台，再由工作人员将该道口的所有商品集中或入库储存，或组配装车进行配送作业。

4. 自动分拣系统的特点

自动分拣系统具有如下特点。

1) 能连续、大批量地分拣货物。自动分拣系统不受气候、时间、人的体力等限制，可以连续运行，因此自动分拣系统的分拣能力具有人力分拣系统无可比拟的优势。目前世界上一般的自动分拣系统可以连续运行 100 小时以上，每小时可分拣 7000 件包装商品，如果用人工则每小时只能分拣 150 件左右，同时分拣人员也不能在这种劳动强度下连续工作 8 小时。

2) 分拣误差率极低。自动分拣系统的分拣误差率主要取决于所输入的分拣信息的准确性，而这又取决于分拣信息的输入机制。如果采用条码扫描输入，除非条码印刷本身有差错，否则不会出错。目前，自动分拣系统主要采用条码技术来识别货物。

3) 分拣作业基本实现无人化。建立自动分拣系统的目的之一就是减少人员的使用、减轻员工的劳动强度、提高工作效率，因此自动分拣系统能够最大限度地减少人员的使用，并基本做到无人化。例如，一个配送中心面积为十万平方米左右，每天可分拣近 40 万件商品，仅使用 400 名左右的员工。分拣作业本身并不需要使用人员，人员使用仅局限于以下工作：送货车辆抵达自动分拣线的进货端时，由人工接货；由人工控制分拣系统的运行；在分拣线末端，人工将分拣出来的货物进行集载、装车。

5. 自动分拣系统的使用条件

1) 一次性投资巨大。自动分拣系统本身需要建设短则 40~50m、长则 150~200m 的机械传输线，还要有相配的机电一体化控制系统、计算机网络及通信系统，这一系统不仅占地面积大，动辄两万平方米以上，而且一般自动分拣系统都建在自动主体仓库中，这样就要建 3~4 层楼高的立体仓库，库内需要配备各种自动化装运设备，设施毫不亚于建立一个现代化工厂所需要的硬件投资。这种巨额投资要花 10~20 年才能收回，如果没有可靠的货源作保证，还有可能使投资回收期延长。

2) 对商品外包装要求高。自动分拣机只适用于底部平坦且具有刚性的包装规则的商品。袋装商品、包装底部柔软且凹凸不平、包装容易变形、易破损、超长、超薄、超重、不能倾覆的商品不能使用普通的自动分拣机进行分拣，因此为了使大部分商品都能用机器进行自动分拣，必须采取相应的措施：一方面推行标准化包装；另一方面根据所分拣的大部分商品的统一的包装特性定制特定的分拣机。

3) 业务量要大。启动分拣系统的开发经营成本比较高，开机后的运行成本也比较大，因此需要有相应的业务量支持，需保证开机后货源不断，使系统连续负荷运行，以保证系统的使用效率。

二、自动分拣系统模拟与实训

实训目标

1. 熟知自动分拣的设备组成；
2. 掌握自动分拣系统界面操作。

实训要求

熟悉自动分拣系统基本操作，主要包括三方面内容：熟悉分拣操作流程；学会使用 PDA 进行订单分拣操作；熟悉 PC 的 DMS 系统界面操作。

实训准备

实训室自动分拣系统设备。

实训操作

任务 1　分拣作业操作流程认识

1）学习分拣中心订单类型及分拣操作作业流程（见图 8-30 和图 8-31），熟悉相关内容。

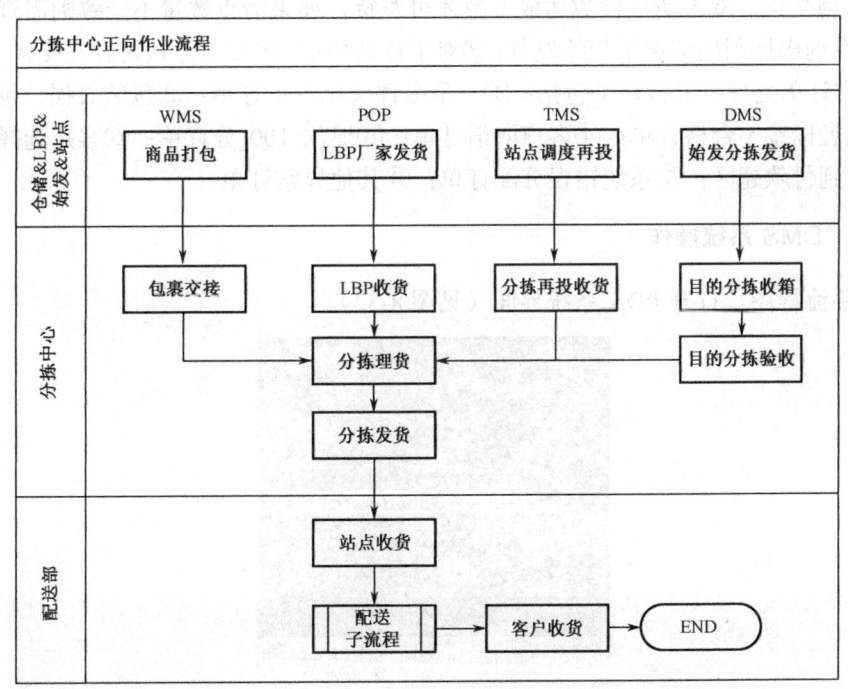

图 8-30　分拣中心作业操作流程示意图

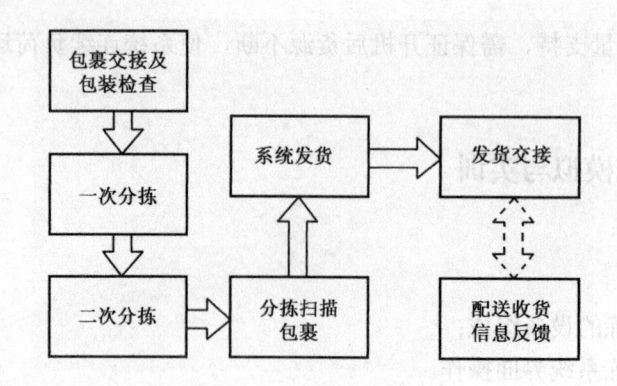

图 8-31 分拣发货操作流程示意图

2）包装检查。①是否符合运输标准，保证货物在运输过程中不致损坏、散失、渗漏，不致损坏和污染；②包装重量/体积是否符合合作公司上限标准；③对于易碎物体，必须要用纸箱包装，同时要放填充物；④核对一个订单中有两件及以上的包裹是否齐全；⑤发现不符合运输标准的，要求仓储重新包装。

3）包裹交接系统操作。通过包裹交接及交接扫描，记录系统操作轨迹；DMS 系统中使用 PDA 进行包裹交接扫描操作。

4）分拣扫描订单/包裹。① 使用 ERP 系统：ERP—物流配送—新发货组管理—分拣中心；② 使用 DMS 系统：PDA 中操作界面。

5）系统发货及核对。先检查系统发货与实物是否相符；然后使用 ERP 系统，ERP—物流配送—新发货组管理—发货；最后使用 DMS 系统里 PDA 中的发货操作界面。

6）交接、发货。①交接发货组根据交接单与自提或自配站点、配送车队、物流第三方的订单进行实物交接，双方清点件数达成一致才可发货，如果清点数量不一致则需查出原因；② 在没有查询出原因的情况下拒绝发货；③对于特殊情况，需要双方认可并在交接单上注明。

7）异常订单处理。异常订单包括：①一单多件头尾不符订单；②包装破损、包装不合格订单；③包裹标签不合格订单；④客户取消订单；⑤退款 100 分订单；⑥客户选择错误地址订单，如货到付款超区；⑦系统错误分配订单；⑧其他异常订单。

任务 2　DMS 系统操作

1）对照流程图，打开 PDA 系统界面（见图 8-32）。

图 8-32　PDA 系统界面

2）DMS 系统 PDA 操作界面。①登录界面。在 RF 手持机上打开 DMS 程序，输入用户名和密码，登录 DMS PDA 系统。假如用户名和密码正确，则显示 DMS PDA 主菜单（见图 8-33）。

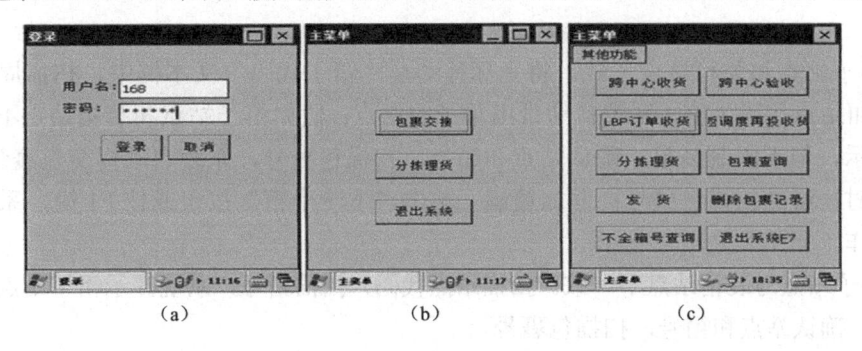

图 8-33　DMS PDA 主菜单

注意事项：①交接的包裹号必须是库房已打包完成的，若系统提示包裹号不存在，请立即与现场管理人员反馈，进行异常排查；②包裹号一旦扫描，系统自动记录扫描记录，默认仓储和分拣中心交接完毕；③系统自动记录仓储的包裹信息后，将信息抛入 DMS 分拣中心系统，作为交接记录。

3）分拣理货。在主菜单单击"分拣理货"命令，进入"分拣理货"操作界面（见图 8-34）。

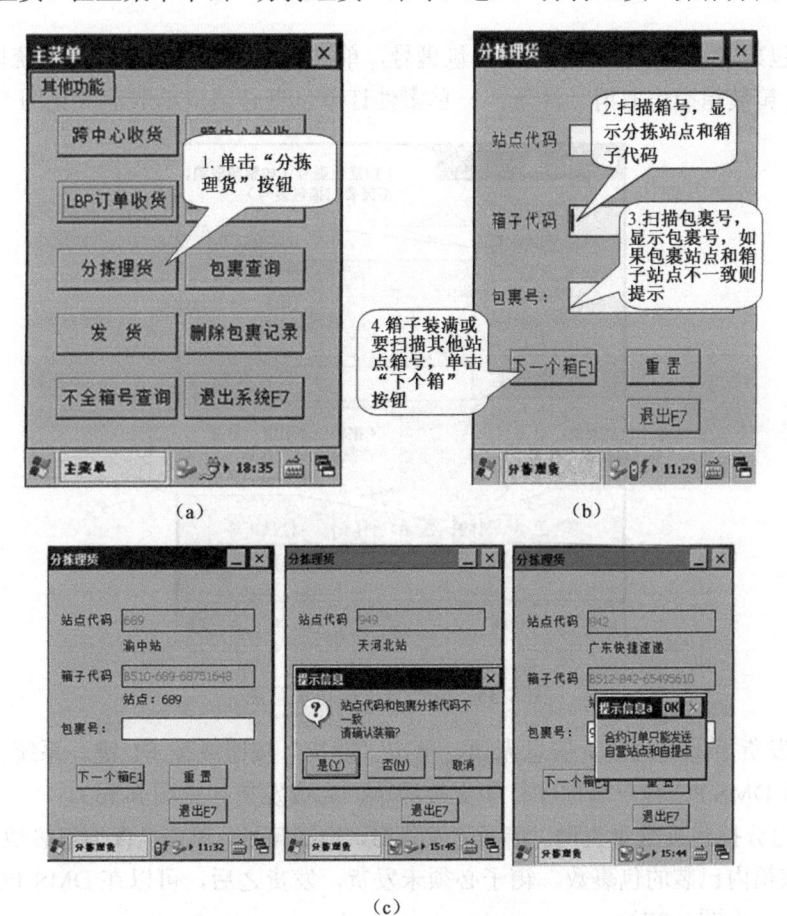

图 8-34　PDA 分拣理货界面操作

4）装箱方式的选择确认。

① 固定周转箱。假如采用已固定站点流水周转箱，在 DMS PC 客户端程序中维护箱子基本信息。

a. 箱子站点和装箱站点一致。将光标移动至"箱子代码"文本框中，扫描周转箱上的箱号，假如站点代码为空，系统自动带出箱子的站点；假如箱子站点和装箱站点不一致，系统给予提示，但不限制装箱。确认站点和箱号，扫描包裹号，系统自动提交包裹装箱记录。箱子没满时，继续扫描包裹号；假如箱满，单击"下一个箱"按钮或按 F1 键，系统自动进行满箱操作。

b. 箱子站点与装箱站点不一致。扫描站点代码，扫描箱号，系统提示箱子站点和装箱站点不一致。确认站点和箱号，扫描包裹号。

② 流水箱号。扫描站点代码，扫描流水箱号，系统自动产生流水箱号信息。确认站点和箱号，扫描包裹号。

③ 单件包裹。扫描站点代码，扫描包裹号，系统自动产生包裹号箱子信息。确认站点和箱号，扫描包裹号，系统自动进行满箱操作。

5）取消分拣操作。

① 单个包裹取消。扫描箱号，扫描包裹号，单击"单包裹删除"按钮，完成包裹装箱操作取消。

② 整箱包裹取消。扫描箱号，扫描包裹号，单击"整箱删除"按钮，系统提示确认取消信息，完成整箱装箱操作取消。注意：一单多件订单包裹必须整单取消（见图 8-35）。

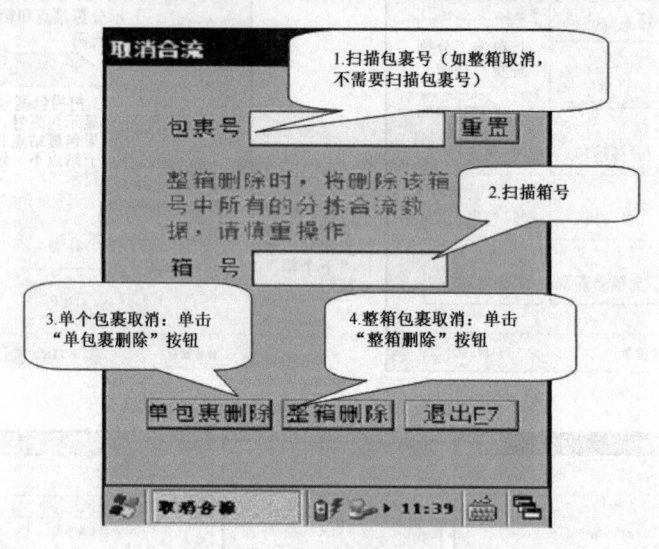

图 8-35　取消分拣操作示意图

6）交接发货。①确认发货信息无误，单击"发货"按钮或按 F1 键。系统自动提示发货批次号。②从 DMS PC 客户端程序打印交接清单，完成发货（见图 8-36）。

7）箱内已分拣包裹数量查询。箱子未发货时，扫描箱号，单击"查询包裹数"按钮，PDA 界面上显示该箱内已装的包裹数。箱子必须未发货，发货之后，可以在 DMS PC 客户端上按交接批次查询（见图 8-37）。

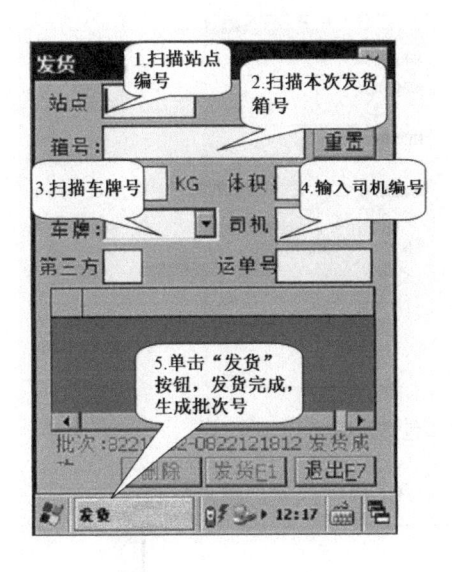

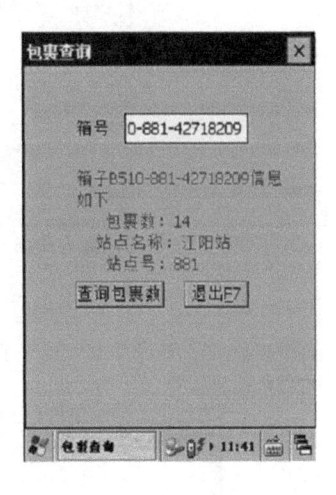

图 8-36　交接发货操作　　　　　　　　图 8-37　分拣包裹数量查询

任务 3　DMS 系统 PC 操作界面

1）在计算机客户端程序上打开 DMS 程序，输入用户名和密码，登录 DMS 系统（见图 8-38）。

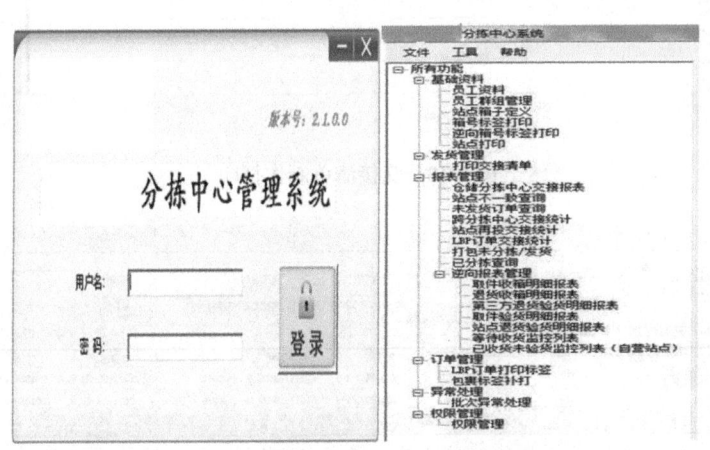

图 8-38　分拣中心管理信息系统操作界面

2）LBP 打印标签。①打开界面，系统自动带出当前用户 ID，作为员工工号。确认员工工号，扫描订单号，系统带出订单的打包数量，LBP 订单打包数量来自 POP 厂家，不允许修改。②假如启用称重设备，勾选"启用电子称重"复选框。将包裹放在电子秤上，确认重量。③单击"打印"按钮，系统自动打印出该订单的包裹标签（见图 8-39）。

3）DMS 交接清单打印。DMS 分拣发货后，查询交接情况，打印交接清单（见图 8-40）。

4）报表类型查询。在 DMS 界面选择分拣机构后，在报表类型选择相关内容，可以进行报表类型操作，如进行 DMS 系统与仓储交接清单、DMS 已打包未发货的订单、DMS 已打包未分拣的订单、订单全程跟踪等相关查询（见图 8-41）。

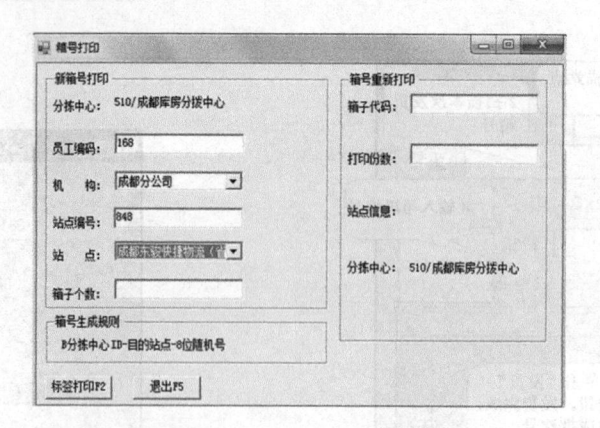

图 8-39　LBP 打印包裹标签

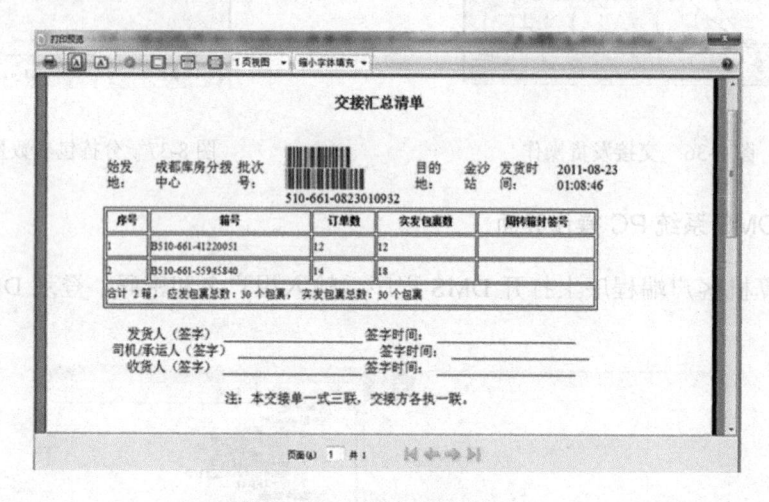

图 8-40　交接清单制作打印

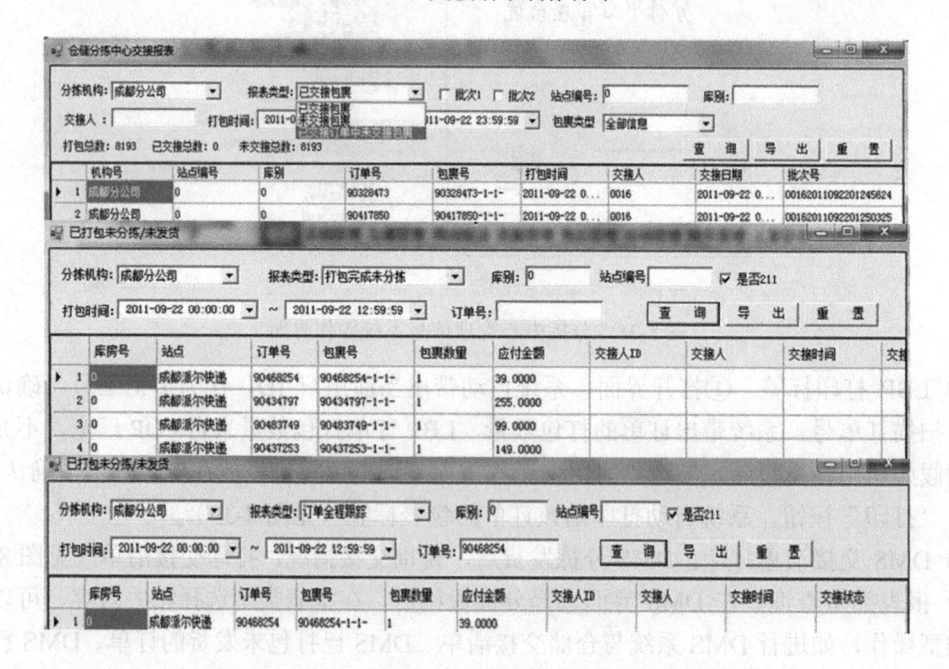

图 8-41　DMS 界面中分拣机构报表类型查询示意图

5）DMS 已分拣报表查询、报表类型查询。在 DMS 界面，选择分拣机构后，在"报表类型"文本框中选择相关内容，可以进行报表类型操作；选择相关时间段，将出现相关界面。

项目评价

项目名称：自动分拣系统　　　　　　　　　　　　　　　　　　　年　　月　　日

小组成员：				实际得分	
序号	考核内容	考核标准	分值	扣分	得分
1	自动分拣系统的概念	是否掌握相关概念	10		
2	自动分拣系统的组成	是否掌握设备的构成	10		
3	自动分拣系统的特点及要求	是否熟悉导向方法	5		
4	分拣中心 PDA 分拣使用	是否正确掌握相关操作	15		
5	分拣中心管理系统的应用	是否正确掌握相关操作	25		
6	分拣流程	是否熟悉	15		
7	职业习惯及纪律	是否有良好的职业道德和规范的职业素养	20		
综合得分					
指导老师评语					

项目巩固与提高

一、选择题

1. 按照自动分拣系统作用功能分，下面（　　）不属于其范畴。
   A．控制装置　　　　B．分类装置　　　　C．信号识别　　　　D．分拣道口
2. 分拣系统的控制装置的作用主要是（　　）、接收和处理分拣信号。
   A．识别　　　　　　B．传送　　　　　　C．合流　　　　　　D．自动分拣
3. 关于自动分拣系统的特点，错误的是（　　）。
   A．分拣误差率极低　　　　　　　　　　B．分拣量大
   C．无人化　　　　　　　　　　　　　　D．可以混合分拣

二、简答题

1. 简述自动分拣系统的部件组成。
2. 自动分拣系统有哪些特点？
3. 你在哪些企业见过自动分拣系统的应用，有何感想？
4. 请对自动分拣系统做一个技术分析与评价。

模块九

物联网技术

项目一 物联网认识

（编前哲思：穿越，是人类信息化的脚步。因为互联网，人们的沟通和交流穿越了时空；因为物联网，物与物的联系和影响穿越了时空。穿越，不是电视剧的构思，它每天都那样真实地发生在我们身边。）

项目目标

1. 了解物联网的基本概念；
2. 熟悉物联网的发展历程；
3. 掌握物联网与物流行业的关系及发展趋势。

项目准备

1. 物联网技术教学授课课件；
2. 物联网技术视频资料、设备组成图片。

一、物联网概述知识点学习

1. 物联网基本概念认知

早在 1995 年，比尔·盖茨在《未来之路》一书中就已经提及了物联网的概念。但是，"物联网"概念的真正提出是在 1999 年，由 EPCglobal 的 Auto-ID 中心提出，定义为：把所有物品通过射频识别等信息传感设备与互联网连接起来，实现智能化识别和管理。

2005 年，国际电信联盟（ITU）正式称"物联网"为"The Internet of things"，并发表了

年终报告《ITU 互联网报告 2005：物联网》。报告指出，无所不在的"物联网"通信时代即将来临，世界上所有的物体，从轮胎到牙刷、从房屋到纸巾都可以通过因特网主动进行交换，并描绘出"物联网"时代的图景：当司机出现操作失误时汽车会自动报警；公文包会提醒主人忘带了什么东西；衣服会"告诉"洗衣机对颜色和水温的要求等。

现在较为普遍的理解是，物联网是将各种信息传感设备，如射频识别（RFID）装置、红外感应器、全球定位系统、激光扫描器等装置与互联网结合起来而形成的一个巨大网络。装置在各类物体上的电子标签（RFID）、传感器、二维码等经过接口与无线网络相连，从而给物体赋予智能，可以实现人与物体的沟通和对话，也可以实现物体与物体互相间的沟通和对话。

它是新的信息技术变革，有重大的科学意义和应用价值。物联网的英文名称为"The Internet of Things"（简称 IOT），可见，物联网就是"物物相连的互联网"（见图 9-1）。

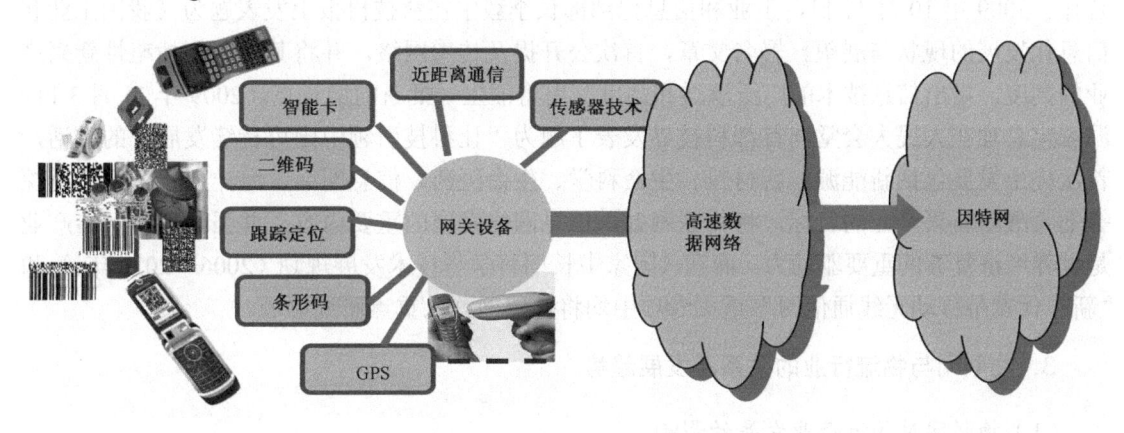

图 9-1　物联网基本理论模型图

物联网的技术核心仍然以现在的互联网为基础，只不过做了相应的扩展与延伸：把人与人之间的信息传递，扩展到了物品与物品之间的信息传递。利用 RFID 自动识别技术、无线数据通信等技术，构造一个覆盖世界上万事万物的物网联。在这个网络中，物品（商品）能够彼此进行"交流"，而不需人为干涉。

2．物联网的发展历程

（1）物联网的起源

1998 年，美国麻省理工大学（MIT）的 Sarma、Brock、Siu 创造性地提出将信息互联网络技术与 RFID 技术有机地结合，即利用全球统一的物品编码（Electronic Product Code，EPC）作为物品标识，利用 RFID 实现自动化的"物品"与 Internet 的连接，无须借助特定系统，即可在任何时间、任何地点、实现对任何物品的识别与管理。

1999 年，由美国统一代码委员会（UCC）吉列和宝洁等组织和企业共同出资，在美国麻省理工大学成立 Auto-ID Center，在随后的几年中，英国、澳大利亚、日本、瑞士、中国、韩国等国的 6 所著名大学相继加入 Auto-ID Center，对"物联网"相关研究实行分工合作，开展系统化研究，提出最初物联网系统构架：射频标签、识读器、Savant 软件、对象名称解析服务（ONS）、实体标记语言服务器（PML-Server）。

2003年11月1日，国际物品编码组织（GS1）出资正式接管EPC系统，并组成EPC Global进行全球推广与维护。与此同时，原6所大学的AUTO-ID实验室转到EPC Global下的技术组，作为EPC实验室，继续对EPC系统的应用提供技术支持，提出物联网系统架构：EPC编码、EPC标签、读写器、中间件、对象名称解析服务（ONS）、EPC信息服务（EPCIS）。

（2）中国物联网的发展

1999年，中国开始了传感网的研究与探索。2009年8月7日，温家宝总理在无锡视察中科院"物联网"技术研发中心时指出，要尽快突破核心技术，把传感技术和TD的发展结合起来。2009年9月11日，"传感器网络标准工作组成立大会暨'感知中国'高峰论坛"在北京举行，会议提出传感网发展相关政策。2009年9月14日，在中国通信业发展高层论坛上，中国移动总裁王建宙高调表示："物联网"商机无限，中国移动将以开放的姿态，与各方竭诚合作。2009年10月11日，工业和信息化部部长李毅中在科技日报上发表题为《我国工业和信息化发展的现状与展望》署名文章，首次公开提及传感网络，并将其上升到战略性新兴产业的高度，指出信息技术的广泛渗透和高度应用将催生一批新的增长点。2009年11月3日，温家宝总理在人民大会堂向首都科技界发表了题为"让科技引领中国可持续发展"的讲话，首次提出发展包括新能源、新材料、生命科学、生命医药、信息网络、海洋工程、地质勘探等七大战略新兴产业的目标，将物联网并入信息网络发展的重要内容，并强调信息网络产业是世界经济复苏的重要驱动力。而在《国家中长期科学与技术发展规划（2006—2020年）》和"新一代宽带移动无线通信网"重大专项中均将传感网列入重点研究领域。

3. 物联网与物流行业的关系及发展趋势

（1）物联网对物流产业发展的影响

物联网以物流为基础，物联网的发展离不开物流行业的支持。特别是新兴的电子商务物流，又称网上物流，就是基于互联网技术，旨在创造性地推动物流行业发展的新商业模式。现代物流与电子商务的结合（信息化、自动化、网络化、智能化、柔性化的结合），实现了商流、物流、信息流、资金流的统一，以及物流设施、商品包装的标准化，形成了和谐的社会物流系统。现代物流业搭建了生产和消费之间的桥梁，是推动工业经济与服务经济发展的引擎，物流领域是物联网相关技术最有现实意义的应用领域之一。目前物联网技术对物流产业健康发展起到了良好的影响，同时应该注重抓好以下几个方面的工作：一是要尽快成立国家物联网技术推广与应用的主管部门；二是要加快制订与实施物联网技术标准；三是要加大对核心技术研究的投资力度；四是抓好互联网基础性战略资源的管理与控制；五是要加强物联网技术安全防护措施的建立；六是实施物联网技术，推动物流产业发展的示范性行业与工程；七是加强物联网产业链的协同合作，提高产业链相互融合度与资源共享水平。积极推动单纯的物联网技术应用升级为物联网经济、物联网产业，加大物联网技术在物流产业中的应用，对加强物流管理的合理化、降低物流成本、实现低碳环保、可持续发展具有重要的战略意义。

（2）物联网对物流系统管理的作用

普遍认为，物联网对于未来物流系统发展将起到至关重要的作用，而这种深远影响将会更多地体现在物联网对物流系统管理功能的提升上。在物联网中，通过在物品上嵌入电子标签、条码等能够存储物体信息的标识，以无线网络的方式将即时信息发送到后台信息处理系统，各信息系统通过互连形成一个庞大的网络，实现实时跟踪、实时监控等智能化管理的目的，在物流系统的制造、运输、仓储、销售等各个环节上，实现物联网对物流系统管理功能的提升（见表9-1）。下面将从提升的策略、方式及实现路径等几个方面加以分析。

1）制造物流环节，实现均衡生产。

基于物联网的物流系统可以对生产线上的原材料、零部件、半成品及产成品进行全程识别与跟踪，实现多品种、多规格与多供应商的"多对多"网络式连通，自动形成详细补货信息，促使整条产业链时时连接，从而辅助实现流水线的均衡与稳步生产。

2）运输物流环节，进行智能调度。

通过在仓库、车辆、集装箱和货物中贴EPC标签，在运输线的一些检查点装上接收转发装置，企业能实时了解货物目前所处的位置和状态，实现运输货物、线路、时间的可视化跟踪管理，并可以提前预测和安排最优的行车路线，帮助实现智能化调度和多式联运的高效管理。

3）仓储物流环节，提高库存管理。

当货物进入仓库后，阅读器将自动识读标签、完成盘点，并将信息自动录入数据库，命令机械手按规定放置，在提高空间利用率的同时，快速、准确地监控库存水平；同时按指令准确、高效地完成对多样化商品的提库，大大缩短响应时间，提供高水准的供应商管理库存服务；更重要的是，由于EPC标签的单品标示特性，可有效防止假冒伪劣。

4）销售物流环节，完成主动营销。

当内嵌EPC标签的货物在配备扫描器的载体上被客户提取时，信息将自动识别并向系统报告，并可通过互联网自动完成付款操作。销售信息按要求自动传到销售商、金融机构、供应商和物流商系统中，物流企业由此可以实现敏捷反应，并通过历史记录推断物流需求和服务时机，从而对整条产业链中的物流需求展开主动式营销和服务。

表9-1　物联网对物流系统管理提升策略及方式

物流环节	策略	提升方式	实现路径
制造	实现均衡生产	利用物联网辅助实现流水线均衡与稳步生产	对生产线进行全程识别跟踪，实现"多对多"网络式连通，自动形成详细补货信息
运输	进行智能调度	利用物联网预测和安排最优行车路线，实现智能化调度和多式联运高效管理	通过贴EPC标签和安装接收转发装置，实现运输过程的可视化全程跟踪管理
仓储	提高库存管理	利用物联网提供高水准的供应商管理库存服务，并有效预防假冒伪劣	阅读器自动识读标签，完成盘点，并将信息录入数据库，快速、准确地监控库存水平
销售	开展主动营销	利用物联网推断物流需求和服务时机，展开主动营销和主动式服务	货物被客户提取时，扫描器自动识别内置的标签，并将相关信息连网

（3）物联网的发展趋势——智能物流

1）什么是智能物流。

智能物流基于互联网、物联网技术的深化应用，利用先进的信息采集、处理、管理、流通、智能分析等技术，智能化地完成包装、运输、配送、装卸、仓储等多个环节，可以实时反馈物品流动状态、强化货物流动监控，使货物能够高效、快速地送到需求者手中，从而为供应方降低成本、提供最大利润，为需求方提供最快捷的服务，还能大大减少社会资源和自然资源的消耗。

2）智能物流的应用前景。

物流智能化是未来物流产业发展的一个重要方向。采用智能物流系统后，物流服务向上可以延伸到行业预测，如电子商务、市场调查等；向下可以延伸到物流咨询、教育与培训、物流方案规划、货款回收与结算、库存控制决策、物流系统设计等。随着全球一体化的深入发展和互联网、物联网技术的深入应用，智能物流将迎来一个全新的历史发展机遇，同时这也是我国物流业飞速发展的一个重要机遇。

4．物联网技术及架构

（1）物联网提出的背景

1）经济危机下的推手。

经济长波理论：每一次的经济低谷必定会催生出某些新的技术，而这种技术一定可以为绝大多数工业产业提供一种全新的使用价值，从而带动新一轮的消费增长和高额的产业投资，以触动新经济周期的形成。

过去的10年间，互联网技术取得了巨大成功。目前的经济危机让人们又不得不面临紧迫的选择，物联网技术成为下一次经济增长的重要推手。

2）传感技术的成熟。

随着微电子技术的发展，涉及人类生活、生产、管理等方方面面的传感器已经比较成熟，如常见的无线传感器（WSN）、RFID、电子标签等。

3）网络接入和信息处理能力大幅提高。

目前，随着网络接入多样化、IP宽带化和计算机软件技术的飞跃发展，基于海量信息收集和分类处理的能力大大提高。

4）十五年周期定律。

IBM前首席执行官郭士纳提出一个重要的观点：计算模式每隔15年发生一次变革，每一次这样的技术变革都引起企业间、产业间甚至国家间竞争格局的重大动荡和变化。例如互联网革命在一定程度上是由美国"信息高速公路"战略所催熟的，如图9-2所示。

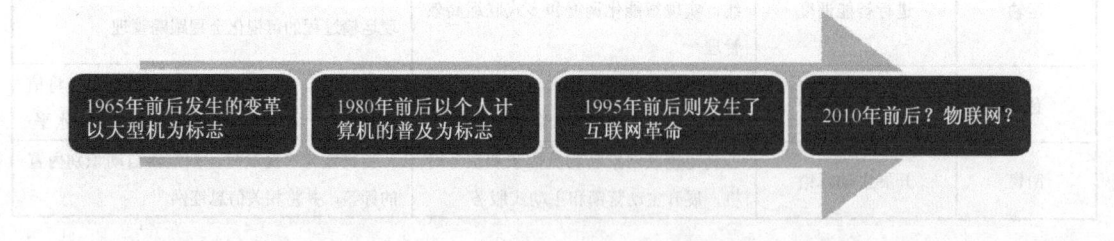

| 1965年前后发生的变革以大型机为标志 | 1980年前后以个人计算机的普及为标志 | 1995年前后则发生了互联网革命 | 2010年前后？物联网？ |

图9-2 计算模式十五年周期定律

（2）物联网的关键技术

物联网涉及的新技术很多，其中的关键技术主要有射频识别技术、传感器技术、网络通信技术和云计算（传输数据计算）等。

1）射频识别技术。

射频识别技术俗称"电子标签"，是物联网中非常重要的技术，是实现物联网的基础与核心，射频技术是一项利用射频信号通过空间耦合（交变磁场或电磁场）实现无接触信息传递并通过所传递的信息达到识别目的的技术。这一技术由三个部分构成。

① 标签（Tag）：附着在物体上以标识目标对象。

② 阅读器（RPader）：用来读取（有时还可以写入）标签信息，既可以是固定的又可以是移动的。

③ 天线（AnIenna）：其作用是在标签和读取器之间传递射频信号。

当然，在实际应用中还需要其他硬件和软件的支持。该项技术的基本思想是，通过先进的技术手段，实现人们对各类物体或设备（人员、物品）在不同状态（移动、静止或恶劣环境）下的自动识别和管理。由于射频识别无须人工干预，可用于各种恶劣环境，可用来追踪和管理几乎所有的物理对象，所以零售商和制造商非常关心和支持这项技术的发展和应用。例如，沃尔玛公司就成功地将射频技术应用于供应链管理中，高速公路的自动收费系统更是这项技术最成功的应用之一。

射频技术发展面临的主要问题和难点是：

① 射频识别的碰撞防冲突问题；

② 射频天线研究；

③ 工作频率的选择；

④ 安全与隐私。

2）传感器技术。

要产生真正有价值的信息，仅有射频识别技术是不够的，还需要传感器技术，由于物联网通常处于自然环境中，传感器要长期经受恶劣环境的考验，因此，物联网对传感器技术提出了更高的要求。作为摄取信息的关键器件，传感器是现代信息系统和各种装备不可缺少的信息采集手段。如果把计算机看做处理和识别信息的大脑，把通信系统看做传递信息的"神经"系统，则传感器就是感觉器官。所谓传感器，是指那些对被测对象的某一确定的信息具有感受（或响应）与检出功能，并使之按照一定规律转换成与之对应的输出信号的元器件或装置。没有传感器对被测的原始信息进行准确、可靠的捕获和转换，一切准确的测试与控制都将无法实现，即使是最现代化的电子计算机，假如没有准确的信息（或转换可靠的数据）和不失真的输入，也将无法充分发挥其应有的作用。传感器技术的发展与突破主要体现在两个方面：一是感知信息方面，二是传感器自身的智能化和网络化。未来传感器技术的发展趋势大致分为如下几个方面：向检测范围挑战；集成化；多功能化；向未开发的领域挑战，如生物传感器；发现和利用新材料。

传感器技术是一门综合的高新技术，它集光、机、电、生物医学于一身，可以毫不夸张地说，传感器技术的水平从一个侧面反映了微电子技术、纳米技术、光电子技术、生物技术等高新技术的水平。

3）网络通信技术。

无论物联网的概念如何扩展和延伸，最基础的物物之间的感知和通信是不可替代的关键技术。网络通信技术包括各种有线和无线传输技术、交换技术、组网技术、网关技术等。其中 M2M 技术则是物联网实现的关键。M2M 技术是机器对机器（Machine To Machine）通信的简称，指所有人、机器、系统之间建立通信连接的技术和手段，同时也可代表人对机器（Man To Machine）、机器对人（Machine To Man）、移动网络对机器（Mobile To Machine）的连接与通信。M2M 技术适用范围广泛，可以结合 GSM/GPRS/UMTS 等远距离连接技术，也可以结合 WiFi、BlueTooth、ZigBee、RFID 和 UWB 等近距离连接技术，此外还可以结合 XML 和 Corba，以及基于 GPS、无线终端和网络的位置服务技术等，用于安全监测、自动售货机、货物跟踪领域。目前，M2M 技术的重点在于机器对机器的无线通信，而将来的应用则将遍及军事、金融、交通、气象、电力、水利、石油、煤矿、工控、零售、医疗、公共事业管理等各个行业。短距离无线通信技术的发展和完善，使得物联网前端的信息通信有了技术上的可靠保证。通信网络技术为物联网数据提供传送通道。如何在现有网络上进行增强，适应物联网业务的需求（低数据率、低移动性等），是该技术研究的重点。物联网的发展离不开通信网络，更宽、更快、更优的下一代宽带网络将为物联网发展提供更有力的支撑，也将为物联网应用带来更多的可能。

4）云计算。

云计算（Cloud Computing）是网格计算、分布式计算、并行计算、效用计算、网络存储、虚拟化、负载均衡等传统计算机技术和网络技术发展和融合的产物。云计算的基本原理是：通过使计算分布在大量的分布式计算机上，而非本地计算机或远程服务器中，企业数据中心的运行将更加与互联网相似。这使得企业能够将资源切换到需要的应用上，根据需求访问计算机和存储系统。它旨在通过网络把多个成本相对较低的计算实体整合成一个具有强大计算能力的完美系统，并借助 SaaS、PaaS、IaaS、MSP 等先进的商业模式把这强大的计算能力分布到终端用户手中。云计算的一个核心理念就是通过不断提高"云"的处理能力，减少用户终端的处理负担，最终使用户终端简化成一个单纯的输入/输出设备，并能按需享受"云"的强大计算处理能力。Google 搜索引擎是云计算的成功应用之一。

（3）物联网的体系架构

物联网实现了人类社会与物理系统的整合，增强了社会生产生活中信息互通性和智能化，提高了全社会的智能化和自动化水平。目前，物联网已处于市场推广应用阶段，其用途遍及工业、环保、交通、医护、物流等多个领域，被认为是继互联网之后下一个万亿级的信息产业，将根本地改变世界的面貌。

从通信对象和过程看，物联网的基本特征可概括为三个方面（见图 9-3）。

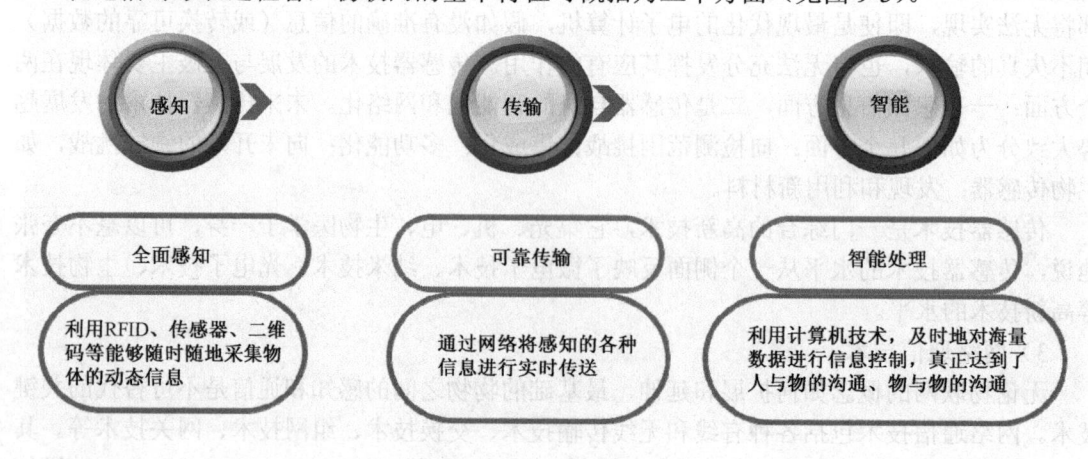

感知 → 传输 → 智能

全面感知：利用RFID、传感器、二维码等能够随时随地采集物体的动态信息

可靠传输：通过网络将感知的各种信息进行实时传送

智能处理：利用计算机技术，及时地对海量数据进行信息控制，真正达到了人与物的沟通、物与物的沟通

图 9-3 物联网基本特征图

1）全面感知：利用射频识别、二维码、传感器等感知、捕获、测量技术，随时随地对物体进行信息采集和获取。

2）可靠传送：通过将物体接入信息网络，依托各种通信网络，随时随地进行可靠的信息交互和共享。

3）智能处理：利用各种智能计算技术，对海量感知数据和信息进行分析处理，实现智能化决策和控制。

物联网的体系结构可分为三个层次：泛在化末端感知网络、融合化网络通信基础设施与普适化应用服务支撑体系，它们也通常被称为感知层、网络层和应用层（见图9-4）。

1）应用层。应用层是构建在物联网技术架构之上的应用系统，包括商业贸易、物流、农业、军事等等不同的应用系统。

2）网络层。网络层即进行信息交换的通信网络，包括 Internet、WiFi 网以及无线通信网络等。

3）感知层。感知层又分为信息采集层和编码层。

① 信息采集层。

数据采集指通过包括条码、射频识别、无线传感器、蓝牙等在内的自动识别与近距离通信技术获取物品编码信息的过程。

② 编码层。

编码层是物联网的基石，是物联网信息交换内容的核心和关键字。编码是物品、设备、地点、属性等的数字化名称。

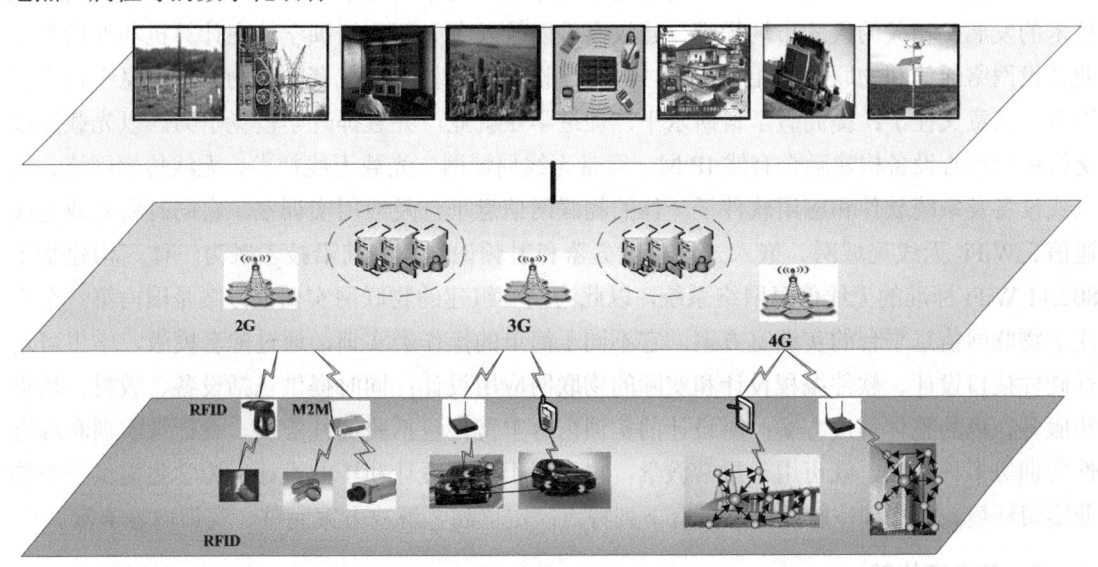

图 9-4　物联网体系架构图

二、物联网智能物流模拟与实训

实训目标

了解物联网实训室建设的构架、设备组成和实训项目。

实训要求

了解物联网实训室的三层构架，了解物联网实训室目前可以建设的项目及实训内容，具备实训室建设的基本知识和常识。

实训准备

与实训要求相关的案例、图片、视频等。

实训操作

物联网实训室是紧密结合物联网相关专业教学与科研的核心实训室，能比较全面地满足学生或教师在学习和研究物联网技术方面的需求。

1. 实训室概述

迅速兴起的物联网产业正在通过无线网络和感应器件（射频识别器件、传感器件等）使人们的日常生活发生巨大的变化。物联网技术把所有物资和产品通过射频识别、传感器或其他嵌入式器件等与互联网连接，实现智能化管理、监督和控制，是继计算机、互联网与移动通信之后的又一次信息产业浪潮。随着通信技术、计算机技术和物联网技术的快速发展，具有网络通信、计算机和物联网知识的通用型人才已成为市场需求热点。为进一步适应物联网技术的发展及相关的人才市场需求，建议高等院校及各类职业培训学校在计算机和通信类专业开设网络通信和物联网的相关课程，同时建设与课程教学相配套的"物联网信息平台"实训室。其意义在于：提高教学科研水平，促进学生就业，并且提升学校竞争力。以光载无线交换机为核心设备构建融合有线 IP 网、宽带无线局域网、光载无线技术、无线传感网络、嵌入式设备及系统软件和应用软件于一体的物联网信息平台及应用实训室。它同时将光载无线通信、WiFi 无线局域网、嵌入式设备服务器和射频识别几种前沿技术融为一体，构建基于 802.11 WiFi 标准的无线信息网络系统，以此为核心组建的物联网实训室方案是国内第一个专注于物联网信息平台的实训室方案。它不同于简单的操作类实训，通过配套模版，学生可进行硬件接口设计、软件编程设计和实际的物联网应用设计；同时提供包括设备、教材、培训和服务在内的整体解决方案；所设计的实训内容丰富，包括验证性实训、设计性实训和综合性实训等多种实训，既可用于日常教学，也可用于课程设计和毕业设计，为学生提供一个毕业实习环境。其实训室解决方案具有下列特点：定位高、解决方案完整、实训内容丰富。

2. 实训室构架

（1）前端传感器网络：

前端传感器网络包括以下器件。

1）温湿度传感器等各类传感器件，通信接口包括 WiFi 无线、ZigBee 无线、2G3G 或工业串口等多种格式，可用于构建传感器网络。

2）RFID 设备（带 RS 232 接口），可用于构建仓储、物流及人员管理的实验场景。

3）无线通信格式转换器件（如工业串口 RS 232 或 RS 485 转 WiFi 格式），可用于构建大型且复杂通信模式下的物联网实验场景。

4）PLC（带 RS 232 或 RS 485 接口）及其控制的设备，可用于模拟工业生产现场控制与通信的实验场景。

5）视频采集设备，可用于模拟现场人员及场景监控的实验场景。

（2）网络层无线传输设备

1）网络层设备是第三代工业无线 WiFi 网络的核心——"光载无线交换机"。

2）该产品将 WiFi 信号的产生、处理集中于内部（中央机房），以光纤实现大范围（200～5000m）分布，通过远端天线完成信号传输。

3）该产品可混合传输 WiFi 与 2G3G4G 及其他无线信号，可为使用者节省大量的无线网络建设投资。

（3）应用层设计与组成

1）本方案针对实际应用的多种需求而设计，包括物流管理、环境监测、智能楼宇、工业控制、视频监控等。

2）本方案可开设物联网基础性公共实验和专业性实验，包括室内电磁环境测试实验、环境监测实验、物流管理实验等多种实验。

3）本方案还包括配套软件平台及实验指导书，从基础到深入、从原理到应用，全面体现物联网的各个环节。

3．实训内容

（1）物联网网络层实验

初级实验：

实验1．有线局域网组网实验；

实验2．无线局域网组网实验。

中级实验：

实验3．有线和无线局域网混合组网试验；

实验4．基于 Web 方式的 WiFi 接入点（AP）管理与配置实验；

实验5．基于命令行方式的 WiFi 接入点（AP）管理和配置实验。

高级实验：

实验6．光载无线交换机组装实验；

实验7．光载无线交换机测试实验；

实验8．光载无线交换机局域网信息平台试验。

（2）物联网感知层实验

实验9．ARM9 开发板 WiFi 功能移植；

实验10．ARM9 开发板的 BOA 服务器的移植和 CGI 程序的开发；

实验11．ARM9 开发板上的串口程序开发；

实验12．基于 CC1100 的无线串口通信实验；

实验 13. 无线温湿度采集系统设计实验；
实验 14. 短距离无线/WiFi 数据网关的设计；
实验 15. WiFi-PLC 通信接口程序设计及控制实验；
实验 16. WiFi 无线射频识别读卡器的开发；
实验 17. WiFi 温湿度传感器设计。

（3）物联网应用层实验
实验 18. 工业自动化实验平台；
实验 19. 物流仓储管理实验平台；
实验 20. 环境监测实验平台；
实验 21. 视频监控实验平台；
实验 22. 数字小区实验平台；
实验 23. 智慧医院实验平台；
实验 24. 智能电网实验平台。

4．实训室相关课程

物联网实验室可为以下专业和课程提供科研、教学及实践功能：计算机网络、通信原理、射频识别技术、微机原理、多媒体信息处理、数字信号处理、射频通信电路、网络编程技术、数字与模拟信号、物联网工程导论、网络安全、物联网应用系统设计、光通信原理、大型程序设计、数据结构、物联网数据处理、物联网体系结构、嵌入式系统设计、信息安全、数字电路与逻辑设计、数据库系统、传感器技术、无线传感器网络、无线通信网络、单片机原理与开发等。

5．实训室布局和面积

1）布局建议：实验中心由 1 间或几间主要实验室组成，根据学校实际情况可搭建外围实验（或应用）场景，如图书馆书籍管理、校园环境监测等实验场景。

2）面积：主要实验室面积以 $60\sim180m^2$ 为宜，是主要实验和演示区域，可供 20～40 名学生进行课程实验。实验室和外围实验场景应提供良好的功能展示区，以便外界参观和学习。

3）外围实验场景面积不限，建议在每个演示点处设立宣讲牌或海报。以上建议仅供参考，可根据学校具体情况而调整设置。

6．实训室平台

1）环境监测实验平台；
2）物流管理实验平台；
3）工业控制实验平台；
4）视频监控实验平台；
5）智能家具实验平台；
6）农业信息化实验平台；
7）智能交通实验平台。

7. 实训室设备

（1）光载无线交换机

光载无线交换机的基本功能模块：AP 点（4~8 个）、光模块、光纤链路、远端天线、AP 点配置软件。不具备的模块和功能：射频交换、3G/WiFi 混合信号分布、接入设备漫游。

（2）物联网设备

1）WiFi 串口设备服务器（RS 232、RS485）；
2）RFID 读卡器（带 RS 232 接口）及其 RFID 标签（频率：135kHz、13.5MHz）；
3）温湿度传感器（带 RS 232 接口）；
4）ZigBee 无线模块（会聚节点带 RS 232 接口）（可选）；
5）WiFi 无线摄像头（分辨率 320×480）；
6）PLC（带 RS 232 或 RS 485 接口）及其控制的设备（步进电动机、交通灯等）；
7）气体传感器（带 RS 232 接口或 RS 485 接口）；
8）无线数据传输模块（工作频率为 430MHz，带 RS 232 接口）。

项目评价

项目名称：物联网认识　　　　　　　　　　　　　　　　　　　年　　月　　日

小组成员：				实际得分	
序号	考核内容	考核标准	分值	扣分	得分
1	物联网概念	是否掌握概念	15		
2	物联网发展历史	是否了解发展历史	15		
3	物联网的构架	是否掌握设备构架组成	20		
4	物联网实训项目	是否了解实训项目及相关内容	30		
5	职业习惯及纪律	是否有良好的职业道德和规范的职业素养	20		
	综合得分				
指导老师评语					

项目巩固与提高

一、选择题

1. 云计算（Cloud Computing）的概念是由谁提出的（　　）。
　　A．GOOGLE　　　　B．微软　　　　C．IBM　　　　D．腾讯
2. RFID 属于物联网的（　　）。
　　A．感知层　　　　B．网络层　　　C．业务层　　　D．应用层
3. GPS 属于物联网的（　　）。
　　A．感知层　　　　B．网络层　　　C．业务层　　　D．应用层

4. 物联网中常提到的"M2M"概念不包括（　　）。
   A. 人到人（Man to Man）　　　　B. 人到机器（Man to Machine）
   C. 机器到人（Machine to Man）　D. 机器到机器（Machine to Machine）
5. 物联网是把（　　）技术融为一体，实现以全面感知、可靠传送、智能处理为特征的、连接物理世界的网络。
   A. 传感器及 RFID 等感知技术　　B. 通信网技术
   C. 互联网技术　　　　　　　　　D. 智能运算技术

二、简单题

1. 试述物联网的基本概念。
2. 物联网的发展对物流系统的提升有哪些作用？
3. 什么是智能物流？

项目二　物联网的应用

（编前哲思：不可奢求不劳而获，但可追求一劳永逸，物联网的应用是不是就是有这样的意味呢？）

项目目标

1. 了解物联网在各国的发展状况；
2. 理解物联网的应用领域。

项目准备

1. 物联网应用的教学授课课件；
2. 物联网应用的资料、图片。

一、物联网应用的知识点学习

1. 各国物联网的战略计划

（1）2008 年美国"智慧地球"

IBM 提出的"智慧地球"概念（建议政府投资新一代的智慧型基础设施）已上升至美国的国家战略。该战略认为 IT 产业下一阶段的任务是把新一代 IT 技术充分运用到各行各业之中，具体地说，就是把感应器嵌入和装备到电网、铁路、桥梁、隧道、公路、建筑、供水系统、大坝、油气管道等各种物体中，并且被普遍连接，形成"物联网"。

(2) 2009年欧盟物联网行动

物联网行动计划具体而务实,强调RFID的广泛应用,注重信息安全。2009年6月,欧盟委员会向欧盟议会、理事会、欧洲经济和社会委员会及地区委员会递交了《欧盟物联网行动计划》(Internet of Things-An action plan for Europe),以确保欧洲在构建物联网的过程中起主导作用。行动计划共包括14项内容,主要有管理、隐私及数据保护、"芯片沉默"的权利、潜在危险、关键资源、标准化、研究、公私合作、创新、管理机制、国际对话、环境问题、统计数据和进展监督等一系列工作。

(3) 2009年日本"i-Japan战略"

i-Japan战略建立在u-Japan的基础上,强调电子政务和社会信息服务应用。2004年,日本信息通信产业的主管机关总务省(MIC)提出2006—2010年IT发展任务——u-Japan战略。该战略的理念是以人为本,实现所有人与人、物与物、人与物之间的连接,即所谓4U=For You (Ubiquitous, Universal, User-oriented, Unique),希望在2010年将日本建设成一个"实现随时、随地、任何物体、任何人(anytime, anywhere, anything, anyone)均可连接的泛在网络社会"。

(4) 2009年韩国"u-Korea战略"

继日本提出u-Japan战略后,韩国也在2006年确立了u-Korea战略。u-Korea旨在建立无所不在的社会(Ubiquitous Society),也就是在民众的生活环境里,布建智能型网络(如IPv6、BcN、USN)、最新的技术应用(如DMB、Telematics、RFID)等先进的信息基础设施,让民众可以随时随地享有科技智慧服务。其最终目的,除运用IT科技为民众创造衣食住行娱乐各方面无所不在的便利生活服务,亦希望扶植IT产业发展新兴应用技术,强化产业优势与国家竞争力。

(5) 2009年中国"感知中国"

2009年8月7日,温家宝总理在无锡考察时提出要尽快建立中国的传感信息中心,或者叫"感知中国"中心。

2. 物联网应用介绍

(1) 物联网在物流行业的应用

物流行业很早就已经应用了物联网技术,目前,现代物流系统已经基本具备了信息化、网络化、集成化、智能化等诸多先进的技术。同时,也采用了红外、无线、自动识别、GPS、传感器等高科技技术,集光、机、电、信息于一体的现代化物流系统。

1) 在生产环节。

通过物流网系统,对不同供应商的采购需求进行分析,对生产过程中的原材料及供应商所需求的原材料一一识别,实现对原材料的监控。然后根据现有库存的变化情况及订单的需求组织进行生产,保证生产及库存成本最优化。在生产环节应用物联网技术,不仅可以提高生产自动化水平,实现准时制生产,同时可以减少生产中的人工干扰,保证生产的准确性和安全性。

2）在运输方面。

物联网应用到物流运输中，主要表现在对运输全过程的监管。以电子关锁为例，货物在进行装箱之后，由海关人员进行验关并办理相关手续，之后，由海关工作人员将集装箱上电子关锁，直到上船的过程中，不需要进行二次验关。电子关锁在这个过程中主要起到对运输全过程的监管作用。通过对运输线路、时间、上锁开锁人员等信息的监控，保证货物在运输过程中的安全性。目前电子关锁已经应用到部分海关，不仅有效地提高了企业的通关效率，降低了企业运输成本，同时，在电子关锁的帮助下，海关人员也可以实现更好地对货物进行监管。

3）在流通方面。

在流通环节，物品上贴有 FRID 标签，在进出库时，物联网系统自动识别物品信息，及时更新数据。在出库到配送的过程中，射频识别系统能够自动识别物品，确定物品信息。在配送过程中，利用 GPS 卫星定位系统，实时对运输车辆、运输物品进行定位监控、在线调度等操作。利用物联网系统，建立物流配送中心，实现物流作业的智能控制、自动化操作，将物流与商流、信息流、资金流进行完美整合。目前许多物流系统已经实现了智能装卸、智能搬运、智能分拣与入库，使整个物流系统实现自动化、智能化操作。

4）在监管方面。

在物流行业的物联网中，通过对每一个物品安装电子标签、条码等识别工具，通过网络将物品信息传输到信息管理中心。管理部门通过物联网系统实时掌握物品在物流中心的一系列物流活动，全方位掌握物品入库、装卸、搬运、运输、配送等流程信息，监控各个部门的运作状况，加强人员监管，确保物流全过程公开化、透明化。

（2）物联网在各行各业的应用

1）智能电网。

人类已进入新能源时代，如何创建一个既能保证供电的可持续性、安全性，又能保护环境的智能电网，已经成为各国能源政策的目标。美国业界主流意见认为，新的能源革命更多地是智能电网或智慧能源的变革。能源行业的焦点已经转移到管理能源需求和融合全部技术的网络——智能电网。智能电网，就是利用传感器、嵌入式处理器、数字化通信和 IT 技术，构建具备智能判断与自适应调节能力的多种能源统一入网和分布式管理的智能化网络系统，可对电网与客户用电信息进行实时监控和采集，且采用最经济与最安全的输配电方式将电能输送给终端用户，实现对电能的最优配置与利用，提高电网运行的可靠性和能源利用效率。智能电网是物联网第一重要的运用，很多电信企业开展的"无线抄表"应用，其实也是物联网应用的一种。对于物联网产业甚至整个信息通信产业的发展而言，电网智能化将产生强大的驱动力，并将深刻影响和有力推动其他行业中物联网的应用。

2）智能交通。

所谓智能交通，就是利用先进的通信、计算机、自动控制、传感器技术，实现对交通的实时控制与指挥管理。交通智能化是解决交通拥堵、提高行车安全、提高运行效率的重要途径，我国交通问题的重点和难点是城市道路拥堵。在道路建设速度跟不上汽车增长速度的情况下，对车辆进行智能化管理和调配就成为解决拥堵问题的主要技术手段。目前，全国已经有 20 多个省区市实现了公路连网监控、交通事故检测、路况、气象等应用，路网检测信息采集设备的设置密度在逐步加大，有些高速公路实现了全程监控，并可以对长途客运危险货物运输车辆进行动态监管。

3）医疗管理。

应用带动产业发展的模式。在医疗领域，物联网在条码化病人身份管理、移动医嘱、诊疗体征录入、药物管理、检验标本管理、病案管理数据保存及使用、婴儿防盗、护理流程、临床路径等管理中均能发挥重要作用。例如，通过物联网技术，可以将药品名称、品种、产地、批次及生产、加工、运输、存储、销售等环节的信息都存于电子标签中，当出现问题时，可以追溯全过程。还可以把信息传送到公共数据库中，患者或医院可以将标签的内容和数据库中的记录进行对比，从而有效地识别假冒药品。在公共卫生方面，通过射频识别技术建立医疗卫生的监督和追溯体系，可以实现检疫检验过程中病源追踪的功能，并能对病菌携带者进行管理，为患者提供更加安全的医疗卫生服务。

4）食品安全。

RFID 技术确保食品安全。民以食为天，食以安为先，食品安全问题可以说是民生底线。世界范围内，食品安全危机，如食物中毒、疯牛病、口蹄疫、禽流感等畜禽疾病及严重农产品残药、进口食品材料激增等频繁发生，严重影响了人们的身体健康，引起了全世界的广泛关注。如何对食品有效跟踪和追溯，已成为一个极为迫切的全球性课题。为了确保大众食品安全，部分发达国家已经将食品可追溯技术融入相关法案，并将 RFID 技术切实应用于食品可追溯领域。例如，世博食品物流 RFID 监控溯源系统将包括蔬菜、水产品、畜禽、奶、蛋、面包糕点、餐饮半成品等对温控有要求的食品，并在专供世博食品的物流箱型车上配备相应的射频识别设备，对装载冷藏冷冻食品的车辆配备射频识别等温度连续监控设备。在食品进入园区时，执法人员通过手持式办公终端移动设备在现场快速追溯食品和原料的来源，确保供应渠道的安全可靠。同时还将在蔬菜、水果、水产品、蛋等初级农产品及配送的餐饮半成品等包装袋上佩戴射频识别标签，储存种植养殖企业或生产单位、品名、产地、生产日期、保质期、储存条件等信息，使产品包装和射频识别标签随货物交易完整进入餐饮、零售或物流终端，以保证食品和原料能够追踪溯源。

二、物联网应用模拟与实训

实训目标

1. 了解智能物流系统组成；
2. 了解智能物流系统的应用及构架。

实训要求

熟悉智能物流系统体系，了解智能物流系统信息平台的原理和功能，了解智能信息平台架构。

实训准备

智能物流相关视频、图片和系统架构资料。

实训操作（物联网综合应用——智能物流实训室建设方案学习）

物联网智能物流实训室体系架构按照网络层、感知层、应用层三个层次来搭建（见图 9-5）。

图 9-5　物联网智能物流实训室体系架构

通过典型的物联网综合应用场景及案例来对学生进行综合提高，从而实现专业实验教学由点及面、从理论到应用、涵盖原理验证/综合应用/自主设计及创新的多层次实验体系。

实训室总体拓扑图如图 9-6 所示。

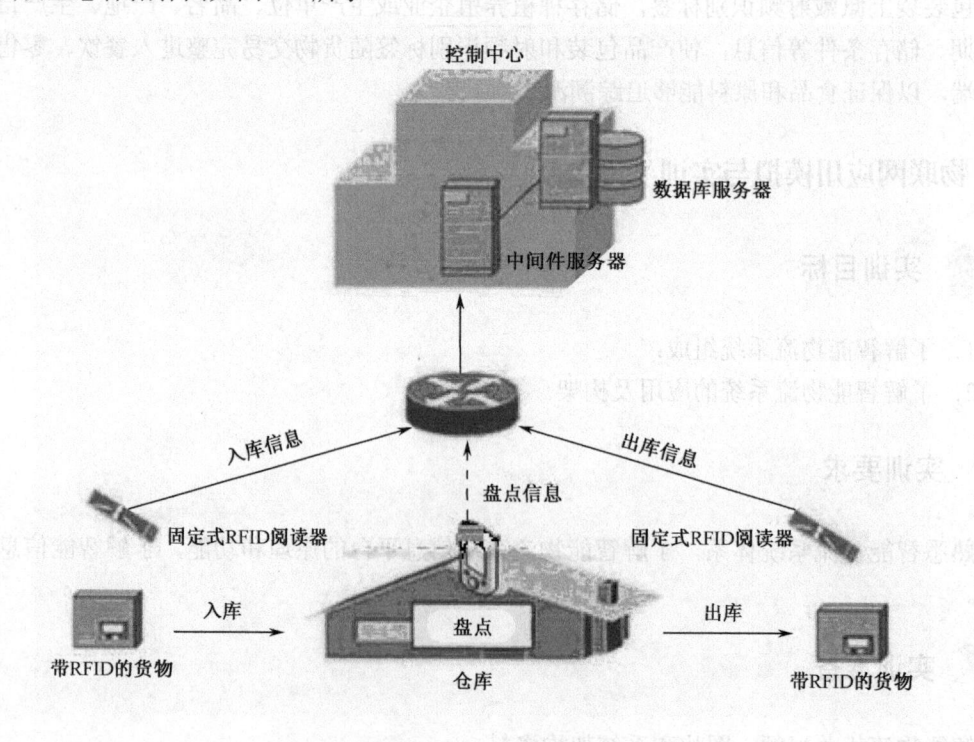

图 9-6　物联网信息平台实训室总体拓扑图

基于物联网信息平台的智能化物流实训室利用光载无线交换机搭建整个物流系统最重要的通信层，结合各种 RFID 终端器件、传感器件、条码设备等硬件及相关软件设施构建而成。在此基础上，学生通过对智能化物流基本内容的学习与实践，实现对物联网技术及其应用于智能化物流的基础知识的学习和理解；并进行小项目的实训开发，如物流仓储管理系统设计和操作等，完成从具体基础知识点到综合应用的提高。整个实训室可兼容第三方实验管理系统进行有效的管理，预留的接口可供师生进行二次开发，从而提高实训室的可扩展性。

该实训室平台主要包含以下流程内容。

1) 到货检验：扫描到货条码信息，录入系统，员工验货，系统更新到货信息，不合格品筛选，不合格品待退货处理。

2) 货品分类：合格的货品分类，从系统中导出数据，对电子标签进行信息注册，并将标签贴于货品表面，同时根据分类初始化好各个装载托盘/车辆标签，制作入库计划。

3) 入库管理。

① 供应商将商品出库信息提取并发送到仓储管理系统中，由仓储管理系统自动处理，生成预入库信息。

② 货物放置在带有感应器的托盘上，入库时通过入库口通道处的 RFID 读写器（不需要拆包装），即可将货物相关信息自动输入到管理系统。

③ 系统将实际入库信息与预入库信息进行比较，如果出现错误，则由系统输出提示信息，由工作人员解决。

④ 工作人员将货物送到指定的货位，货架 RFID 读写器读取货位上的货物标签，并把标签信息通过无线网络传送给管理系统。

⑤ 管理系统将该信息与预入库信息进行对比（丢弃货位上已有的货物信息），如果一致，则将预入库信息写入库存信息。

⑥ 所有的货物入库完毕，关闭货架 RFID 读写器。

4) 出库管理：制作出库计划，根据提货清单及出库计划生成出库单，扫描出库货品信息，绑定出库货品信息与托盘信息，装载货品出库，读写器识别货品信息及托盘信息，错误信息报警。

5) 库存管理：结合手持终端对仓库货品进行移库、盘点，系统库存数据实时更新，预设库存阈值并进行库存预警。

6) 仓库结算：每次操作系统会实时更新每个货品的数据库信息，根据需要生成结算表单，包含入库时间、责任人、各项操作、库位、出库时间等；每类货品会有一个总表以体现其入库数量、合格率、各项操作、出入库计划、库存预警等。

7) 人员管理：学生进入实训室，用学生一卡通在 RFID 读卡器上刷一下，学生身份信息自动通过 WiFi 网络传输到数据中心，自动实现学生考勤和管理。

8) 资产管理：设备贴上远距离 RFID 标签，入口处安装 RDIF 读卡器。当设备经过入口时，读卡器自动读取设备信息，并通过 WiFi 无线网络上传数据中心，实时掌握设备进出信息。

9) 环境检测：通过仓库里的温度、湿度、光照等节点来监测仓库里的温湿度和光照情况，当温湿度达到一定阈值时会进行报警。

10）运输管理：车辆的定位系统通过 RFID+WiFi 的模式来达到模拟车辆的定位。

11）车内环境监测：只需在车厢内安装一个温湿度传感器就可以采集到车厢里的温湿度，而温湿度传感器要求采用电池供电方式。

1. 实验内容和设备

根据物联网的三个层面可将实验规划为三大类，分别是网络层实验、感知层实验及应用层实验。光载无线物联网信息平台完美支持以上三大类实验。

1）智能化物流实训室网络层实验。

实验 1. 有线局域网组网实验；

实验 2. 无线局域网组网实验；

实验 3. 有线和无线混合组网实验；

实验 4. 无线接入点（AP）管理与配置实验。

2）智能化物流实训室感知层实验。

实验 5. WiFi 设备服务器管理与配置实验；

实验 6. WiFi—低频无源射频识别（LF RFID）认识与读写实验；

实验 7. WiFi—高频无源射频识别（HF RFID）认识与读写实验；

实验 8. WiFi—超高频无源射频识别（UHF RFID）认识与读写实验；

实验 9. WiFi—有源微波射频识别（UHF RFID）认识与读写实验；

实验 10. 无线温湿度传感器实验；

实验 11. 手持式多功能射频读写器操作实验。

3）智能化物流实训室应用层实验。

实验 12. 仓储环境监测实训；

实验 13. 仓储人员考勤管理实训；

实验 14. 最小化仓储物流管理系统应用实验；

实验 15. 仓储物流电子标签分类及信息初始化实训；

实验 16. 仓储物流入库计划实训；

实验 17. 仓储物流物资分类及入库操作及管理实训；

实验 18. 仓储物资库存盘点及管理实训；

实验 19. 仓储物流出库计划设计实训；

实验 20. 仓储物流出库管操作及管理实训；

实验 21. 车辆运输管理实训；

实验 22. 智能物流管理系统综合设计与应用。

4）物联网信息平台拓扑结构（见图 9-7）。

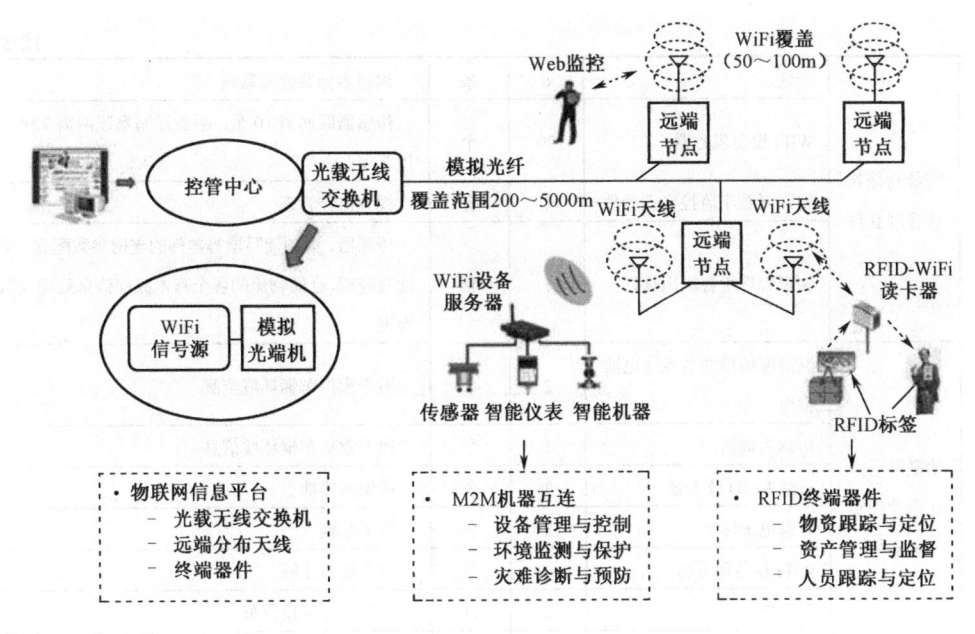

图 9-7 以光载无线交换机为核心的物联网信息平台

5) 设备列表（见表 9-2）。

表 9-2 物联网信息平台实训室建造方案（仅供参考）

1	物联网工程信息平台	主机箱	1	台	为实训室组建一个物联网信息平台,软件提供各种应用程序接口服务及网络管理服务
		信号箱	1	台	
		远端射频单元	4	台	
		系统管理软件	1	套	
		物联网信息平台管理软件	1	套	
2	智能仓储物流管理套件	混湿度传感器	2	个	仓库温湿度监测
		光照传感器	2	个	仓库光度监测
		二氧化碳传感器	2	个	仓库二氧化碳气体监测
		烟雾传感器	2	个	仓库防火烟雾监测
		红外线传感器	2	个	仓库红外监测
		仓储环境监测平台软件	1	套	仓储环境监测管理
		高频读卡器	3	个	13.56kHz,适用于人员考勤管理
		高频电子标签	100	张	—
		超高频 RFID 手持机	2	个	移动仓库盘点作业
		超高频读写器	3	个	支持多标签同时读取,快速移动读取
		超高频 RFID 发卡器	1	个	超高频标签的信息初始化及修改
		超高频普通标签	200	张	用于货物
		超高频托盘标签	10	张	用于托盘
		超高频金属标签	10	张	用于金属物体
		超高频车辆标签	5	张	用于车辆
		射频电缆	6	条	配合天线数量

续表

2	智能仓储物流管理套件	天线	6	条	构建多标签读写系统
		WiFi 设备服务器	20	个	传感器联网需10个，射频读写器联网需7个，备用3个
		物联网数字监控实训套件	1	套	视频监控管理
		物流管理平台应用软件	1	套	传感器、射频读写器等器件的连网参数配置，数据读写处理，仓储物流的各个基本流程信息处理及数据查询
3	物联网室外运输管理实训套件	温湿度传感器节点（电池供电）	2	个	用于模拟车辆环境监测
		传感协调器	1	个	用于收集车辆环境信息
		有源 RFID 读卡器	3	个	模拟运输地点
		有源电子标签	2	个	用于车辆
		WiFi 设备服务器	4	个	用于设备连网
		手推货车	2	台	模拟室外运输货车
		蓄电池	2	个	车载供电
4	其他	一维码阅读器	1	个	一维码扫描
		二维码阅读器	1	个	二维码扫描
		条码检测仪	1	台	检测打印的条码
		条码打印机	1	台	打印条码
		打印机	1	台	打印、复印、扫描一体化
		空调远程控制器	1	套	控制空调
		路由器	1	个	1WAN 口 BLAN 口
		网络机柜	2	个	放置通信设备

2．方案特点

1）多学科：支持供应链管理、物流学、物流运作管理、物流信息系统、物流系统规划与设计、物流技术与设备、物流系统建模与仿真等与物流相关的专业课程，还支持电子、计算机等面向物流行业应用的课程设计。

2）可扩展：系统设计预留传感器和执行器件接口，可以任意外接其他器件。基于接口，学生可以扩展硬件和软件创新，实现"学习"+"创新"+"科研"的综合应用。

3）先进性：采用先进的光载无线通信及 RFID 中间件技术，符合实际应用要求，紧扣物联网相关新技术及其行业应用发展方向。

4）真正的"透明"教学，通过直观和形象的应用场景，使学生直接体会物联网在物流行业的应用场景；开放产品设计的软/硬件资源，同时配套详细的教学试验文档，让学生以工程开发形式学习原理知识，融会贯通各个学科的知识，实现学以致用。

项目评价

项目名称：物联网应用　　　　　　　　　　　　　　　　　　　年　　月　　日

小组成员：				实际得分	
序号	考核内容	考核标准	分值	扣分	得分
1	各国物联网战略	是否知道相关名称	15		
2	物联网在各行业的应用	是否知道应用情况	15		
3	物联网在物流的应用	是否知道应用情况	20		
4	智能物流系统组成	是否知道组成情况	15		
5	智能物流系统构架	是否知道系统构架	15		
6	职业习惯及纪律	是否有良好的职业道德和规范的职业素养	20		
综合得分					
指导老师评语					

项目巩固与提高

一、选择题

1. 被称为世界信息产业第三次浪潮的是（　　）。
　　A．计算机　　　　　　B．互联网　　　　　　C．传感网　　　　　　D．物联网
2. "物联网"概念是在（　　）年第一次被提出来的。
　　A．1998　　　　　　　B．1999　　　　　　　C．2000　　　　　　　D．2001
3. 物联网（Internet of Things）这个概念是由（　　）最早提出的。
　　A．MIT Auto-ID 中心的 Ashton 教授　　　　B．IBM
　　C．比尔·盖茨　　　　　　　　　　　　　　D．奥巴马
4. 物联网是把（　　）技术融为一体，实现全面感知、可靠传送、智能处理为特征的、连接物理世界的网络。
　　A．传感器及 RFID 等感知技术　　　　　　　B．通信网技术
　　C．互联网技术　　　　　　　　　　　　　　D．智能运算技术
5. 2009 年创建的国家传感网创新示范新区在（　　）。
　　A．无锡　　　　　　　B．上海　　　　　　　C．北京　　　　　　　D．南京

二、简答题

1. 试述物联网的基本概念。
2. 物联网的发展对物流系统的提升有哪些作用？
3. 什么是智能物流？
4. 试述未来物联网的发展趋势。

参 考 文 献

[1] 王晓平.物流信息技术[M].北京：清华大学出版社，2011.
[2] 米志强.视频识别（RFID）技术与应用[M].北京：电子工业出版社，2011.
[3] 张成海，张铎，张志强.条码技术与应用（高职高专分册）[M].北京：清华大学出版社，2010.
[4] 谢金龙，王伟.条码技术及应用[M].北京：电子工业出版社，2009.
[5] 中国物品编码中心.条码技术与应用[M].北京：清华大学出版社，2003.
[6] 王忠敏.EPC 技术基础教程[M].北京：中国标准出版社，2004.
[7] 张成海，张铎.物联网与产品电子代码（EPC）[M].武汉：武汉大学出版社，2010.
[8] 刘幺和，宋庭新.语音识别与控制应用技术[M].北京：科学出版社，2008.
[9] 卢瑞文.自动识别技术[M].北京：化学工业出版社，2005.
[10] 方轮.物流信息技术与应用[M].广州：华南理工大学出版社，2006.
[11] 宋洋.物流情景综合实训[M].北京：清华大学出版社，2011.
[12] 邓永胜，向曦，马俊生.物流管理案例与实训[M].北京：清华大学出版社，北京交通大学出版社，2008.
[13] 萨师煊，王珊.数据库系统概论[M].北京：高等教育出版社，2004.
[14] 王德勇.数据库原理与应用[M].北京：人民邮电出版社，2008.
[15] 王菽兰，谢颖.物流信息技术[M].北京：清华大学出版社，北京交通大学出版社，2007.
[16] 王丽亚.物流信息系统与应用案例[M].北京：科学出版社，2011，（2）.
[17] 德国 SAP 公司.SAP R/3 系统培训方案[EB/OL].百度文库，2012.
[18] 用友公司.ERP 系统基本结构[EB/OL].百度文库，2012.
[19] 佚名.ERP 系统功能组成[EB/OL].百度文库，2012.
[20] 中教畅享（北京）科技有限公司.企业经营管理沙盘模拟训练中心建设方案[M].北京：中教畅享（北京）科技有限公司，2009.
[21] 刘萍.电子商务物流[M].北京：电子工业出版社，2010.
[22] 张铎.电子商务物流管理[M].北京：高等教育出版社，2011.

[23] 屈冠银.电子商务物流管理[M]. 北京：机械工业学出版社，2012.

[24] 于慎波，张幼军，王燕玲，商向东.自动导向小车系统及其技术组成[J]. 沈阳工业大学学报, 1998,（4）.

[25] 朱近之. 智慧的云计算:物联网的平台（第2版）[M]. 北京：电子工业出版社，2011.

[26] （美）瓦舒尔,（瑞典）丹克尔著. 基于IP的物联网架构、技术与应用[M]. 田辉等译. 北京：人民邮电出版社，2011.

[27] 吴大鹏,物联网技术与应用[M]. 北京：电子工业出版社，2012.

[28] 陈海滢，刘昭等.物联网应用启示录——行业分析与案例实践[M]. 北京：机械工业出版社， 2011.

[29] 张翼英. 智能物流（物联网工程专业系列教材）[M]. 北京：水利水电出版社，2012.